Martin Luther King jr. KRAFT ZUM LIEBEN

Martin Luther King jr. # Kraft zum Lieben

CHRISTLICHE VERLAGSANSTALT KONSTANZ

KONSTANZER TASCHENBUCH NR. 50

Die amerikanische Originalausgabe erschien unter dem Titel
STRENGHT TO LOVE bei Harper & Row, New York
Copyright © 1963 by Martin Luther King, Jr., heiress
Aus dem Amerikanischen übersetzt von Hans-Georg Noack

55. – 57. Tsd. 1988
Deutsches © 1964 by Christliche Verlagsanstalt GmbH, Konstanz
Umschlagentwurf: Werner G. Krüger, Leinfelden
Satz: MZ-Verlagsdruckerei, Memmingen
Druck: Jacob Druck GmbH, Konstanz
Bindearbeiten: CVD-Buchbinderei, Konstanz
Printed in Germany
ISBN 3 7673 7050 6

Meiner Mutter und meinem Vater,
die mir mit ihrem starken christlichen Glauben
und ihrer unerschütterlichen Hingabe an seine
Grundsätze ein begeisterndes Beispiel
der Kraft zum Lieben gaben.

Inhalt

Vorwort

In unserer unruhigen, unsicheren Gegenwart bedrohen Kriegsgefahr, wirtschaftliche und rassische Ungerechtigkeit den Bestand der Menschheit. Wir leben in einer Zeit schwerer Krisen. Die hier vorliegenden Betrachtungen und Reden sind ausgewählt worden, weil sie auf die eine oder andere Weise von den persönlichen und gemeinschaftlichen Problemen handeln, die aus den Krisen erwachsen. In ihnen habe ich versucht, christliche Botschaft und persönliches Zeugnis gegen die sozialen Mißstände zu stellen, die unsere Tage verdunkeln. Sie sind meist für meine Gemeinde in Montgomery geschrieben worden, doch wurden viele von ihnen später überall im Land gehalten.

Da alle diese Texte während oder nach dem Omnibusstreik von Montgomery entstanden sind, habe ich einige praktische Beispiele aus diesem besonderen Geschehen gewählt. Drei der Betrachtungen *Tätige Liebe, Liebet eure Feinde* und *Zerbrochene Träume* schrieb ich in den Gefängnissen von Georgia. *Der Weg zur Gewaltlosigkeit* stellt eine Bearbeitung von Material dar, das ich schon früher an anderer Stelle verwendet habe.

Die am 13. September 1964 in der Berliner Waldbühne gehaltene Ansprache wurde auf Wunsch des deutschen Verlegers ebenfalls in diesem Band aufgenommen.

Nur widerstrebend habe ich mich dazu entschlossen, einen Band Betrachtungen und Reden zu veröffentlichen. Eine Predigt ist keine Abhandlung, die man liest, sondern das Wort, das man hört. Sie sollte ein überzeugender Aufruf an eine hörende Gemeinde sein. Deshalb ist sie eher an das hörende Ohr als an das lesende Auge gerichtet. Während ich mich bemühte, diese Reden für den Leser niederzuschreiben, wurde mir immer klarer, daß ein solches Unterfangen niemals völlig gelingen kann. So habe ich auch jetzt, da das Buch in Druck geht, meine Zweifel noch nicht überwunden. Aber meine frühere und meine jetzige Gemeinde, die Gefährten in der Christlichen Führungskonferenz des Südens (Southern Christian Leadership Conference) und viele Freunde überall im Land haben mich so oft um Abschriften einzelner Reden gebeten, daß ich sie nun in der Hoffnung vorlege, ihre Botschaft möge auch dem Leser lebendig werden.

MARTIN LUTHER KING JR.

Im September 1964

Ein scharfer Verstand
und ein weiches Herz

Darum seid klug wie die Schlangen
und ohne Falsch wie die Tauben.
MATTHÄUS 10, 16

Ein französischer Philosoph hat gesagt: „Niemand ist stark, dessen Charakter nicht ausgeprägte Gegensätze umschließt." Der starke Mensch vereint in sich eine lebendige Mischung starker Gegensätzlichkeiten. Nur selten gelingt dem Menschen der völlige Ausgleich dieser Gegensätze. Der Idealist ist im allgemeinen nicht realistisch, der Realist ist im allgemeinen nicht idealistisch. Militante Menschen sind nicht passiv, passive Menschen nicht militant. Selten sind die Bescheidenen selbstbewußt, die Selbstbewußten bescheiden. Das Leben ist bestenfalls eine schöpferische Synthese der Gegensätze zu fruchtbarer Harmonie. Der Philosoph Hegel sagte, die Wahrheit sei weder in der These noch in der Antithese zu finden, sondern in der Synthese, die beide miteinander in Einklang bringe.

Jesus erkannte die Notwendigkeit, das Gegensätzliche

zu verbinden. Er wußte, daß seine Jünger in einer schwierigen und feindseligen Welt auf die Widerspenstigkeit der politischen Oberen und die Unduldsamkeit der Verteidiger alter Ordnungen stoßen würden. Er wußte, daß sie kalten und überheblichen Menschen begegnen würden, deren Herzen im langen Winter des Traditionalismus erstarrt waren. Deshalb sagte er ihnen auch: „Siehe, ich sende euch wie Schafe mitten unter die Wölfe." Und er gab ihnen für ihren Dienst den Rat: „Darum seid klug wie die Schlangen und ohne Falsch wie die Tauben." Man kann sich nur schwer vorstellen, daß ein einziger Mensch in sich die Wesenszüge der Schlange und der Taube vereinen soll. Doch gerade das erwartete Jesus. Wir müssen die Härte der Schlange und die Sanftheit der Taube miteinander verbinden: einen scharfen Verstand mit einem weichen Herzen.

I

Wir wollen zuerst über die Notwendigkeit eines scharfen Verstandes nachdenken, der durch klares Denken, realistisches Abwägen und entschiedenes Urteil gekennzeichnet ist. Der scharfe Verstand ist durchdringend. Er durchbricht die Kruste der Legenden und Mythen und sondert das Wahre vom Falschen. Der so begabte Mensch ist klarsichtig und urteilsfähig, zielstrebig und pflichtbewußt.

Wer möchte bezweifeln, daß solche Schärfe des Verstandes eines der wichtigsten Bedürfnisse des Menschen ist? Nur selten finden wir Menschen, die zu schwieriger und gründlicher Gedankenarbeit bereit sind. Fast überall werden vereinfachte Antworten und unfertige Lösungen bevorzugt. Manche Menschen quält nichts so sehr wie der Zwang zum Denken.

Die weitverbreitete Neigung zur geistigen Trägheit entspringt der unglaublichen Leichtgläubigkeit des Menschen. Betrachten wir nur unser Verhältnis zur Werbung. Wie leicht sind wir geneigt, eine bestimmte Ware zu kaufen, weil in Funk und Fernsehen behauptet wurde, sie sei allen anderen überlegen. Werbefachleute haben längst begriffen, daß die meisten Menschen denkfaul sind, und nutzen ihre Beeinflußbarkeit durch geschickte und wirksame Werbesprüche aus.

Diese übermäßige Leichtgläubigkeit spricht auch aus der Bereitschaft vieler Leser, das in der Zeitung gedruckte Wort als letzte Wahrheit hinzunehmen. Nur wenige Menschen begreifen, daß selbst unsere verläßlichsten Informationsquellen — Presse, Rednertribüne und oft genug der Lehrstuhl — keine objektive und ungefärbte Wahrheit vermitteln. Nur wenige Menschen haben die Geistesschärfe, kritisch abzuwägen, das Falsche vom Wahren, die Tatsache von der Erfindung zu unterscheiden. Unser Geist wird ständig von einer Legion von Halbwahrheiten, Vorurteilen und falschen Tatsachen überschwemmt. So tut der Menschheit ganz besonders not, aus dem Sumpf unwahrer Propaganda befreit zu werden.

Leichtgläubige Menschen verfallen leicht dem Aberglauben. Sie werden dauernd von unvernünftigen Ängsten befallen, ob sie sich nun in der besonderen Vorsicht am Freitag, dem Dreizehnten, ausdrücken oder im Erschrecken vor der schwarzen Katze, die über den Weg läuft. Als ich den Fahrstuhl eines großen New Yorker Hotels benutzte, bemerkte ich zum erstenmal, daß es dort kein 13. Stockwerk gab. Das 14. folgte unmittelbar dem 12. Als ich den Fahrstuhlführer erstaunt fragte, erklärte er mir: „Das ist in den meisten Hotels so, weil viele Gäste sich davor fürchten, im 13. Stockwerk zu wohnen." Dann fügte er hinzu: „Wie dumm das ist, sieht man doch schon daran, daß das 14. Stockwerk ja eben doch das 13. ist." Ängste dieser Art bewegen den Leichtgläubigen bei Tag und Nacht.

Der geistig weiche Mensch fürchtet stets den Wechsel. Er fühlt sich im Status quo in Sicherheit und hegt eine fast krankhafte Furcht vor allem Neuen. Die größte Qual ist ihm die Qual einer neuen Idee. Ein älterer Anhänger der Rassentrennung in den Südstaaten sagte einmal zu diesem Thema: „Ich sehe ein, daß die Aufhebung der Rassenschranken unvermeidlich ist. Aber ich bete zu Gott, daß sie erst nach meinem Tod in Kraft tritt." Immer versucht dieser Menschenschlag, den Augenblick festzuhalten und das Leben in starre Einförmigkeit zu pressen.

Vielfach ergreift solche Geisteshaltung auch den religiösen Bereich. Darum hat die Religion oft neue Wahrheiten mit dogmatischer Leidenschaft bekämpft. Durch Edikte und Bannbullen, Inquisition und Exkommunizierung hat die Kirche versucht, die Wahrheit zu unterdrücken und dem Wahrheitsuchenden eine undurchdringliche Mauer in den Weg zu stellen. Historisch-philologische Bibelkritik wird von solchen Menschen als Gotteslästerung betrachtet, und das Denken gilt ihnen oft als gefährliche Begabung. Die geistig Trägen haben die Seligpreisungen verändert: „Selig sind die völlig Unwissenden; denn sie werden Gott schauen."

Diese Trägheit hat dann auch zu dem verbreiteten Irrtum beigetragen, es bestehe ein Widerspruch zwischen

Wissenschaft und Religion. Aber das ist nicht wahr. Es mag einen Konflikt zwischen geistig trägen Gläubigen und geistesstarken Wissenschaftlern geben; zwischen Wissenschaft und Religion gibt es ihn nicht. Ihre Welten sind verschieden, ihre Methoden ungleich; die Wissenschaft forscht, die Religion deutet. Die Wissenschaft gibt dem Menschen Wissen, das Macht ist; die Religion gibt ihm Weisheit, die das Leben formt. Die Wissenschaft hat hauptsächlich mit Tatsachen zu tun, die Religion mit Werten. Wissenschaft und Religion sind keine Rivalen. Sie ergänzen sich. Die Wissenschaft bewahrt die Religion davor, in enger Unvernunft und lähmender Bildungsfeindlichkeit zu versinken. Die Religion hindert die Wissenschaft daran, in veralteten Materialismus und moralischen Nihilismus zu verfallen.

Wir brauchen nicht weit zu suchen, um die Gefahren geistiger Trägheit zu entdecken. Diktatoren haben ihren Nutzen daraus gezogen und Menschen zu Akten der Barbarei und des Terrors verführt, die in einer zivilisierten Gesellschaft undenkbar sind. Adolf Hitler erkannte, daß die geistige Trägheit unter seinen Gefolgsleuten überwog. Deshalb sagte er: „Ich benutze die Begeisterung für die Masse und behalte die logische Überzeugung den wenigen vor." In *Mein Kampf* versicherte er, durch konsequentes, ständig wiederholtes Lügen sei es möglich, dem Volke den Himmel zur Hölle, die Hölle zum Himmel zu machen ... Je größer die Lüge, desto williger werde sie geglaubt.

Geistige Stumpfheit ist eine der Hauptursachen rassischer Vorurteile. Der geistig wache Mensch prüft die Tatsachen, ehe er Folgerungen zieht, er urteilt nachher. Der geistig Träge ist hingegen schon bei den Folgerungen, ehe er noch die Tatsachen kennt, er urteilt vorher und ist voreingenommen. Rassisches Vorurteil beruht auf grundlosen Befürchtungen, Aberglauben und Mißverständnissen. Es gibt Menschen, die hinreichend denkfaul sind, um an die Überlegenheit der weißen und die Unterlegenheit der schwarzen Rasse zu glauben, obwohl die Forschungen der Anthropologen beweisen, daß diese Auffassung falsch ist. Andere meinen, die Rassentrennung müsse beibehalten werden, weil die Neger bildungsmäßig, hygienisch und moralisch noch weit zurückgeblieben seien. Sie denken nicht gründlich genug, um zu bemerken, daß dieser Rückstand ein Ergebnis der Rassentrennung und -diskriminierung ist. Sie erkennen nicht, daß es unvernünftig und soziologisch unhaltbar ist, die tragischen Folgen der Rassentrennung als Argument für ihre Fortsetzung zu verwenden. Zu viele Politiker der Südstaaten erkennen die Gedankenträgheit, der ihre Wählerschaft verfallen ist. Mit verschlagenem Eifer geben sie flammende Erklärungen, Verdrehungen und Halbwahrheiten von sich und schüren so übergroße Furcht und krankhafte Abneigungen in den Köpfen ungebildeter, unterentwickelter Weißer. Solche Verwirrung führt dann zu niederträchtigen und gewalttätigen Handlungen, die kein normaler Mensch sonst beginge.

Wir haben nicht viel zu hoffen, solange wir nicht hinreichend klug werden, um uns von den Vorurteilen, den Halbwahrheiten und der Unwissenheit zu lösen. Die heutige Welt gestattet uns nicht den Luxus, geistig träge zu sein. Ein Volk oder eine Zivilisation, die weiterhin denkfaule Menschen erzieht, kauft den eigenen geistigen Untergang auf Raten.

Aber wir dürfen es nicht damit genug sein lassen, einen scharfen Verstand zu entwickeln. Das Evangelium verlangt auch ein weiches Herz. Ein scharfer Verstand ohne ein weiches Herz ist kalt und läßt ein Leben in ständigem Winter erstarren, dem die Wärme des Frühlings und die Hitze des Sommers fehlt. Gibt es einen tragischeren Anblick als einen Menschen, der sich auf die Höhen eines disziplinierten, klaren Verstandes emporgeschwungen hat, zugleich aber in der leidenschaftslosen Tiefe der Hartherzigkeit versunken ist?

Der hartherzige Mensch liebt niemals wirklich. Er verfällt einem krassen Zweckdenken, der andere Menschen hauptsächlich danach bewertet, welchen Nutzen sie ihm bringen. Niemals erfährt er die Schönheit der Freundschaft, denn er ist zu kalt, um Zuneigung zu empfinden, und zu sehr mit sich selbst beschäftigt, um Sorgen und Freuden eines anderen zu teilen. Er ist wie eine Insel. Kein Strom der Liebe verbindet ihn mit dem Festland der Menschheit.

Dem hartherzigen Menschen fehlt die Gabe echten Mitleids. Die Leiden und Anfechtungen seines Bruders rühren ihn nicht. Tag für Tag geht er an unglücklichen Menschen vorüber, ohne sie zu sehen. Er gibt wohl Geld für die öffentliche oder kirchliche Wohlfahrt, aber er gibt dabei kein Stückchen seiner Seele.

Der Hartherzige sieht Menschen nicht als Menschen, sondern als Objekte, als unpersönliche Rädchen eines Getriebes. Im großen Räderwerk der Industrie sieht er den Menschen nur als Arbeitskraft, im unruhigen Leben der Großstadt nur als Zahl, und im stumpfsinnigen Militärbetrieb nur als Nummer in einem Regiment. Er entmenschlicht das Leben.

Jesus hat die Wesenszüge des Hartherzigen oft erläutert. Der reiche Narr wurde nicht deswegen verdammt, weil er ein Verstandesmensch, sondern weil er nicht weichherzig war. Das Leben war für ihn ein Spiegel, in dem er nur sich selbst sah, und nicht ein Fenster, aus dem er andere Menschen erkannte. Der reiche Mann ging nicht in die Hölle, weil er wohlhabend war, sondern weil er nicht weichherzig genug war, um Lazarus zu sehen, und weil er nicht versuchte, den Abgrund zwischen sich und dem Bruder zu überbrücken.

Jesus erinnert uns daran, daß in einem guten Leben die Klugheit der Schlange mit der Sanftheit der Taube verbunden sein soll. Wer nur die Eigenschaften der Schlange hat, ist leidenschaftslos, gemein, selbstsüchtig. Die Eigenschaften der Taube allein machen blutleer, rührselig, ziellos. Wir müssen stark ausgeprägte Gegensätze in uns vereinen.

Wir als Neger müssen einen scharfen Verstand und ein weiches Herz miteinander verbinden, wenn wir dem Ziel der Freiheit und Gerechtigkeit näherkommen wollen. Die geistig Trägen unter uns meinen, wir könnten nur mit der Unterdrückung fertigwerden, indem wir uns an sie gewöhnen. Sie finden sich mit der Rassentrennung ab und ziehen es vor, unterdrückt zu bleiben. Als Mose die Kinder Israel aus der ägyptischen Sklaverei in die Freiheit des Gelobten Landes führte, merkte er, daß Sklaven ihre Befreier nicht immer willkommen heißen. Sie möchten lieber die Übel ertragen, die sie kennen, als in ein Land zu fliehen, das sie noch nicht kennen. Sie ziehen die „Fleischtöpfe Ägyptens" den Prüfungen der Befreiung vor. Aber das ist kein Ausweg. Gedankenloses Sichfügen ist feige. Meine Freunde, wir können die Achtung der weißen Menschen in den Südstaaten oder anderswo nicht gewinnen, wenn wir die Zukunft unserer Kinder um unserer eigenen Sicherheit und Bequemlichkeit willen verkaufen. Aber wir müssen noch mehr begreifen. Wer ein ungerechtes System duldet, unterstützt dieses System und trägt zu seiner Ungerechtigkeit bei.

Es gibt auch hartherzige und verbitterte Menschen unter uns, die den Gegner mit Gewalt und Haß bekämpfen wollen. Gewalt bringt vergängliche Siege; Gewalt hat mehr soziale Probleme zur Folge, als sie löst, und schafft niemals einen dauerhaften Frieden. Wenn wir der Versuchung erliegen, in unserem Kampf um die Freiheit Gewalt anzuwenden, so werden — davon bin ich überzeugt — unsere Kinder eine lange und hoffnungslose Nacht durchleiden müssen, und sie werden nichts Besseres von uns erben als ein Chaos.

Eine Stimme klingt durch die Jahrhunderte und ruft jedem unbeherrschten Petrus zu: „Stecke dein Schwert in die Scheide!" Die Geschichte zeugt vom ständigen Schiffbruch der Völker, die diesem Befehl Christi nicht folgten.

III

Ein dritter Weg steht unserem Streben nach Freiheit offen: gewaltloser Widerstand. Er verbindet den scharfen Verstand und das weiche Herz. Er schließt das Klagen und das Nichtstun der geistig Trägen aus, aber auch die Gewalt und die Bitterkeit der Hartherzigen. Ich glaube daran, daß diese Methode unser Handeln in der gegenwärtigen Krise zwischen den Rassen bestimmen muß. Durch gewaltlosen Widerstand können wir dem ungerechten System widerstehen und doch zugleich seine Verfechter lieben. Wir müssen leidenschaftlich und unablässig für unsere Rechte kämpfen, doch niemals soll man uns nachsagen dürfen, meine Freunde, daß wir Falschheit und Verschlagenheit, Haß und Gewalt gebraucht hätten, um sie zu erringen.

Bevor ich schließe, noch ein Wort zu dem, was unser Text über das Wesen Gottes aussagt. Die Größe unseres Gottes liegt darin, daß er sowohl mit scharfem Verstand als auch mit weichem Herzen handelt. Er ist streng und gütig. Die Bibel drückt beide Eigenschaften Gottes stets deutlich aus: die eine in seiner Gerechtigkeit und seinem Zorn, die andere in seiner Liebe und Gnade. Gott hat zwei ausgestreckte Arme. Der eine ist stark genug, um uns mit seiner Gerechtigkeit zu fassen, der andere ist zart genug, um uns gnädig zu umfangen. Auf der einen Seite ist Gott der Gott der Gerechtigkeit, der Israel für seine unwürdigen Taten strafte, und auf der andern der vergebende Vater, dessen Herz vor Freude überquoll, als der verlorene Sohn heimkehrte.

Ich bin dankbar dafür, daß wir einem Gott dienen dürfen, der beides zugleich ist. Wäre Gott nur vom kühlen Verstand bestimmt, so wäre er ein kalter, leidenschaftsloser Despot, der in irgendeinem Himmel säße und „alles überschaut", wie Tennyson es ausdrückt. Er wäre der „unbewegte Beweger" des Aristoteles, der nur sich selber kennt, doch nicht die anderen liebt. Wäre Gott aber nur weichherzig, so wäre er zu weich und gefühlsselig, um seine Schöpfung zu beherrschen. Er wäre der liebenswerte

Gott in H. G. Wells *Der Unsichtbare,* der zwar gern eine gute Welt erschaffen möchte, aber den Mächten des Bösen hilflos gegenübersteht. Gott ist weder hartherzig noch weichherzig. Sein Geist ist hart genug, diese Welt zu durchdringen, und weich genug, um in ihr zu leben. Er läßt uns in unseren Leiden und Kämpfen nicht allein. Er sucht uns in der Finsternis und leidet mit und für uns in unserer tragischen Verlorenheit.

Manchmal müssen wir bedenken, daß der Herr ein Gott der Gerechtigkeit ist. Wenn die Riesen der Ungerechtigkeit die Welt übermannen wollen, müssen wir wissen, daß es einen Gott der Stärke gibt, der sie niedermähen kann wie Gras. Wenn unsere verzweifelten Anstrengungen nicht ausreichen, die Unterdrückung zu besiegen, müssen wir wissen, daß über diese Welt ein Gott herrscht, dessen unvergleichliche Kraft der ohnmächtigen Schwäche des Menschen gegenübersteht. Aber es gibt auch Zeiten, in denen wir spüren müssen, daß Gott Liebe und Gnade ausströmt. Wenn wir unter dem kalten Wind der Feindseligkeit erschauern und vom Sturm der Enttäuschungen geschüttelt werden, wenn wir uns durch unsere Torheit und Sünde in fremdes Land verirrt haben und vom Heimweh gequält werden, dann müssen wir wissen, daß es jemand gibt, der uns liebt, der sich um uns sorgt, der uns versteht und der uns eine neue Chance geben wird. Wenn die Tage dunkel und die Nächte bedrückend sind, dann dürfen wir dankbar sein, daß unser Gott in seinem Wesen eine schöpferische Synthese von Liebe und Gerechtigkeit vereint, die uns aus den dunklen Tälern des Lebens auf die sonnenbestrahlten Pfade der Hoffnung und der Erfüllung führen wird.

Verwandelte Nonkonformisten

Stellet euch nicht der Welt gleich, sondern
verändert euch durch Erneuerung eures Sinnes.
RÖMER 12, 2

„Stellet euch nicht dieser Welt gleich" ist eine schwierige Forderung in einer Zeit, da der Druck der Masse uns unmerklich daran gewöhnt hat, nach dem rhythmischen Trommelschlag der Tradition zu marschieren. Viele Stimmen und Kräfte drängen uns, den Weg des geringsten Widerstands zu wählen, niemals für eine unpopuläre Sache zu kämpfen und sich niemals zu zweit oder zu dritt in einer kläglichen Minderheit zu befinden.

Selbst einige Wissenschaften versuchen, uns von der Notwendigkeit des Konformismus zu überzeugen. Manche Soziologen behaupten, Moral sei nur Gruppenübereinkunft, und die Wege der Masse seien die rechten Wege. Manche Psychologen lehren, geistige und seelische Ausgeglichenheit sei der Lohn dafür, daß wir wie alle anderen Menschen denken und handeln.

Erfolg, Anerkennung und Konformismus sind die Beiwörter der modernen Welt, in der anscheinend jeder nach der einschläfernden Sicherheit strebt, mit der Mehrheit identifiziert zu werden.

I

Trotz dieser vorherrschenden Tendenz zum Konformismus haben wir als Christen die Aufgabe, Nonkonformisten zu sein. Der Apostel Paulus, der die inneren Wahrheiten des christlichen Glaubens kannte, riet: „Stellt euch nicht dieser Welt gleich, sondern verändert euch durch die Erneuerung eures Sinnes." Wir sollen überzeugte Menschen sein, nicht Mitläufer: Menschen des moralischen Adels, nicht der sozialen Ehrbarkeit. Uns ist aufgetragen, anders und nach höheren Maßstäben zu leben.

Jeder wahre Christ ist ein Bürger zweier Welten, der zeitlichen und der ewigen. Paradoxerweise sind wir *in* der Welt und doch nicht *von* der Welt. Paulus schrieb an die Philipper: „Unser Bürgertum ist im Himmel." Sie verstanden, was er meinte, denn ihre Stadt Philippi war eine Kolonie. Wenn die Römer eine Provinz romanisieren wollten, so sandten sie eine kleine Kolonie von Menschen aus, die nach römischen Gesetzen und Sitten lebten, und auch im fremden Land an ihrer Treue zu Rom festhielten. Diese starke, schöpferische Minderheit verbreitete die römische Kultur. Wenn der Vergleich auch unvollkommen ist (die römischen Siedler lebten unter ungerechten, ausbeuterischen Verhältnissen, nämlich im Kolonialismus), so weist der Apostel damit doch auf die Verantwortung des Christen hin, eine unchristliche Welt mit den Idealen einer höheren und edleren Ordnung zu durchdringen. Wir leben in der Kolonie des Zeitlichen und sind dem Reich des Ewigen verpflichtet. Als Christen dürfen wir unsere höchste Treue niemals aufgeben für eine zeitgebundene Sitte oder eine erdgebundene Idee; denn im Herzen des Weltalls ist eine höhere Wirklichkeit: Gott und sein Reich der Liebe, mit dem wir eins werden müssen.

Der Befehl, uns nicht der Welt anzupassen, stammt nicht nur von Paulus, sondern auch von Jesus Christus, dem entschiedensten Nonkonformisten der Welt, dessen ethischer Nonkonformismus noch immer das Gewissen der Menschheit herausfordert.

Wenn eine wohlhabende Gesellschaft uns einreden will, das Glück bestehe in der Größe unserer Autos, in eindrucksvollen Häusern und kostspieligen Kleidern, so erinnert uns Jesus: „Niemand lebt davon, daß er viele Güter hat."

Wenn wir den Versuchungen einer Welt erliegen wollen, die voll ist von sexuellen Ausschweifungen und vernarrt in ihre Philosophien der Eitelkeit, so sagt uns Jesus: „Wer eine Frau ansieht, ihrer zu begehren, der hat schon mit ihr die Ehe gebrochen in seinem Herzen."

Wenn wir uns weigern, für die Gerechtigkeit zu leiden und lieber dem Pfad der Bequemlichkeit als dem der Überzeugung folgen, so hören wir Jesus sagen: „Selig sind, die um der Gerechtigkeit willen verfolgt werden, denn das Himmelreich ist ihrer."

Wenn wir in unserer geistlichen Überheblichkeit prahlen, den Gipfel moralischer Vollkommenheit erreicht zu haben, so warnt Jesus: „Die Zöllner und Huren mögen wohl eher ins Reich Gottes kommen als ihr!"

Wenn wir durch kaltherzige Mitleidlosigkeit und anmaßenden Individualismus versäumen, die Not der Bedürftigen zu lindern, so sagt der Herr: „Was ihr getan habt einem unter diesen meinen geringsten Brüdern, das habt ihr mir getan."

Wenn wir dem Funken der Rachsucht in uns erlauben, zum Haß gegen unsere Feinde aufzuflammen, dann lehrt Jesus: „Liebet eure Feinde; segnet, die euch fluchen; tut wohl denen, die euch hassen; bittet für die, so euch beleidigen und verfolgen."

Immer und überall ist die Liebe Jesu ein strahlendes Licht, das die Häßlichkeit unseres abgestandenen Konformismus enthüllt.

Trotz des klaren Auftrags, anders zu leben, haben wir eine Art Herdengefühl entwickelt und sind vom Extrem des primitiven Individualismus in das Extrem des primitiven Kollektivismus verfallen. Wir machen nicht mehr Geschichte; wir werden von der Geschichte geformt. Longfellow sagte: „In dieser Welt muß der Mensch entweder Amboß oder Hammer sein", und er meinte damit, daß er entweder die Gesellschaft formt, oder sich von der Gesellschaft formen läßt. Wer kann bezweifeln, daß heute die meisten Menschen Amboß sind und nach dem Muster der Mehrheit geformt werden? Oder, um ein anderes Bild zu gebrauchen, die meisten Menschen, und ganz besonders Christen, sind Thermometer. Sie zeigen die Temperatur der Mehrheitsmeinung an. Aber sie sind keine Thermostaten. Sie ändern und regeln die Temperatur der Gesellschaft nicht.

Die meisten Menschen fürchten nichts so sehr, als eine Stellung zu beziehen, die sich klar von der vorherrschenden Meinung unterscheidet. Sie haben das Bestreben, sich eine Ansicht zu bilden, die so umfassend ist, daß sie alles umschließt, und so populär, daß jedermann sie teilt. Zugleich ist eine Art Anbetung des Großen entstanden. Wir leben in einem Zeitalter des Gigantismus. Menschen suchen Sicherheit im Großen und Ausgedehnten — in großen Städten, großen Häusern, großen Gesellschaften. Diese Vergötterung des Großen hat dazu geführt, daß viele fürchten, mit den Ideen einer Minderheit identifiziert zu werden. Viele Menschen, denen edle und hohe Ideale lieb und teuer sind, verbergen sie sorgfältig, weil sie fürchten, als „anders" zu gelten. Viele anständige weiße Menschen in den amerikanischen Südstaaten sind insgeheim gegen Rassentrennung und -diskriminierung, aber sie fürchten, deswegen öffentlich angegriffen zu werden. Millionen von Mitbürgern sind tief beunruhigt, weil militärisch-wirtschaftliche Gesichtspunkte zu häufig die nationale Politik bestimmen, aber sie wollen nicht als unpatriotisch gelten. Viele ehrliche Staatsbürger meinen, daß ein Land wie Rotchina zu den Vereinten Nationen gehören müßte, aber sie fürchten, als Kommunistenfreunde verdächtigt zu werden. Eine Legion nachdenklicher Menschen erkennt, daß der traditionelle Kapitalismus sich nach und nach wandeln muß, wenn unser nationaler Reichtum gerechter verteilt werden soll, aber sie fürchten, daß ihre Kritik sie als unamerikanisch erscheinen lassen könnte. Zahlreiche junge, anständige Menschen lassen sich in verwerfliche Unternehmen ziehen, die sie selbst nicht billigen und an denen sie keine Freude haben; aber sie schämen sich, nein zu sagen, wenn die anderen ja sagen. Wie wenige Menschen haben den Mut, ihre Ansichten öffentlich zu bekennen, und wie viele lassen sich einschüchtern.

Wenn ein Mensch sagt, was er wirklich glaubt, dann

läßt uns blinder Konformismus so mißtrauisch werden, daß wir nur zu geneigt sind, seine bürgerlichen Freiheiten anzutasten. Wenn ein Mann, der überzeugt an den Frieden glaubt, närrisch genug ist, um in einer öffentlichen Demonstration ein Spruchband zu tragen, oder wenn ein weißer Amerikaner aus den Südstaaten an den amerikanischen Traum von Würde und Wert des Menschen glaubt und deshalb einen Neger in sein Haus einlädt und sich an seinem Freiheitskampf beteiligt, so muß er damit rechnen, vor den Richter geladen zu werden. Und gewiß wird er als Kommunist gelten, wenn er sich zur Brüderlichkeit unter den Menschen bekennt.

Thomas Jefferson schrieb: „Ich habe vor Gottes Angesicht ewige Feindschaft gegen jede Tyrannei über das menschliche Gewissen geschworen." Den Konformisten und den konformistischen Meinungsmachern muß das sehr gefährlich und radikal erscheinen. Haben wir wirklich zugelassen, daß das Licht des unabhängigen Denkens und des Individualismus so trüb geworden ist, daß Thomas Jefferson festgenommen und verhört werden könnte, wenn er diese Worte heute schreiben und nach ihnen leben wollte? Wenn wir uns nicht gegen die Gedankenkontrolle, Geschäftskontrolle und Freiheitskontrolle zur Wehr setzen, dann werden wir ganz sicherlich im Dunkel des Faschismus enden.

II

Nirgends ist die tragische Tendenz zum Konformismus deutlicher als in der Kirche, einer Institution, die oft genug dazu gedient hat, eine Mehrheitsmeinung zu bilden, zu erhalten und sogar zu segnen. Die ehemalige Zustimmung der Kirche zur Sklaverei, zur Rassentrennung, zum Krieg und zur wirtschaftlichen Ausbeutung bezeugt, daß die Kirche sich mehr nach weltlichem als nach göttlichem Gebot gerichtet hat. Anstatt die moralische Wächterin der Gesellschaft zu sein, hat die Kirche zuzeiten das unterstützt, was unmoralisch und unanständig ist. Anstatt soziale Mißstände zu bekämpfen, hat sie sich hinter ihren bunten Fenstern still verhalten. Anstatt den Menschen auf die Höhen der Brüderlichkeit zu führen und ihn zu lehren, sich über die engen Grenzen der Rassen und Klassen aufzuschwingen, hat sie rassische Trennung gelehrt und ausgeübt.

Auch uns Prediger hat der ansteckende Kult des Konformismus in Versuchung geführt. Von den Erfolgsmaßstäben der Welt verblendet, messen wir unsere Leistung an der Größe unserer Pfarreien. Wir sind Schausteller geworden, die den Wünschen und Launen der Menschen gerecht werden wollen. Wir halten erquickliche Predigten und vermeiden es, irgend etwas von der Kanzel herab zu sagen, was die ehrbaren Ansichten unserer ehrbaren Gemeindeglieder erschüttern könnte. Haben wir Diener Christi die Wahrheit auf dem Altar des Eigennutzes geopfert und, wie Pilatus, unsere Überzeugungen den Wünschen der Menge untergeordnet?

Wir müssen die Glut des Evangeliums der ersten Christen wiederfinden, die im wahrsten Sinn des Wortes Nonkonformisten waren und sich weigerten, ihr Zeugnis den Gewohnheiten ihrer Umwelt anzupassen. Willig opferten sie Ruf, Reichtum und Leben für eine Sache, die sie als richtig erkannt hatten. An Zahl gering, waren sie Riesen an Wirkung. Ihr mächtiges Evangelium setzte so barbarischen Sitten wie Kindermorden und blutigen Gladiatorenkämpfen ein Ende. Zum Schluß gewannen sie das römische Reich für Christus.

Allmählich aber hüllte die Kirche sich so sehr in Reichtum und Pomp, daß sie sich den strengen Forderungen des Evangeliums entzog und der weltlichen Lebensweise anpaßte. Seither war die Kirche nur noch eine schwache, unwirksame Posaune, die unsichere Laute von sich gab. Wenn die Kirche Jesu Christi ihre Kraft, ihre Botschaft und ihre Glaubwürdigkeit zurückgewinnen will, so muß sie sich ausschließlich nach den Forderungen des Evangeliums richten.

Die Hoffnung auf eine sichere und lebenswerte Welt ruht auf disziplinierten Nonkonformisten, die für Gerechtigkeit, Frieden und Brüderlichkeit eintreten. Die Wegbahner der menschlichen, akademischen, wissenschaftlichen und religiösen Freiheit sind immer Nonkonformisten gewesen. Wo es um den Fortschritt der Menschheit geht, muß man den Nonkonformisten vertrauen!

In seinem Werk „Selbstvertrauen" schrieb Emerson: „Wer Mensch sein will, muß Nonkonformist sein." Der Apostel Paulus erinnert uns daran, daß ein Christ Nonkonformist sein muß. Jeder Christ, der die Mehrheitsmeinungen blind übernimmt und den ausgetretenen Pfaden der Trägheit und der allgemeinen Zustimmung folgt, ist ein geistiger und seelischer Sklave. Merkt euch diese Worte von James Russell Lowell: „Ein Sklave ist, wer nicht wagt, für die Gefallenen und Schwachen einzutreten; ein Sklave ist, wer nicht lieber Haß, Spott und Hohn auf sich nimmt, als daß er die Wahrheit verschwiege; ein Sklave ist, wer sich fürchtet, mit zwei oder drei Gefährten auf der Seite des Rechts zu stehen."

III

Nonkonformismus braucht aber nicht immer gut zu sein. Bisweilen wird er weder ändern noch bessern. Nonkonformismus allein besitzt noch keinen helfenden Wert. Manchmal ist er vielleicht nur eine Form des Zurschaustellens. Paulus gibt uns im zweiten Teil unseres Textes eine Formel für schöpferischen Nonkonformismus: „Verändert euch durch Erneuerung eures Sinnes." Nonkonformismus ist erst dann schöpferisch, wenn er von einem veränderten Leben kontrolliert und geleitet wird; er ist schöpferisch, wenn er sich mit einer neuen Art verbindet, die Welt zu betrachten. Wenn wir unser Leben für Gott öffnen, werden wir neue Geschöpfe. Diese Erfahrung, von der Jesus als von einer neuen Geburt sprach, ist wichtig, wenn wir verwandelte Nonkonformisten sein wollen, die frei sind von kalter Hartherzigkeit und Selbstgerechtigkeit, die so oft mit dem Nonkonformismus einhergehen. Jemand hat gesagt: „Ich liebe Reformen, aber ich hasse Reformer." Ein Reformer kann ein unverwandelter Nonkonformist sein, dessen Rebellion gegen die Mißstände der Gesellschaft ihn hat streng und ungeduldig werden lassen.

Nur durch eine geistliche Wandlung gewinnen wir die Kraft, die Übel der Welt demütig und liebend rücksichtslos zu bekämpfen. Der verwandelte Nonkonformist erliegt niemals der passiven Geduld, die ein Vorwand ist, nichts zu tun. Seine eigene Wandlung bewahrt ihn davor, verantwortungslos trennende anstatt vereinende Worte zu sprechen, und voreilige Urteile zu fällen, die blind sind für die Notwendigkeiten des gesellschaftlichen Fortschritts. Er weiß, daß soziale Veränderungen nicht über

Nacht kommen können, und trotzdem arbeitet er so, als sei es möglich.

Die Gegenwart braucht einen entschlossenen Kreis verwandelter Nonkonformisten. Unser Planet schwankt am Abgrund atomarer Zerstörung. Haß, Stolz und Selbstsucht, diese gefährlichen Eigenschaften, sitzen auf dem Thron unseres Lebens. Die Wahrheit siecht auf namenlosen Leidenswegen dahin. Die Menschen verneigen sich vor den falschen Göttern des Nationalismus und des Materialismus. Die Rettung der Welt wird nicht aus der Anpassung der konformistischen Mehrheit kommen, sondern aus der schöpferischen Auflehnung der nonkonformistischen Minderheit.

Vor einigen Jahren erinnerte uns Professor Bixler an die Gefahren eines allzu angepaßten Lebens. Jedermann versucht, sich nach Kräften anzupassen. Natürlich müssen wir uns anpassen, wenn wir weder neurotisch noch schizophren werden wollen. Aber es gibt auch Dinge auf der Welt, denen Menschen guten Willens sich niemals anpassen dürfen. Ich bekenne, daß ich nicht die Ansicht habe, mich jemals an die Übel der Rassentrennung und die lähmenden Wirkungen der Diskriminierung zu gewöhnen, an die moralische Entartung religiöser Bigotterie, an die zersetzende Wirkung engherzigen Sektierertums, an wirtschaftliche Bedingungen, die den Menschen Arbeit und Brot vorenthalten, an krankhaften Militarismus und an die selbstzerstörerischen Auswirkungen körperlicher Gewalt.

Menschliche Rettung liegt in den Händen des schöpferischen Nonkonformisten. Wir brauchen heute Menschen wie Sadrach, Mesach und Abednego, die sich auf Befehl König Nebukadnezars vor einem goldenen Götzenbild verneigen sollten und unerschütterlich erklärten: „Unser Gott kann uns wohl erretten ... Wo er's nicht tun will, so sollst du dennoch wissen, daß wir deinen Gott nicht verehren." Wir brauchen Männer wie Thomas Jefferson, der in einem Zeitalter der Sklaverei schrieb: „Folgende Wahrheiten erachten wir als selbstverständlich: daß alle Menschen gleich geschaffen sind; daß sie von ihrem Schöpfer mit gewissen unveräußerlichen Rechten ausgestattet sind; daß dazu Leben, Freiheit und das Streben nach Glück gehören." Wir brauchen Männer wie Abraham Lincoln, der die Weisheit hatte zu erkennen, daß unsere Nation nicht leben kann, wenn sie zur Hälfte aus Sklaven, und zur Hälfte aus Freien besteht. Und wir brauchen Menschen wie unseren Herrn, der inmitten der mächtigen und eindrucksvollen römischen Militärmacht seinen Jüngern sagte: „Wer das Schwert nimmt, der soll durch das Schwert umkommen." Durch solchen Nonkonformismus kann eine schon zum Niedergang verurteilte Generation zu den Dingen zurückfinden, die den Frieden bedeuten.

Ich muß zugeben, daß ein solcher verwandelter Nonkonformismus, der immer Opfer verlangt und nie bequem ist, uns in die dunklen Täler des Leidens führen kann. Durch ihn können wir unsere Arbeitsplätze verlieren. Vielleicht fragt uns unsere sechsjährige Tochter: „Vati, warum mußt du so oft ins Gefängnis?" Aber wir irren uns, wenn wir meinen, das Christentum bewahre uns vor den Schmerzen und der Not unserer irdischen Existenz. Das Christentum hat immer gelehrt, daß wir das Kreuz tragen müssen, ehe wir die Krone erringen. Wenn wir Christen sein wollen, so müssen wir unser Kreuz auf uns nehmen und es tragen, bis es uns wieder auf den besseren Weg hilft, der nur durch Leiden zu erreichen ist.

In unserer Zeit weltweiter Verwirrung werden dringend Menschen gebraucht, die mutig für die Wahrheit kämpfen. Wir brauchen Christen, die jene Worte wiederholen, die John Bunyan nach zwölfjähriger Gefangenschaft seinen Peinigern sagte, als sie ihm die Freilassung versprachen, wenn er hinfort nicht mehr predigen wolle: „Wenn ich mein Gewissen zu einem Schlachthaus machen soll, wenn ich mir die eigenen Augen ausreißen soll, damit mich die Blinden führen müssen, wie es anscheinend von manchen gewünscht wird, so will ich mit Gottes Hilfe lieber leiden, bis Moos auf meinen Augenbrauen wächst, als meinen Glauben und meine Grundsätze verraten."

Wir müssen uns entscheiden. Wollen wir nach dem Trommelschlag des Konformismus weitermarschieren, oder wollen wir auf den Schlag einer anderen, ferneren Trommel lauschen und nach ihrem Takt ausschreiten? Wollen wir unseren Schritt der Musik der Welt anpassen, oder wollen wir trotz Hohn und Spott der die Seele rettenden Musik der Ewigkeit folgen? Mehr als je zuvor werden wir heute von den Worten herausgefordert, die aus dem Gestern zu uns herüberklingen: „Stellet euch nicht dieser Welt gleich, sondern verändert euch durch Erneuerung eures Sinnes!"

Sei ein guter Nachbar

„Wer ist denn mein Nächster?"
Lukas 10, 29

Ich will mit euch über einen guten Menschen sprechen, dessen beispielhaftes Leben immer wie ein Leuchtfeuer in das schlafende Gewissen der Menschheit hineinleuchten wird. Er war nicht deshalb gut, weil er sich auf dem Papier zu irgendeinem Glauben bekannte, sondern weil er durch sein Eingreifen ein Leben rettete; er war nicht deshalb gut, weil irgendeine sittengemäße Pilgerfahrt das Ziel erreichte, sondern weil er liebend durch sein Leben ging. Er war gut, weil er ein guter Nachbar war.

Das sittliche Verantwortungsgefühl dieses Mannes wird in einer wunderbaren kleinen Geschichte dargestellt. Sie beginnt mit einer theologischen Diskussion über die Bedeutung des ewigen Lebens und endet mit dem sichtbaren Ausdruck des Mitleids auf einer gefährlichen Straße. Ein Mann, der die jüdischen Gesetze in allen Einzelheiten kannte, fragte Jesus: „Meister, was muß ich tun, daß ich das ewige Leben ererbe?" Die Antwort kam sofort: „Wie stehet im Gesetz geschrieben? Wie liesest du?" Nach einem Augenblick antwortete der Schriftgelehrte: „Du sollst Gott, deinen Herrn, lieben von ganzem Herzen, von ganzer Seele, von allen Kräften und von ganzem Gemüte und deinen Nächsten wie dich selbst." Und darauf sagte Jesus das entscheidende Wort: „Du hast recht geantwortet. Tue das, so wirst du leben."

Der Rechtsgelehrte war beschämt. „Warum", so könnte man fragen, „stellt ein gelehrter Mann eine so einfache Frage, die selbst ein Neuling beantworten könnte?" Um sich selbst zu rechtfertigen und um zu zeigen, daß Jesu Antwort durchaus nicht befriedigend war, fragte er: „Und wer ist denn mein Nächster?" Der Schriftgelehrte führte jetzt die Waffen der Debatte in den Kampf, die aus der Unterhaltung eine abstrakte theologische Diskussion machen konnten. Aber Jesus war entschlossen, sich nicht in der „Paralyse der Analyse" fangen zu lassen. Er holte die Frage aus der dünnen Luft theoretischer Erörterung herunter in die gefährliche Wirklichkeit einer Straßenbiegung zwischen Jerusalem und Jericho.

Er erzählte die Geschichte eines Mannes, der von Jerusalem nach Jericho hinabging und unter die Räuber fiel, die ihn niederschlugen, ausplünderten und halbtot zurückließen. Zufällig kam ein Priester vorüber, doch er ging an der anderen Straßenseite vorbei. Später kam ein Levit, der ebenfalls vorüberging. Endlich kam ein Samariter des Weges, ein Angehöriger eines Mischvolkes, mit dem die Juden nichts zu tun haben wollten. Als er den verletzten Mann sah, ergriff ihn das Mitleid. Er leistete Erste Hilfe, legte den Verwundeten auf sein Tier, brachte ihn in die Herberge und sorgte für ihn.

Wer ist mein Nächster?

„Seinen Namen kenne ich nicht", antwortete Jesus dem Sinne nach. „Jeder ist es, dem du nachbarlich begegnest. Jeder, der hilflos am Rand der Lebensstraße liegt. Er ist weder Jude noch Heide, weder Amerikaner noch Russe, weder Neger noch Weißer. Er ist irgendein Mensch, ein bedürftiger Mensch an irgendeiner der Jerichostraßen der Welt." So erklärt Jesus, wer der Nächste ist; nicht anhand einer theologischen Definition, sondern durch ein aus dem Leben gegriffenes Beispiel.

Worin bestand die Güte des barmherzigen Samariters? Warum wird er immer ein Vorbild menschlicher Tugend sein? Mir scheint, die Güte dieses Mannes kann in einem einzigen Satz umschrieben werden: der barmherzige Samariter war voll echter Nächstenliebe. Das Lexikon sagt, Nächstenliebe sei Sorge um und für den Mitmenschen. Der barmherzige Samariter war gut, weil er die Sorge für den Nächsten zum obersten Gesetz seines Lebens erhob.

I

Der Samariter hatte die Gabe allumfassender Nächstenliebe. Er sah über die Zufälle der Rasse, der Religion und der Nationalität hinweg. Eine der großen Tragödien der Menschheit auf dem Zug durch ihre Geschichte war die Beschränkung der Fürsorge auf Stamm, Rasse, Klasse oder Nation. Der Gott des frühen Alten Testaments war ein Stammesgott, und alle Sitten waren Stammessitten. „Du sollst nicht töten!" bedeutete: „Du sollst keinen anderen Israeliten töten, aber um Gottes willen töte die Philister!" Die griechische Demokratie galt für eine Schar von Vornehmen, aber nicht für die Menge der griechischen Sklaven, aus deren Arbeit die Stadtstaaten entstanden. Der universelle Geist der amerikanischen Unabhängigkeitserklärung wurde beschämend verzerrt, als die Amerikaner „Manche Menschen sind frei geboren" für „Alle Menschen sind frei geboren" setzten. Zahllose Menschen im Norden und im Süden meinen noch immer, der Satz „Alle Menschen sind gleich geschaffen" müsse eigentlich heißen „Alle weißen Menschen sind gleich geschaffen". Unsere unerschütterliche Zuneigung zu dem Monopolkapitalismus führt dazu, daß wir uns mehr um den Wohlstand unserer Industriekapitäne sorgen als um das Wohlergehen der arbeitenden Menschen, deren Schweiß und Können die Industrie am Leben erhalten.

Und was für verheernde Folgen ergeben sich aus dieser engen, gruppengebundenen Haltung! Sie führt dazu, daß man sich nicht sehr darum kümmert, was Menschen außerhalb der Gruppe zustößt. Wenn ein Amerikaner sich nur um seine amerikanischen Landsleute sorgt, sind ihm die Menschen in Afrika, Asien oder Südamerika ziemlich gleichgültig; daß sich Völker ohne das geringste Schuldgefühl in den Wahnsinn eines Krieges stürzen; daß der Mord an einem Mitbürger ein Verbrechen, das Töten eines Menschen aus einem anderen Volk während des Krieges eine Heldentat ist.

Wenn Fabrikbesitzer nur an ihre eigenen Interessen denken, werden sie „auf der anderen Straßenseite vorübergehen", während Tausende von Arbeitern durch die Automation ihre Stellungen verlieren. Sie werden jeden Schritt zu einer besseren Verteilung des Reichtums und zu einem besseren Leben für die arbeitenden Menschen als sozialistisch verdammen. Wenn ein weißer Mann nur an seine eigene Rasse denkt, wird er achtlos am Neger vorübergehen, den man seiner Menschenwürde beraubt hat, und der unbeachtet an irgendeinem Straßenrande liegenblieb.

Es ist noch nicht lange her, da erlitt ein Auto auf der Heimfahrt von einem Basketballspiel einen Unfall. Alle Insassen waren Neger. Drei junge Männer wurden schwer verletzt. Sofort wurde ein Krankenwagen herbeigerufen. Als er den Unfallort erreichte, lehnte der weiße Fahrer es ab, Negern zu helfen, und fuhr davon. Der Fahrer eines vorüberkommenden Wagens fuhr die jungen Menschen hilfsbereit in das nächstgelegene Krankenhaus. Doch der diensthabende Arzt erklärte: „Hier werden keine Nigger aufgenommen!" Als die jungen Männer endlich in einem „farbigen" Krankenhaus ankamen, das fast 50 Meilen vom Unfallort entfernt lag, war einer tot, und die anderen beiden starben 30 und 50 Minuten später. Wahrscheinlich wären alle drei bei sofortiger Behandlung gerettet worden. Das ist nur einer von Tausenden von unmenschlichen Fällen, die sich täglich in den Südstaaten ereignen. Er zeigt, welch barbarische Folgen stammes-, volks- oder rassebewußte Sittengesetze haben können.

Die wahre Barbarei eines so engherzigen Provinzialismus liegt darin, daß wir die Menschen entweder nur als Einzelwesen oder nur als Dinge betrachten. Zu selten sehen wir sie in ihrer ganzen Menschlichkeit. Seelische Kurzsichtigkeit begrenzt unseren Blick auf das Äußere. Wir betrachten die Menschen als Juden oder Heiden, Katholiken oder Protestanten, Chinesen oder Amerikaner, Neger oder Weiße. Aber wir denken nicht an sie als an Mitmenschen, die aus demselben Stoff erschaffen und nach demselben göttlichen Bilde geformt sind. Der Priester und der Levit sahen nur einen blutenden Körper, nicht einen Mitmenschen. Der barmherzige Samariter aber wird uns immer ermahnen, die Schleier der Engstirnigkeit von unseren Augen zu reißen und im Menschen den Menschen zu sehen. Hätte der Samariter in dem Verwundeten den Juden gesehen, so wäre er nicht stehengeblieben, denn Samariter und Juden hatten nichts miteinander zu schaffen. Aber er sah in ihm nur den Menschen, der rein zufällig Jude war. Der gute Nachbar übersieht die Äußerlichkeiten und erkennt die inneren Werte, die jeden Menschen zum Menschen und damit zum Bruder machen.

II

Der Samariter besaß den Mut zu einer gefährlichen Selbstlosigkeit. Er wagte sein Leben, um einem Bruder zu helfen. Bei der Frage, warum Priester und Levit nicht stehenblieben, um den Verwundeten zu versorgen, drängen sich uns mancherlei Antworten auf. Vielleicht durften sie nicht zu spät zu einer wichtigen geistlichen Konferenz kommen. Vielleicht verlangten kirchliche Regeln von ihnen, daß sie einige Stunden vor der Ausübung ihres Tempelamtes keinen Menschen berührten. Vielleicht waren sie auf dem Weg zu einer Sitzung der Kommission für die Verbesserung der Sicherheit auf den Straßen. Sicher eine notwendige Sache, denn es reichte offenbar nicht aus, einem Verwundeten auf der Straße nach Jericho zu helfen; es ist schon wichtig, die Verhältnisse zu ändern, die derartige Raubüberfälle erst ermöglichen. Wohltätigkeit ist lobenswert, sie darf jedoch nicht dahin ausarten, das Leid zu übersehen, das die Wohltätigkeit erst notwendig macht.

Nun, all diese Gründe mögen dazu geführt haben, daß beide nicht stehenblieben. Aber es gibt auch noch die oft übersehene Möglichkeit, daß sie Angst hatten. Die Straße von Jerusalem nach Jericho war gefährlich. Als meine Frau und ich das Heilige Land besuchten, mieteten wir einen Wagen und fuhren von Jerusalem nach Jericho. Während wir langsam die gewundene bergige Straße hinabrollten, sagte ich meiner Frau: „Jetzt verstehe ich, warum Jesus gerade diese Straße für sein Beispiel gewählt hat." Jerusalem lag fast achthundert Meter über, Jericho zweihundertfünfzig Meter unter dem Meeresspiegel. Dieser Höhenunterschied wird auf einer Strecke von etwa dreißig Kilometern bewältigt. Viele Kurven bieten günstige Hinterhalte und setzen den Reisenden plötzlichen Überfällen aus. Früher wurde die Straße der Blutpaß genannt. Es ist also möglich, daß Priester und Levit fürchteten, selbst niedergeschlagen zu werden, wenn sie sich hier aufhielten. Vielleicht waren die Räuber noch in der Nähe. Vielleicht war der Mann am Wegesrand auch nur ein Lockvogel für Vorübergehende, damit sie um so leichter überwältigt werden konnten. Ich kann mir vorstellen, daß Priester und Levit sich gefragt haben: „Was wird aus mir, wenn ich jetzt stehenbleibe, um diesem Manne zu helfen?" Aber der barmherzige Samariter kehrte diese Frage um: „Was wird aus ihm, wenn ich nicht stehenbleibe, um ihm zu helfen?" Der barmherzige Samariter ließ sich auf eine gefährliche Selbstlosigkeit ein.

Wir fragen so oft: „Was wird aus meiner Stellung, meinem Wohlstand, meinem Ansehen, wenn ich zu dieser oder jener Frage Stellung nehme? Wird man mir Bomben ins Haus werfen? Wird man mein Leben bedrohen? Wird man mich ins Gefängnis werfen?" Der wirklich gute Mensch kehrt diese Frage stets um. Albert Schweitzer fragte nicht: „Was wird aus meinem Ruf als Professor und meinem Ansehen als Bachorganist, wenn ich unter den Afrikanern arbeite?" Er fragte vielmehr: „Was wird aus diesen Millionen Menschen, die von der Gewalt der Ungerechtigkeit verletzt wurden, wenn ich nicht zu ihnen gehe?" Abraham Lincoln fragte nicht: „Was wird aus mir, wenn ich die Schande der Sklaverei beseitige?" sondern er fragte: „Was wird aus Amerika und aus Millionen Negern, wenn ich es nicht tue?" Der Neger in sicherer Anstellung fragt nicht: „Was wird aus meinem Arbeitsplatz, meiner Zugehörigkeit zum Mittelstand oder meiner persönlichen Sicherheit, wenn ich mich in den Kampf um die Beseitigung der Rassenschranken einreihe?" sondern: „Was wird aus der Gerechtigkeit und aus Millionen Negern, die niemals die Geborgenheit sozialer Sicherheit erlebt haben, wenn ich mich nicht aktiv und mutig an der Bewegung beteilige?"

Entscheidend ist nicht, wo ein Mensch in Zeiten der Ruhe und Sicherheit steht, sondern wohin er sich in Zeiten der Herausforderung und Kämpfe stellt. Der wirklich Nächste wird seine Stellung, seinen Ruf und sogar sein Leben für das Wohlergehen anderer einsetzen. In gefährlichen Tälern und auf schwindelnden Pfaden wird er einen geschundenen und geschlagenen Bruder aufrichten und ihm zu einem höheren und edleren Leben verhelfen.

Der Samariter besaß auch ein Übermaß an Selbstlosigkeit. Mit eigener Hand verband er die Wunden
des Mannes, dann hob er ihn auf seinen Esel. Leichter
wäre es gewesen, einen Krankenwagen zu bezahlen, anstatt sich vielleicht den eigenen sauberen Anzug mit Blut
zu beflecken.

Wahre Nächstenliebe ist mehr als die Fähigkeit zum
Mitleid, es ist die Fähigkeit zur Zuneigung. Mitleid
braucht nicht mehr zu bedeuten als das Ausschreiben eines
Schecks. Zuneigung hingegen bedeutet persönliche Anteilnahme, die unsere ganze Seele fordert. Mitleid mag
einem unbestimmten Begriff wie Menschlichkeit entspringen. Zuneigung wächst aus der bestimmten Sorge um
einen notleidenden Menschen, der am Straßenrand des
Lebens liegt. Zuneigung ist das Gefühl der Gemeinschaft
mit einem Menschen in Not, mit seinem Schmerz, seinem
Leid, seinen Lasten. Unsere Missionsanstrengungen
schlagen fehl, wenn sie sich auf Mitleid gründen anstatt
auf Mitleiden. Anstatt nachzudenken, wie wir etwas *mit*
den Afrikanern und Asiaten tun könnten, haben wir zu
oft überlegt, wie etwas *für* sie zu tun wäre. Mitleid, das
der Zuneigung entbehrt, führt oft zu einer neuen Form
der Betreuung, die kein Mensch ertragen kann, der sich
selbst achtet. Dollars können den verwundeten Kindern
Gottes an den Straßenrändern des Lebens helfen. Wenn
diese Dollars aber nicht von liebenden Händen verteilt
werden, können sie weder dem Geber noch dem Emp-
fänger nützen. Millionen von Dollars sind in die afrikanische Mission geschickt worden von Menschen, die lieber
sterben würden, als einen Neger in ihre Gemeinde auf-

zunehmen. Millionen werden für das Friedenskorps in Afrika ausgegeben, weil Männer dafür eingetreten sind, die sich zugleich alle Mühe geben, afrikanische Diplomaten aus ihren Clubs und der Umgebung ihrer Häuser fernzuhalten. Das Friedenskorps wird versagen, wenn es versucht, etwas *für* die Völker der unterentwickelten Länder zu tun. Es wird Erfolg haben, wenn es sich schöpferisch bemüht, etwas *mit* ihnen zu unternehmen. Es wird versagen, wenn es nur eine Geste im Kampf gegen den Kommunismus ist, und Erfolg haben, wenn es dafür kämpft, Armut, Unwissenheit und Krankheit von der Erde zu vertreiben. Geld ohne Liebe ist wie Salz ohne Kraft. Es taugt nur, um unter den Füßen der Menschen zertreten zu werden. Wahre Nachbarschaft verlangt persönliche Anteilnahme. Der Samariter verband mit eigenen Händen den Mann, der unter die Räuber gefallen war, und setzte darüber hinaus eine überströmende Liebe ein, um die seelischen Wunden des Zerbrochenen zu heilen.

Ein anderes Zeichen für die wahre Uneigennützigkeit des Samariters ist, daß er weit mehr tat als seine bloße Pflicht. Nachdem er sich um die Wunden des Mannes gekümmert hatte, legte er ihn auf sein Tier, brachte ihn in eine Herberge, hinterließ Geld für seine Pflege und versprach, auch weiter zu helfen, wenn es sich als notwendig erweisen sollte. „Was du mehr wirst dartun, will ich dir bezahlen, wenn ich wiederkomme!" Seine Liebe war vollständig.

Es gibt erzwingbare und nicht erzwingbare Verpflichtungen. Die einen sind durch den Druck der Gesellschaft und der Gesetzgeber geordnet. Die Nichterfüllung dieser auf zahllosen Gesetzbuchseiten festgelegten Pflichten hat zahllose Gefängnisse gefüllt. Die anderen aber stehen jenseits der Reichweite von Gesellschaft und Gesetz. Sie betreffen innere Verhaltensweisen, echte mitmenschliche Beziehungen und Handlungen des Mitleidens. Gesetze können sie nicht regeln, Gefängnisse sie nicht erzwingen. Solche Verpflichtungen entstehen erst durch die Unterwerfung unter ein inneres Gesetz, das im Herzen geschrieben steht. Das von Menschen geschaffene Gesetz sichert Gerechtigkeit, das innere Gesetz schafft Liebe. Keine Vorschrift hat je einen Vater dazu gebracht, seine Kinder zu lieben, einen Gatten, seine Frau zu achten. Der Gerichtshof mag ihn zwingen, für den Lebensunterhalt seiner Familie zu sorgen, aber er kann ihn nicht dazu bringen, seinen Angehörigen auch das Brot der Liebe zu reichen. Ein guter Vater tut das nicht Erzwingbare. Der gute Samariter vertritt das Gewissen der Menschheit, weil auch er dem inneren Gesetz gehorchte, das nicht erzwungen werden kann. Kein Gesetz der Welt hätte ein so vollkommenes Mitleiden und eine so bedingungslose Nächstenliebe erreichen können.

In unserer Nation tobt heute ein gewaltiger Kampf gegen die Herrschaft des bösen Geistes der Rassentrennung und seines Zwillingsbruders, der Diskriminierung. Seit hundert Jahren gehen sie in diesem Land um, entkleiden Millionen von Negern ihres Gefühls für Menschenwürde und berauben sie ihrer angeborenen Freiheit.

Wir wollen niemals der Versuchung erliegen, daran zu glauben, daß Gesetze und Erlasse für die Lösung dieses Problems unwichtig wären. Moral kann nicht verfügt, doch Verhaltensweisen können vorgeschrieben werden. Erlasse ändern vielleicht nicht das Herz, aber sie können das Benehmen des Herzlosen bändigen. Kein Gesetz kann den Arbeitgeber zwingen, seinen Arbeitnehmer zu lieben, aber es kann ihn davon abhalten, seine Einstellung wegen seiner Hautfarbe zu verweigern. Wenn schon nicht die Herzen, so werden doch die Gewohnheiten der Menschen Tag für Tag durch gesetzgeberische Akte, durch juristische Entscheidungen und Verwaltungsanordnungen verändert. Wir sollten uns nicht von denen verwirren lassen, die behaupten, die Rassentrennung könne nicht durch Gesetze beseitigt werden.

Wir müssen aber auch zugeben, daß die Rassenfrage erst gelöst werden kann, wenn die Menschen willens werden, dem nicht Erzwingbaren zu gehorchen. Gerichtsurteile und Bundesgesetze sind von unbestreitbarem Wert für die Aufhebung der Rassenschranken. Aber damit wäre erst ein kleiner, wenn auch unerläßlicher Schritt zum Ziel getan: zum echten Zusammenleben der verschiedenen Gruppen und der Einzelnen. Das Gesetz wird die rechtlichen Schranken niederreißen und die Menschen dadurch äußerlich einander näherbringen. Aber etwas anderes muß die Herzen und Seelen der Menschen anrühren, damit sie auch seelisch zueinander finden, weil es natürlich und richtig ist. Eine erhebliche Verbesserung der Bürgerrechtsgesetze wird der Rassentrennung in der Öffentlichkeit ein Ende setzen. Doch Furcht, Vorurteile, Stolz und Unvernunft können auf diese Weise nicht beseitigt werden. Sie sind die wirklichen Hindernisse auf dem Weg zu einer wahrhaft einigen Gesellschaft. Diese düsteren, dämonischen Gefühle werden erst dann überwunden sein, wenn die Menschen von dem unsichtbaren, inneren Gesetz ergriffen sind, das ihren Herzen die Überzeugung einimpft, daß alle Menschen Brüder sind und daß die Liebe die stärkste Waffe der Menschheit ist, um persönliche und gesellschaftliche Wandlungen zu erreichen. Wirkliche Integration wird von wirklichen Nachbarn verwirklicht werden, die sich willig dem nicht Erzwingbaren unterordnen.

Mehr als je zuvor sind Menschen aller Rassen und Völker aufgerufen, nachbarlich zu leben. Der Ruf nach weltweiter guter Nachbarschaft ist mehr als ein zündendes Losungswort. Es ist der Ruf zu einer Lebensweise, die aus einem gegenwärtigen weltweiten Klagelied eine Melodie schöpferischer Erfüllung werden lassen kann. Wir können uns nicht länger den Luxus erlauben, aneinander vorüberzugehen. Einst nannte man solchen Irrsinn moralisches Versagen; heute würde er zum Selbstmord der Welt führen. Wir können nicht lange überleben, wenn wir in einer geographisch zusammengerückten Welt geistig voneinander getrennt bleiben. Ich darf den Mann auf der Straße von Jerusalem nach Jericho nicht vergessen, denn er ist ein Teil von mir, wie ich ein Teil von ihm bin. Sein Todeskampf schwächt mich, seine Rettung erhebt mich.

In unserem Bemühen um Nächstenliebe haben wir außer dem barmherzigen Samariter auch Christus zum Vorbild. Seine Nächstenliebe war weltumspannend. Für ihn waren alle Menschen Brüder, auch die Zöllner und die Sünder. Auch Christi Nächstenliebe war gefährlich, denn sie führte ihn auf die gefahrvollsten Wege; sie war überströmend, denn aus Nächstenliebe starb er am Kreuz, als leuchtendstes Beispiel der Geschichte für einen Gehorsam gegenüber dem nicht Erzwingbaren.

Tätige Liebe

„Dann sprach Jesus: Vater, vergib ihnen,
denn sie wissen nicht, was sie tun."
LUKAS 23, 34 (MOFFAT)

Wenige Worte im Neuen Testament bezeugen deutlicher den Edelmut Jesu als dieses Gebet am Kreuz: „Vater, vergib ihnen, denn sie wissen nicht, was sie tun!" Das ist reinste Liebe.

Wir werden die tiefe Bedeutung dieses Gebetes nicht völlig verstehen, wenn wir übersehen, daß unser Text mit dem Wörtchen „dann" beginnt. Der unmittelbar davorstehende Vers lautet: „Und als sie kamen an die Stätte, die da heißt Schädelstätte, kreuzigten sie ihn daselbst und die Übeltäter mit ihm, einen zur Rechten und einen zur Linken." Und dann sprach Jesus: „Vater, vergib ihnen!" Dann — als er in den Abgrund des qualvollen Todeskampfes gestürzt worden war. Dann — als der Mensch sich am schlimmsten erniedrigt hatte. Dann — als er einen höchst schmachvollen Tod erlitt. Dann — als die verruchten Hände der Geschöpfe gewagt hatten, den Sohn des

Schöpfers zu kreuzigen. Dann sagte Jesus: „Vater, vergib ihnen!" Dieses Dann hätte auch ganz anders ergänzt werden können. Jesus hätte sagen können: „Vater, strafe sie!" oder: „Vater, vernichte sie im Donner deines gerechten Zorns!" oder: „Vater, öffne die Schleusen des Gerichts und überschütte sie mit der Flut der Vergeltung!" Aber er sagte nichts dergleichen. Obgleich er einem unglaublichen Todeskampf ausgeliefert war, obwohl er unbeschreibliche Schmerzen litt, obwohl er verstoßen und bespien war, sagte er: „Vater, vergib ihnen!"

Wir wollen zwei Grundlehren betrachten, die wir diesem Text entnehmen können.

I

Zunächst sehen wir hier einen herrlichen Beweis für Jesu Fähigkeit vor uns, Worte und Taten miteinander in Einklang zu bringen. Eine unserer großen Tragödien besteht darin, daß wir nur selten den Abgrund zwischen Bekennen und Handeln überbrücken, zwischen Worten und Taten. Eine andauernde Schizophrenie wirft viele von uns in eine leidvolle innere Zerrissenheit. Auf der einen Seite bekennen wir uns stolz zu edlen und hohen Prinzipien, auf der andern tun wir das Gegenteil. Unser Leben leidet oft an zu hohem Bekenntnis-Blutdruck und an gleichzeitiger Taten-Blutarmut. Wir reden wortreich von unserer Ergebenheit für das Christentum, und doch ist unser Leben voller heidnischer Taten. Wir verkünden unsere demokratische Überzeugung und handeln diktatorisch. Wir sprechen leidenschaftlich vom Frieden und bereiten uns eifrig auf den Krieg vor. Wir reden schwärmerisch von dem hohen Pfad der Gerechtigkeit und gehen unberührt den niedrigen Weg der Ungerechtigkeit. Diese seltsame Zweigleisigkeit, dieser schmerzliche Abgrund zwischen Idee und Wirklichkeit, ist das tragische Thema des menschlichen Leidensweges.

Im Leben Jesu finden wir diesen Abgrund überbrückt. Niemals in der Geschichte gab es ein leuchtenderes Beispiel für die Übereinstimmung von Worten und Taten. Während seines Wirkens in den sonnigen Dörfern Galiläas sprach Jesus leidenschaftlich von der Vergebung. Seine seltsame Lehre weckte die Fragen des kritischen Petrus. Er fragte: „Herr, wie oft muß ich denn meinem Bruder, der an mir sündigt, vergeben? Ist's genug siebenmal?" Aber Jesus antwortete, daß es keine Grenze der Vergebung gäbe: „Ich sage dir, nicht siebenmal, sondern siebenzigmal siebenmal." Mit andern Worten: die Vergebung ist keine Frage der Zahl, sondern der inneren Einstellung. Kein Mensch kann vierhundertneunzigmal vergeben, ohne daß die Vergebung zum Bestandteil seines Seins wird. Vergebung ist keine gelegentliche Handlung; sie ist eine ständige Gewohnheit.

Jesus ermahnte auch seine Jünger, ihre Feinde zu lieben und für ihre Beleidiger zu beten. Diese Lehre kam vielen sehr fremd und seltsam vor. An die Forderungen einer so verblüffenden Liebe war man nicht gewöhnt. Man hatte gelernt, den Freund zu lieben und den Feind zu hassen. Das Leben war darauf eingerichtet, in der geheiligten Tradition der Rache Trost zu suchen. Aber Jesus lehrte seine Jünger, daß sie nur durch die Liebe zu ihren Feinden Kinder Gottes werden könnten, und daß Liebe und Vergebung unerläßliche Vorbedingungen geistlicher Reife seien.

Und dann kommt die Zeit der Prüfung. Christus, der unschuldige Sohn Gottes, hängt am Kreuz. Wo ist da noch Raum für Liebe und Vergebung? Wie wird Jesus jetzt handeln? Was wird er sagen? Er hebt das dornengekrönte Haupt und ruft jene großen Worte aus: „Vater, vergib ihnen, denn sie wissen nicht, was sie tun!" Das war seine größte Stunde, in der er die himmlische Antwort auf das erteilte, was ihm auf Erden als Schicksal widerfuhr.

Wir erfassen die Größe dieses Gebets erst ganz, wenn wir die Natur betrachten, die nie vergibt, weil ihr unpersönlicher Aufbau rein zweckbestimmt ist. Gegenüber dem Notschrei eines Menschen, der vom Sturm erfaßt wird, bei dem Entsetzensruf eines Arbeiters, der vom Gerüst stürzt, bleibt die Natur kalt, leidenschaftslos, gleichgültig. Sie muß ihren ewigen, unveränderlichen Gesetzen folgen. Werden diese Gesetze gebrochen, so kann die Natur stets nur auf die gleiche Weise reagieren. Sie vergibt nicht und kann nicht vergeben.

Oder vergleichen wir das Gebet Jesu mit dem zögernden Vergeben der Menschen. Wir sind davon überzeugt, daß es im Leben darauf ankommt, ungeschoren zu bleiben und das Gesicht zu wahren. Wir neigen uns vor dem Altar der Rache. Die dem menschlichen Leben innewohnende Schönheit wird durch immerwährende Vergeltungsgesänge entstellt.

Oder stellen wir Jesu Gebet einer Gesellschaft gegenüber, die noch weniger zum Vergeben bereit ist. Die Gesellschaft braucht ihre Regeln, Normen und Sitten. Sie muß ihre gesetzlichen Gebote und Verbote haben. Wer sich aber den Regeln widersetzt und die Gesetze übertritt, wird oft in einen Abgrund der Verdammung gestoßen. Man gibt ihm keine neue Chance. Fragt ein bis dahin unschuldiges Mädchen, das nach einem Augenblick unüberlegter Leidenschaft Mutter eines unehelichen Kindes wird; sie wird euch sagen, daß die Gesellschaft nicht leicht verzeiht. Fragt einen Beamten, der in einem Augenblick der Unachtsamkeit das Vertrauen der Öffentlichkeit enttäuschte; er wird euch sagen, daß die Gesellschaft nur schwer vergibt. Geht in ein Gefängnis und fragt die Gefangenen, die die Seiten ihres Lebensbuches mit Zeilen beschrieben haben, derer sie sich schämen müssen; sie werden euch sagen, daß die Gesellschaft nur schwer vergibt. Geht in die Todeszellen und sprecht mit denen, die der Kriminalität anheimfielen. Während sie sich auf den Gang zum elektrischen Stuhl vorbereiten, werden sie hoffnungslos erwidern, daß die Gesellschaft nicht vergibt. In der Todesstrafe zeigt die Gesellschaft am deutlichsten, daß sie nicht zur Vergebung bereit ist.

Das ist die immer wiederkehrende Geschichte unseres Lebens. Die Weltgeschichte wird von den unaufhörlichen Gezeiten der Rache aufgewühlt. Der Mensch hat sich in ihrer Geschichte niemals über das Gesetz erhoben: „Leben um Leben, Auge um Auge, Zahn um Zahn, Hand um Hand, Fuß um Fuß." Obwohl das Gesetz der Rache keine sozialen Probleme lösen kann, lassen sich die Menschen von ihm leiten. Die Geschichte ist übersät von den Wracks der Völker und Menschen, die diesen selbstzerstörerischen Weg gegangen sind.

Jesus verkündete am Kreuz ein höheres Gesetz. Er wußte, daß die alte Lehre des „Auge um Auge" schließlich eine blinde Menschheit schaffen mußte. Er versuchte nicht, das Böse mit dem Bösen zu überwinden. Er bezwang das Böse mit dem Guten. Blinder Haß hatte ihn ans Kreuz geschlagen, er aber antwortete mit Liebe.

Was für eine großartige Lehre! Generationen werden kommen und gehen, die Menschen werden weiter den Gott der Rache anbeten und sich vor dem Altar der Vergeltung neigen. Aber immer wieder wird das Gebet am Kreuz uns sagen, daß nur das Gute das Böse vertreiben, daß nur die Liebe den Haß bezwingen kann.

II

Eine zweite Lehre empfangen wir aus diesem Gebet. Sie beweist, wie gut Jesus die geistige und seelische Blindheit des Menschen kannte. „Sie wissen nicht, was sie tun!" sagte Christus. Sie waren blind und brauchten Erleuchtung. Wir müssen erkennen, daß Jesus nicht nur durch Sünde, sondern auch durch Blindheit ans Kreuz geschlagen wurde. Die Menschen, die da schrien: „Kreuzige ihn!" waren nicht schlecht, sondern blind. Der spottende Pöbel, der den Weg zur Schädelstätte säumte, bestand weniger aus schlechten als aus blinden Menschen. Sie wußten nicht, was sie taten!

Die Geschichte quillt über von den Zeugnissen dieser beschämenden Tragödie. Vor Jahrhunderten mußte Sokrates den Schierlingsbecher trinken. Die Männer, die seinen Tod forderten, waren durchaus nicht schlecht. Im Gegenteil: es waren aufrechte und ehrliche griechische Bürger. Sie hielten Sokrates wirklich für gottlos, weil seine Gottesidee von einer Tiefe war, die alles Gewohnte übertraf. Nicht Schlechtigkeit, sondern Blindheit tötete Sokrates. Saulus hatte nichts Böses im Sinn, als er die Christen verfolgte. Er war ein aufrichtiger und gewissenhafter israelitischer Gläubiger. Er meinte im Recht zu sein. Er verfolgte die Christen nicht, weil es ihm an menschlicher Sauberkeit, sondern weil es ihm an Erleuchtung fehlte. Die Christen, die an der Inquisition teilnahmen, waren nicht böse, sondern irregeleitet. Die Geistlichen, die sich dem Fortschritt der Wissenschaften entgegenstellten — ob es sich nun um die kopernikanische Revolution des Weltbildes oder um Darwins Lehre von der natürlichen Auslese handelte —, waren keine Missetäter, sondern Unwissende. Und so stehen die Worte Christi knapp und klar über vielen unbeschreibbaren Tragödien der Menschheitsgeschichte: „Sie wissen nicht, was sie tun!"

Diese unheilvolle Blindheit zeigt sich auf vielerlei Weise auch in unseren Tagen. Manche Menschen halten den Krieg noch immer für die einzige Lösung der Weltprobleme. Es sind keine bösen Menschen. Im Gegenteil: es sind gute, ehrbare Bürger, die ihre Ansichten in den Mantel des Patriotismus hüllen. Sie reden von „Leben am Rand des Abgrunds" und vom „Gleichgewicht des Schreckens". Sie glauben aufrichtig, daß ein weiterer Rüstungswettlauf eher nützlich als schädlich sei. Deshalb fordern sie stärkere Bomben, größere Kernwaffenvorräte, schnellere ballistische Raketen.

Die Erfahrung sollte uns lehren, daß Kriege überholt sind. Vielleicht gab es einmal eine Zeit, da man sie als notwendiges Übel betrachten konnte, um Ausweitung und Wachstum teuflischer Mächte zu verhindern. Aber die Zerstörungskraft moderner Waffen schließt die Möglichkeit aus, den Krieg als ein notwendiges Übel zu sehen. Wenn wir das Leben für lebenswert halten und an das Lebensrecht des Menschen glauben, dann müssen wir eine Alternative zum Krieg finden. Während Raumschiffe durch das Weltall jagen und ferngelenkte Raketen ihre Bahn durch die Stratosphäre ziehen, kann kein Volk mehr einen Sieg durch Waffengewalt erhoffen. Ein sogenannter begrenzter Krieg würde nur ein Erbe unsäglichen menschlichen Leidens, politischer Wirrnis und geistlicher Verzweiflung hinterlassen. Ein Weltkrieg aber — den Gott verhüten möge — hinterließe nur glimmende Asche als stummes Zeugnis einer menschlichen Rasse, deren Irrsinn unausweichlich zum Tode führte. Und doch gibt es Menschen, die ehrlich glauben, Abrüstung sei gefährlich und Verhandlung reine Zeitverschwendung. Unsere Welt ist von der schrecklichen Aussicht auf atomare Zerstörung bedroht, weil es noch immer zu viele Menschen gibt, die nicht wissen, was sie tun.

Auch in den Beziehungen zwischen den Rassen zeigt sich die Richtigkeit unseres Textes. Die Sklaverei wurde in Amerika nicht nur durch menschliche Schlechtigkeit, sondern auch durch menschliche Blindheit gestützt. Gewiß liegt die Ursache des Sklavensystems vor allem in wirtschaftlichen Gründen. Die Menschen redeten sich selbst ein, ein wirtschaftlich so ergiebiges System müsse doch auch moralisch zu rechtfertigen sein. Sie erfanden umfangreiche Theorien rassischer Überlegenheit. Mit Verstandesgründen hüllten sie das offenbar Falsche in den Purpurmantel der Gerechtigkeit. Dieser tragische Versuch, einem wirtschaftlich ertragreichen System moralische Rechtfertigung zu verschaffen, führte zur Lehre von der weißen Überlegenheit. Religion und Bibel wurden zitiert, um den alten Zustand beizubehalten. Die Wissenschaft wurde bemüht, um die biologische Unterlegenheit des Negers zu beweisen, und die philosophische Logik vergewaltigt, um dem System der Sklaverei intellektuelle Glaubwürdigkeit zu verleihen. Jemand formte in Anlehnung an ein Wort des Aristoteles folgendes Argument für die Unterlegenheit des Negers: „Alle Menschen sind nach dem Bilde Gottes geschaffen. Jedermann weiß, daß Gott kein Neger ist. Folglich ist der Neger kein Mensch."

So wurden nach Belieben die Erkenntnisse der Wissenschaft, der Religion und der Philosophie verdreht, um die Lehre von der weißen Überlegenheit zu stützen. Bald schon standen sie in jedem Schulbuch und wurden von jedem Katheder verkündigt. Sie wurde zum Bestandteil der Kultur. Und die Menschen nahmen sie nicht als eine in den Mantel der Wahrheit gehüllte Lüge hin, sondern als die Wahrheit schlechthin. So kamen sie allen Ernstes zu der Überzeugung, der Neger sei minderwertig und die Sklaverei von Gott verordnet. Im Jahr 1857 erhielt das Sklavensystem seine stärkste juristische Untermauerung durch ein Willkürurteil des Obersten Gerichtshofs. Er verkündete, der Neger besitze keinerlei Rechte, die vom weißen Manne zu achten seien. Die Richter, die dieses Urteil fällten, waren durchaus nicht schlecht. Im Gegenteil: es waren anständige und redliche Männer: Aber sie waren Opfer geistiger und geistlicher Blindheit. Sie wußten nicht, was sie taten. Das System der Sklaverei wurde durch aufrichtige, aber geistlich unwissende Menschen weitgehend verewigt.`

Diese Blindheit ist auch in der Rassentrennung zu finden, jener nicht allzu fernen Verwandten der Sklaverei. Manche der entschiedensten Rassentrenner sind ehrlich in ihrem Glauben und sehr ernsthaft in ihren Motiven. Wenn auch gewisse Menschen nur aus Gründen der politischen Zweckmäßigkeit und des wirtschaftlichen Gewinns für die Rassenschranken eintreten, so ist doch der Rassenkampf nicht nur als ein Rückzugsgefecht beruflicher Heuchler zu sehen. Manche Menschen glauben ehrlich, der Kampf gegen die Aufhebung der Rassenschranken sei gut für sie selbst, für ihre Kinder und für die Nation. Viele von ihnen sind gute Kirchenchristen und dem religiösen Glauben ihrer Väter treu verbunden. Drängt man sie, eine religiöse Rechtfertigung ihrer Überzeugung zu geben, werden sie sogar behaupten, Gott selbst sei als erster für die Rassentrennung eingetreten. „Rote und blaue Vögel fliegen nicht zusammen", sagen sie. Sie halten ihre Ansicht über Rassentrennung für vernünftig und moralisch. Fragt man sie nach einem Beweis für ihren Glauben an die Minderwertigkeit der Neger, so greifen sie zu gewissen pseudowissenschaftlichen Schriften und behaupten, das Hirn des Negers sei kleiner als das des weißen Mannes. Sie wissen nicht oder wollen nicht wissen, daß die Vorstellung von einer unterwertigen oder überlegenen Rasse von der Anthropologie klar widerlegt worden ist. Große Anthropologen stimmen darin überein, daß es wohl innerhalb einer Rasse höher- und minderwertige Menschen gebe, nicht aber eine unterlegene und eine überlegene Rasse. Die Rassentrenner wollen auch nicht hören, daß die Wissenschaft vier verschiedene Blutgruppen nachgewiesen und festgestellt hat, die alle bei allen Rassen gleichmäßig vertreten sind. Sie glauben blind an die ewige Gültigkeit der Rassentrennung und der weißen Überlegenheit. Welch eine Tragödie! Millionen von Negern sind durch die Blindheit gekreuzigt worden. Und doch müssen wir wie Jesus am Kreuz voller Liebe auf unsere Unterdrücker schauen und sagen: „Vater, vergib ihnen, denn sie wissen nicht, was sie tun!"

Aus allem, was ich bisher zu sagen versuchte, sollte deutlich hervorgehen, daß Aufrichtigkeit und Gewissenhaftigkeit allein nicht ausreichen. Die Geschichte hat bewiesen, daß diese Tugenden sich in Laster verwandeln können. Nichts in der Welt ist gefährlicher als aufrichtige Unwissenheit und gewissenhafte Dummheit. Shakespeare schrieb:

„Das Tun ist's, was aus Süßstem Bittres braut.
Faulige Lilien stinken mehr als Kraut."

(Sonett XCIV)

Als wichtigster moralischer Wächter der menschlichen Gesellschaft muß die Kirche die Menschen aufrufen, gut und guten Willens zu sein. Sie muß die Tugenden der Gutherzigkeit und der Gewissenhaftigkeit fördern. Aber sie muß den Menschen auch daran erinnern, daß Gutherzigkeit und Gewissenhaftigkeit ohne Intelligenz zu brutalen Kräften werden können, die zu beschämenden Kreuzigungen führen. Niemals darf die Kirche müde werden, den Menschen zu sagen, daß sie eine moralische Verantwortung zur Intelligenz haben.

Müssen wir nicht zugeben, daß die Kirche diese Pflicht oft versäumt hat? Bisweilen hat sie gesprochen, als wäre Unwissenheit eine Tugend, Intelligenz ein Verbrechen. Durch ihre Engstirnigkeit und ihren Widerstand gegen neue Wahrheiten hat die Kirche ihre Gläubigen oft genug ermutigt, die Intelligenz mißtrauisch zu betrachten.

Wenn wir aber Christen sein wollen, so sollten wir geistige und moralische Blindheit meiden. Überall im Neuen Testament werden wir an die Notwendigkeit der Erleuchtung erinnert. Uns ist befohlen, Gott nicht nur mit dem Herzen und der Seele, sondern auch mit dem Verstand zu lieben. Als der Apostel Paulus die Blindheit vieler seiner Gegner bemerkte, sagte er: „Denn ich gebe ihnen das Zeugnis, daß sie eifern um Gott, aber mit Unverstand." Immer wieder erinnert uns die Bibel an die Gefahren eines Eiferns ohne Wissen und einer Aufrichtigkeit ohne Intelligenz.

Wir müssen also nicht nur die Sünde, sondern auch die Unwissenheit bekämpfen. Nicht nur menschliche Schlechtigkeit, sondern auch menschliche Dummheit haben zum gegenwärtigen Chaos geführt. Wenn die westliche Zivilisation sich weiter rückentwickelt, bis sie, ihren Vorgängern gleich, in einen bodenlosen Abgrund stürzt, dann wird der Grund dafür nicht nur in ihrer Sündhaftigkeit zu suchen sein, sondern auch in ihrer erschreckenden Blindheit. Und wenn die amerikanische Demokratie allmählich zerbricht, so liegt das an mangelnder Einsicht ebensosehr wie an mangelnder Wahrung des Rechts. Wenn die Menschheit weiter mit dem Krieg spielt und schließlich ihre irdische Wohnung in ein Inferno verwandelt, wie Dante es nicht hätte ersinnen können, so wird die Ursache in abgrundtiefer Schlechtigkeit und Dummheit zugleich zu suchen sein.

„Sie wissen nicht, was sie tun", sagte Jesus. Sie waren mit Blindheit geschlagen. Und hier liegt die Lösung unseres Problems: Wir brauchen nicht blind zu sein. Körperliche Blindheit wird einem Menschen zumeist durch Vorgänge auferlegt, auf die er keinen Einfluß hat. Geistige und moralische Blindheit aber erlegt der Mensch sich selbst auf durch den falschen Gebrauch seiner Freiheit und die mangelnde Ausnützung seines Verstandes. Eines Tages werden wir begreifen, daß das Herz nie ganz recht haben kann, wenn der Kopf sich völlig irrt. Das heißt nicht, daß der Kopf recht haben kann, wenn das Herz sich irrt. Nur wenn wir Hirn und Herz, Intelligenz und Güte in Einklang bringen, wird der Mensch die volle Erfüllung seiner wirklichen Natur erreichen. Das bedeutet nicht, daß man Philosoph sein oder eine lange Universitätsausbildung genossen haben muß, um ein guter Mensch zu sein. Ich kenne viele Menschen mit einfacher Ausbildung und verblüffender Intelligenz und Einsicht. Auf Offenheit des Geistes, vernünftiges Urteil und Wahrheitsliebe kommt es an. Der Mensch muß sich aus Gedankenträgheit und Leichtgläubigkeit lösen. Man muß nicht Gelehrter oder Akademiker sein, um unbeirrt nach der Wahrheit zu streben.

Das Licht ist in die Welt gekommen. Die Menschen sind aufgerufen, im Licht zu wandeln. Das irdische Leben des Menschen wird zum Trauerspiel, wenn er versäumt, diesem Ruf zu folgen. „Das aber ist das Gericht", sagt Johannes, „daß das Licht in die Welt gekommen ist, und die Menschen liebten die Finsternis mehr als das Licht."

Jesus hatte recht, als er von den Menschen, die ihn kreuzigten, sagte: „Sie wissen nicht, was sie tun." Sie waren mit furchtbarer Blindheit geschlagen.

Jedesmal, wenn ich zum Kreuz aufblicke, werde ich an die Größe Gottes und die erlösende Macht Christi erinnert. Ich denke an die Schönheit aufopfernder Liebe und die Majestät unerschütterlicher Treue zur Wahrheit. Und dann sage ich mit John Browning: „Im Kreuz Christi ist Ruhm, der über die Trümmer der Zeit hinausragt. Alles Licht der Geschichte sammelt sich um sein Haupt."

Es wäre schön, wenn ich beim Blick auf das Kreuz nur von solchen Gefühlen bewegt sein könnte. Aber immer muß ich auch daran denken, daß es eine seltsame Mischung aus Größe und Niedrigkeit, aus Gutem und Bösem symbolisiert. Ich werde nicht nur an die grenzenlose Macht Gottes erinnert, sondern auch an die Schwäche des Menschen. Ich denke nicht nur an die Strahlen des Göttlichen, sondern auch an das Dunkel des Menschlichen. Ich denke nicht nur an Christus in seinem größten Augenblick, sondern auch an den Menschen in seinem niedrigsten.

Wir müssen das Kreuz als das wunderbare Symbol der Liebe sehen, die den Haß überwindet, als das Zeichen des Lichtes, das die Dunkelheit vertreibt. Aber wir dürfen darüber nicht vergessen, daß unser Herr und Meister durch menschliche Blindheit an dieses Kreuz geschlagen wurde. Und die ihn kreuzigten, wußten nicht, was sie taten.

Liebet eure Feinde

Ihr habt gehört, daß gesagt ist: „Du sollst
deinen Nächsten lieben und deinen Feind hassen."
Ich aber sage euch: Liebet eure Feinde,
segnet, die euch fluchen, tut wohl denen,
die euch hassen, bittet für die, so euch beleidigen
und verfolgen, auf daß ihr Kinder seid
eures Vaters im Himmel.   MATTHÄUS 5, 43—45

Kein anderes Gebot Jesu ist wohl so schwer zu befolgen wie der Befehl: „Liebet eure Feinde!" Manche Menschen halten es für unausführbar. Es sei zwar leicht, so
sagen sie, den zu lieben, von dem man geliebt wird, wie
aber könne man den lieben, der einem offen oder insgeheim schadet? Andere, wie etwa der Philosoph Nietzsche,
behaupten, die Aufforderung Jesu, die Feinde zu lieben,
mache das Christentum zu einer Religion der Schwachen
und Feigen, nicht aber für die Starken und Tapferen.
Jesus, so sagen sie, war ein weltfremder Idealist.

Trotz dieser immer wiederkehrenden Fragen und Ein-
wände gilt dieser Befehl Christi heute mit besonderer
Dringlichkeit. Immer neue Umwälzungen zeigen, daß der
Mensch sich auf der Straße des Hasses befindet. Er ist auf
einer Reise begriffen, die zu Untergang und Verdammnis
führt. Der Befehl, unsere Feinde zu lieben, ist nicht die

fromme Bitte eines schwärmerischen Träumers; er ist eine unbedingte Notwendigkeit für unser Überleben. Die Liebe auch zu unseren Feinden ist der Schlüssel, mit dem sich die Probleme der Welt lösen lassen. Jesus ist kein weltfremder Idealist, sondern ein praktischer Realist.

Bestimmt wußte Jesus genau, wie schwer es ist, die Feinde zu lieben. Er gehörte nicht zu jenen Schwätzern, die uns zungenfertig einreden wollen, wie leicht es sei, ein moralisches Leben zu führen. Er wußte, daß jeder echte Ausdruck der Liebe allein einer völligen und bewußten Ergebung in Gott entspringt. Wenn Jesus also sagte: „Liebet eure Feinde", so kannte er die alles fordernde Vorbedingung hierfür genau. Und doch meinte er seine Worte völlig ernst. Wir müssen versuchen, den Sinn seines Befehls zu erfassen und ihn in unserem Leben zu befolgen.

I

Wir wollen praktisch vorgehen und uns fragen: Wie lieben wir denn unsere Feinde?

Zunächst müssen wir zur Vergebung fähig werden. Wer nicht vergeben kann, der kann auch nicht lieben. Wir können nicht mit der Feindesliebe beginnen, wenn wir nicht begreifen, daß wir denen immer wieder vergeben müssen, die uns beleidigen und verfolgen. Wir müssen auch begreifen, daß Vergebung immer nur von dem ausgehen kann, dem Böses getan wurde. Der Übeltäter kann um Vergebung bitten. Er kann zur Besinnung kommen wie der verlorene Sohn, der reumütig zurückkehrte und sich von ganzem Herzen nach Vergebung sehnte. Aber nur der beleidigte Nachbar, der liebende Vater daheim können die Vergebung gewähren.

Wenn wir vergeben, so bedeutet das nicht, daß wir so tun, als wäre nichts geschehen, oder daß wir eine böse Tat nicht mehr beim Namen nennen. Vielmehr bedeutet es, daß eine böse Tat nicht mehr als Schranke die Verbindung stört. Vergebung ist ein Katalysator, der die notwendige Atmosphäre für einen neuen Anfang schafft. Vergebung ist das Abnehmen einer Bürde, das Löschen einer Schuld. Worte wie: „Ich werde dir vergeben, aber ich werde nie vergessen, was du mir angetan hast", können nie das wahre Wesen der Vergebung ausdrücken. Gewiß kann man nicht vergessen, wenn vergessen bedeutet, daß etwas völlig aus dem Gedächtnis verschwunden sein soll. Wenn wir aber vergeben, so vergessen wir in dem Sinne, daß die Missetat kein Hindernis mehr für eine neue Verbindung bildet. Auch: „Ich vergebe dir, aber künftig will ich nichts mehr mit dir zu tun haben", ist falsch. Vergebung bedeutet Aussöhnung, Wiederzusammenkommen. Niemand kann ohne Vergebung seine Feinde lieben. Der Grad der Vergebungsfähigkeit bestimmt den Grad der Möglichkeit, unsere Feinde zu lieben.

Zweitens müssen wir erkennen, daß die böse Tat eines Menschen niemals sein ganzes Wesen ausdrückt. Ein guter Zug wird sich auch bei unserem bösesten Feind finden lassen. Jeder von uns ist irgendwie gespalten. In unserm Innern tobt ein beständiger Bürgerkrieg. Irgend etwas in uns treibt uns dazu, mit dem lateinischen Dichter Ovid zu klagen: „Ich sehe und schätze das Bessere, doch dem Schlechteren folge ich", oder Plato, der den Menschen als einen Fuhrmann mit zwei starken Pferden bezeichnet, die in verschiedene Richtungen ziehen. Oder wir wiederholen mit Paulus: „Das Gute, das ich will, das tue ich nicht, sondern das Böse, das ich nicht will, das tue ich."

Selbst im Bösesten von uns steckt etwas Gutes, selbst im Besten etwas Böses. Haben wir das erst entdeckt, so hassen wir unsere Feinde nicht mehr so leicht. Wenn wir unter die Oberfläche seiner bösen Tat schauen, so entdecken wir in unserem Feind auch ein Stück Güte. Die Lasterhaftigkeit und Boshaftigkeit bestimmen nicht sein ganzes Wesen. Dann sehen wir ihn in einem neuen Licht. Wir erkennen, daß sein Haß der Furcht entspringt, dem Stolz, der Unwissenheit, dem Vorurteil und dem Mißverständnis. Aber wir wissen, daß zugleich auch Gottes Bild seinem Wesen unauslöschlich eingeprägt ist. Dann lieben wir unsere Feinde, weil wir begreifen, daß sie nicht völlig schlecht sind und daß sie nicht außerhalb der vergebenden Liebe Gottes stehen.

Drittens dürfen wir nicht versuchen, unseren Feind zu bezwingen und zu demütigen. Vielmehr müssen wir danach trachten, seine Freundschaft und sein Verständnis zu gewinnen. Es kommt die Zeit, in der wir auch unseren stärksten Feind demütigen können. Irgendwann einmal zeigt er eine Schwäche, und wir könnten ihm den Speer der Vergeltung in die Seite stoßen. Aber das dürfen wir nicht. Jedes Wort, jede Handlung muß zur Verständigung mit dem Feind beitragen und jene großen Reserven guten Willens freilegen, die von den undurchdringlichen Mauern des Hasses aufgestaut wurden.

Liebe darf nicht mit Sentimentalität verwechselt werden. Liebe ist weit mehr als Gefühlsduselei. Vielleicht kann die griechische Sprache unsere Verwirrung auf diesem Gebiete klären helfen. Im griechischen Neuen Testament werden drei Wörter für Liebe verwendet. *Eros* ist eine Art ästhetischer oder romantischer Liebe. In den Platonischen Dialogen ist Eros das Verlangen der Seele nach einem göttlichen Reich. Das zweite Wort ist *philia*, die gegenseitige Liebe, die Vertrautheit unter Freunden. Wir lieben diejenigen, die uns gefallen, wir lieben, weil wir geliebt werden. Das dritte Wort heißt *agape*, Verständnis und schöpferischer guter Wille für alle Menschen. *Agape* ist überströmende Liebe, die keine Gegenleistung erwartet, sie ist göttliche Liebe, die im Menschenherzen wirksam wird. Auf diese Art lieben wir andere Menschen nicht, weil sie uns gefallen, weil ihre Art uns zusagt oder weil sie einen göttlichen Funken besitzen; wir lieben jeden Menschen, weil Gott ihn liebt. Und so lieben wir auch den Missetäter, so sehr wir auch seine Missetat hassen.

Jetzt erkennen wir, was Jesus mit den Worten meinte: „Liebet eure Feinde!" Es ist fast unmöglich, manche Menschen gern zu haben. „Liebhaben" ist ein sentimentales, zärtliches Wort. Wie könnten wir zärtlich zu einem Menschen sein, der uns schadet und uns immer wieder Steine in den Weg legt? Wie könnten wir einen Menschen gern mögen, der unsere Häuser und unsere Kinder mit Bomben bedroht? Das ist unmöglich. Aber Jesus weiß, daß Lieben mehr ist als Liebhaben. Jesu Befehl bezieht sich weder auf *eros* noch auf *philia*. Er meint *agape*, meint Verständnis und schöpferischen, vergebenden guten Willen für alle Menschen. Nur so, nur mit dieser Liebe, können wir Kinder unseres himmlischen Vaters sein.

II

Wir wollen nun vom „Wie" zum „Warum" weiter-
gehen. Warum sollen wir unsere Feinde lieben? Der erste
Grund ist offensichtlich. Vergelten wir mit Haß, so ver-
vielfältigen wir ihn und fügen einer ohnehin sternenlosen
Nacht neue Finsternis hinzu. Finsternis kann keine
Finsternis vertreiben. Das gelingt nur dem Licht. Haß
kann den Haß nicht austreiben. Das gelingt nur der Liebe.
Haß vervielfältigt den Haß, Gewalt mehrt Gewalt, Härte
vergrößert Härte in einer ständigen Spirale der Vernichtung. Wenn Jesus sagt: „Liebet eure Feinde", so stellt er
ein tiefes und letztlich unausweichliches Gebot auf. Sind
wir mit unserer modernen Welt nicht so in die Enge geraten, daß wir unsere Feinde lieben müssen? Was sonst?
Die Kettenreaktion des Bösen — Haß, der neuen Haß ge-
biert, Kriege, die neue Kriege nach sich ziehen — muß
unterbrochen werden. Sonst werden wir in den Abgrund
der Vernichtung stürzen.

Aber noch aus einem weitern Grund müssen wir unsere
Feinde lieben. Haß verletzt die Seele und zerstört die
Persönlichkeit. Wir wissen, daß der Haß ein Übel und
eine gefährliche Macht ist. Aber zumeist bedenken wir
nur, was er dem Menschen antut, gegen den er gerichtet
ist. Das ist begreiflich, denn der Haß fügt seinen Opfern
unheilbaren Schaden zu. Wir haben erlebt, daß ein vom
Haß besessener Mensch namens Hitler sechs Millionen
Juden in den Tod getrieben hat. Wir erkennen die Auswirkungen des Hasses in der Gewalt, die Millionen
Negern von blutdürstigem Pöbel angetan wird. Wir
sehen sie in den grausigen Schrecken des Krieges, in der
Entwürdigung und Ungerechtigkeit, mit der zahllose

Kinder Gottes von gewissenlosen Unterdrückern behandelt werden.

Aber es gibt auch noch eine andere Seite. Der Haß ist auch für den Menschen verderblich, von dem er ausgeht. Wie ein Krebsgeschwür zerfrißt der Haß die Persönlichkeit und ihre Lebenskräfte. Der Haß zerstört den Sinn für menschliche Werte und die Objektivität. Er bringt den Menschen dazu, das Schöne als häßlich, das Häßliche als schön und das Wahre als falsch zu sehen.

Dr. Frazer hat eine interessante Arbeit über „Die Pathologie der rassischen Vorurteile" geschrieben. Darin führt er als Beispiele weiße Menschen auf, die in ihrem täglichen Umgang normal, liebenswürdig und umgänglich waren. Sobald sie sich aber einen Neger als ihresgleichen vorstellten oder auch nur über Rassenfragen sprachen, reagierten sie mit erstaunlicher Unvernunft und Unausgeglichenheit. So etwas geschieht, wenn der Haß sich in uns einnistet. Psychiater meinen, daß viele der Seltsamkeiten unseres Innenlebens, viele unserer Konflikte im Haß wurzeln, und daß es nur eines gibt, zu lieben oder umzukommen! Die moderne Psychologie bestätigt, was Jesus vor Jahrhunderten lehrte: Haß zerfrißt die Persönlichkeit, während die Liebe sie auf erstaunliche und unerklärliche Weise zur Geschlossenheit macht.

Schließlich aber stellt die Liebe die einzige Kraft dar, die Feinde in Freunde verwandeln kann. Wir befreien uns nie von einem Feind, wenn wir Haß mit Haß vergelten. Wir entledigen uns seiner nur, wenn wir uns von der Feindseligkeit freimachen. Seiner ganzen Natur nach zerstört der Haß und zieht hinab. Die Liebe hingegen baut ihrem ganzen Wesen nach auf und ist schöpferisch. Liebe verwandelt mit erlösender Gewalt.

Lincoln versuchte es mit der Liebe und hinterließ für alle Zeiten ein herrliches Beispiel der Aussöhnung. Als er sich um die Präsidentschaft der Vereinigten Staaten bewarb, war einer seiner Erzfeinde ein Mann namens Stanton. Aus irgendeinem Grund haßte er Abraham Lincoln. Er versuchte mit aller Kraft, den Gegner in den Augen der Öffentlichkeit herabzusetzen. So tief war sein Haß gegen Lincoln eingewurzelt, daß er sogar über dessen Äußeres spottete und ihn bei jeder Gelegenheit bitter beleidigte. Trotzdem wurde Lincoln zum Präsidenten der Vereinigten Staaten gewählt. Dann mußte er sein Kabinett bilden. Die Menschen, die er dafür auswählte, sollten seine engsten Mitarbeiter bei der Verwirklichung seiner Pläne werden. Und für den so überaus wichtigen Posten des Verteidigungsministers suchte er keinen anderen als seinen Feind Stanton aus. Als diese Neuigkeit bekannt wurde, entstand im Kreis der Vertrauten große Unruhe. Ein Berater nach dem anderen sagte: „Mister Präsident, Sie machen einen Fehler! Kennen Sie diesen Stanton? Wissen Sie, was er Ihnen alles nachgesagt hat? Er ist Ihr Feind und wird versuchen, die Verwirklichung Ihrer Pläne zu verhindern. Haben Sie sich das alles auch wirklich gründlich überlegt?" Und Lincoln antwortete: „Ja, ich kenne Stanton. Ich weiß auch, was er alles von mir behauptet hat. Aber ich habe mich gründlich umgesehen und glaube, daß er der beste Mann für dieses Amt ist." So wurde Stanton Lincolns Verteidigungsminister und leistete dem Präsidenten und der Nation unschätzbare Dienste. Einige Jahre später wurde Lincoln ermordet. Vieles wurde zu seinem Lobe gesagt. Noch heute verehren ihn viele als den größten aller Amerikaner. H. G. Wells betrachtet ihn als eine der sechs größten Persönlichkeiten der Geschichte. Doch von allem, was über Lincoln gesagt wurde, bleiben die Worte Stantons die größten. Er stand neben dem Leichnam des Mannes, den er einst gehaßt hatte, und nannte ihn einen der größten Männer, die je gelebt haben. „Jetzt gehört er der Ewigkeit an", damit klang seine Rede aus. Hätte Lincoln auch Stanton gehaßt, so wären die beiden Männer bis zum Grabe erbitterte Feinde geblieben. Aber durch die Kraft der Liebe verwandelte Lincoln einen Feind in einen Freund. Dieselbe Liebe machte es Lincoln möglich, inmitten des Bürgerkrieges freundliche Worte über die Südstaaten zu sagen. Als eine erstaunte Zuhörerin ihn fragte, wie er dazu komme, antwortete er: „Vernichte ich meine Feinde nicht auch dadurch, daß ich sie mir zu Freunden mache?" Das ist die Kraft vergebender Liebe.

Natürlich sind das durchaus nicht die einzigen Gründe, aus denen wir unsere Feinde lieben sollen. Ein viel schwerwiegenderer Grund liegt in den Worten Jesu: „... auf daß ihr Kinder seid eures Vaters im Himmel." Wir sind zu dieser schwierigen Aufgabe berufen, um eine einzigartige Verbindung zu Gott zu gewinnen. Wir können Gottes Kinder sein. Die Liebe ist das Mittel dazu. Wir müssen unsere Feinde lieben, denn nur dadurch können wir Gott erkennen und die Freude seiner Herrlichkeit erfahren.

Was das alles für die Beziehungen zwischen den Rassen bedeutet, dürfte offensichtlich sein. Die Rassenprobleme werden nie endgültig gelöst werden, solange die unterdrückten Menschen nicht fähig sind, ihre Feinde zu lieben. Die Finsternis rassischer Ungerechtigkeit kann nur durch das Licht der vergebenden Liebe vertrieben werden. Seit über drei Jahrhunderten leben amerikanische Neger in der

Unterdrückung. Tag und Nacht haben sie unerträgliche Ungerechtigkeit auf sich nehmen müssen. Diese beschämenden Verhältnisse lassen uns leicht verbittern und führen uns in die Versuchung, Haß mit Haß zu vergelten. Wenn das aber geschieht, so wird die neue Ordnung, die wir erstreben, nur eine Nachahmung der alten Ordnung sein. In Kraft und Demut müssen wir dem Haß mit Liebe begegnen.

Natürlich ist das nicht leicht durchzuführen. Gemeinhin besteht das Leben daraus, sich zu befreien, zurückzuschlagen, zu fressen oder gefressen zu werden. Sagte ich, daß Jesus uns befiehlt, die zu lieben, die uns quälen und unterdrücken? Klingen meine Worte nicht wie die der meisten Prediger — idealistisch und nicht durchführbar? Sicher meint ihr, eine solche Idee ließe sich vielleicht in irgendeinem fernen Utopia verwirklichen, aber nicht in der kalten, harten Welt, in der wir leben.

Meine Freunde, den sogenannten gangbaren Weg gehen wir nun schon viel zu lange. Er hat uns nur in tiefere Verwirrung und größeres Chaos geführt. Überall sehen wir die Trümmer von Gemeinschaften, die sich dem Haß und der Gewalt verschrieben haben. Zur Rettung der Nation und der Menschheit müssen wir einen neuen Weg beschreiten. Das bedeutet nicht, daß wir unseren gerechten Kampf aufgeben sollen. Mit aller Kraft müssen wir uns bemühen, die Nation aus den Fesseln der Rassentrennung zu befreien. Aber wir dürfen dabei unsere Pflicht zur Liebe nicht vergessen. Während wir die Rassenschranken bekämpfen, müssen wir ihre Verteidiger lieben. Das ist der einzige Weg, auf dem wir die ersehnte Gemeinschaft erreichen können.

Unseren Gegnern sagen wir: „Unsere Leidenskraft ist

ebenso groß wie eure Macht, uns Leiden zuzufügen. Eurer physischen Gewalt werden wir mit seelischer Kraft begegnen. Tut mit uns, was ihr wollt, wir werden euch trotzdem lieben. Wir können euren ungerechten Gesetzen nicht mit gutem Gewissen gehorchen, denn wir sind nicht nur verpflichtet, zum Guten zu wirken, sondern auch die Zusammenarbeit mit dem Bösen zu verweigern. Werft uns ins Gefängnis, wir werden euch trotzdem lieben. Werft Bomben in unsere Häuser, bedroht unsere Kinder, wir werden euch trotzdem lieben. Schickt eure Mietlinge um Mitternacht in unsere Wohnungen, daß sie uns schlagen und halbtot liegen lassen, wir werden euch trotzdem lieben. Und seid sicher, daß wir euch mit unserer Leidensfähigkeit überwinden werden. Eines Tages werden wir die Freiheit gewinnen. Aber sie wird nicht nur für uns selbst errungen werden. Wir werden so lange an euer Herz und eure Seele appellieren, bis wir auch euch gewonnen haben. Und dann wird unser Sieg ein doppelter Sieg sein."

Liebe ist die beständigste Macht der Welt. Diese schöpferische Kraft, die sich im Leben unseres Erlösers so wunderbar ausdrückt, ist das wirksamste Instrument für das Streben der Menschheit nach Frieden und Sicherheit. Napoleon soll beim Rückblick auf die Jahre seiner Eroberungen gesagt haben: „Alexander, Caesar, Karl der Große und ich haben große Reiche errichtet. Aber worauf gründeten sie sich? Auf Macht! Christus aber hat vor Jahrhunderten ein Reich errichtet, das sich auf Liebe gründete, und noch heute sind Millionen bereit, für ihn zu sterben." Wer will die Wahrheit dieser Worte bezweifeln? Alle großen Kriegshelden der Vergangenheit waren vergänglich. Ihre Reiche sind zerfallen. Das Reich Christi aber, fest und majestätisch auf Liebe gegründet, wächst noch immer. Es begann mit einer kleinen Menschengruppe. Durch den Geist ihres Herrn wurden diese Menschen befähigt, die Tore des römischen Weltreichs zu sprengen und das Evangelium über die ganze Welt zu verbreiten. Heute umfaßt das Reich Christi mehr als neunhundert Millionen Gläubige aller Länder und Völker.

Jesus hat recht in alle Ewigkeit. Die Geschichte ist angefüllt von Berichten über Völker, die nicht auf ihn hören wollten. Mögen wir im 20. Jahrhundert seine Worte hören und befolgen, ehe es zu spät ist. Mögen wir begreifen, daß wir niemals wirklich Kinder unseres himmlischen Vaters sein können, solange wir nicht unsere Feinde lieben und für unsere Verfolger beten.

Es klopft um Mitternacht

Welcher ist unter euch, der einen Freund hat
und ginge zu ihm um Mitternacht
und spräche zu ihm:
Lieber Freund, leihe mir drei Brote;
denn es ist mein Freund zu mir gekommen auf der Reise,
und ich habe nicht, was ich ihm vorlege.
LUKAS 11, 5—6.

Dieses Gleichnis, das sich mit der Kraft des andauernden Gebets beschäftigt, kann uns auch helfen, über viele
Probleme unserer Zeiten nachzudenken und über die
Rolle der Kirche, die sich mit ihnen auseinandersetzen
muß. Im Gleichnis wie in unserer Welt ist Mitternacht.
Es ist so dunkel, daß wir unseren Weg kaum noch erkennen können.

I

Es ist Mitternacht in unserer sozialen Ordnung. Die
Völker stehen in einem erbitterten Kampf um die Vorherrschaft. Zwei Weltkriege sind innerhalb einer Generation ausgetragen worden, und die Wolken eines dritten
Krieges hängen gefährlich niedrig. Der Mensch verfügt

heute über Atombomben und Kernwaffen, die innerhalb von Sekunden die Hauptstädte der Welt zerstören können, und das Wettrüsten geht dennoch weiter. Noch immer werden nukleare Versuche im Weltraum abgehalten und führen dazu, daß selbst die Luft, die wir atmen, verseucht wird. Werden diese Waffen und die Spannungen zwischen den Völkern die Menschheit auslöschen?

Wenn wir in der Vergangenheit der Mitternacht unserer sozialen Ordnung gegenüberstanden, haben wir uns um Hilfe an die Wissenschaft gewandt. Kein Wunder! In zahllosen Fällen hat sie uns in der Vergangenheit retten können. Als wir in der Mitternacht physischen und materiellen Mangels steckten, hat sie uns den Morgen physischer und materieller Bequemlichkeit gebracht. Als wir in der Mitternacht kümmerlichen Unwissens und des Aberglaubens standen, brachte uns die Wissenschaft das Licht der freien und offenen Vernunft. Wenn uns fürchterliche Krankheiten und Leiden bedrängten, so half uns die Wissenschaft durch sanitäre Einrichtungen, Behandlungsmethoden und Medikamente zur Gesundheit. Sie verlängerte unser Leben und half uns zu Sicherheit und Wohlbefinden. Es ist also ganz natürlich, daß wir uns an die Wissenschaft wenden, wenn die Probleme der Welt so bedrohlich und undurchschaubar werden.

Aber leider kann uns die Wissenschaft nicht mehr helfen, weil auch der Wissenschaftler in der Mitternacht unseres Zeitalters verloren ist. Tatsächlich hat ja gerade die Wissenschaft uns die Mittel in die Hand gegeben, die zum Selbstmord der Menschheit führen können. So steht der Mensch in seiner internationalen Ordnung einer trostlosen, beängstigenden Mitternacht gegenüber, die parallel läuft zur Mitternacht im inneren Leben des einzelnen

Menschen. Tagsüber drückt lähmende Furcht den Menschen und verfolgt ihn bei Nacht. Dunkle Wolken der Angst und der Niedergeschlagenheit hängen an unseren geistigen Himmeln. Heute sind mehr Menschen seelisch gestört als zu jeder anderen Zeit der Menschheitsgeschichte. Die psychopathologischen Abteilungen unserer Krankenhäuser sind überfüllt, kein Arzt wird häufiger aufgesucht als der Psychiater. Der beliebte Geistliche hält gern besänftigende Predigten über die Fragen: „Wie werde ich glücklich" oder „Wie entspanne ich mich". Manche sind offenbar versucht, den Missionsauftrag Jesu abzuwandeln in: „Gehet hin in alle Welt und haltet den Blutdruck niedrig, und siehe, ich werde euch zu ausgeglichenen Menschen machen." Das alles zeigt uns, daß im Innenleben der Männer und Frauen Mitternacht ist.

Mitternacht ist auch in der moralischen Ordnung. In der Nacht verlieren die Farben ihren Unterschied und werden zu düsteren, grauen Schatten. Moralische Prinzipien haben ihre deutlichen Grenzen verloren. Für den modernen Menschen entscheidet sich am Tun der Allgemeinheit, was absolut gut oder absolut schlecht ist. Recht und Unrecht richten sich nach Vorlieben, Abneigungen oder Gebräuchen einer bestimmten Menschengruppe. Unbewußt haben wir Einsteins Relativitätstheorie, die das physikalische Universum treffend beschrieb, auf den Bereich der Moral und der Ethik ausgedehnt.

Mitternacht ist die Stunde, zu der die Menschen angestrengt versuchen, das 11. Gebot zu erfüllen: „Du sollst dich nicht erwischen lassen." Nach der mitternächtlichen Sittenlehre besteht die Hauptsünde darin, sich ertappen zu lassen, und die Haupttugend, mit heiler Haut davonzukommen. Nichts gegen die Lüge, wenn man vollendet lügt. Nichts gegen das Stehlen, wenn man angesehen genug ist, um höchstens wegen Veruntreuung, nicht aber wegen Raubs angeklagt zu werden. Selbst der Haß ist erlaubt, wenn man ihn so geschickt verkleidet, daß er mit Liebe verwechselt werden kann. Darwins Lehre vom Überleben des Tüchtigsten ist ersetzt worden durch die Lehre vom Überleben des Verschlagensten. Diese Einstellung hat zu einem tragischen Zusammenbruch moralischer Grundsätze geführt. Die Mitternacht moralischen Niedergangs vertieft sich noch immer.

II

Wie in unserem Text, so ertönt auch in der mitternächtlichen Finsternis der heutigen Welt ein Klopfen. Millionen von Menschen klopfen an die Kirchentüren. In unserem Land ist die Liste der Gemeindemitglieder länger als je zuvor. Mindestens 115 Millionen Menschen gehören (zumindest auf dem Papier) irgendeiner Kirche an. Das bedeutet seit dem Jahre 1929 eine Steigerung um 100 Prozent, obwohl sich die Bevölkerungszahl im gleichen Zeitraum nur um 31 Prozent erhöht hat.

In der Sowjetunion wird atheistische Politik betrieben. Trotzdem berichten Besucher des Landes, daß die Kirchen gefüllt sind und der Besuch noch ständig zunimmt. In der New York Times wurde berichtet, sowjetische Führer seien über das wachsende Interesse von Jugendlichen an kirchlichen Fragen beunruhigt. Nach vierzig Jahren eifriger Kirchenunterdrückung stehen die Sowjetführer jetzt vor der Tatsache, daß Millionen von Menschen an die Kirchentüren pochen.

Die Zahlen sollten nicht überschätzt werden. Wir dürfen nicht in die Versuchung fallen, hohe Zahl und geistliche Kraft gleichzusetzen. Gigantismus, wie jemand es genannt hat, ist ein unbrauchbares Instrument, um positive Kräfte zu messen. Steigende Mitgliederzahl muß nicht ein gleiches Zunehmen in der Nachfolge Christi bedingen. Fast stets noch hat eine entschlossene, schöpferische Minderheit die Welt verbessert. Immerhin fühlen Millionen von Menschen, daß die Kirche eine Antwort auf die Verwirrung unseres Lebens zu bieten hat. Sie ist noch immer der vertraute Wegweiser, den der erschöpfte Wanderer um Mitternacht erreicht. Sie ist das einzige Haus, das noch immer am gleichen Platz steht. Noch immer darf der müde Wanderer zu ihr kommen. Manche entscheiden sich dagegen. Aber viele kommen, pochen an die Tür und bitten verzweifelt um ein Stück Brot, das ihnen weiterhilft.

Der Wanderer bittet um drei Brote. Er will das Brot des Glaubens. Unsere Generation ist zu oft enttäuscht worden und hat darüber den Glauben an Gott, an den Menschen und an die Zukunft verloren. Wir können mit William Pitt sagen: „Es ist kaum noch anderes als Verderben und Hoffnungslosigkeit um uns!" Inmitten erschütternder Enttäuschungen rufen viele nach dem Brot des Glaubens.

Sie verlangen aber auch nach dem Brot der Hoffnung. Zu Beginn unseres Jahrhunderts hungerten nur wenige Menschen nach diesem Brot. Die Zeit der ersten Telefone, Autos und Flugzeuge ließen ihre Zukunft strahlend hell erscheinen. Sie beteten vor dem Altar des unaufhaltsamen Fortschritts. Sie glaubten, jede neue wissenschaftliche Leistung bringe den Menschen der Vollkommenheit näher. Aber dann zeigte die weitere Entwicklung, daß die Menschheit einfach nicht von ihrer Selbstsucht und Korruptheit lassen konnte. Diese Entdeckung führte zu einem der größten Zusammenbrüche des Optimismus in der Geschichte. Für viele Menschen erlosch dies Licht, und sie trauerten in den düsteren Kammern des Pessimismus. Viele hielten das Leben für sinnlos. Manche stimmten dem Philosophen Schopenhauer zu, der meinte, das Leben sei ein endloser Schmerz mit einem schmerzlichen Ende, es sei eine Tragikomödie, die immer wieder mit nur geringfügig geänderten Kostümen und Dekorationen gespielt werde. Andere riefen mit Shakespeares Macbeth, das Leben sei eine nichtssagende Geschichte, von einem Narren erzählt. Aber auch in den Augenblicken, in denen ihm alles hoffnungslos erscheint, weiß der Mensch, daß er ohne Hoffnung nicht leben kann. In seiner Verzweiflung schreit er nach dem Brot der Hoffnung.

Und es besteht auch ein tiefes Verlangen nach dem Brot der Liebe. Jeder möchte lieben und geliebt werden. Wer sich ungeliebt fühlt, weiß, daß er nicht wirklich zählt. Vieles hat sich in der modernen Welt zugetragen, was dem Menschen ein Gefühl der Verlassenheit geben kann. In einer bedrückend unpersönlich gewordenen Welt haben viele von uns das Gefühl, nur noch Nummern zu sein. Ralph Borsodi malt das bedrückende Bild einer Welt, in der Menschen zu Nummern werden. Er schreibt, die moderne Mutter sei häufig Entbindungsfall Nummer 8434, ihr Kind werde nach Abnahme der Finger- und Fußabdrücke zur Nummer 8003, und ein Begräbnis in einer großen Stadt sei ein Ereignis im Raum B mit Blumen der Gruppe C, bei dem Pfarrer 14 predige und der Musiker 84 das Auswahlstück 114 singe.

Viele fürchten sich vor einer Entwicklung, die den Menschen zur Karte in einer Riesenkartei werden läßt. Sie suchen verzweifelt nach dem Brot der Liebe.

III

Als der Mann in unserem Text an die Tür seines Freundes klopfte und um die drei Brote bat, erhielt er die ungeduldige Antwort: „Mach mir keine Unruhe! Die Tür ist schon zugeschlossen und meine Kindlein sind bei mir in der Kammer. Ich kann nicht aufstehen und dir geben." Wie oft haben Menschen die gleiche Enttäuschung erleben müssen, wenn sie um Mitternacht an die Kirchentür klopften. Millionen von Afrikanern haben geduldig an die Pforten der Kirchen gepocht, weil sie das Brot der Gerechtigkeit suchten. Entweder überhörte man ihr Bitten, oder man sagte ihnen, sie sollten bis später warten. Und später bedeutete nie. Millionen von amerikanischen Negern sehnen sich nach dem Brot der Freiheit und haben immer wieder an die Türen der sogenannten weißen Kirchen geklopft. Für gewöhnlich sind sie mit kalter Gleichgültigkeit oder mit abstoßender Heuchelei empfangen worden. Selbst die weißen geistlichen Führer, die nur zu gern die Tür öffnen und das Brot gewähren würden, sind oft eher vorsichtig als mutig und wählen lieber den bequemen als den moralischen Weg. Eine beschämende Tatsache ist es, daß gerade die Institution, die den Menschen aus der Mitternacht der Rassentrennung erlösen sollte, sich daran beteiligt, diese Mitternacht zu schaffen und zu erhalten.

Auch in der schrecklichen Mitternacht des Krieges

haben Menschen an die Kirchentüren geklopft, um das Brot des Friedens zu erbitten. Aber oft wurden sie enttäuscht. Was beweist denn eindeutiger die Bedeutungslosigkeit der Kirche im heutigen Weltgeschehen, als ihre Stellungnahme zum Krieg? In einer vor Rüstung, nationalen Leidenschaften und imperialistischer Ausbeutung wahnsinnig gewordenen Welt hat die Kirche entweder diese Kräfte unterstützt oder zu ihnen geschwiegen. Während der letzten beiden Kriege haben die Nationalkirchen ihren Staaten sogar als Lakaien gedient. Sie haben Weihwasser auf Schlachtschiffe gesprengt, haben sich in die Armeen eingereiht und gesungen: „Lobe den Herren und reich mir ein Gewehr!" Eine Welt, die den Frieden ersehnte, mußte oft genug erleben, daß die Kirche den Krieg moralisch billigte.

Wer zur Kirche ging, um das Brot wirtschaftlicher Gerechtigkeit zu empfangen, wurde in der bitteren Mitternacht wirtschaftlichen Mangels gelassen. In vielen Fällen hat sich die Kirche mit den wohlhabenden Klassen verbündet und die bestehenden Verhältnisse verteidigt, ohne auf das Klopfen um Mitternacht zu hören. Die griechisch-orthodoxe in Rußland verband sich so sehr mit dem despotischen Zarenregime, daß es unmöglich wurde, sich des korrupten politischen und sozialen Systems zu entledigen, ohne zugleich auch die Kirche abzuschütteln. Das ist das Schicksal jeder kirchlichen Vereinigung, die sich mit dem Wie-es-nun-einmal-Ist zufriedengibt.

Die Kirche muß daran erinnert werden, daß sie weder Herr noch Diener, wohl aber das Gewissen des Staates ist. Sie muß Wegweiser und Kritiker des Staates sein, niemals sein Werkzeug. Wenn die Kirche ihren prophetischen Eifer nicht zurückgewinnt, wird sie zu einem gesellschaftlichen Klub ohne moralische und geistliche Autorität. Beteiligt sie sich nicht aktiv am Kampf um Frieden und wirtschaftliche Gerechtigkeit, so wird sie die Anhängerschaft von Millionen von Menschen verlieren. Überall wird man ihr nachsagen, daß ihr Wille verkrüppelt ist. Befreit die Kirche sich aber von den Fesseln des Bisherigen, übernimmt sie wieder ihre historische Mission, predigt sie furchtlos und beharrlich Frieden und Gerechtigkeit, so wird sie das geistliche Feuer der Menschen neu anfachen, ihre Seelen neu beleben und ihnen eine glühende Liebe eingeben zur Wahrheit, zur Gerechtigkeit und zum Frieden. Fern und nah werden dann die Menschen wissen, daß die Kirche eine große Gemeinschaft der Liebe ist, die dem einsamen Wanderer um Mitternacht Licht und Brot gibt.

Wenn ich von der Lässigkeit der Kirchen rede, darf ich nicht verschweigen, daß auch die sogenannte Negerkirche die Menschen oft enttäuscht hat. Ich sage „sogenannte" Negerkirche, denn im Grund kann es weder eine weiße noch eine Negerkirche geben. Es ist beschämend, daß weiße Christen die Rassentrennung selbst in die Kirche eindringen ließen und den Negern, die in die Gottesdienste kamen, so viele Demütigungen bereiteten, daß sie ihre eigenen Kirchen gründen mußten.

Zwei Typen von Negerkirchen haben versäumt, das erbetene Brot zu geben. Die eine glüht vor Gefühlsduselei, die andere erfriert vor Klassenbewußtsein. Die erste beschränkt den Gottesdienst auf Unterhaltung, legt mehr Wert auf den Umfang als auf den Inhalt und verwechselt Geist mit Muskeln. Die Gefahr einer solchen Kirche liegt darin, daß ihre Mitglieder am Ende mehr Religion in ihren Händen und Füßen als in ihren Herzen und Seelen haben.

Um Mitternacht hat eine solche Kirche weder die lebendige Kraft noch die erneuernde Botschaft, um hungrige Seelen zu speisen.

Der andere Typ der Negerkirche hat ein Klassensystem entwickelt. Sie prahlt damit, ein geschlossener Kreis von Negern aus dem Mittelstand zu sein. In einer solchen Kirche ist der Gottesdienst kalt und bedeutungslos, die Musik langweilig anstatt anfeuernd, die Predigt kaum mehr als eine Plauderei über die Ereignisse der Woche. Wenn der Pfarrer zuviel von Christus spricht, so befürchtet die Gemeinde, daß er dadurch die Kanzel ihrer Würde beraubt. Diese Art Kirche verkennt, daß der Gottesdienst ein Erlebnis sein soll, zu dem sich Menschen aller Schichten vereinen, um ihr Einssein und ihre Einigkeit in Gott zu bestätigen. Die um Mitternacht Anklopfenden werden nicht beachtet, weil sie nicht gebildet genug sind, oder es wird ihnen Brot gegeben, das in der Eiseskälte des Klassendünkels hart geworden ist.

IV

In unserem Text bemerken wir, daß der Mann nach der ersten Enttäuschung weiter an die Tür seines Freundes klopft. Durch seine Beharrlichkeit bewegt er den Freund endlich, die Tür doch zu öffnen. Viele Menschen klopfen um Mitternacht weiter an die Kirchentür, obwohl sie bitter enttäuscht worden sind. Sie wissen, daß dort das Brot des Lebens zu finden ist. Die Kirche muß heute verkündigen, daß Jesus Christus, der Sohn Gottes, die Hoffnung der Menschheit in all ihren persönlichen und sozialen Problemen ist. Viele werden auch weiterhin kommen, um Antworten auf ihre Fragen zu suchen. Viele junge Menschen, die an die Tür klopfen, sind von den Unsicherheiten des Lebens verwirrt, von täglichen Enttäuschungen bedrückt und vom Widersinn der Geschichte unsicher gemacht worden. Viele von ihnen wurden aus Schule und Berufsausbildung gerissen, um Soldaten zu werden. Wir müssen ihnen das Brot der Hoffnung geben und sie mit der Gewißheit wappnen, daß Gott Böses in Gutes verwandeln kann. Manche, die zu uns kommen, werden von einer nagenden Schuld gequält, die aus der Mitternacht des sittlichen Relativismus und aus der Ergebung in die Lehre vom Ausleben der eigentlichen Persönlichkeit stammt. Wir müssen sie zu Christus führen, der ihnen das frische Brot der Vergebung reichen wird. Manche, die anklopfen, werden von Todesfurcht geplagt, wenn sie auf den Abend ihres Lebens zugehen. Wir müssen ihnen das Brot des Glaubens an die Unsterblichkeit geben. Sie müssen erfahren, daß unser Erdenleben nur das unvollkommene Vorspiel zu einem künftigen Erwachen ist.

Mitternacht ist eine verwirrende Stunde, in der es schwer ist, gläubig zu sein. Die Kirche muß das stärkende Wort aussprechen, daß keine Mitternacht ewig währt. Der müde Wanderer, der um Mitternacht nach Brot fragt, sucht ja eigentlich die Morgendämmerung. Unsere ewige Hoffnungsbotschaft verkündet, daß der Morgen kommen wird. Unsere versklavten Vorfahren wußten das. Sie hatten die Mitternacht immer vor Augen; die Peitsche des Aufsehers und die Sklavenversteigerung, bei der die Familien auseinandergerissen wurden, sorgten dafür. Wenn sie an die erschreckende mitternächtliche Dunkelheit dachten, sangen sie: „Oh, niemand kennt die Not, die ich gesehn ..."

Inmitten der Nacht und im festen Glauben an den kommenden Morgen sangen sie:

„Ich freu mich, daß die Not nicht ewig währt.

O Herr, mein Gott, was soll ich tun?"

Ihr fester Glaube an das wiederkehrende Licht ließ die Sklaven auch in völlig hoffnungslosen und kaum erträglichen Verhältnissen gläubig bleiben.

Der Glaube an den Morgen entspringt dem Vertrauen auf die Güte und Gerechtigkeit Gottes. Wer daran glaubt, der weiß, daß die Widersprüchlichkeiten des Lebens weder endgültig noch endlos sind. Er kann auch in der Finsternis überzeugt bleiben, daß denen, die Gott lieben, alle Dinge zum Besten dienen. Selbst die sternenloseste Mitternacht mag Vorbote des Herandämmerns einer großen Erfüllung sein.

Als der Omnibusstreik in Montgomery begann, richteten wir einen freiwilligen Autodienst ein, um die Menschen an ihre Arbeitsplätze und zurück zu fahren. Elf Monate hindurch funktionierte dieser Dienst ausgezeichnet. Dann wies der Bürgermeister seine Rechtsabteilung an, geeignete Mittel und Wege zu finden, um den Autodienst und jedes andere Transportunternehmen, das aus dem Omnibusstreik entstand, unmöglich zu machen. Eine Verhandlung wurde auf Dienstag, den 13. November 1956 festgesetzt.

Am Vorabend der Verhandlung fand unsere regelmäßige wöchentliche Versammlung statt, und ich mußte die Teilnehmer darauf vorbereiten, daß unser Autodienst voraussichtlich verboten werden würde. Ich wußte, daß sie gutwillig fast ein Jahr lang vielerlei Schwierigkeiten auf sich genommen hatten. Konnte ich jetzt auch noch von ihnen verlangen, ihren Arbeitsweg zu Fuß zurückzulegen?

Oder mußten wir eingestehen, daß unser Proteststreik fehlgeschlagen war? Zum erstenmal bangte ich davor, die Wahrheit zu sagen. Ich mußte meinen ganzen Mut zusammennehmen. Aber ich versuchte doch, mit einem hoffnungsvollen Ton zu schließen. „Alle diese Monate hindurch", sagte ich, „haben wir geglaubt, Gott stünde in dem Kampf auf unserer Seite. Die Erfahrungen der vergangenen Wochen haben diesen Glauben auf wunderbare Weise bestätigt. Auch heute abend müssen wir glauben, daß selbst aus der Auswegslosigkeit ein Weg gefunden werden kann." Ich spürte nur zu deutlich den kalten Hauch des Pessimismus, der über die Versammlung wehte. Die Nacht war dunkler als tausend Mitternächte. Das Licht der Hoffnung wollte verlöschen, die Lampe des Glaubens flackerte nur noch schwach.

Einige Stunden später trug die Stadtverwaltung dem Richter vor, wir betrieben ein nicht konzessioniertes Unternehmen. Unsere Rechtsanwälte widersprachen. Der Autodienst sei eine freiwillige Hilfsaktion, die keinen Gewinn abwerfe und von den Negerkirchen organisiert worden sei. Im Lauf seines Plädoyers wurde aber immer deutlicher, daß unsere Sache schlecht stand.

Während der Mittagspause bemerkte ich im Gerichtssaal eine ungewöhnliche Bewegung. Der Bürgermeister wurde ins Nebenzimmer gerufen. Reporter gingen aufgeregt ein und aus. Gleich darauf kam ein Journalist an den Tisch, an dem ich als Hauptangeklagter mit den Verteidigern saß. „Hier ist die Entscheidung, auf die Sie so lange gewartet haben", sagte er. „Lesen Sie diese Verfügung!"

Zwischen Angst und Hoffnung las ich die Worte: „Der Oberste Gerichtshof der Vereinigten Staaten hat heute als

Recht erkannt, daß die Rassentrennung in den öffentlichen Verkehrsmitteln in Montgomery verfassungswidrig ist."

Mein Herz schlug in unaussprechlicher Freude. Die dunkelste Stunde unseres Kampfes war zur ersten Stunde des Sieges geworden. Jemand rief von den Zuschauerbänken des Gerichtssaals: „Der allmächtige Gott hat aus Washington gesprochen!"

Der Morgen wird kommen! Enttäuschung, Sorge und Hoffnungslosigkeit ergreifen uns um Mitternacht. Aber der Morgen kommt! „Den Abend lang währt das Weinen, aber des Morgens ist Freude!" sagt der Psalmist. Dieser Glaube vertreibt die Hoffnungslosigkeit und bringt neues Licht in die dunklen Kammern des Pessimismus.

Der Mann, der ein Narr war

*Du Narr! Diese Nacht wird man
deine Seele von dir fordern.* LUKAS 12, 20

Ich beginne mit einer kleinen Geschichte. Sie ist voller Dramatik und in ihren Schlußfolgerungen überaus bedeutsam. Es ist die Geschichte eines Mannes, den man nach modernen Maßstäben als ungemein erfolgreich bezeichnen würde. Und doch nannte Jesus ihn einen Narren. Es ist ein reicher Mann. Seine Felder trugen so gute Ernte, daß er beschloß, neue Scheunen zu bauen. Er sagte: „Ich will darein sammeln all mein Korn und meine Güter, und ich will sagen zu meiner Seele: Liebe Seele, du hast einen großen Vorrat auf viele Jahre; habe nun Ruhe, iß, trink und habe guten Mut." Aber Gott sagte ihm: „Du Narr! Diese Nacht wird man deine Seele von dir fordern." Und so war es. Der Mann starb auf der Höhe seines Wohlstandes.

Stellt euch diesen Mann vor. Lebte er heute unter uns, so würde man ihn ein „großes Tier" nennen. Er stünde in hohem Ansehen. Er gehörte zu den wenigen Bevorzugten in der wirtschaftlichen Machtordnung. Und doch wagte ein einfacher Mann aus Galiläa, ihn einen Narren zu nennen.

Nicht wegen seines Reichtums nannte Jesus den Mann so. Niemals hat Jesus sich scharf gegen den Reichtum ausgesprochen. Er verurteilte nur seinen Mißbrauch. Wie jede andere Macht, so kann auch das Geld zum Guten und zum Bösen dienen. Es ist richtig, daß Gott dem reichen Jüngling riet, alles zu verkaufen. Aber damit verschrieb er, um mit Dr. George A. Buttrick zu sprechen, ein Heilmittel für einen Einzelfall, ohne eine allgemeingültige Diagnose zu stellen. Nichts am Reichtum ist lasterhaft, nichts an der Armut eine Tugend.

Jesus verurteilte den Menschen auch nicht, weil er sein Geld etwa auf unehrliche Weise verdient hätte. Offensichtlich hatte er seinen Reichtum durch harte Arbeit, durch Wissen und durch die Weitsicht eines guten Geschäftsmannes erworben. Aber warum war er dann ein Narr?

I

Der reiche Mann war ein Narr, weil er den Sinn seines Lebens mit den Mitteln, durch die er lebte, verwechselte. Das wirtschaftliche Gefüge seines Lebens sog das menschliche auf. Jeder von uns lebt in einer äußeren und einer inneren Welt. Die innere Welt ist jene der geistlichen Werte, die in Kunst und Literatur, Moral und Religion ihren Ausdruck finden. Die äußere Welt ist jene Ansammlung von Plänen, Techniken, Mechanismen und Instrumenten, mit deren Hilfe wir leben. Dazu gehören das Haus, in dem wir wohnen, das Auto, das wir fahren, die Kleidung, die wir tragen, die wirtschaftlichen Quellen, die wir erschließen — alles Materielle, das wir zum Leben brauchen. Immer besteht die Gefahr, daß wir die Mittel, durch die wir leben, an die Stelle des Sinns treten lassen, für den wir leben. Das Innere geht dann in Äußerlichkeiten verloren. Der reiche Mann war ein Narr, weil er keine Trennungslinie zwischen Mittel und Zweck zog, zwischen äußerer Form und innerer Bestimmung. Sein Broterwerb hinderte ihn am Leben.

Gewiß ist das Äußere unseres Lebens nicht unwichtig. Wir dürfen und müssen uns um unsere materiellen Lebensbedürfnisse kümmern. Nur eine oberflächliche Religion kann die Notwendigkeit materiellen Wohlbefindens übersehen. Die Religion weiß, daß die Seele des Menschen verkümmert, wenn sein Leib Hunger leidet. Jesus wußte, daß wir Nahrung, Kleidung, Obdach und wirtschaftliche Sicherheit brauchen. Er hat es klar und deutlich ausgesprochen: „Euer Vater weiß, was ihr bedürfet." Aber er wußte auch, daß der Mensch mehr ist als ein Hund, den man mit ein paar Knochen abspeisen kann. Er wußte, daß das Innenleben des Menschen so bedeutungsvoll ist wie seine äußere Existenz. Deshalb fügte er hinzu: „Trachtet am ersten nach dem Reich Gottes und nach seiner Gerechtigkeit, so wird euch solches alles zufallen." Die Tragödie des reichen Mannes bestand darin, daß er zuerst an die Mittel dachte — und dabei wurde sein Lebenssinn von der Sorge um das äußere Leben aufgesogen.

Je reicher der Mann materiell wurde, desto ärmer wurde er geistig und seelisch. Vielleicht war er verheiratet, aber wahrscheinlich konnte er seine Frau nicht lieben. Es ist möglich, daß er ihr zahllose Geschenke machte, aber er konnte ihr das nicht geben, was sie am meisten brauchte: Liebe und Zuneigung.

Vielleicht hatte er Kinder, aber wahrscheinlich beachtete er sie kaum. Vielleicht standen alle bedeutenden Bücher der Zeit säuberlich in seiner Bibliothek aufgereiht, aber er las sie nie. Vielleicht hatte er Zugang zu herrlichster Musik — aber er hörte sie nicht. Sein Verstand blieb den Erkenntnissen der Dichter, Propheten und Philosophen verschlossen. Sein Titel war nur zu verdient — du Narr!

II

Der reiche Mann war ein Narr, weil er nicht begriff, wie sehr er von anderen abhing. Sein Selbstgespräch umfaßt ungefähr sechzig Wörter, aber die Wörter „ich" und „mein" kommen zehnmal darin vor. Er hatte so oft „ich" und „mein" gesagt, daß er gar nicht mehr „wir" und „unser" sagen konnte. In seinem Egoismus erkannte er nicht, daß persönlicher Reichtum immer dem gemeinsamen Reichtum entstammt. Er sprach, als könnte er allein die Felder pflügen und die Scheuern bauen. Er vergaß, daß er der Erbe eines reichen Schatzes an Erfindungen und Mühen war, den Lebende und Tote zusammengetragen hatten. Wenn ein Mensch oder ein Volk diese Zusammenhänge übersieht, gerät es in eine tragische Narretei.

Die Bedeutung des Gleichnisses für die gegenwärtige Weltkrise ist leicht zu erkennen. Die Produktionsmaschinerie unserer Nation bringt so großen Überfluß hervor, daß wir neue Scheuern bauen müssen, um den Reichtum zu bergen. Täglich müssen wir eine Million Dollar ausgeben, um nur den Überschuß zu lagern. Jahr für Jahr fragen wir: „Was soll ich tun? Ich habe nicht, da ich meine Früchte hin sammle!" Eine Antwort darauf habe ich in den Gesichtern von Millionen armutsgeschlagener Menschen in Afrika, Asien und Südamerika gelesen. Eine Antwort liegt in der erschütternden Armut im Mississippidelta und in der Not der Arbeitslosen in vielen Industriestädten der Welt. Was können wir tun? Die Antwort ist einfach: Wir können die Armen speisen, die Nackten kleiden, die Kranken heilen. Wo können wir unsere Güter speichern? Wir können unseren Überfluß kostenlos in den knurrenden Mägen der Kinder unterbringen, die abends hungrig zu Bett gehen. Wir können die riesigen Quellen unseres Reichtums dazu verwenden, die Armut aus der Welt zu vertreiben.

Das alles hat mit der gegenseitigen Abhängigkeit der Menschen und Völker zu tun. Ob wir es erkennen oder nicht: Jeder von uns ist der Schuldner bekannter und unbekannter Menschen. Wir haben noch nicht unser Frühstück beendet und waren schon mit der halben Welt in Verbindung. Im Badezimmer greifen wir zum Schwamm, nach dem ein Bewohner der Pazifischen Inseln tauchte, wir greifen zur Seife, die ein Franzose für uns herstellte. Bei Tisch trinken wir Kaffee, den ein Südamerikaner erntete, oder Tee, den ein Chinese pflückte, oder Kakao aus Westafrika. Ehe wir noch zur Arbeit gehen, sind wir schon Schuldner der halben Welt geworden.

Tatsächlich ist alles Leben miteinander verbunden. Alle Menschen sind in ein Netz der Gegenseitigkeit verwoben.

Was den einen unmittelbar betrifft, betrifft den anderen mittelbar. Ich kann niemals so sein, wie ich eigentlich sein sollte, wenn du nicht bist, wie du sein solltest. Und umgekehrt ist es nicht anders. Das ist die eng verstrickte Wirklichkeit unseres Lebens.

Der reiche Mann verstand das nicht. Er glaubte, in seiner kleinen, eigennützigen Welt leben und wachsen zu können. Er war ein wildgewordener Individualist. Ja, er war wirklich ein Narr!

III

Jesus nannte den reichen Mann einen Narren, weil er seine Abhängigkeit von Gott nicht erkannte und so tat, als bestimme er selbst den Lauf der Jahreszeiten, die Fruchtbarkeit des Bodens, Aufgang und Niedergang der Sonne, Regen und Tau. Vielleicht merkte er es selbst nicht, aber er fühlte sich als Schöpfer, nicht als Geschöpf.

Diese sich selbst überschätzende Narrheit hat in der Geschichte der Menschheit oft und mit verheerenden Folgen geherrscht. Die Lehre des Materialismus ist ein Ausdruck dafür. Sie behauptet, alles finde seine Erklärung in bewegter Materie, das Leben sei ein physiologischer Prozeß mit ausschließlich physiologischer Bedeutung. Für den Materialismus ist der Mensch nur das zufällige Ergebnis blind wandernder Protonen und Elektronen, der Gedanke nur das zeitgebundene Produkt grauer Hirnmasse. Die Ereignisse der Geschichte entspringen nach dieser Lehre dem Zusammenwirken von Materie und Bewegung, die nach dem Prinzip der Notwendigkeit arbeiten. Da der

Materialismus weder für Gott noch für Ewigkeitsvorstellungen Raum hat, widersetzte er sich allem Gottesglauben und jedem Idealismus.

Diese materialistische Philosophie führt gedanklich unvermeidlich zu einer sinnlosen Welt. Es ist Wahnwitz zu glauben, der Mensch sei das zufällige Ergebnis eines Zusammenspiels von Atomen und Elektronen. Ebensogut könnte man sagen, ein Esel würde schon ein Shakespearesches Drama schreiben, wenn er nur lange genug auf eine Schreibmaschine einhämmerte. Das ist reine Gedankenspielerei! Viel vernünftiger ist es, mit dem Physiker Sir James Jeans zu sagen: „Das Universum ähnelt eher einem großen Gedanken als einer großen Maschine." Oder wir sollten mit dem Philosophen Arthur Balfour bekennen: „Wir wissen nicht genug von der Materie, um Materialisten zu sein." Vor reifem Denken kann der Materialismus nicht bestehen.

Auch ein gottleugnender Humanismus versucht Gott abzuschaffen. Er versichert dem Menschen schmeichlerisch, er selbst sei Gott; er selbst sei das Maß aller Dinge. Viele Anhänger dieser Lehre behaupten wie Rousseau, der Mensch sei von Natur aus gut. Das Böse liege nur in den Institutionen. Triebe man Unwissenheit und Armut aus, so sei alles in schönster Ordnung. Das zwanzigste Jahrhundert begann im Zeichen eines solchen Optimismus. Viele glaubten, die Zivilisation führe in das irdische Paradies. Herbert Spencer entwickelte aus den Darwinschen Theorien die Lehre vom automatischen Fortschritt. Den Menschen wurde eingeredet, es gebe ein soziologisches Fortschrittsgesetz, das ebenso unumstößlich sei wie das Gesetz der Schwerkraft.

Von einem solchen Optimismus besessen, brachen die

Menschen in die Lagerhäuser der Natur ein. Dabei kamen sie zu vielen wissenschaftlichen Erkenntnissen und technischen Neuerungen, die zu einer völligen Umgestaltung der Erde führten. Die Leistungen der Wissenschaften waren wunderbar und mit Händen zu greifen.

Angesichts dieses erstaunlichen Fortschritts riefen die Menschen aus:

> „Die Wissenschaft ist mein Hirte, mir wird nichts mangeln.
> Sie weidet mich auf einer grünen Aue
> und führet mich zum frischen Wasser.
> Sie erquicket meine Seele ...
> Ich fürchte kein Unglück, denn die Wissenschaft ist bei mir.
> Ihr Stecken und Stab trösten mich!"

Die Sehnsucht des Menschen wandte sich nicht mehr himmelwärts zu Gott. Sie war nur noch auf Irdisches und Menschliches gerichtet. Und der Mensch sprach eine seltsame Parodie auf das Gebet des Herrn: „Unsere Brüder, die ihr auf Erden seid, geheiligt sei euer Name. Unser Reich komme. Unser Wille geschehe auf Erden, denn es gibt keinen Himmel." Wer sich früher an Gott wandte, um eine Lösung für seine Probleme zu finden, suchte sie jetzt in Wissenschaft und Technik, weil er überzeugt war, daß sie die notwendigen Werkzeuge besäßen, um eine neue Gesellschaftsordnung aufzurichten.

Aber dann zerplatzte dieser Mythos. Er verging im Schrecken von Nagasaki und Hiroshima, in der wilden Kraft der 50-Megatonnen-Bomben. Jetzt haben wir erkannt, daß die Wissenschaft uns nur physische Kraft verleihen kann, die unweigerlich zur Zerstörung führt, wenn sie nicht von geistigen Kräften gebändigt wird. Die

Worte des angelsächsischen Königs Alfred der Große sind noch immer wahr: „Macht ist niemals gut, es sei denn ein Guter handhabt sie." Geistige Stärke und moralischer Halt sind uns nötiger als Wissenschaft. Mit ihnen kann der Mensch auch zu größerer physischer Stärke geführt werden. Ohne den göttlichen Geist ist die Wissenschaft eine verderbliche Macht, die uns immer tiefer ins Chaos führen wird. Warum sollten wir uns selbst mit dem Gedanken an den automatischen Fortschritt täuschen? Warum sollten wir uns einreden, der Mensch könne sich selbst erlösen? Wir müssen Herzen und Augen zu den Bergen aufheben, von denen wahre Hilfe kommt. Dann, und nur dann werden die Fortschritte der Wissenschaft uns zum Segen und nicht zum Fluch.

Wenn wir uns nicht auf Gott verlassen, scheitern alle unsere Mühen. Wenn sein Geist unser Leben nicht wandelt, finden wir nur, wie Chesterton es ausdrückte, „Kuren, die nichts kurieren, Segnungen, die nicht segnen, Lösungen die nichts lösen". Gott ist unsere Zuversicht und Stärke. Er hilft uns in aller Not, die uns getroffen hat.

Leider verstand das der reiche Mann nicht. Wie so viele Menschen des zwanzigsten Jahrhunderts war er mit kleinen Nichtigkeiten und großen Geschäften so ausgefüllt, daß er Gott vergaß. Dem Vergänglichen maß er unvergängliche Bedeutung bei, das Nebensächliche erhob er zur Hauptsache.

Als der reiche Mann seine Schätze gehäuft hatte, als sein Besitz ihm die höchsten Erträge brachte, als sein Palast das Stadtgespräch war, da machte er Bekanntschaft mit dem ewigen Beherrscher aller Menschen, dem Tod. Und daß er gerade in diesem Augenblick starb, macht uns die Geschichte noch deutlicher und packender. Freilich würde sich an ihrer Grundwahrheit auch dann nichts ändern, wenn der reiche Mann weitergelebt hätte und so alt wie Methusalem geworden wäre. Wenn er damals auch erst körperlich starb, so war er doch seelisch bereits tot. Als er zu atmen aufhörte, war dies nur das äußere Zeichen für ein längst vollzogenes innerliches Sterben. Gestorben war der reiche Mann bereits, als er versäumte, einen Trennungsstrich zu ziehen zwischen den Mitteln, durch die er lebte, und dem Sinn, für den er lebte. Er war gestorben, als er seine Abhängigkeit von den Mitmenschen und Gott nicht erkannte.

Könnte dieser reiche Mann nicht einfach stellvertretend für die westliche Zivilisation in dieser Geschichte stehen? An Gütern und materiellen Erfolgen sind wir reich. Die Mittel, durch die wir leben, sind in der Tat wunderbar. Und doch fehlt etwas. Wir haben gelernt, wie die Vögel zu fliegen und wie die Fische zu schwimmen. Aber wir haben die einfache Kunst nicht erlernt, als Brüder zu leben. Unser Überfluß hat uns weder Frieden noch Zufriedenheit gebracht. Der Inder A. M. Rihbany hat unser Dilemma mit treffenden Worten beschrieben: „Ihr nennt eure kunstvollen Vorrichtungen arbeitssparend, und doch seid ihr immer beschäftigt. Während eure maschinellen Hilfsvorrichtungen sich mehren, werdet ihr zugleich immer müder, nervöser und unzufriedener. Was ihr auch immer habt — ihr wollt mehr. Wo ihr auch immer seid — ihr wollt weiter. Ihr habt eine Maschine, die das Rohmaterial für euch ausgräbt, eine die es bearbeitet, eine andere, die es transportiert. Ihr habt Maschinen zum Wischen und Kehren, zum Schreiben, zum Sprechen, zum Singen, zum Theaterspielen, zum Wählen, zum Nähen und hundert andere, die hundert andere Arbeiten für euch verrichten. Und doch seid ihr die nervösesten und geschäftigsten Menschen der Welt. Eure Erfindungen sparen weder Zeit noch Seelenkraft. Sie sind vielmehr Sporen, die euch immer zu neuen Erfindungen und neuen Geschäften treiben." Was hier über die westliche Zivilisation gesagt wird, kann man nicht damit abtun, es sei der von Vorurteilen belastete Angriff eines östlichen Denkers, der auf den westlichen Reichtum neidisch sei. Wir können dieser Anklage nicht ausweichen. Die Mittel, durch die wir leben, haben den Sinn, für den wir leben, verdrängt. Unsere wissenschaftliche Kraft geht über unsere seelische Kraft. Wir haben Raumschiffe auf den Weg geschickt und gleichzeitig den Menschen in die Irre geleitet. Wie einstmals der reiche Mann, so haben auch wir unser inneres Leben verkümmern lassen und das äußere ins Riesenhafte erhoben. Unser Leben versinkt in Geschäftigkeit. Wir werden in unserer Generation keinen Frieden finden, wenn wir nicht wieder lernen, daß „niemand davon lebt, daß er viele Güter hat". Lebenserhaltend sind vielmehr die inneren Schätze der Seele, „wo kein Dieb zukommt und den keine Motten zerfressen".

Hoffen wir auf ein schöpferisches Leben, so müssen wir in uns und in der Gesellschaft wieder den Sinn des Lebens verwirklichen. Ohne diese geistige und seelische Erneuerung werden wir uns durch die selbstgeschaffenen Werkzeuge vernichten. Unsere Generation kann der Frage des Herrn nicht ausweichen: „Was hülfe es dem Menschen, wenn er die ganze Welt der Äußerlichkeiten gewönne — Flugzeuge, elektrisches Licht, Autos und Farbfernsehen — und nähme doch Schaden an seinem Innern, an seiner Seele?"

Der Tod des Bösen

Und Israel sah die Ägypter tot am
Meeresufer liegen. 2. MOSE 14,30

Die Gegenwart des Bösen in der Welt ist das nicht zu
übersehende Merkmal der Zeit. Seine sich überall fest-
saugenden Greifer zeigen sich auf jedem Gebiet menschlichen Seins. Über die Ursachen dafür mögen wir geteilter
Meinung sein, aber nur ein sehr oberflächlicher Optimist
wird das Dasein des Bösen bestreiten. Das Böse ist stark,
grimmig und ungeheuer wirklich.

Die Bibel spricht unmißverständlich von der Realität
des Bösen. Sie schildert es als eine Schlange, die den Miß-
klang in die Harmonie des Lebens bringt. Sie spricht pro-
phetisch von schreiender Ungerechtigkeit und häßlicher
Heuchelei. Sie schildert dramatisch einen Pöbel, der den
wertvollsten Menschen der Welt zwischen zwei Dieben
ans Kreuz schlägt. Die biblische Darstellung des Bösen ist
klar wie Kristall. Jesus war für die Realität des Bösen
nicht blind. Zwar gab er niemals eine theologische Erklä-

rung für seinen Ursprung, doch versuchte er auch niemals es fortzuerklären. Im Gleichnis vom Unkraut sagt Jesus, daß Unkraut wirklich Unkraut ist und nicht nur eine Illusion oder ein Irrtum unseres begrenzten Verstandes. Wirkliches Unkraut hindert den guten Weizen daran, gesund zu wachsen. Ob es nun durch Satan oder durch den Mißbrauch menschlicher Freiheit gesät wird — immer ist das Unkraut schädlich und verderblich. „Ich will nicht versuchen", sagt Jesus, „etwas über diesen schädlichen Samen und seine Herkunft zu erklären; auf jeden Fall ist er das Werk eines Feindes." Er wußte, daß die Macht des Bösen ebenso wirklich ist wie die Macht des Guten.

Im täglichen Leben sehen wir das Böse in allen seinen schrecklichen Formen. Wir erkennen es in Begierden und Selbstsucht. Wir sehen es sehr deutlich dort, wo Menschen bereit sind, die Wahrheit auf dem Altar ihrer eigenen Interessen zu opfern. Wir erkennen es bei den imperialistischen Nationen, die andere Völker zu einem Leben in Ungerechtigkeit zwingen. Wir sehen das Wirken des Bösen in den Kriegen, die Menschen und Völker moralisch und körperlich vernichten.

In einem gewissen Sinn ist die Geschichte der Menschheit die Geschichte des Kampfes zwischen Gut und Böse. Alle großen Religionen haben diese Spannung im Herzen des Weltalls empfunden. Der Hinduismus nennt sie einen Kampf zwischen Illusion und Wirklichkeit. Die Anhänger des Zarathustra sprechen von einem Kampf zwischen den Göttern des Lichts und der Finsternis. Das traditionelle Judentum redet wie die Christenheit vom Kampf zwischen Gott und Satan. Alle fühlen, daß es neben dem Auftrieb des Guten auch die niederziehende Kraft des Bösen gibt.

Das Christentum weiß, daß in diesem Kampf endlich das Gute siegen wird. Letztlich wird das Böse durch die starken, unüberwindlichen Mächte des Guten bezwungen. Karfreitag muß dem Triumph des Ostersonntags weichen. Das Unkraut kann das Wachstum des Weizens eine Zeit-lang behindern. Wird aber die Ernte eingebracht, so wird das schlechte Unkraut vom guten Weizen gesondert. Caesar lebte in einem Palast, Christus starb an einem Kreuz. Aber eben dieser Christus teilt die Geschichte ein, so daß selbst die Regierungszeit Caesars mit Christi Namen bezeichnet wird. Schon seit langem erkennt die biblische Religion, was William C. Bryant sagte: „Zu Boden geworfene Wahrheit wird sich wieder erheben." Thomas Carlyle schrieb: „Du kannst keine Unwahrheit sagen oder tun, ohne daß sie nach kürzerem oder längerem Umlauf dir wie ein Wechsel zur Zahlung präsentiert wird — und deine Antwort wird dann lauten: keine Deckung!"

I

Ein bildhaftes Beispiel dieser Wahrheit finden wir in der Frühgeschichte des hebräischen Volkes. Als die Kinder Israel unter der ägyptischen Sklaverei seufzten, war Ägyp-ten das Symbol des Bösen, das sich in schmachvoller Unter-drückung, gottloser Ausbeutung und erbarmungsloser Zwangsherrschaft äußerte. Die Israeliten symbolisierten hingegen das Gute durch ihre Treue zum Gott Abrahams, Isaaks und Jakobs. Ägypten wollte die Unterdrückung er-halten, Israel kämpfte um seine Freiheit. Starrköpfig weigerte sich Pharao, die Bitten Moses zu erhören, obwohl Plage auf Plage sein Reich heimsuchten. Diese Lehre über das Böse dürfen wir nicht vergessen: Es ist beharrlich und entschlossen. Niemals gibt es seine Stellung ohne erbitterten Widerstand auf. Aber ebenso sicher ist auch, daß sich das Böse nicht unaufhörlich erneuern kann. Mit Gottes Hilfe durchquerten die Kinder Israel nach langem Kampf das Rote Meer. Aber die Ägypter wollten nicht aufgeben. In einem letzten Aufbäumen sandten sie ihre Armee den Israeliten nach. Die Soldaten jagten in das ausgetrocknete Meer. In diesem Augenblick wogte das geteilte Wasser zurück und schlug über ihnen zusammen und ertränkte sie. Als die Israeliten sich umwandten, sahen sie nur noch, wie hier und da ein armseliger Leichnam an die Küste getrieben wurde. Für die Kinder Israel war das ein großer Augenblick. Er bedeutete das Ende eines schweren Abschnitts ihrer Geschichte. Ein froher Tagesanbruch hatte die lange Nacht ihrer Gefangenschaft beendet. Die Bedeutung dieser Geschichte liegt nicht darin, daß die Ägypter ertranken. Niemand kann sich über den Tod oder die Niederlage eines Menschen freuen. Die Geschichte symbolisiert vielmehr den Tod des Bösen, der unmenschlichen Unterdrückung und der ungerechten Ausbeutung. Der Tod der Ägypter soll uns daran erinnern, daß irgend etwas in der Natur den ausdauernden Kampf des Guten gegen das Böse unterstützt. Das Neue Testament erklärt richtig: „Alle Züchtigung aber, wenn sie da ist, dünkt uns nicht Freude, sondern Traurigkeit zu sein; aber danach wird sie geben eine friedsame Frucht der Gerechtigkeit." Pharao beutete die Kinder Israel aus — aber danach... Die ersten Christen wurden den Löwen vorgeworfen und zu den Richtblöcken geschleppt — aber danach... Irgend etwas in dieser Welt bestätigt die Worte

Shakespeares: „Unsere Zwecke formt ein Gott, wie wir sie auch entwerfen", und Lowells: „Mag das Böse auch gedeihen, bleibt doch allein die Wahrheit stark."

II

Die Wahrheit unseres Textes enthüllt sich auch im gegenwärtigen Kampf des Guten — in der Form der Freiheit und Gerechtigkeit — gegen das Böse — in Form der Unterdrückung und des Kolonialismus. Von den etwa 3 Milliarden Menschen der Erde leben ungefähr 1,9 Milliarden in Asien und Afrika. Vor weniger als zwei Jahrzehnten waren die meisten asiatischen und afrikanischen Völker noch Kolonialvölker — sie wurden politisch beherrscht, wirtschaftlich ausgebeutet und seelisch und körperlich gedemütigt. Jahrzehntelang protestierten sie gegen diese Ungerechtigkeiten. In fast jedem Land Afrikas oder Asiens fand sich ein mutiger Mose, der die Freiheit seines Volkes leidenschaftlich forderte. Zwanzig Jahre lang bedrängte Mahatma Gandhi unausgesetzt britische Vizekönige, Generalgouverneure, Ministerpräsidenten und Könige, sein Volk in die Freiheit zu entlassen. Wie früher die Pharaonen, so verschlossen jetzt auch die britischen Führer diesen Bitten ihre Ohren. Selbst der große Winston Churchill antwortete auf Gandhis Forderung nach Unabhängigkeit mit den Worten: „Ich bin nicht Premier geworden, um die Liquidation des Britischen Weltreichs vorzunehmen." Der Konflikt zwischen zwei entschlossenen Mächten, den Kolonialmächten und den Völkern Asiens und Afrikas, war einer der gewaltigsten und krisenreichsten Kämpfe des 20. Jahrhunderts.

Aber trotz allem Widerstand und allem Zögern der Kolonialmächte gewannen die Kräfte der Gerechtigkeit und der Menschenwürde allmählich Oberhand. Vor fünfundzwanzig Jahren gab es in ganz Afrika nur drei unabhängige Staaten. Heute sind mehr als dreißig Staaten unabhängig. Vor kaum fünfzehn Jahren beherrschte das britische Weltreich über 650 Millionen Menschen in Asien und Afrika. Heute sind es nur noch knapp 60 Millionen. Das Rote Meer hat sich aufgetan. Die unterdrückten Massen Asiens und Afrikas haben sich von dem Ägypten des Kolonialismus befreit. Jetzt streben sie dem Gelobten Lande der wirtschaftlichen und kulturellen Sicherheit zu. Heute sehen diese Völker das Böse des Kolonialismus und des Imperialismus tot an die Küste gespült.

Auch in unserem eigenen Kampf um Freiheit und Gerechtigkeit erleben wir den Tod des Bösen. Im Jahre 1619 wurde der Neger vom Boden Afrikas nach Amerika gebracht. In mehr als zwei Jahrhunderten wurde Afrika ausgeraubt. Die eingeborenen Königreiche verfielen, die Völker und ihre Herrscher wurden niedergezwungen. In Amerika war der Negersklave kaum mehr als ein unpersönliches Rädchen in der riesigen Maschinerie der Pflanzungen.

Aber es gab auch Menschen mit einem wachen Gewissen. Sie wußten, daß ein so ungerechtes System in einer Nation sinnwidrig war, die das Prinzip der Gleichheit aller Menschen verkündet hatte. Im Jahr 1820, sechs Jahre vor seinem Tod, schrieb Thomas Jefferson diese nachdenklichen Worte: „Aber die Frage der Sklaverei weckte mich wie eine Feuerglocke in der Nacht und erfüllte mich mit Schrecken. Ich erkannte sie sofort als das Grabgeläute der Union ... Ich bedaure, daß ich jetzt in dem Glauben sterben muß, daß das Opfer der Generation von 1776, das dem Land Selbstregierung und Glück verschaffen sollte, heute verworfen wird ... Mein einziger Trost ist, daß ich nicht mehr leben muß, um darüber zu weinen."

Viele Verfechter der Sklavenbefreiung wurden wie Jefferson von dieser Frage gequält. Sie erkannten, daß die Unmoral der Sklaverei den weißen Herren wie den Neger schändete.

Und dann kam der Tag, an dem Abraham Lincoln diesem Problem mutig entgegentrat. Seine Schlußfolgerungen aus allen Überlegungen drückte er in den Worten aus: „Indem wir den Sklaven die Freiheit gewähren, sichern wir die Freiheit der Freien ... gleich ehrenwert in dem, was wir geben, wie in dem, was wir bewahren." Auf dieser moralischen Grundlage entwarf Lincoln seine Emanzipations-Erklärung, die der Sklaverei ein Ende setzte. Die Bedeutung dieser Erklärung wurde von einem bedeutenden Amerikaner, Frederick Douglass, in folgende Worte gefaßt: „Sie erkennt und erklärt die wahre Natur des Kampfes und stellt die Nordstaaten auf die Seite der Gerechtigkeit und der Zivilisation ... Unzweifelhaft ist der 1. Januar 1863 einer der denkwürdigsten Tage der amerikanischen Geschichte. Der 4. Juli, der Tag der amerikanischen Unabhängigkeitserklärung, war groß und bedeutsam. Betrachten wir aber alle seine Auswirkungen, dann ist der 1. Januar unvergleichlich größer. Das eine Datum kennzeichnet die politische Geburt einer Nation, das andere ihr Leben und ihren Charakter. Mit der Stellungnahme zur Sklavenbefreiung ist die Entscheidung verbunden, ob das Leben unserer Nation im Lichte aller hohen und edlen Tugenden glänzen oder für alle Zukunft von der Scham verdunkelt sein soll."

Aber am 1. Januar 1863 wurde dem Neger nicht die ganze Freiheit geschenkt. Wenn er auch gewisse politische und soziale Vorteile erhielt, so merkte der Neger doch bald, daß die Pharaonen der Südstaaten entschlossen waren, ihn nicht aus der Sklaverei zu entlassen. Gewiß brachte die Emanzipation ihn dem Roten Meer näher, sie sicherte ihm aber noch nicht den Durchzug. Die durch eine Entscheidung des Obersten Gerichtshofs aus dem Jahre 1896 gestützte Rassentrennung war eine neue, durch gewisse Äußerlichkeiten getarnte Form der Sklaverei. Im großen Kampf des letzten halben Jahrhunderts haben die Pharaonen der Rassentrennung alle gesetzlichen Manöver, wirtschaftlichen Zwang und selbst körperliche Gewalt benutzt, um den Neger im Ägypten der Rassentrennung festzuhalten. Obwohl mancher Mose aus unserem Volk geduldig rief und bat, wurde das Volk der Neger nicht in die Freiheit entlassen.

Gegenwärtig sind wir Zeugen einer wichtigen Wandlung. Ein Spruch des Obersten Gerichtshofs teilte das Rote Meer. Die Mächte der Gerechtigkeit können es durchschreiten. Der Gerichtshof hob den alten Urteilsspruch aus dem Jahre 1896 auf und entschied, daß alle auf Rassentrennung gegründete Einrichtungen Ausdruck der Ungleichheit sind, und daß Beschränkungen, die einem Kind auf Grund seiner Rasse auferlegt werden, ihm den gesetzlich verbürgten rechtlichen Schutz verweigern. Dieses Urteil ist wie ein Leuchtfeuer der Hoffnung für zahllose entrechtete Menschen. Wenn wir uns umwenden, so sehen wir die bösen Mächte der Rassentrennung langsam an der Küste sterben. Und doch liegt noch ein gewaltiges Gebirge des Widerstands vor uns. Aber wir haben Ägypten verlassen und werden mit geduldiger und fester Entschlossenheit das Gelobte Land erreichen. Das Böse in Gestalt der Ungerechtigkeit und der Ausbeutung wird auf die Dauer nicht überleben. Ein Durchzug des Roten Meeres gibt in der Geschichte zum Schluß dem Guten den Sieg. Die wieder zusammenschlagenden Fluten ertränken die Kräfte des Bösen.

Jedes Übel trägt die Saat der eigenen Zerstörung in sich. Auf die Dauer ist das geschlagene Recht stärker als das triumphierende Böse. Als der Historiker Charles A. Beard gefragt wurde, welche Hauptlehren er der Geschichte entnommen habe, sagte er: „Erstens: Wen die Götter zerstören wollen, den lassen sie sich zuerst an der Macht berauschen. Zweitens: Die Mühlen Gottes mahlen langsam aber fein. Drittens: Die Biene befruchtet die Blüte, die sie beraubt. Viertens: Erst wenn es dunkel ist, kann man die Sterne sehen."

Das sind nicht die Worte eines Predigers, sondern die eines verstandeskühlen Historikers. Sein langes Studium der Geschichte lehrte ihn, daß das Böse eine selbstzerstörende Kraft in sich birgt. Das Böse mag lange wirken, endlich erreicht es doch seine Grenzen. Es gibt eine ausgleichende Gerechtigkeit in der Welt. Die griechische Mythologie nennt sie die Göttin der „strafenden Gerechtigkeit".

III

Wir dürfen aber auch nicht einem oberflächlichen Optimismus verfallen und glauben, der Tod eines bestimmten Übels bedeute schon den Tod alles ·Bösen. Jeder Fortschritt ist gefährdet. Ist ein Problem gelöst, so stellt sich

uns ein neues in den Weg. Das Reich Gottes als universelle Wirklichkeit ist noch nicht errungen. Solange die
Sünde noch in allen Bereichen des menschlichen Lebens
herrscht, folgt dem Tod einer alten Tyrannei die Geburt
einer neuen.

Aber nicht nur den oberflächlichen Optimismus, auch
den lähmenden Pessimismus müssen wir vermeiden. Trotz
aller Gefahren kann ein sozialer Fortschritt auf bestimmten Gebieten erreicht werden. Vielleicht mag die Pilger-
schaft des Menschen auf Erden nie zu einem endgültigen
Erfolg führen, aber sicher kann ihn sein beharrliches Streben der Gerechtigkeit näherbringen. Das Reich Gottes auf
Erden mag vielleicht noch nicht vollendet werden, aber
sicher kann es jetzt schon in gewissen Einzelformen erreicht werden: in persönlicher Aufopferung und im Zusammenleben von Gruppen. „Das Reich Gottes ist mitten
unter euch.“

Vor allem müssen wir wieder daran erinnert werden,
daß Gott in seiner Welt wirkt. Er steht nicht außerhalb
und schaut in kalter Gleichgültigkeit auf sie herab. Auf
allen Straßen des Lebens geht er unseren Weg mit. Als
immer liebender Vater wirkt er in der Geschichte für das
Heil seiner Kinder. In unserem Kampf gegen die Macht
des Bösen steht er uns zur Seite.

Aber warum zögert Gott so lange, das Böse niederzu-
werfen? Warum ließ Gott zu, daß Hitler sechs Millionen
Juden umbrachte? Warum duldete er, daß die Sklaverei
in Amerika 244 Jahre währte? Warum erlaubt Gott blut-
rünstigem Pöbel, dunkelhäutige Männer und Frauen zu
lynchen und die Negerkinder je nach Laune zu ertränken?
Warum greift Gott nicht ein und zerschlägt die bösen
Pläne verruchter Menschen?

Ich kenne weder Gottes Wege noch seinen Plan im Kampf gegen das Böse. Vielleicht verfehlten wir Gottes Endziel, wenn er so schnell mit dem Bösen verführe, wie wir es wünschen. Wir sind verantwortliche menschliche Wesen, nicht blinde Automaten. Wir sind Persönlichkeiten, nicht Puppen. Als Gott uns die Freiheit schenkte, entzog er sich selbst einen Teil seiner Souveränität und gab sie uns als Möglichkeit in die Hand. Wenn seine Kinder frei sind, so müssen sie aus freiem Entschluß seinen Willen tun. Deshalb kann Gott nicht zugleich den Menschen seinen Willen aufzwingen und seinen Plan mit ihnen vollenden. Wollte Gott mit der Gewalt seiner Allmacht sein Ziel erreichen, so wäre das eher Schwäche als Stärke. Macht ist die Möglichkeit, ein Ziel zu erreichen. Eine Tat aber, die das Ziel auslöscht, ist Schwäche.

Daß Gott dem Bösen nicht sofort zu Leibe gehen will, heißt nicht, daß er untätig bleibt. Wir Menschen stehen mit unserer Sehnsucht nach dem Sieg der Gerechtigkeit nicht allein. Es gibt eine ewige Macht, die für Gerechtigkeit sorgt.

Vergessen wir auch nicht, daß Gott bei denen ist, die unter dem Bösen leiden. Er gab uns die inneren Kraftquellen, um die Bürden des Lebens zu tragen. Wenn wir in der Dunkelheit irgendeines Ägyptens stehen, ist Gott ein Licht auf unserem Wege. Er schenkt uns die Kraft, die Prüfungen Ägyptens zu bestehen. Er gibt uns den Mut, trotz allem vorwärts zu gehen. Wenn das Licht der Hoffnung flackert und die Lampe des Glaubens verlöschen will, gibt er uns neuen Mut zum Aushalten. Er ist bei uns nicht nur im Licht der Erfüllung, sondern auch in der Finsternis der Verzweiflung.

In Indien verbrachten meine Frau und ich ein herrliches

Wochenende am südlichsten Punkt dieses schönen Landes. Dort besuchten wir auch den Strand, der „Land's End" genannt wird, weil das indische Festland dort wirklich endet. Nur die Unendlichkeit wogenden Wassers sieht man dort vor sich. An diesem herrlichen Fleckchen Erde begegnen sich drei große Gewässer: Der Indische Ozean, das Arabische Meer und der Golf von Bengalen. Wir saßen auf einem Felsen, der ein Stück in den Ozean hinausragt und waren von der Weite des Meeres tief beeindruckt. Die Wogen rollten mit fast rhythmischer Gleichmäßigkeit heran und klatschten gegen den Stein, auf dem wir saßen. Im Westen sahen wir die Sonne als großen Ball scheinbar im Wasser versinken. Als sie kaum noch zu sehen war, sagte meine Frau: „Sieh mal, Martin, ist das nicht wunderschön?" Ich wandte mich um und sah den Mond, einen zweiten Ball von bezaubernder Schönheit. Während die Sonne zu versinken schien, sah es aus, als stiege der Mond aus dem Ozean empor. Als die Sonne ganz verschwunden war, legte sich Dunkelheit über die Erde, doch schon erglänzte das Licht des aufgehenden Mondes.

Ich sagte zu meiner Frau: „Im Leben ist es oft genauso. Manchmal verläßt uns alles Tageslicht, und wir bleiben in einer dunklen Nacht zurück. Das sind Augenblicke, in denen unsere Hoffnungen zerbrechen, in denen wir Opfer tragischer Ungerechtigkeit oder schrecklicher Ausbeutung sind. In solchen Augenblicken werden wir fast von Trübsal und Ausweglosigkeit überwältigt. Wir glauben dann, daß sich nirgends mehr ein Lichtschimmer zeigt. Aber dann erscheint doch wieder ein Lichtschimmer am Horizont."

Die Welt wäre unerträglich, wenn Gott nur ein Licht

hätte. Aber wir können uns trösten: er hat zwei Lichter.
Eines, das uns in der Helligkeit des Tages den Weg weist,
wenn Hoffnungen erfüllt werden und alles uns wohlgesinnt ist, und ein anderes, das uns durch die Dunkelheit
der Nacht leitet, wenn wir niedergeschlagen sind und
Schwermut und Hoffnungslosigkeit in uns erwachen. Der
Psalmist bezeugt, daß wir niemals in der Finsternis wandeln müssen:

„Wohin soll ich gehen vor deinem Geist,
und wohin soll ich fliehn vor deinem Angesicht?
Führe ich auf zum Himmel, so wärst du da,
und lagert' ich mich in der Unterwelt, so wärst du dort;
nähme ich die Schwingen des Morgenrots zum Flug
und ließe mich nieder am äußersten Westmeer,
so würde auch dort deine Hand mich führen
und deine Rechte mich fassen;
und spräch' ich: ‚Lauter Finsternis soll mich umhüllen
und Nacht sei das Licht um mich her!' —
auch die Finsternis würde für dich nicht finster sein,
vielmehr die Nacht dir leuchten wie der Tag:
Finsternis wäre für dich wie das Licht" (Menge).

Dieser Glaube soll uns in unserem Kampf um die Flucht
aus jedem bösen Ägypten stärken. Dieser Glaube wird
unseren müden Füßen eine Leuchte sein und ein Licht auf
unserem beschwerlichen Weg. Und ohne diesen Glauben
werden die kühnsten Träume der Menschheit allmählich
in Staub zerfallen.

Drei Dimensionen
des vollkommenen Lebens

*... die Länge und die Höhe und die
Breite der Stadt sind gleich.*
OFFENBARUNG 21,16

Der verbannte Apostel Johannes war auf der einsamen
Insel Patmos fast aller Freiheit beraubt. Nur denken
konnte er noch. Und so dachte er über vieles nach; auch
über die alte politische Ordnung, ihre Unvollkommenheit
und ihre tragische Ungerechtigkeit. Er dachte an das alte
Jerusalem mit seiner oberflächlichen Frömmigkeit und
seinen gedankenleeren Riten. Doch während er über das
Alte nachdachte, das ihn bedrückte, hatte er eine herrliche
Vision von etwas Neuem und Großem. Er sah ein neues,
heiliges Jerusalem vom Himmel herabsinken. Das Schönste an dieser himmlischen Stadt war ihre Vollkommenheit,
die wie ein neuer Tagesanbruch strahlte, der die Nacht
der Unvollkommenheit beendete. Nichts war Stückwerk,
nichts einseitig, alles war vollkommen. Um die Stadt zu
beschreiben, sagte Johannes: „Die Länge und die Breite
und die Höhe sind gleich." Diese neue Stadt Gottes ist

nicht unausgeglichen mit turmhohen Tugenden auf der einen und niederziehenden Lastern auf der anderen Seite. Sie ist vollkommen.

Vielen Menschen ist die Offenbarung ein seltsames und schwer zu deutendes Buch. Oft wird es als zu geheimnisvoll beiseite gelegt. Aber hinter der eigenartigen Sprache des Johannes und seinem apokalyptischen Symbolismus finden wir viele packende und tiefe Wahrheiten. Eine davon wird in unserem Text ausgesprochen. Wenn Johannes die neue Stadt Gottes beschreibt, so schildert er tatsächlich eine ideale Menschheit. Er sagt, um es kurz auszudrücken, daß ein rechtes Leben in jeder Weise vollkommen sein muß.

In unserem persönlichen und gesellschaftlichen Leben herrscht verwirrende Unvollkommenheit und eine erschreckende Einseitigkeit. Nur selten finden wir wirkliche, uneingeschränkte Größe. Fast jeder Feststellung der Größe folgt das Wörtchen „aber". Naeman stand im hohen Ansehen", sagt das Alte Testament, „aber..." Dieses Aber drückt etwas Tragisches aus. „Aber er wurde aussätzig." Wie viele Menschen könnten so beschrieben werden!

Die Griechen waren ein großes Volk, das den nachfolgenden Generationen unerschöpfliche Wissensschätze hinterließ. Es schenkte der Welt die tiefen dichterischen Erkenntnisse eines Aeschylos, Sophokles und Euripides, die philosophische Weisheit eines Sokrates, Plato und Aristoteles. Diese großen Geister haben jeden einzelnen von uns zum Erben schöpferischer Ideen werden lassen. Die Griechen waren ein großes Volk, aber... Dieses Aber unterstreicht die Tatsache, daß die griechischen Staaten Aristokratien für einige und nicht Demokratien für alle Menschen waren. Dieses Aber steht für die traurige Tatsache, daß die griechischen Stadtstaaten sich auf Sklaverei gründeten.

Die westliche Zivilisation ist groß. Sie schenkte der Welt die wunderbaren Erkenntnisse der Renaissance, das frohe Donnern und das zarte Seufzen in Händels „Halleluja", die majestätische Größe Beethovens, die herrlichen Melodien Bachs. Sie bescherte der Welt die industrielle Revolution und die ersten Schritte der Menschheit auf dem Weg zum materiellen Überfluß. Die westliche Zivilisation ist groß, aber ... Dieses Aber erinnert uns an die Ungerechtigkeiten und das Übel des Kolonialismus und an eine Zivilisation, die zuließ, daß materielles Interesse seinem geistigen Sinn vorangestellt war.

Die Vereinigten Staaten sind eine große Macht. Sie haben der Welt mit der Unabhängigkeitserklärung das schönste Dokument der Menschenwürde geschenkt, das jemals als Grundlage einer Gesellschaftsordnung niedergelegt wurde. Amerika hat Brücken geschaffen, die weite Seen überspannen, und Wolkenkratzer, die in den Himmel ragen. Durch die Gebrüder Wright hat Amerika der Welt das Flugzeug geschenkt und es der Menschheit ermöglicht, Entfernungen und Zeit zusammenschrumpfen zu lassen. Durch seine medizinische Forschung hat es viele Krankheiten geheilt und das Menschenleben verlängert. Die Vereinigten Staaten von Amerika sind groß, aber ... Dieses Aber ist ein Kommentar zu mehr als zweihundert Jahren der Sklaverei, ein Hinweis auf zwanzig Millionen Neger, denen „Leben, Freiheit und das Streben nach Glück" versagt wurden. Dieses Aber erinnert an einen praktischen Materialismus, der sich oft mehr um die Dinge als um die Werte kümmert.

So folgt fast jeder Feststellung der Größe ein Aber, das diese Größe zu Stückwerk werden läßt. Viele unserer großen Zivilisationen sind nur auf Teilgebieten groß. Viele unserer großen Männer sind nur in einer gewissen Weise groß, in einer anderen aber klein und beschämend niedrig.

Das Leben sollte aber in jeder Weise vollkommen sein. Jedes vollkommene Leben umfaßt die drei Dimensionen, die in unserem Text aufgezählt werden: Länge, Breite und Höhe. Die Länge des Lebens ist der auf eigene Wünsche gerichtete innere Antrieb, die Sorge um das eigene Wohlergehen und die eigene Leistung. Die Breite des Lebens ist die nach außen gerichtete Sorge um das Wohlergehen anderer. Die Höhe des Lebens ist das Hinaufstreben zu Gott. Im günstigen Fall ist das Leben ein gleichseitiges Dreieck. Im einen Winkel liegt das eigene Ich, im anderen der Mitmensch, und an der Spitze steht Gott. Ohne sorgfältige Entwicklung aller drei Teile dieses Dreiecks kann kein Leben vollkommen sein.

I

Wir wollen uns zuerst mit der Länge des Lebens beschäftigen, mit dem Bestreben des Menschen, seine eigenen inneren Kräfte zu entwickeln. Sie ist gewissermaßen die selbstsüchtige Dimension des Lebens. Es gibt einen natürlichen und gesunden Eigennutz. Der Rabbiner Joshua Liebman wies in einem interessanten Kapitel seines Buches „Seelenfrieden" darauf hin, daß wir uns selbst lieben müssen, ehe wir unseren Nächsten richtig lieben können. Viele Menschen verfallen seelischem Fatalismus, weil sie sich selbst nicht auf die richtige Weise lieben. Jeder Mensch muß sich um sich selbst sorgen und versuchen, seinen eigenen Lebensauftrag zu finden. Gott hat jedem gesunden Menschen die Fähigkeit verliehen, etwas zu erreichen. Gewiß ist der eine reicher begabt als der andere. Aber keinen Menschen hat Gott ohne alle Talente gelassen. Schöpferische Kräfte sind in jedem von uns verborgen. Wir haben die Pflicht, sie zu entdecken und zu entfalten.

Wenn jemand gefunden hat, wozu er geschaffen ist, sollte er alle seine Kräfte einsetzen, seine Möglichkeiten zu nutzen. Er sollte versuchen, irgend etwas so gut zu machen, daß niemand es besser machen kann. Er sollte es so tun, als habe ihn der allmächtige Gott eigens zu diesem Zweck gerade in diesem Augenblick der Geschichte gerufen. Ohne Sendungsbewußtsein und Entschlossenheit leistet niemand der Menschheit einen großen Dienst. Ohne diesen mächtigen inneren Trieb verwirklicht niemand seine wahren Möglichkeiten.

Darf ich in diesem Zusammenhang ein besonderes Wort an unsere jungen Menschen richten. Die Dimension der Länge ist eine einzigartige Herausforderung. Viele von euch gehen zur Schule. Ich kann nicht genug betonen, wie wichtig diese Jahre des Lernens sind. Ihr müßt begreifen, daß euch heute Türen offenstehen, die euren Vätern und Müttern verschlossen waren. Ihr müßt euch darauf vorbereiten, diese Türen zu durchschreiten. Ihr müßt früh entdecken, wozu ihr bestimmt seid, und dann müßt ihr unermüdlich arbeiten, um eure Begabungen zu entwickeln. Ralph Waldo Emerson hat gesagt: „Wenn ein Mensch ein besseres Buch schreiben, eine bessere Predigt halten oder eine bessere Mausefalle bauen kann als alle anderen, dann mag er sich in einer Waldhütte verbergen – die Welt wird den Weg zu seiner Tür finden!" Die Wahrheit dieser Worte wird sich immer deutlicher erweisen. Ihr braucht nicht auf den Tag der völligen Freiheit zu warten, bevor ihr euren schöpferischen Beitrag zum Leben der Nation leistet. Gewiß, ihr lebt noch in der Zeit der Rassentrennung, ihr habt schlechtere Unterrichtsräume und werdet als Bürger zweiter Klasse angesehen, aber ihr müßt die harte Schale dieser äußeren Umstände kraftvoll zerbrechen. Wir haben Beispiele von Negern, die auch in der Finsternis der Unterdrückung strahlende Leistungen vollbrachten. Booker T. Washington kam aus einer Sklavenhütte in den Bergen von Virginia und wurde zu einem der großen amerikanischen Führer. Roland Hayes kam aus dem Sklavenstaat Georgia. Seine Mutter konnte weder lesen noch schreiben. Aber er wurde einer der größten Sänger der Welt, auf den man selbst in Königspalästen lauschte. Marian Anderson kam aus dem Elend Philadelphias und wurde die größte Altistin der Welt. Toscanini sagte, eine solche Stimme gäbe es in jedem Jahrhundert nur einmal, und Sibelius rief aus, sein Dach sei für eine solche Stimme zu niedrig. Aus den dürftigsten Verhältnissen erreichte George Washington Carver einen Ehrenplatz in der Geschichte der Wissenschaften. Ralph J. Bunche, der Enkel eines Sklavenpredigers, ist heute stellvertretender Generalsekretär der Vereinten Nationen und Träger des Friedensnobelpreises. Das sind nur einige der vielen Beispiele, die uns daran erinnern, daß wir schon jetzt etwas leisten können, obwohl uns die ganze Freiheit noch versagt ist.

Wir alle sind aufgerufen, unermüdlich zu arbeiten, um ein vollendetes Lebenswerk zu schaffen. Nicht jeder

Mensch ist zu Höherem berufen, nur wenige erreichen Großes in Kunst und Wissenschaft. Viele sind berufen, in den Fabriken, auf den Feldern und Straßen zu schaffen. Aber keine Arbeit ist unbedeutend. Jede Arbeit zum Nutzen der Menschheit hat ihre Würde und Wichtigkeit, und jede sollte mit dem steten Streben nach Vollkommenheit getan werden. Wenn jemand Straßenfeger ist, dann soll er seine Straßen so fegen, wie Michelangelo seine Bilder malte, wie Beethoven seine Musik komponierte, wie Shakespeare seine Werke schrieb. Er sollte seine Straße so fegen, daß jeder Vorübergehende sagt: „Hier hat ein großer Straßenfeger gearbeitet, und er hat seine Sache gut gemacht." Das meinte Douglas Mallock mit den Worten: „Kannst du kein Baum auf dem Berg sein, so sei ein Gebüsch im Tal, aber sei das beste Gebüsch weit und breit. Kannst du nicht Straße sein, so sei Pfad, kannst du nicht Sonne sein, so sei ein Stern. Nicht an der Größe entscheidet sich der Wert. Sei was du bist — aber das sei ganz."

Bemüht euch ernsthaft herauszufinden, wozu ihr geschaffen seid. Und dann macht euch leidenschaftlich daran, eure Arbeit zu tun. Dieser unablässige Drang zur Selbsterfüllung ist die Länge menschlichen Lebens.

II

Viele kommen nie über diese erste Dimension hinaus. Es mögen hervorragende Menschen sein, die die ihnen innewohnenden Möglichkeiten voll entfalten, aber sie bleiben stets durch die Ketten lähmender Ichbezogenheit gefesselt. Sie leben nur in den engen Grenzen ihrer persönlichen Ziele und Wünsche. Gibt es etwas Tragischeres als einen Menschen, der atemlos nur die Länge des Lebens abschreitet?

Soll das Leben vollkommen sein, so muß es auch die Dimension der Breite umfassen, durch die der Mensch sich um das Wohlergehen seiner Mitmenschen kümmert. Kein Mensch hat wirklich leben gelernt, solange er sich nicht über seine persönlichen Nöte und Sorgen aufschwingen kann zum umfassenderen Mitsorgen für die ganze Menschheit. Länge ohne Breite ist wie ein Fluß, dem der Zugang zum Ozean fehlt. Abgestanden, still und trüb, fehlt es ihm an Leben und Frische. Wollen wir schöpferisch und sinnvoll leben, so muß sich die Sorge um uns selbst mit der Sorge für den Mitmenschen verbinden.

Als Jesus das Bild des Jüngsten Gerichts ausmalte, sagte er deutlich, daß die Teilung zwischen Böcken und Schafen auf Grund der Taten erfolgt, die man für andere getan hat. Niemand wird danach gefragt werden, welchen Titel er trug oder wieviel Geld er verdiente, wohl aber danach, was er für andere getan hat. Hast du den Hungrigen gespeist? Hast du dem Durstigen Wasser gegeben? Hast du den Nackten gekleidet? Hast du die Kranken und Gefangenen besucht? Das sind die Fragen, die der Herr des Lebens stellen wird. Und in gewisser Hinsicht ist jeder Tag ein Gerichtstag. Durch unsere Taten und Worte, durch unser Schweigen und durch unser Reden schreiben wir stetig in das Buch unseres Lebens.

Das Licht ist in die Welt gekommen. Jeder muß sich entscheiden, ob er im Licht der Nächstenliebe oder im Dunkel der Eigensucht wandeln will. Danach werden wir beurteilt. Die wichtigste und dringlichste Frage lautet daher: „Was hast du für andere getan?"

Gott hat die Welt so geschaffen, daß nichts zu einem guten Ende kommt, wenn der Mensch nicht auch die Dimension der Breite entwickelt. Das Ich kann ohne das Du keine Erfüllung finden. Die Psychologen sagen, daß wir keine vollwertigen Menschen sein können, solange wir nicht mit anderen zusammenwirken. Alles Leben ist miteinander verknüpft, alle Menschen hängen voneinander ab. Und doch gehen wir unentwegt auf einer Straße, die mit den schlüpfrigen Steinen der Selbstsucht gepflastert ist. Viele der tragischen Probleme der heutigen Welt spiegeln das menschliche Versagen wider, der Länge auch die Breite hinzuzufügen.

Das wird in der Rassenkrise unseres Staates besonders deutlich. Die Spannungen zwischen den Rassen rühren daher, daß viele unserer weißen Brüder sich nur um die Länge des Lebens kümmern: um ihre bevorzugte wirtschaftliche Stellung, ihre politische Macht, ihren gesellschaftlichen Ruf. Wenn sie doch die Breite der Länge hinzufügen wollten, die Rücksicht auf den anderen zu der Rücksicht auf sich selbst! Dann würden sich die Mißklänge in unserem Land in eine Symphonie der Brüderlichkeit verwandeln.

Auch an den internationalen Beziehungen erkennen wir, wie notwendig es ist, Breite und Länge zu vereinen. Kein Volk kann allein leben. Auf unserer Indienreise erlebten wir neben vielem Schönen auch viel Bedrückendes. Wie sollte man nicht niedergeschlagen sein, wenn man Millionen von Menschen sieht, die abends hungrig einschlafen? Wie sollte man gleichgültig bleiben, wenn man weiß, daß Millionen von Menschen nachts auf den Bürgersteigen schlafen? Wie sollte es uns nicht bedrücken, wenn wir erfahren, daß von 435 Millionen Indern 350 Millionen weniger als 70 Dollar jährlich verdienen, und daß die meisten von ihnen noch nie einen Arzt oder einen Zahnarzt gesehen haben?

Können uns diese Lebensbedingungen gleichgültig sein? Die Antwort hierauf kann nur ein deutliches Nein sein. Unser Schicksal ist auch mit dem Schicksal Indiens verknüpft. Solange die Inder oder die Menschen irgendeines anderen Volkes nicht in Sicherheit leben, solange werden auch wir nicht sicher sein. Wir müssen die großen Quellen unseres Reichtums nützen, um den unterentwickelten Völkern der Welt zu helfen. Haben wir nicht viel zuviel Geld unseres Nationaleinkommens dafür ausgegeben, überall in der Welt Militärstützpunkte zu errichten? Und haben wir nicht zu wenig ausgegeben, um überall Stützpunkte der Fürsorge und der Nächstenliebe zu bauen?

Alle Menschen hängen voneinander ab und sind im gleichen Entwicklungsprozeß begriffen. Ob wir es wollen oder nicht, wir sind die Hüter unserer Brüder. Kein Volk, kein Mensch kann isoliert leben. John Donne hat dies deutlich ausgesprochen: „Kein Mensch ist eine Insel, die sich selbst genügt. Jeder Mensch ist ein Stück des Kontinents, ein Stück des Ganzen. Wenn ein Stück Land vom Meer fortgerissen wird, dann hat ganz Europa es verloren. Der Verlust ist ebenso groß, als wäre es ein ganzes Vorgebirge oder die Hütte deines Freundes oder deine eigene. Der Tod jedes Menschen macht mich ärmer, denn ich gehöre zur Menschheit. Darum sollst du nie fragen, wem die Stunde schlägt. Sie schlägt dir!"

Die Einheit der gesamten Menschheit anerkennen und an die Notwendigkeit tätiger brüderlicher Fürsorge zu glauben, das ist die Breite des Lebens.

Es bleibt uns noch die Betrachtung der dritten Dimension des vollkommenen Lebens: das Streben nach Höhe, nach dem, das größer ist als der Mensch. Wir müssen uns über die Erde erheben und uns dem ewigen Wesen unterwerfen, das Quelle und Nährboden aller Wirklichkeit ist. Fügen wir der Länge und Breite diese Höhe hinzu, so haben wir das vollkommene Leben.

Wie es Menschen gibt, die nie über die Länge hinauskommen, so gibt es andere, die nie mehr erreichen als das Zusammenwirken der Länge und der Breite. Sie entwickeln ihre inneren Kräfte und haben echtes menschliches Mitgefühl. Aber dabei bleiben sie stehen. Sie sind so erdgebunden, daß sie die Menschheit für Gott halten. Sie suchen, ohne Himmel zu leben.

Wahrscheinlich hat die moderne Menschheit die dritte Dimension aus vielerlei Gründen vernachlässigt. Manche Menschen hegen ehrliche Zweifel. Angesichts des Bösen in Natur und Moral fragen sie sich: „Wenn es einen guten und allmächtigen Gott gibt, warum duldet er dann so unverdientes Leid?" Da sie keine befriedigende Antwort auf diese Frage finden, glauben sie an die Lehre von der Unerkennbarkeit des überirdischen Seins, an den Agnostizismus. Anderen fällt es schwer, ihre wissenschaftlichen Erkenntnisse mit den manchmal so unwissenschaftlichen Dogmen der Kirchen und den manchmal so primitiven Vorstellungen von Gott in Einklang zu bringen.

Ich glaube jedoch, daß die Mehrzahl der Menschen zu einer noch anderen Gruppe gehört. Sie sind nicht theoretische, sondern praktische Atheisten. Sie leugnen die Existenz Gottes nicht mit den Lippen, wohl aber fortgesetzt durch ihr Leben. Sie leben, als gäbe es keinen Gott. Vielleicht hat man Gott ganz unabsichtlich vom Kalender gestrichen. Die meisten Menschen sagen nicht „Lebwohl, Gott, ich verlasse dich jetzt!", sie sind vielmehr so in irdische Dinge verstrickt, daß sie von der Woge des Materialismus mitgerissen werden, bis sie im trüben Wasser der Weltlichkeit dahintreiben. Der moderne Mensch lebt in einer „sinnlichen Kultur", wie Professor Sorokin es ausdrückte. Er glaubt nur an das, was er mit seinen fünf Sinnen erfassen kann.

Aber der Versuch, an die Stelle eines auf Gott ausgerichteten Universums ein Weltall zu setzen, in dessen Mitte der Mensch steht, führt nur zu immer tieferer Enttäuschung. Reinhold Niebuhr hat gesagt: „Seit 1914 folgt ein tragisches Ereignis dem anderen, als sei die Geschichte dazu bestimmt, die Selbsttäuschungen des modernen Menschen zu widerlegen." Wir segeln auf dem Meer der Gegenwart wie ein Schiff ohne Kompaß. Wir haben weder einen Lotsen an Bord, noch helfen uns unsere Sinne. Deshalb bezweifeln wir selbst unsere Zweifel und fragen uns, ob es in Wahrheit nicht vielleicht doch eine geistliche Kraft jenseits der sichtbaren Wirklichkeit gibt. Trotz unseres theoretischen Leugnens machen wir seelische Erfahrungen, die mit den Worten des Materialismus nicht erklärbar sind. Immer wieder zwingt uns etwas zu der Frage, wieso die wunderbare Ordnung des Weltalls ein zufälliges Ergebnis des Zusammenspiels von Elektronen und Atomen sein kann. Wir verneigen uns vor der Materie und werden doch immer wieder an die Realität des Unsichtbaren erinnert. Bei Nacht sehen wir zu den Sternen auf, die den Himmel gleich schwingenden Laternen der Ewigkeit schmücken. Im Augenblick glauben wir vielleicht, alles zu sehen. Aber irgend etwas erinnert uns daran, daß wir das Gesetz der Schwerkraft, das die Sterne am Himmel hält, nicht sehen können. Ergriffen sehen wir die Schönheit eines mächtigen Gotteshauses, aber bald erinnert uns etwas daran, daß unsere Augen den Dom nicht in seiner ganzen Wirklichkeit erfassen können. Wir haben nicht in den Geist des Architekten hineingesehen, der die Pläne entwarf. Wir können niemals die Liebe und den Glauben der Menschen sehen, die einen solchen Bau erst ermöglichten. Wenn wir uns ansehen, schließen wir voreilig, daß der Leib uns ein Bild unseres ganzen Lebens vermittelt. Wenn ihr jetzt zur Kanzel aufblickt und mich predigen seht, könntet ihr meinen, ihr sähet den ganzen Martin Luther King vor euch. Aber dann fällt euch ein, daß ihr nur meinen Leib seht, der allein weder denken noch urteilen kann. Niemals könnt ihr das sehen, was mich zu dem macht, der ich bin. Niemals kann ich das erblicken, was euch so macht, wie ihr seid. Dieses Unsichtbare, das wir Persönlichkeit nennen, liegt jenseits unseres physischen Sehvermögens. Plato hatte recht, wenn er sagte, das Sichtbare sei nur ein Schatten, den das Unsichtbare werfe.

Gott ist noch immer in dieser Welt. Unsere neuesten technischen und wissenschaftlichen Fortschritte können ihn weder aus der mikroskopischen Einzigkeit des Atoms noch aus der Unermeßlichkeit des interplanetarischen Raums verbannen. Der Mensch lebt in einem All, in dem manche Entfernungen mit Billionen von Lichtjahren angegeben werden müssen, und sagt mit dem Psalmisten:

„Wenn ich anschaue die Himmel, deiner Finger Werke, den Mond und die Sterne, die du bereitet hast —
was ist der Mensch, daß du seiner gedenkst,
und des Menschen Kind, daß du dich seiner annimmst?"

Ich möchte euch drängen, der Suche nach Gott den Vorrang zu geben. Erlaubt seinem Geist, euer Sein zu ändern. Ihr braucht ihn, wenn ihr den Schwierigkeiten und Nöten des Lebens gewachsen sein wollt. Ehe unser Lebensschiff noch den letzten Hafen erreicht, wird es lange und wilde Stürme geben, die unsere Herzen erschauern lassen. Wenn ihr nicht tief und geduldig an Gott glaubt, werdet ihr machtlos sein vor den Hindernissen, Enttäuschungen und Schicksalsschlägen, die unausweichlich kommen werden. Ohne Gott zerbrechen alle unsere Mühen, und unsere Sonnenaufgänge verwandeln sich in Nacht. Ohne ihn ist unser Leben ein sinnloses Schauspiel, dem die entscheidenden Szenen fehlen. Aber mit ihm können wir uns aus den Abgründen der inneren Spannungen erheben und die Höhen des inneren Friedens erreichen. Augustinus hatte recht, als er sagte: „Du hast uns für dich geschaffen, und unser Herz kann nicht stille werden, ehe es nicht Ruhe findet in dir."

Ein weiser alter Prediger sprach zu einer Abiturientenklasse. Danach unterhielt er sich mit einigen jungen Leuten, darunter auch mit einem sehr klugen jungen Mann namens Robert. Die erste Frage des Predigers an Robert lautete: „Welches sind ihre Zukunftspläne?" „Ich möchte schnellstens mit dem Jurastudium beginnen", antwortete der Abiturient. „Und dann?" fragte der Prediger. „Nun, dann will ich heiraten, eine Familie gründen und eine Rechtsanwaltspraxis eröffnen." „Und dann, Robert?" fragte der Prediger weiter. „Um ehrlich zu sein", antwortete der junge Mann, „ich möchte recht viel Geld verdienen, mich möglichst früh zur Ruhe setzen und recht viele fremde Länder besuchen. Das habe ich mir schon immer gewünscht." „Und dann?" fragte der Prediger noch einmal in fast unhöflicher Beharrlichkeit. „Mehr Pläne habe ich nicht", entgegnete Robert. Der Prediger sah ihn voll Mitleid und väterlicher Sorge an und sagte: „Junger Mann, Ihre Pläne sind viel zu klein. Sie reichen ja höchstens für 75 oder 100 Jahre! Ihre Pläne müssen groß genug sein, um auch Gott einzuschließen, und weit genug, um auch die Ewigkeit zu umfassen."

Das war ein weiser Ratschlag. Ich vermute, daß sehr viele von uns mit Plänen umgehen, die so groß und so gering zugleich sind. Es sind Pläne, die sich nur in der Zeit, nicht in der Ewigkeit bewegen. Auch ich rate euch, eure Pläne so groß werden zu lassen, daß sie weder von den Ketten der Zeit noch von den Fesseln des Raumes umschlossen werden können. Gebt euer Leben — gebt alles, was ihr habt und seid — dem Gott des Weltalls, dessen Ziel unwandelbar ist.

Wo finden wir diesen Gott? In einem Laboratorium? Nein. Woanders als in Jesus Christus, dem Herrn unseres Lebens? Wenn wir ihn kennen, so kennen wir Gott. Christus ist nicht nur wie Gott, sondern Gott ist auch wie Christus. Christus ist das fleischgewordene Wort. Er ist die Sprache der Ewigkeit in zeitliche Worte gefaßt. Wollen wir Gott und seine Absichten mit der Menschheit erkennen, so müssen wir uns an Christus wenden. Wenn wir uns ganz ihm und seiner Lehre ergeben, so nehmen wir an dem wunderbaren Glaubensakt teil, der uns zu wahrer Gotterkenntnis verhilft.

Was ist daraus zu folgern? Liebe dich selbst, wenn du darunter einen gesunden und vernünftigen Eigennutz verstehst. Es ist dir aufgetragen. Das ist die Länge des Lebens. Liebe deinen Nächsten wie dich selbst. Es ist dir aufgetragen. Das ist die Breite des Lebens. Aber vergiß nicht, daß es ein drittes und noch größeres Gebot gibt: „Du sollst lieben Gott, deinen Herrn, von ganzem Herzen, von ganzer Seele und von ganzem Gemüte." Das ist die Höhe des Lebens. Nur wenn du gewissenhaft alle drei Dimensionen gleichmäßig entwickelst, kannst du hoffen, ein vollkommenes Leben zu führen.

Wir wollen Gott dafür danken, daß Johannes vor vielen Jahrhunderten seinen Blick zum Himmel aufhob und dort das neue Jerusalem sah. Gebe Gott, daß auch wir diese Vision haben und mit unermüdlicher Leidenschaft dieser Stadt des vollkommenen Lebens zustreben, gleich in Länge und Breite und Höhe. Nur wenn wir diese Stadt erreichen, können wir unser wahres Wesen verwirklichen. Nur wenn wir diese Vollkommenheit verwirklichen, können wir wahre Kinder Gottes sein.

Zerbrochene Träume

„Wenn ich reisen werde nach Spanien,
so will ich zu euch kommen.“
RÖMER 15,24

Es ist eine der schmerzlichsten Erfahrungen des Menschenlebens: wenn überhaupt, dann sehen doch nur sehr wenige von uns die Erfüllung ihrer tiefsten Hoffnungen. Die Hoffnungen unserer Kindheit und die Vorsätze unserer reifen Jahre bleiben unvollendete Symphonien. In einem berühmten Gemälde stellt George Frederic Watts die Hoffnung als eine Figur dar, die mit traurig geneigtem Haupt auf unserem Planeten sitzt und eine einzige unzerrissene Harfensaite schlägt. Ist jemand unter uns, der nicht den Schmerz enttäuschter Hoffnungen und zerbrochener Träume erlebt hat?

Im Paulusbrief an die Römer finden wir eine gute Erläuterung zu dieser Frage der enttäuschten Hoffnungen: „Wenn ich reisen werde nach Spanien, so will ich zu euch kommen.“ Paulus hoffte sehr, einmal nach Spanien zu reisen, um ganz am Rand der damals bekannten Welt die christliche Botschaft zu verkündigen. Auf der Rückreise wollte er den tapferen römischen Christen persönlich begegnen. Je mehr er daran dachte, desto freudiger schlug sein Herz. Alle seine Vorbereitungen richteten sich darauf, das Evangelium in die Hauptstadt Rom und nach Spanien, an den Rand der Welt, zu tragen.

Welche Hoffnung glühte im Herzen des Paulus! Andere Umstände als er erhoffte führten ihn nach Rom. Er kam zwar wegen seines Christusglaubens nach Rom, aber er kam als Gefangener. Er ging auch niemals über die staubigen Straßen Spaniens, sah niemals die gewundenen Bergstraßen und das geschäftige Treiben an den Küsten. Wir nehmen an, daß er als christlicher Märtyrer in Rom starb. Das Leben des Paulus ist die tragische Geschichte eines zerbrochenen Traums.

Das Leben zeigt uns viele ähnliche Beispiele. Wer von uns ist nie zu irgendeinem Spanien aufgebrochen, zu einem fernen Ziel, zu einer ruhmreichen Tat? Und wer hat schließlich nicht erkannt, daß er sich mit weniger zufriedengeben mußte? Niemals gehen wir als freie Menschen durch die Straßen unseres ersehnten Roms. Stattdessen zwingen uns widrige Umstände in enge Zellen wie den gefangenen Paulus. Durch unser Leben und durch die Geschichte verläuft ein Riß. Wie Abraham, so sind auch wir auf der Reise ins Gelobte Land, aber häufig genug werden wir nicht zu „Miterben derselben Verheißung". Immer wieder greifen wir weiter als wir fassen können.

Nach jahrelangem Kampf um die Unabhängigkeit mußte Mahatma Gandhi einen blutigen Religionskrieg zwischen Hindus und Moslems erleben. Die daraus folgende Trennung Indiens und Pakistans ließ seine Hoffnung auf eine vereinte Nation zerbrechen. Woodrow Wilson starb, bevor er seine große Vision eines Völkerbundes verwirklichen konnte. Viele Negersklaven in Amerika haben sich leidenschaftlich nach Freiheit gesehnt und starben doch vor der Sklavenbefreiung. Nachdem Jesus im Garten von Gethsemane gebetet hatte, daß der Kelch an ihm vorübergehen möge, trank er ihn doch bis zur bitteren Neige. Und der Apostel Paulus betete immer wieder darum, daß der „Dorn" aus seinem Fleisch gezogen werden möge, doch Schmerz und Leiden hielten bis zum Ende seiner Tage an. Zerbrochene Träume sind ein Kennzeichen unseres irdischen Seins.

I

Wie sollen wir in einer Welt leben, in der unsere größten Hoffnungen enttäuscht werden? Was sollen wir tun?

Nun, wir könnten alle unsere Enttäuschungen in Bitternis und Groll aufgehen lassen. Wer das tut, wird vermutlich mürrisch und kaltherzig werden. Er wird seinen bitteren Haß gegen Gott, gegen seine Mitmenschen und gegen sich selbst richten. Weil er Gott und dem Leben nichts anhaben kann, wird er seine aufgespeicherten Rachegelüste an seinen Mitmenschen auslassen. Er kann grausam gegen seine Kinder, hart gegen seine Frau werden. Niedertracht wird seine hervorstechende Charaktereigenschaft. Er liebt niemanden und fordert von keinem Menschen Liebe. Er traut niemandem und erwartet von keinem Menschen Vertrauen. Er findet Fehler an allem und jedem und hört nie mit Klagen auf.

Das vergiftet die Seele und zersetzt die Persönlichkeit.

Immer wird der am stärksten davon betroffen, der solche Gefühle in sich trägt. Die medizinische Wissenschaft entdeckte, daß Leiden wie Gicht, Magengeschwüre und Asthma von so bitteren Gefühlen gefördert werden können. Die psychosomatische Medizin, die sich mit den Krankheiten des Körpers beschäftigt, die seelischen Ursprungs sind, zeigt uns, wie sehr aufgespeicherter Groll zu körperlichen Leiden führen kann.

Häufig reagieren Menschen auf ihre enttäuschten Hoffnungen auch dadurch, daß sie sich ganz in sich selbst zurückziehen und niemand erlauben, in ihr Leben einzutreten; auf der andern Seite weigern sie sich, in das Leben anderer einzutreten. Solche Menschen verlieren ihre Lebenskraft und versuchen zu entfliehen, indem sie ihre Gedanken zu einem Reich kalter Gleichgültigkeit werden lassen. Sie sind weder tot noch lebendig, denn sie sind zu gleichgültig zur Liebe, zu leidenschaftlos zum Haß, zu niedergeschlagen zur Selbstsucht, zu leblos zur Selbstlosigkeit, zu unnahbar zur Freude und zu kalt zur Fürsorge. Sie leben nicht mehr, sie existieren nur noch, und selbst ihre Hände geben unter der verzaubernden Berührung eines kleinen Kindes keine Antwort. In ihnen ist nichts mehr von der Lebendigkeit des Lebens zurückgeblieben — nichts mehr als die müden Bewegungen bloßen Seins.

Sie reagieren also auf ihre Enttäuschungen mit dem Versuch, dem Leben zu entfliehen. Psychiater sagen, daß der Versuch, sich der Wirklichkeit zu entziehen, notwendig zur allmählichen Schwächung der Persönlichkeit führt, bis sie endlich zerfällt. Darin liegt eine der Ursachen der Schizophrenie.

Wieder andere enttäuschte Menschen ergeben sich dem

Fatalismus, nach dessen Lehre alles Geschehen so geschehen muß und unabwendbar ist. Der Fatalismus hält alles für vorausbestimmt und unabänderlich. Menschen, die sich diesem Glauben ergeben, verfallen vor ihrem vermeintlichen Schicksal in völliger Resignation. Sie sehen sich selbst als hilflose Waisenkinder in einer sie bedrängenden und beängstigenden Welt. Weil sie nicht glauben, daß der Mensch auch Recht auf Freiheit hat, versuchen sie auch nicht, sich zu befreien oder zu irgendwelchen Entschlüssen aufzuraffen. Sie warten lieber darauf, daß äußere Einflüsse ihnen die Entscheidungen abnehmen. Niemals mobilisieren sie ihre ganzen Kräfte, um das Schicksal zu ändern, denn sie glauben, daß die Verhältnisse wie in den griechischen Tragödien von unwiderstehlichen und unabänderlichen Kräften geschaffen werden. Manche Fatalisten sind sehr fromme Menschen, die sich Gott als den Gestalter und Lenker des Schicksals vorstellen. Diese Ansicht spricht aus einem Choralvers:

> „Still will ich ergeben sein
> bei allem meinem Wehe.
> Beten will ich ganz allein:
> Herr, was du willst, geschehe!"

Fatalisten, die Freiheit für einen leeren Wahn halten, ergeben sich einem lähmenden Determinismus, der Lehre also, nach der alles vorausbestimmt ist, die uns für hilflose Steine auf dem großen Schachbrett des Lebens hält und die uns deshalb rät, uns nicht um unsere Zukunft zu kümmern.

Wenn wir im Mahlsand des Fatalismus versinken, ersticken wir geistig und seelisch. Da Freiheit zum Wesen des Menschen gehört, wird der Fatalist, der die Freiheit leugnet, zur bloßen Puppe. Natürlich hat er recht mit seiner Überzeugung, daß es keine absolute Freiheit gibt und daß Freiheit immer im Rahmen vorbestimmter Formen wirksam ist. Die Erfahrung sagt uns, daß der Mensch von Atlanta nordwärts nach Washington gehen kann oder südwärts von Atlanta nach Miami, aber nicht südwärts nach Washington oder nordwärts nach Miami. Freiheit ist immer irgendwie in die Schranken des Vorbestimmten gefaßt. Trotzdem gibt es die Freiheit. Wir sind frei und gebunden zugleich. Freiheit gibt uns die Möglichkeit, im Rahmen unserer vorbestimmten Natur zu denken, zu handeln und zu entscheiden. Wenn unser Schicksal uns auch daran hindern mag, irgendein ersehntes Spanien zu erreichen, so haben wir doch die Fähigkeit, eine solche Enttäuschung zu ertragen, uns darauf einzustellen und uns mit ihr auseinanderzusetzen. Der Fatalismus aber lähmt den Menschen und macht ihn hilflos und lebensuntüchtig.

Außerdem gründet sich der Fatalismus auf eine erschreckende Gottesvorstellung. Alles, ob es nun gut oder böse ist, wird als Ausdruck göttlichen Wesens hingenommen. Eine gesunde Religion steht über der Vorstellung, Gott könne das Böse wollen. Er läßt das Böse zwar zu, um die Freiheit des Menschen zu wahren, aber er tut es nicht selbst. Die Vorstellung, Gott könne beabsichtigen, daß ein Kind blind geboren wird, daß ein Mensch in Krankheitsqualen leidet, ist reine Lästerung. Sie läßt Gott eher als Teufel und nicht als liebenden Vater erscheinen. Fatalistische Ergebung ist eine tragische und gefährliche Art, auf unerfüllte Träume zu reagieren. Sie ist nicht besser als die Bitterkeit oder der Rückzug in das eigene Ich.

Wie aber lautet dann die richtige Antwort? Sie liegt darin, daß wir unglückliche und unerwünschte Umstände willig hinnehmen und doch bei unserer Hoffnung bleiben. Sie liegt darin, daß wir selbst bei einem endgültigen Fehlschlag ewig Hoffende sind. Das ist nicht die verbitterte Ergebung des Fatalisten, sondern die Läuterung, die sich in den Worten des Jeremias ausdrückt: „Das ist nun einmal mein Leiden, so will ich es denn tragen."

Man muß seinem zerbrochenen Traum ehrlich gegenübertreten. Versucht man, die Enttäuschung aus den Gedanken zu verdrängen, so kann das psychologisch gefährlich sein. Viel besser ist es, den Fehlschlag in den Gedanken zu behalten und ihn genau zu betrachten. Man sollte sich fragen: „Wie kann ich diesen Fehlschlag in einen Erfolg verwandeln, wie meinen Kummer in ein tröstliches Leiden?" Fast alles, was uns widerfährt, ist Teil der göttlichen Absicht. Vielleicht bricht es unseren eitlen Stolz. Gott fügte selbst das Kreuz, das böse Menschen errichteten, in das Bild der Erlösung des Menschen ein.

Für viele große Menschen dieser Welt sind Dornen zu Kronen geworden. Charles Darwin litt an einem ständig fortschreitenden körperlichen Leiden. Robert L. Stevenson wurde von der Tuberkulose gequält. Helen Keller war blind und taub, doch sie verbitterte deswegen nicht, noch wurde sie Fatalistin. Vielmehr verwandelte sie mit ungebrochenem Willen die negativen Umstände in positive Kräfte. Ein Biograph Georg Friedrich Händels schreibt: „Sein Wohlstand und seine Gesundheit hatten den Tiefpunkt erreicht. Er war rechtsseitig gelähmt, er hatte kein Geld mehr. Seine Gläubiger drohten, ihn in

Schuldhaft nehmen zu lassen. Für kurze Zeit war er versucht, den Kampf aufzugeben. Aber dann raffte er sich wieder auf und schuf das größte seiner Werke, den Messias."

Der Halleluja-Chor entstand nicht in einem Traumschloß in Spanien, sondern in einer engen, dürftigen Kammer.

Oft gelangen wir nicht in das ersehnte Spanien, sondern in eine römische Gefängniszelle, aber viel seltener werden die Trümmer zerbrochener Träume in Werkzeuge verwandelt, die Gottes Zwecken dienen können. Und doch gehören zu einem starken Leben solche Siege über die eigene Seele und die eigene Lage.

Wir haben lange von der Freiheit geträumt und sind doch noch im Gefängnis der Rassendiskriminierung. Müssen wir darauf mit Bitterkeit antworten? Gewiß nicht! Es würde nur unsere Persönlichkeit vergiften und zerstören. Müssen wir die Rassentrennung für Gottes Willen halten und uns ihr geduldig unterwerfen? Gewiß nicht! Mit einer solchen Blasphemie würden wir Gott zuschreiben, was des Teufels ist. Die passive Ergebung in ein ungerechtes System macht den Unterdrückten so schlecht wie den Unterdrücker. Wir können nichts Fruchtbareres tun, als mit mutiger Entschlossenheit aushalten, gewaltlos gegen alle Hindernisse und Rückschläge ankämpfen, Enttäuschungen hinnehmen und an der Hoffnung festhalten. Unsere Beharrlichkeit wird uns endlich die Tür zur Erfüllung öffnen. Solange wir noch im Gefängnis der Rassentrennung sitzen, müssen wir fragen: „Wie können wir das Negative ins Positive verwandeln?" Nur wenn wir die Notwendigkeit anerkennen, für eine gerechte Sache zu leiden, können wir unsere vollen Menschenrechte verwirklichen. Wir verfallen nicht in Bitterkeit, wenn wir uns sagen, daß die Leiden unserer Generation das Mittel sind, uns selbst und die jetzige Gesellschaftsordnung zu verwandeln. Unser gegenwärtiges Leiden und unser gewaltloser Kampf um die Freiheit können der westlichen Zivilisation sehr wohl jene seelischen Antriebskräfte geben, die sie so nötig braucht, wenn sie überleben will.

Viele von uns werden sterben, ohne die Freiheit zu erleben. Und doch müssen wir auf dem einmal eingeschlagenen Weg bleiben. Wir müssen Enttäuschungen hinnehmen, aber wir dürfen niemals die Hoffnung aufgeben. Nur so können wir ohne Bitterkeit und Groll leben.

Darin lag das Geheimnis des Überlebens unserer Vorfahren. Als man sie aus Afrika deportierte, wurden sie ihren Familien entrissen und auf den Schiffen in Ketten gelegt wie wilde Tiere. Nichts ist tragischer, als von Familie, Sprache und heimatlicher Bindung getrennt zu werden. Hilflos und ohne Recht waren sie allen körperlichen und seelischen Grausamkeiten ihrer neuen Herren ausgesetzt. Und trotzdem überlebten unsere Vorfahren. Als jeder neue Morgen nur dieselben endlosen Baumwollfelder, dieselbe sengende Hitze und dieselbe sausende Peitsche des Aufsehers mit sich brachte, träumten diese tapferen Männer und Frauen von glücklicheren Tagen. Sie mußten die Tatsache der Sklaverei hinnehmen, aber sie hielten beharrlich an der Hoffnung auf Freiheit fest. In einer scheinbar hoffnungslosen Lage trugen sie in ihren Herzen einen schöpferischen Optimismus, der sie stärkte. Ihre unendliche Lebenskraft verwandelte die Finsternis der Unterdrückung in das Licht der Hoffnung.

III

Zum erstenmal flog ich von New York nach London in einem Propellerflugzeug, das für die Strecke neun und eine halbe Stunde brauchte. Jetzt wird sie von Düsenmaschinen in sechs Stunden zurückgelegt. Als ich von London in die Staaten zurückflog, wurde mir gesagt, der Flug werde zwölf und eine halbe Stunde dauern. Die Entfernung war dieselbe. Warum also drei Flugstunden mehr? Als der Pilot die Fluggäste begrüßte, bat ich ihn, mir diesen Unterschied zu erklären. „Dazu muß man etwas von den Windströmungen wissen", antwortete er. „Wenn wir von New York starten, hilft uns ein starker Westwind, auf dem Rückflug haben wir ihn gegen uns." Dann fügte er hinzu: „Aber machen Sie sich keine Sorgen. Die vier Motoren werden mit dem Wind fertig." Manchmal begünstigt uns im Leben der starke Rückenwind der Freude, des Sieges und der erreichten Ziele. Und manchmal bläst uns der Wind der Enttäuschung, der Sorge und der Not scharf entgegen. Wollen wir diesen Winden erlauben, uns auf dem Flug über den Ozean unseres Lebens zu bezwingen? Oder wollen wir, daß unsere seelischen Motoren mit allen Gegenwinden fertig werden? Unsere Weigerung, uns aufhalten zu lassen, unser Trotzdem, unsere Entschlossenheit, gegen alle Widerstände vorwärts zu gehen, sind Zeichen des göttlichen Bildes in uns. Hat ein Mensch das erst entdeckt, so weiß er, daß ihn keine Last niederdrücken, kein feindlicher Wind seine Hoffnungen verwehen kann. Er kann alles ertragen, was ihm auferlegt wird.

Gewiß besaß der Apostel Paulus diesen Mut zum Sein. Das Leben des Apostels reihte eine Enttäuschung an die andere. Immer wieder scheiterten seine Pläne, zerbrachen seine Träume. Er wollte nach Spanien reisen und mußte in einem römischen Gefängnis bleiben. Als er hoffte, Bithynien zu erreichen, wurde er nach Troas verschlagen. Seinen Dienst für Christus beschrieb er selbst: „Wie viele beschwerliche Fußwanderungen habe ich gemacht, wie viele Gefahren bestanden durch Flüsse, Gefahren durch Räuber, Gefahren durch meine eigenen Volksgenossen, Gefahren durch Heiden, Gefahren in Städten, Gefahren in Einöden, Gefahren auf dem Meer, Gefahren unter falschen Brüdern" (Menge). Ließ er sich davon niederzwingen? „Ich habe gelernt, in welcher Lage ich mich auch befinde, mir genügen zu lassen." Das bezeugt nicht etwa, daß Paulus gelernt hätte, stets zufrieden zu sein. Nichts deutet darauf hin, daß er dazu geeignet war. In seinem Werk „Niedergang und Fall des Römischen Weltreichs" schreibt Edward Gibbon: „Paulus hat mehr für die Freiheit getan als irgendein Mensch, der je den Fuß auf westlichen Boden setzte." Klingt das nach einem Sichzufriedengeben oder Ergebenheit in ein unerforschliches Schicksal? Da Paulus den Unterschied zwischen seelischer Ruhe und äußeren Zufälligkeiten kannte, lernte er, inmitten aller Enttäuschungen des Lebens aufrecht zu stehen und nicht zu verzweifeln.

Jeder von uns, der diese herrliche Entdeckung macht, wird wie Paulus zum Gefäß wahren Friedens werden, eines Friedens, der über alles menschliche Verständnis geht. Der Frieden, den die Welt meint, herrscht dann, wenn der Himmel blau ist und die Sonne scheint, wenn der Körper frei von Schmerz und der Geist frei von Not ist, wenn die Brieftasche wohlgefüllt ist, wenn die Küste des ersehnten Spanien erreicht ist. Aber das ist nicht der wahre Friede. Paulus spricht von einem Frieden, der Ruhe der Seele inmitten aller Unruhen bedeutet, innere Stille inmitten der draußen tobenden Stürme. Wir verstehen sehr gut, was Friede bedeuten kann, wenn alles zum besten bestellt ist. Aber wir stutzen, wenn Paulus von einem Frieden redet, zu einer Zeit, da schwere Lasten den Menschen niederzwingen, da heftige Schmerzen seinen Leib quälen, da er von den steinernen Wänden einer Gefängniszelle umschlossen ist und die Enttäuschung unübersehbare Wirklichkeit. Der wahre Friede ist eine Ruhe, die über jeder Beschreibung liegt, er ist Stille im Sturm und Richtung in der Wirrnis.

Durch den Glauben empfangen wir das Erbe Jesu: „Frieden hinterlasse ich euch, meinen Frieden gebe ich euch." Als Paulus mit zerschlagenem, blutigem Leib und gefesselten Füßen zu Philippi im Kerker lag, sang er um Mitternacht freudig die Lieder Zions. Die ersten Christen, die reißenden Löwen vorgeworfen oder zum Richtblock geführt wurden, freuten sich, daß sie für würdig erachtet wurden, um Christi willen zu leiden. Negersklaven, die von der Hitze ausgedörrt und von blutigen Striemen überzogen waren, sangen triumphierend: „Einst werde ich diese schwere Bürde ablegen!" Das sind lebendige Beispiele eines Friedens, der alles menschliche Verstehen übersteigt.

Unser Glaube an Gott bestimmt, wie wir mit unseren zerbrochenen Träumen fertig werden. Echter Glaube gibt uns die Überzeugung, daß jenseits der Zeit der Geist Gottes, daß jenseits des zeitlichen Lebens das ewige Leben herrscht. So bedrückend die gegenwärtigen Umstände auch sein mögen, wir sind nicht allein. Gott ist auch in den engsten und trübsten Zellen des Lebens bei uns. Und selbst wenn wir in ihnen sterben, ohne das empfangen zu haben, was uns das irdische Leben verhieß, so wird er uns über die geheimnisvolle Straße des Todes in jene herrliche Stadt führen, die er uns bereitet hat. Seine Schöpfermacht verausgabte sich nicht im irdischen Leben, seine Liebe läßt sich nicht in die Mauern der Zeit und des Raumes fesseln. Wäre die Schöpfung nicht widersinnig, wenn der Tod eine Sackgasse wäre, die nicht weiterführt? Durch Christus hat Gott dem Tod den Stachel genommen und uns von dessen Herrschaft befreit. Unser irdisches Leben ist das Vorspiel zur Wiederauferstehung. Der Tod ist eine Straße, die in das ewige Leben führt.

Der christliche Glaube gibt uns die Kraft, tapfer zu tragen, was wir nicht ändern können, Enttäuschungen und Sorgen gelassen auf uns zu nehmen, ohne je die Hoffnung zu verlieren. Wir wissen wie Paulus, daß im Tod oder im Leben, in Spanien oder in Rom, „denen, die Gott lieben, alle Dinge zum Besten dienen, denen, die nach dem Vorsatz berufen sind".

Was ist der Mensch?

Was ist der Mensch daß du seiner gedenkst,
und des Menschen Kind, daß du dich seiner annimmst?
Du hast ihn wenig niedriger gemacht denn Gott,
und mit Ehre und Schmuck hast du ihn gekrönt.
PSALM 8, 4—5

Die politische, soziale und wirtschaftliche Struktur einer Gesellschaftsordnung hängt weitgehend von der Antwort auf diese lebenswichtige Frage ab. Im Mittelpunkt des Konflikts zwischen Totalitarismus und Demokratie steht die Frage: Ist der Mensch ein selbständiges Wesen oder eine Marionette? Ist er nur eine Nummer oder ein freies, schöpferisches und verantwortungsfähiges Wesen? Die Frage ist so alt wie die Menschheit und so neu wie die letzte Morgenzeitung. Die Frage wird überall gestellt, doch die Antworten fallen sehr unterschiedlich aus.

Wer den Menschen nur aus materialistischer Sicht betrachtet, glaubt in ihm ein Tier zu sehen, einen kleinen Bestandteil des großen, veränderlichen Organismus der Natur. Das menschliche Leben erklären sie aus der Bewegung der Materie, das Verhalten des Menschen ausschließlich physisch, seinen Geist als eine Funktion des Gehirns.

Die Verfechter dieses materialistischen Menschenbildes verfallen oft dem düstersten Pessimismus. Sie stimmen mit einem zeitgenössischen Schriftsteller überein, der den Menschen als kosmischen Unfall bezeichnete, als eine unheilbare Krankheit dieses Planeten. Oder sie sagen mit Jonathan Swift: „Der Mensch ist die schädlichste Rasse verderblichen Gewürms, das die Natur je über das Antlitz der Erde kriechen ließ."

Der Humanismus gibt eine andere Antwort auf unsere Frage „Was ist der Mensch?" Der Humanist glaubt weder an Gott noch an irgendeine andere übernatürliche Macht. Er behauptet, der Mensch sei die höchste Entwicklungsstufe des von der Natur hervorgebrachten Lebens. Dem pessimistischen Materialismus stellt der Humanismus einen glühenden Optimismus entgegen und sagt mit Hamlet: „Welch ein Meisterwerk ist der Mensch! Wie edel durch Vernunft! Wie unbegrenzt an Fähigkeiten! In Gestalt und Bewegung wie bedeutend und wunderwürdig! Im Handeln wie ähnlich einem Engel! Im Begreifen wie ähnlich einem Gott! Die Zierde der Welt! Das Vorbild der Lebendigen!"

Andere sehen gern den Menschen weniger realistisch und versuchen deshalb oft, die Wahrheiten dieser beiden gegenseitigen Auffassungen zu vereinen und zugleich ihre Extreme zu meiden. Sie sehen die Wahrheit über den Menschen weder in der These des materialistischen Pessimismus noch in der Antithese des humanistischen Optimismus, sondern in einer höheren Synthese. Der Mensch ist weder Schurke noch Held. Vielmehr ist er beides zugleich. Der Realist sagt mit Carlyle: „Im Menschen sind Tiefen, die bis in die unterste Hölle hinabreichen, und Höhen, die bis in den höchsten Himmel ragen."

Vor drei Jahrtausenden betrachtete der Psalmist die Unendlichkeit des Sonnensystems. Er sah die glitzernde Schönheit des Mondes und der Sterne, und in seinem Staunen über die Größe dieser kosmischen Ordnung drängte sich ihm die alte, vertraute Frage auf: „Was ist der Mensch?" Und er antwortete: „Du hast ihn nur wenig niedriger gemacht denn Gott, mit Ehre und Schmuck hast du ihn gekrönt."

Über seine Worte wollen wir nachdenken, wenn wir nach einem realistischen Menschenbild suchen.

I

Die christliche Lehre erkennt an, daß der Mensch ein biologisches Wesen mit einem physischen Leib ist. In diesem Sinn ist er ein Lebewesen. Und so sagt der Psalmist: „Du hast ihn nur wenig niedriger gemacht denn Gott." Gott lebt nicht in einem Leib. Er ist ein Wesen aus reinem Geist, das über Zeit und Raum steht. Der Mensch aber ist weniger als Gott, und er ist Zeit und Raum unterworfen. Er gehört zur Natur und kann sich niemals aus ihr lösen.

Der Psalmist sagt aber auch, daß Gott den Menschen so erschaffen habe. Stimmt das, so kann der menschlichen Natur nichts Schlechtes angeboren sein. Wir lesen ja im 1. Buch Mose, daß alles von Gott Erschaffene gut war. Da Gott es so gewollt hat, kann nichts Schimpfliches daran sein, einen Leib zu haben. Darin unterscheiden sich die christliche und die griechische Lehre. Unter dem Einfluß Platos glaubten die Griechen, der Leib sei böse, und die Seele könne in ihm niemals zur vollen Reife gelangen. Das Christentum lehrt hingegen, das Prinzip des Bösen liege nicht im Leib, sondern im Willen. In christlicher Sicht ist der Leib heilig und bedeutungsvoll.

In jeder wirklichkeitsnahen Lehre vom Menschen muß die Sorge um sein körperliches und materielles Wohlbefinden eine Rolle spielen. Christus hat wohl gesagt, der Mensch lebe nicht vom Brot allein, aber damit wollte er nicht sagen, daß der Mensch ohne Brot leben könne. Als Christen dürfen wir nicht nur an himmlische Wohnungen denken, wir müssen auch an die Elendsviertel und Ghettos denken, in denen die menschliche Seele verkrüppelt. Nicht nur an das himmlische Land dürfen wir denken, in dem Milch und Honig fließt, sondern auch an die Millionen von Menschen, die Abend für Abend hungrig schlafen gehen. Jede Religion, die sich zwar um die Seelen, nicht aber um die sozialen Verhältnisse und wirtschaftlichen Bedingungen kümmert, von denen diese Seelen bedrückt werden, ist eine Religion der Nichtstuer und braucht dringend frisches Blut; ihr fehlt die Einsicht, daß der Mensch ein Wesen mit physischen und materiellen Bedürfnissen ist.

II

Aber dabei dürfen wir nicht stehenbleiben. Manche Denker gelangen niemals über diesen Punkt hinaus. Die Marxisten zum Beispiel, die der Lehre des dialektischen Materialismus anhängen, halten den Menschen für ein produzierendes Lebewesen, das seine eigenen Bedürfnisse befriedige und dessen Leben hauptsächlich von wirtschaftlichen Kräften bestimmt werde. Andere wieder behaupten, das Leben sei ausschließlich ein materieller Prozeß mit materieller Bedeutung.

Kann der Mensch wirklich in so hohlen Worten beschrieben werden? Können wir das literarische Genie eines Shakespeare, das musikalische Genie eines Beethoven, das künstlerische Genie eines Michelangelo materialistisch auslegen? Können wir das geistige Genie eines Jesus von Nazareth materialistisch deuten? Lassen sich Geheimnis und Zauber der menschlichen Seele materialistisch erklären? Nein! Etwas ist im Menschen, das sich nicht mit chemischen und biologischen Begriffen umreißen läßt. Der Mensch ist mehr als eine Zufallslaune wirbelnder Elektronen.

Das bringt uns zu einem zweiten Punkt, der in jede christliche Lehre vom Menschen einbezogen werden muß. Der Mensch ist ein geistiges Wesen. Er steigt auf den Stufen seines Denkens in die Wunderwelt der Gedanken auf. Das Gewissen spricht zu ihm, und er wird an Göttliches erinnert. Das meint der Psalmist, wenn er sagt, der Mensch sei mit Ehre und Schmuck gekrönt.

Der Geist gibt ihm die einzigartige Fähigkeit, auf zwei Ebenen zugleich zu leben. Er steht in der Natur und doch über der Natur. Er lebt in Raum und Zeit und doch auch darüber. Er kann schöpferische Taten vollbringen, die niederen Lebewesen unmöglich sind. Der Mensch kann ein Gedicht schreiben, eine Symphonie komponieren. Zivilisationen entstehen in seinen Gedanken und werden durch seine Taten verwirklicht. Diese Fähigkeiten lösen den Menschen aus der völligen Bindung an Raum und Zeit, er kann ein John Bunyan sein, der über die Enge des Bedforder Gefängnisses hinaus seinen Geist erhob und die „Pilgerreise" schrieb. So wunderbar wie die Sterne ist der Geist des Menschen, der sie erforscht.

Das meint die Bibel, wenn sie sagt, daß der Mensch nach

dem Bilde Gottes erschaffen ist. Dieses Bild ist von verschiedenen Denkern als Verbundensein, als Gehorsam, als Vernunft und als Gewissen erklärt worden. Eine darüber hinausgehende Definition der geistigen Natur des Menschen ist Freiheit. Der Mensch ist Mensch, weil er die Freiheit hat, im Rahmen seiner Bestimmung frei zu handeln. Von den Tieren unterscheidet er sich durch seine Freiheit, das Gute zu tun oder das Böse, auf der Straße der Schönheit zu wandeln oder auf dem Pfad der Häßlichkeit.

III

Wir wollen nicht oberflächlich sein. Deshalb müssen wir sagen, daß der Mensch nicht schon deswegen gut ist, weil er nach dem Ebenbild Gottes geschaffen wurde. Durch seine nur zu deutliche Neigung zum Bösen hat der Mensch das Bild Gottes schrecklich entstellt.

Wir lassen uns nicht gern sagen, daß wir Sünder sind. Nichts beleidigt den Stolz des modernen Menschen mehr. Angestrengt haben wir uns bemüht, andere Worte zu finden: Irrtum der Natur, Abwesenheit des Guten, Denkfehler — sie alle sollen die menschliche Sünde erklären. Durch die Tiefenpsychologie versuchen wir, die Sünde als Ergebnis innerer Konflikte, als Erbanlagen oder als Kampf zwischen dem *id* und dem *super-ego* zu erklären. Aber das alles erinnert uns nur daran, daß der Mensch von einer dreifachen Fessel gebunden ist, die ihn von sich selbst, von seinem Nächsten und von Gott trennt. Wenn es ihm nicht gelingt, sie abzustreifen, wird sein Wille verdorben.

Legen wir unser Leben offen vor Gott dar, so müssen

wir zugeben, daß wir die Wahrheit kennen und doch lügen, daß wir von der Gerechtigkeit wissen und doch ungerecht sind, daß wir unsere Pflicht zur Liebe kennen und doch hassen, daß wir statt des steilen Pfades lieber den bequemen wählen. „Wir gingen alle in die Irre wie Schafe."

Die Sündhaftigkeit des Menschen in seinem Zusammenleben erreicht ein solches Ausmaß, daß Reinhold Niebuhr ein Buch schreiben konnte: „Der moralische Mensch und die unmoralische Gesellschaft." In Gruppen, Stämmen, Rassen und Völkern zusammengefaßt, erreicht der Mensch oft einen Grad der Barbarei, der selbst bei niederen Tieren unvorstellbar wäre. Einen Ausdruck der unmoralischen Gesellschaft sehen wir in der Lehre von der Überlegenheit der weißen Rasse, die Millionen der Ausbeutung überantwortete; wir erkennen sie in den Schrecken zweier Weltkriege, die blutgetränkte Schlachtfelder hinterließen, materielles Elend, psychisch und physisch zerrüttete Menschen und ganze Völker von Witwen und Waisen. Der Mensch ist ein Sünder und braucht Gottes vergebende Gnade. Das ist nicht tödlicher Pessimismus — das ist christlicher Realismus.

Der Mensch neigt dazu, in den Niederungen zu leben, doch etwas erinnert ihn daran, daß er nicht dafür bestimmt ist. Er steht im Staub, doch etwas erinnert ihn daran, daß er für die Sterne erschaffen ist. Er verfällt der Narrheit und spürt doch, daß er der Ewigkeit erkoren ist. Gottes beständiger Zugriff sorgt dafür, daß wir uns nie im Recht fühlen können, wenn wir Unrecht tun und niemals unser unnatürliches Tun für natürlich halten.

Im Gleichnis vom verlorenen Sohn erzählt Jesus von einem jungen Mann, der aus seiner Heimat in die Fremde zog, um in immer neuen Erlebnissen und Abenteuern das Leben zu suchen. Aber er fand nicht das Leben, sondern nur Enttäuschung und Niedergeschlagenheit. Je weiter er sich vom Haus seines Vaters entfernte, desto näher kam er der Verzweiflung. Je mehr er tat, was ihm gefiel, desto weniger gefiel ihm, was er tat. Und schließlich landete er nicht im erträumten Land, in dem Milch und Honig fließt, sondern in einem Schweinestall. Dieses Gleichnis erinnert uns immer wieder daran, daß der Mensch für das Haus seines Vaters erschaffen ist. Jede Flucht in die Fremde kann ihm nur Enttäuschung und Heimweh bringen.

Aber das Gleichnis sagt uns noch mehr. Der verlorene Sohn war nicht ganz er selbst, als er das Haus seines Vaters verließ und sich einbildete, den Sinn des Lebens im Vergnügen zu finden. Erst als er sich zur Umkehr entschloß und wieder Sohn sein wollte, fand er zu sich selbst. Zu Hause erwartete ihn ein liebender Vater, der ihn mit offenen Armen und mit einem Herzen voller Freude empfing. Wenn die Seele in ihre wahre Heimat zurückkehrt, herrscht immer Freude.

Der Mensch ist in die fernen Lande der Weltlichkeit des Materialismus, der Sexualität und der Ungerechtigkeit gezogen. Seine Reise hat die westliche Zivilisation in moralische und geistige Not gestürzt. Aber es ist nicht zu spät zur Umkehr!

Heute sagt unser Vater im Himmel der westlichen Zivilisation: „Im fernen Land des Kolonialismus sind Hunderte von Millionen farbiger Brüder politisch unterdrückt, wirtschaftlich ausgebeutet und ihrer Menschenwürde beraubt worden. Kehrt um in eure wahre Heimat der Gerechtigkeit, der Freiheit und der Brüderlichkeit! Ich will euch freudig aufnehmen!" Mit gleicher Dringlichkeit

spricht Gott zu Amerika: „Im fernen Land der Rassendiskriminierung habt ihr 19 Millionen eurer Negerbrüder
unterdrückt, wirtschaftlich entmachtet und in das Ghetto
getrieben. Ihr habt sie ihrer Selbstachtung und ihrer
Würde beraubt. Kehrt zurück in eure Wahrheit der Demokratie, der Brüderlichkeit und der Verbundenheit in
Gottes Vaterliebe. Ich will euch freudig aufnehmen und
euch eine neue Gelegenheit geben, ein großes Volk zu
werden.“

Wir alle müssen verstehen, daß wir für das Edle, Gute,
Große geschaffen sind. Unsere wahre Heimat liegt im
Willen Gottes. Laßt uns den Weg einschlagen, der zum
überströmend reichen Leben führt.

Gebe Gott, daß wir den Weg wählen, der uns aufwärts
führt. Gebe Gott, daß man uns immer als Menschen erkennen kann, die mit Ehre und Schmuck gekrönt sind.

Wie sollte ein Christ
den Kommunismus sehen?

*Es soll aber das Recht offenbart werden
wie Wasser und die Gerechtigkeit
wie ein starker Strom.* Amos 5, 24

Nur wenige Fragen müssen so nüchtern und gründlich erörtert werden wie diejenigen, vor die uns der Kommunismus stellt. Aus mindestens drei Gründen sollte sich jeder christliche Prediger verpflichtet fühlen, mit seiner Gemeinde über dieses widerspruchsvolle Thema zu sprechen.

Erstens: Der Einfluß des Kommunismus hat sich wie eine mächtige Flutwelle über Rußland, China, Osteuropa und nun auch über unsere Hemisphäre ausgebreitet. Fast eine Milliarde Menschen auf der Welt glauben an seine Lehren. Viele von ihnen betrachten ihn als eine neue Religion, der sie sich völlig verschrieben haben. Eine solche Macht darf man nicht einfach übersehen.

Zweitens: Der Kommunismus ist der einzige ernsthafte Widersacher des Christentums. Große Weltreligionen wie Judaismus, Buddhismus, Hinduismus und Islam sind mögliche Alternativen zum Christentum. Niemand aber, der sich in der modernen Welt auskennt, wird leugnen, daß der Kommunismus der schrecklichste Rivale des Christentums ist.

Drittens: Es ist weder anständig noch wissenschaftlich, ein System zu verdammen, bevor wir genau wissen, was dieses System lehrt und warum es falsch ist.

Die Voraussetzung dieser Predigt will ich klar aussprechen: Kommunismus und Christentum sind grundsätzlich unvereinbar. Sie sind in ihren Lehren absolut gegensätzlich und lassen sich durch keinerlei dialektische Kniffe vereinen. Ein wahrer Christ kann kein wahrer Kommunist sein. Warum?

I

Erstens gründet sich der Kommunismus auf eine materialistische und humanistische Anschauung des Lebens und der Geschichte. Nach der kommunistischen Lehre haben nicht Geist und Seele, sondern hat die Materie das letzte Wort im Weltall. Eine solche Lehre ist offensichtlich weltlich und atheistisch. Für sie ist Gott nur ein Trugbild, ein Produkt der Furcht und der Unwissenheit. Und die Kirche bedeutet ihr eine Erfindung der Herrschenden, um die Massen zu kontrollieren. Darüber hinaus leben der Kommunismus wie der Humanismus von der Illusion, der Mensch könne sich selbst ohne Hilfe einer göttlichen Macht erlösen und eine neue Gesellschaft gründen.

„Ich kämpfe allein. Ich brauche niemand, der mich befreit. Ich will keinen Jesus Christus, der für mich stirbt." Das ist kalter Atheismus, gehüllt in das Kleid des Materialismus. Der Kommunismus hat keinen Platz für Gott und Christus.

Im Mittelpunkt des christlichen Glaubens steht das Bekenntnis, daß es einen Gott im Universum gibt, der Ursache und Inhalt aller Wirklichkeit ist. Als Wesen unendlicher Liebe und grenzenloser Macht ist Gott der Schöpfer und Erhalter aller Werte. Im Gegensatz zum kommunistischen, gottleugnenden Materialismus vertritt das Christentum einen theistischen Idealismus. Die Wirklichkeit kann nicht durch bewegte Materie oder den Widerstreit oekonomischer Kräfte erklärt werden. Das Christentum lehrt, daß im Mittelpunkt des Weltalls ein liebender Vater steht, der durch die Geschichte zum Wohl seiner Kinder wirkt. Der Mensch kann sich nicht selbst erlösen, denn er ist nicht das Maß aller Dinge. Die Menschheit ist nicht Gott. Der durch die Ketten der Sünde und der Vergänglichkeit gebundene Mensch braucht einen Erlöser.

Zweitens: Der Kommunismus gründet sich auf ethischen Relativismus. Er erkennt keine absoluten moralischen Werte an. Recht und Unrecht werden am klassenkämpferischen Nutzen gemessen. Der Kommunismus vertritt die schreckliche Lehre, der Zweck heilige die Mittel. Er verkündet die Lehre von der klassenlosen Gesellschaft und bedient sich zur Erreichung dieses Ziels vielfach sehr unedler Mittel: Lüge, Gewalt, Folter und Mord. Ist das zuviel gesagt? Hören wir, was Lenin, der Taktiker der kommunistischen Lehre, schrieb: „Wir müssen bereit sein, Täuschung, List und Rechtsbruch zu verwenden, die Wahrheit zu verschweigen und zu entstellen." Die moderne Geschichte hat viele Folternächte und Schreckenstage gesehen, weil Lenin von seinen Gefolgsleuten beim Wort genommen wurde.

Im Gegensatz zum ethischen Relativismus der Kommunisten verkündet das Christentum absolute moralische Werte. Es lehrt, daß Gott gewisse dauernde und unwandelbare moralische Gesetze in den Mittelpunkt des Weltalls gestellt hat. Das Gebot der Liebe ist allein Richtschnur für alles menschliche Tun. Außerdem lehnt das Christentum die Lehre ab, daß der Zweck die Mittel heilige. Zerstörende Mittel können nicht zum Aufbau großer Ziele dienen. Die Mittel kennzeichnen den Geist des Handelns und das Ziel des Strebens. Unmoralische Mittel können also keinem moralischen Zweck dienen, weil die Zwecke in den Mitteln vorgezeichnet sind.

Drittens: Der Kommunismus mißt dem Staat den höchsten Wert bei. Der Mensch ist für den Staat, nicht der Staat für den Menschen geschaffen. Man könnte einwenden, daß für die kommunistische Lehre der Staat nur eine vorübergehende Erscheinung ist, die mit dem Heranwachsen der klassenlosen Gesellschaft absterben soll. In der Theorie ist das richtig. Aber ebenso richtig ist, daß bis zum Erreichen dieses Zieles ganz allein der Staat zählt. Der Mensch ist nur ein Mittel zu staatlichen Zwecken. Er hat keine unabdingbaren Rechte. Alle seine Rechte stammen vom Staat und werden vom Staat verliehen. Unter einem solchen System muß der Quell der Freiheit austrocknen. Presse- und Versammlungsfreiheit, Wahlrecht, die Freiheit der Information, der Kunst, des Glaubens, der Erziehung und der Forschung werden eingeschränkt und stehen unter strenger Regierungskontrolle. Der Mensch hat ein pflichtbewußter Diener des allmächtigen Staates zu sein.

Das alles widerspricht nicht nur der christlichen Gotteslehre, sondern auch der christlichen Achtung vor dem

Menschen. Das Christentum besteht darauf, daß der Mensch seinen Wert in sich selbst trägt, weil er ein Kind Gottes und nach seinem Bild geschaffen ist. Der Mensch ist mehr als ein produzierendes Lebewesen, das von ökonomischen Kräften gelenkt wird. Er ist ein geistiges Wesen, gekrönt mit Ehre und Schmuck und beschenkt mit dem Gut der Freiheit. Die größte Schwäche des Kommunismus liegt darin, daß er den Menschen gerade dessen beraubt, was ihn erst zum Menschen macht. „Der Mensch", sagt Paul Tillich, „ist Mensch, weil er frei ist." Diese Freiheit beweist sich in der Fähigkeit des Menschen zu urteilen, zu entscheiden und verantwortlich zu handeln. Unter dem Kommunismus wird die Seele des Menschen in die Ketten der Gleichmacherei gelegt. Der Geist wird mit den Fesseln der Parteitreue gebunden. Gewissen und logisches Denken werden ihm verwehrt. Ein weiterer Mangel des Kommunismus liegt darin, daß er weder eine Theologie noch eine Christologie hat. Deshalb beschränkt er sich auf eine verwirrte Anthropologie. Da es ihm an einem sicheren Gottesbild fehlt, kann er auch kein sicheres Menschenbild haben. Zwar redet der Kommunismus vom Wohlstand der Massen, doch seine Lehren und Methoden entkleiden den Menschen dabei seiner Würde und seines Wertes.

Ganz klar, all dies ist unvereinbar mit der christlichen Sicht der Dinge. Täuschen wir uns nicht! Die beiden Denksysteme sind zu gegensätzlich, um einander angeglichen werden zu können, sie beurteilen diametral, entgegengesetzt, die Möglichkeiten, die Welt zu verändern. Als Christen sollten wir beständig für die Kommunisten beten, doch niemals können wir die Lehre des Kommunismus dulden.

Und doch ist etwas an der kommunistischen Lehre, das uns anspricht. Der Erzbischof von Canterbury bezeichnete den Kommunismus als christliche Irrlehre. Damit meinte er, daß der Kommunismus sich gewisser Wahrheiten bemächtigt habe, die Bestandteil der christlichen Lehre sind, wenn sich mit ihnen auch Theorien und Praktiken verbinden, die kein Christ jemals annehmen kann.

II

Die Theorie, wenn auch gewiß nicht die Praxis, des Kommunismus fordert uns auf, uns mehr der sozialen Gerechtigkeit anzunehmen. Bei all seinen falschen Behauptungen und bösen Methoden ist der Kommunismus doch als ein Protest gegen die Ungerechtigkeit und Entwürdigung entstanden, die den bedürftigen Klassen auferlegt wurden. Das Kommunistische Manifest wurde von Männern verfaßt, die leidenschaftlich für die soziale Gerechtigkeit entflammt waren. Karl Marx war ein Sohn jüdischer Eltern, die beide aus Rabbinerhäusern stammten. Er kannte die hebräischen Schriften gut und vergaß niemals die Worte des Propheten Amos: „Es möge lieber das Recht sprudeln wie ein Wasserquell und die Gerechtigkeit wie ein starker Strom." Als Karl Marx sechs Jahre alt war, traten seine Eltern zum christlichen Glauben über und fügten so der Erbschaft des Alten Testaments die des Neuen hinzu. Obwohl er später zum Atheisten wurde, konnte Karl Marx die Fürsorge Christi für „diese meine geringsten Brüder" niemals ganz vergessen. In seinen Schriften vertrat er die Sache der Armen, Ausgebeuteten und Entrechteten.

In der Theorie fordert der Kommunismus eine klassenlose Gesellschaft. Obwohl die Welt aus traurigen Erfahrungen weiß, daß der Kommunismus neue Klassen und neue Ungerechtigkeit schafft, erstrebt er doch in der Theorie eine gesellschaftliche Ordnung, in der die Äußerlichkeiten der Rasse und Hautfarbe, der Klasse und Kaste überwunden sind.

Christen müssen jedes ehrliche Streben nach sozialer Gerechtigkeit anerkennen. Ein solches Streben gehört zu den Grundlagen der christlichen Lehre von der Vaterschaft Gottes und der Bruderschaft aller Menschen. Die Evangelien bieten zahllose Beispiele der Fürsorge für die Armen. „Er stößet die Gewaltigen vom Thron und erhebt die Niedrigen. Die Hungrigen füllet er mit Gütern und läßt die Reichen leer." Kein linientreuer Kommunist hat die Anteilnahme an den Unterdrückten je so klar ausgesprochen wie Jesus, als er sagte: „Der Geist des Herrn ist bei mir, darum weil er mich gesalbt hat zu verkündigen das Evangelium den Armen; er hat mich gesandt zu predigen den Gefangenen, daß sie los sein sollen, und den Blinden, daß sie sehend werden, und den Zerschlagenen, daß sie frei und ledig sein sollen, zu verkündigen das Gnadenjahr des Herrn."

Christen müssen auch anerkennen, daß eine Welt ohne Kasten und Rassenschranken erstrebenswert ist. Das Christentum verwirft die Rassentrennung. Der Universalismus ist ein Kernstück des Evangeliums und macht Theorie wie Praxis rassischer Ungerechtigkeit moralisch unhaltbar. Rassische Vorurteile sind eine Verleugnung unserer Einheit in Christus. In Christus gibt es weder Juden noch Heiden, weder Gebundene noch Freie, weder Neger noch Weiße.

Trotz aller edlen Versicherungen des Christentums hat es die Kirche oft an echter Sorge um soziale Gerechtigkeit fehlen lassen. Sie war oft so sehr mit dem besseren Jenseits beschäftigt, daß sie das schlechte Diesseits übersah. Das Christentum ist aber aufgerufen, das Evangelium Christi auch im sozialen Leben wirksam werden zu lassen. Wir müssen erkennen, daß die christliche Botschaft eine zweispurige Straße ist. Einerseits sollen die menschlichen Seelen verändert und mit Gott vereint werden; andererseits müssen aber auch die äußeren Lebensbedingungen des Menschen verändert werden, damit die Seele nach ihrer Veränderung auch eine Chance hat. Eine Religion, die sich zwar um die Seelen kümmert, aber nicht an die wirtschaftlichen Bedingungen denkt, wäre wirklich „Opium für das Volk" wie es der Marxismus behauptet.

Um der Ehrlichkeit willen müssen wir zugeben, daß die Kirche ihren Auftrag in der Frage rassischer Gerechtigkeit nicht erfüllt hat. Auf diesem Gebiet hat sie Christus im Stich gelassen. Sie ist in der Frage der rassischen Beziehungen nicht nur stumm und gleichgültig geblieben, sondern sie hat oft genug selbst daran teilgenommen, das rassische Kastensystem zu errichten. Der Kolonialismus hätte sich nicht halten können, wenn das Christentum wirklich Stellung dagegen bezogen hätte. Eine der Hauptverteidigerinnen des verwerflichen Systems der Apartheid in Südafrika ist heute die dortige Reformierte Kirche. In Amerika hätte sich die Sklaverei nicht fast zweihundertfünfzig Jahre halten können, wenn die Kirchen sie nicht gebilligt hätten. Wir müssen die beschämende Tatsache anerkennen, daß die Kirche in dieser Sache die ausgeprägteste große Institution Amerikas ist. Professor Pope hat gesagt, die Stunde der strengsten Rassentrennung sei sonntags vormittags um elf Uhr. Wie oft ist die Kirche eher Echo als Stimme gewesen. Wie oft ist sie eher das Schlußlicht des Obersten Gerichtshofes und anderer weltlicher Einrichtungen gewesen, anstatt dem Menschen fortschrittlich und entschieden als Fackel voranzuleuchten.

Das Gericht Gottes liegt auf der Kirche. Sie muß einen Abgrund in ihrer eigenen Seele schließen. Eine der größten Tragödien der Geschichte des Christentums wird es sein, wenn künftige Geschichtsschreiber berichten müssen, daß die Kirche im 20. Jahrhundert eines der stärksten Bollwerke der weißen Vorherrschaft war.

III

Vor der Bedrohung durch den Kommunismus müssen wir auch ehrlich die Schwächen des traditionellen Kapitalismus sehen. In aller Objektivität müssen wir zugeben, daß der Kapitalismus oft eine Kluft zwischen Überfluß und Armut aufgerissen hat. Er schuf Bedingungen, die den Massen das Notwendigste vorenthielten, um den Luxus der Wenigen zu ermöglichen. Er hat die Menschen so kalt und hartherzig werden lassen, daß sie vom Leiden einer mit Armut geschlagenen Menschheit ungerührt blieben. Obwohl der amerikanische Kapitalismus durch soziale Reformen vieles tut, um solche Tendenzen zu mindern, bleibt doch noch viel zu tun. Gott will, daß alle seine Kinder das haben, was sie zu einem gesunden und lebenswerten Leben brauchen. Sicher ist es unchristlich und unanständig, wenn einige sich im Reichtum behaglich einrichten, während andere immer tiefer in der Armut versinken.

Ist das Gewinnstreben alleinige Grundlage eines Wirtschaftssystems, so führt es zu einem halsabschneiderischen Wettbewerb und zu einer Selbstsucht, die den Menschen eher an eine verschwenderische Lebensführung als an ein ausgefülltes Leben denken läßt. Dabei kann ein Mensch so ich-bezogen werden, daß er jede Bindung zum Du verliert. Sind wir nicht allzu bereit, unseren Erfolg an der Höhe unseres Gehalts, an der Größe unseres Autos zu messen und nicht an unserem Dienst für die Menschheit und an unseren Beziehungen zum Mitmenschen? Der Kapitalismus kann zu einem praktischen Materialismus führen, der nicht ungefährlicher ist als der theoretische Materialismus, den der Kommunismus lehrt.

Wir müssen erkennen, daß die Wahrheit weder im traditionellen Kapitalismus noch im Kommunismus zu finden ist. Beide vertreten nur eine Teilwahrheit. Der Kapitalismus hat den Wert des gemeinschaftlichen Unternehmens verkannt, wie der Kommunismus den Wert des Einzelunternehmertums verkennt. Der Kapitalismus des 19. Jahrhunderts sah nicht, daß alles Leben gesellschaftlich gebunden ist; der Marxismus übersah und übersieht noch heute, daß alles Leben nicht nur gesellschaftlich gebunden, sondern auch individuell ist. Das Reich Gottes beruht weder auf der These des individuellen Unternehmertums noch auf der Antithese des Kollektivismus, sondern in der Synthese, die das Wahre aus beiden wiedergibt.

IV

Schließlich sind wir auch aufgerufen, unser Leben so treu der Sache Christi zu weihen, wie die Kommunisten das ihre in den Dienst des Kommunismus stellen. Wenn wir auch das Glaubensbekenntnis des Kommunismus nicht billigen können, so müssen wir doch den Eifer seiner Anhänger anerkennen und ihre Hingabe an eine Sache, von der sie ehrlich glauben, daß sie eine bessere Welt schaffen wird. Sie sind zielbewußt und arbeiten angestrengt und ausdauernd, um andere für ihre Sache zu gewinnen. Wie viele Christen geben sich ähnliche Mühe, um ihre Mitmenschen für Christus zu gewinnen? Oft empfinden wir weder Eifer für Christus noch Begeisterung für sein Reich. Vielen Christen bedeutet das Christentum eine Sonntagsbeschäftigung, die schon am Montag vergessen ist. Die Kirche ist ihnen wenig mehr als ein Club mit einem religiösen Anhauch. Jesus wird zum Symbol. Sie nennen ihn zwar ihren Herrn, lassen seine Herrschaft aber nicht in ihrem Leben sichtbar werden. Ich wollte, das christliche Feuer brenne in allen Herzen der Christen ebenso hell, wie das Feuer des Kommunismus im Herzen seiner Anhänger brennt! Ist der Kommunismus in der Welt von heute so lebendig, weil wir nicht christlich genug gewesen sind?

Wir müssen uns erneut für die Sache Christi weihen. Wir müssen den Geist der frühen Kirche wiederfinden. Die ersten Christen legten ein freudiges Bekenntnis zu Christus ab, wo sie auch immer waren. Ob auf der Straße oder im Gefängnis — unentwegt verkündeten sie die frohe Botschaft des Evangeliums. Der Lohn für ihr mutvolles Zeugnis war oft der Todeskampf in einem Löwenzwinger oder der Weg zum Richtblock, aber sie blieben treu in dem Glauben, daß sie eine große Sache entdeckt hatten, und daß ein göttlicher Erlöser sie verwandelt hatte. Kamen sie in eine Stadt, so veränderten sich dort die Machtverhältnisse. Ihre neue Botschaft brachte erfrischende Frühlingswärme zu den Menschen, deren Leben im langen Winter des Traditionalismus verhärtet war. Sie drängten die Menschen dazu, sich gegen ungerechte Systeme und unmoralische Formen zur Wehr zu setzen. Gingen die Herrschenden gegen sie vor, so fuhren diese seltsamen Menschen, trunken vom Wein der göttlichen Gnade, doch fort, die frohe Botschaft des Evangeliums zu verkünden, bis endlich selbst Männer und Frauen des kaiserlichen Haushalts überzeugt waren. Gefängniswärter warfen ihre Schlüssel fort, Könige zitterten auf ihren Thronen. Die frühen Christen übertrafen alle ihre Zeitgenossen, im Leben wie im Sterben.

Wo ist dieser Einsatz heute noch zu sehen? Wo gibt es heute diesen mutigen und umwälzenden Dienst für Christus? Ist er hinter Weihrauch und Altären verborgen? Liegt er in der Gruft begraben, die man bürgerliches Ansehen nennt? Ist er in den Zellen erstarrter Formen gefangen? Diese Einsatzbereitschaft muß wieder freigelegt werden. Christus muß wieder den Thron unseres Lebens besteigen.

Darin liegt die beste Verteidigung im Kampf gegen den Kommunismus. Der Krieg ist keine Lösung. Niemals wird der Kommunismus durch den Einsatz von Atombomben und Kernwaffen bezwungen werden. Hören wir nicht auf diejenigen, die in ihrer mißgeleiteten Leidenschaft nach dem Krieg schreien und die Regierung drängen, die Mitarbeit in den Vereinten Nationen einzustellen. In unserer Zeit müssen Christen weise Zurückhaltung und ruhigen Verstand beweisen. Wir dürfen nicht gleich jeden einen Kommunisten oder Schwächling nennen, der Haß und Hysterie als Lösung der Weltprobleme ablehnt. Wir

sollten uns nicht einem negativen Antikommunismus verschreiben, sondern einem positiven Vertrauen zur Demokratie, weil wir erkennen, daß der beste Kampf gegen den
Kommunismus im aktiven Eintreten für Gerechtigkeit
und Freiheit besteht. Wir haben unsere Verurteilung der
kommunistischen Lehre klar ausgesprochen. Jetzt müssen
wir aber auch versuchen, durch unsere Taten die Armut,
die Ungerechtigkeit, die Unsicherheit in der Welt zu beseitigen. Sie sind der Nährboden, auf dem der Kommunismus gedeihen kann. Er kann nur blühen, wo menschliche Wünsche unerfüllt bleiben, wo die Türen zu Arbeit
und Wohlstand für viele verschlossen bleiben. Wie die
ersten Christen, so müssen auch wir in eine uns feindliche
Welt hineingehen. Unsere Waffe ist das Evangelium
Christi. Mit dieser mächtigen Botschaft werden wir alles
Erstarrte und Ungerechte erschüttern und damit den Tag
schneller herbeiführen, von dem Jesaja sagt: „Alle Täler
sollen erhöht werden, und alle Berge und Hügel sollen
erniedrigt werden. Was ungleich ist, soll eben und was
höckerig ist, soll schlicht werden. Denn die Herrlichkeit
des Herrn soll offenbart werden, und alles Fleisch miteinander wird es sehen; denn des Herrn Mund hat's geredet."
   Unser Auftrag und unser Vorrecht ist es, Zeugnis für
den Geist Christi abzulegen, indem wir eine wirklich
christliche Welt schaffen. Erfüllen wir diesen Auftrag mit
Eifer und Tatkraft, so wird die Stunde der Geschichte für
den Kommunismus schlagen. Wir werden die Welt zu
einem Hort der Demokratie und zu einer sicheren Wohnung für die Gemeinde Christi werden lassen.

Unser Gott ist mächtig

Der euch kann behüten vor dem Straucheln ...
JUDAS 24

Der Gott, zu dem wir beten, ist nicht schwach und ohn-mächtig. Er kann die riesenhaften Wogen der Opposition aufhalten und die Gebirge des Bösen ebnen. Der christ-liche Glaube bekennt laut, daß sein Gott mächtig ist.

Mancher will uns davon überzeugen, daß nur dem Men-schen Macht gegeben ist. Der Versuch ist nicht neu, an die Stelle eines gottbezogenen ein menschenbezogenes Weltbild zu setzen. Seine modernen Anfänge hatte er im Zeitalter der Renaissance und der Aufklärung. Damals gelangten viele zu der Ansicht, Gott sei ein überflüssiges Bild im Buch des Lebens. Damals und auch später wäh-rend der industriellen Revolution in England fragten sich viele, ob Gott noch irgendeine Bedeutung habe. Das Labo-ratorium trat an die Stelle der Kirche, die Wissenschaft übernahm das Amt der Propheten. Nicht wenige Men-schen sangen wie Swinburne ein neues Lied: „Ehre sei dem Menschen auf der Höhe; denn der Mensch ist der Herr aller Dinge!"

Die Anhänger der neuen, menschenbezogenen Religion verweisen zur Rechtfertigung ihres Glaubens auf die Wissenschaften. Technik und Wissenschaft haben gewissermaßen den Leib des Menschen vergrößert; Teleskope und Fernsehgeräte seine Augen geschärft; Telefon, Radio und Mikrofon ihm Stimme und Ohren verstärkt; Automobil und Flugzeug seine Beine und Wunderdrogen sein Leben verlängert. Beweisen alle diese verblüffenden Leistungen nicht, daß der Mensch mächtig ist?

Freilich gibt es auch Dinge, die den Glauben derer erschütterten, die in den Laboratorien die neuen Kathedralen der Menschheit sahen. Die gestern noch angebeteten Werkzeuge drohen heute, die Welt zu zerstören und uns alle in den Abgrund der Vernichtung zu stürzen. Der Mensch kann weder sich selbst noch die Welt retten. Wird er nicht von Gottes Geist geleitet, so werden die neuen wissenschaftlichen Entdeckungen zu schrecklichen Gespenstern, die alles irdische Leben in Asche verwandeln werden.

Bisweilen bringen andere Mächte uns dazu, die Macht Gottes anzuzweifeln, die starke und übergroße Macht des Bösen in der Welt — Keats spricht vom „riesenhaften Todeskampf der Welt". Es gibt Sturmfluten und Wirbelwinde, die Menschen verwehen, als wären sie Samen auf dem Feld. Krankheiten plagen viele von Geburt an und machen ihr Leben zu einem tragischen Kreislauf der Hoffnungslosigkeit. Es gibt den Wahnsinn des Krieges und den Wahnsinn der Unmenschlichkeit gegenüber dem Mitmenschen — warum, so fragen wir uns, können solche Dinge bestehen, wenn Gott doch die Macht hat, sie zu vereiteln? Das Problem des Bösen hat den Geist des Menschen stets beschäftigt. Ich möchte meine Antwort auf den Hinweis beschränken, daß vieles Böse durch die Torheit und Unwissenheit des Menschen verursacht wird und durch den Mißbrauch seiner Freiheit. Darüber hinaus kann ich nur sagen, daß Gott stets von einem Schleier des Geheimnisses verhüllt war und bleiben wird. Was uns als böse erscheint, kann einen Sinn haben, den unser beschränkter Verstand nicht zu erfassen vermag. So dürfen wir trotz der Gegenwart des Bösen und trotz aller Zweifel, die uns bedrängen, nicht den Glauben verlieren, daß unser Gott mächtig ist.

I

Zuerst wollen wir bedenken, daß Gott mächtig genug ist, um das Universum zu erhalten. Auch hier sind wir manchmal versucht, den Menschen für den Beherrscher des Universums zu halten. Von Menschen geschaffene Düsenflugzeuge verkürzen beinahe täglich die Entfernungen in der Welt; von Menschenhand geschaffene Raumschiffe tragen Kosmonauten in unvorstellbarer Geschwindigkeit durch den Weltraum. Ist Gott nicht als Beherrscher des Alls abgelöst worden?

Bevor wir uns aber zu sehr unserer menschlichen Überheblichkeit hingeben, sollten wir uns dieses Weltall etwas genauer ansehen. Dann werden wir bald bemerken, daß unsere von Menschenhand geschaffenen Maschinen sich kaum zu bewegen scheinen, wenn man sie an den Sonnensystemen mißt, die Gott erschaffen hat. Die Erde kreist zum Beispiel so schnell um die Sonne, daß selbst das beste

Düsenflugzeug in der ersten Stunde eines Wettfluges um mehr als 100 000 Kilometer zurückbliebe. In den vergangenen sieben Minuten sind wir mehr als 12 000 Kilometer durch den Weltraum getragen worden. Oder betrachten wir die Sonne, von der alle Wissenschaftler sagen, daß sie im Mittelpunkt unseres Sonnensystems stehe. Unsere Erde umkreist diesen kosmischen Feuerball einmal jährlich und legt dabei mehr als eine Milliarde Kilometer in einer Geschwindigkeit von 108 000 Stundenkilometern zurück. Die Sonne, die uns so nahe scheint, ist mehr als 150 Millionen Kilometer von der Erde entfernt. In einem halben Jahr werden wir jenseits der Sonne sein, in einem Jahr werden wir sie ganz umkreist haben und wieder an unserem heutigen Platz angekommen sein. Betrachten wir die Entfernungen, die wir nur noch in Lichtjahren messen können, und die von Himmelskörpern in unvorstellbaren Geschwindigkeiten durcheilt werden, so müssen wir trotz aller menschlichen Leistungen erneut erkennen, daß Gott mächtig ist.

II

Bedenken wir auch, daß Gott die Macht hat, alles Böse zu überwinden. Indem wir das sagen, erkennen wir an, daß es das Böse wirklich gibt. Niemals hat das Christentum das Böse als Einbildung oder als einen Irrtum unserer begrenzten Vernunft abgetan. Aber es weiß auch, daß das Böse den Keim der eigenen Zerstörung in sich trägt. Die Geschichte berichtet unaufhörlich von bösen Mächten, die mit scheinbar unaufhaltsamer Kraft voranschritten, um endlich doch von der Gerechtigkeit besiegt zu werden. In der moralischen Welt waltet ein stilles, unsichtbares Gesetz wie die Naturgesetze in der physikalischen Welt. Es erinnert uns daran, daß alles Leben sich nur auf eine ganz bestimmte Weise entwickeln kann. Die Hitlers und die Mussolinis haben ihre Zeit. Sie mögen eine große Macht entfalten und sich ausbreiten wie ein mächtiger Baum, doch eines Tages werden sie niedergemäht wie Gras und fallen wie welke Blätter.

In „Les Misérables" schreibt Victor Hugo in der Darstellung der Schlacht von Waterloo: „Konnte Napoleon diese Schlacht gewinnen? Wir sagen nein! Warum? Wegen Wellington? Wegen Blücher? Nein! Wegen Gott ... Napoleon war vor dem Unendlichen angeklagt worden. Sein Sturz war ein Urteil. Er beleidigte Gott. Waterloo ist keine Schlacht, sondern ein Frontwechsel des Alls."

Waterloo ist ein Symbol für den Untergang jedes Napoleons. Es ist eine stete Mahnung an eine Generation, die sich an militärischer Macht berauscht. Der Lauf der Geschichte beweist, daß Macht nicht Recht schafft. Die Macht des Schwertes kann die Macht des Geistes nicht überwinden.

Ein böses System, der Kolonialismus, breitete sich über Afrika und Asien aus. Aber dann begann das stille, unsichtbare Gesetz zu wirken. Premierminister MacMillan sagte: „Der Wind der Veränderung begann zu wehen." Neue, unabhängige Staaten entstanden wie erfrischende Oasen in einer Wüste, die unter der drückenden Hitze der Ungerechtigkeit lag. In weniger als fünfzehn Jahren hat die Unabhängigkeit Asien und Afrika wie eine Flutwelle ergriffen und mehr als 1000 Millionen Menschen die Freiheit gebracht.

Die Rassendiskriminierung war mehr als hundert Jahre

die Last des Negers und die Schande Amerikas. Aber wie überall in der Welt, so begann auch bei uns der Wind der Veränderung zu wehen. Heute wissen wir ganz gewiß, daß dies System tot ist. Die Frage ist nur noch, wie kostspielig seine Beerdigung sein wird.

Diese großen Veränderungen sind nicht nur politische oder soziologische Ereignisse. Sie beweisen den unvermeidlichen Verfall eines jeden Systems, das auf Prinzipien beruht, die nicht mit den moralischen Gesetzen des Weltalls in Einklang stehen. Wenn Menschen künftiger Generationen auf unsere unruhigen, spannungsgeladenen Tage zurückblicken, dann werden sie sehen, wie Gott durch die Geschichte für das Heil der Menschen wirkt. Sie werden erkennen, daß Gott in den Menschen mächtig war, die klarsichtig erkannten, daß ein Volk nicht überleben kann, wenn es zur Hälfte aus Sklaven, zur Hälfte aus Freien besteht.

Gott hat die Macht, das Böse im geschichtlichen Geschehen zu bezwingen. Niemand kann ihm seine Herrschaft entreißen. Wenn wir manchmal mutlos werden wollen, weil wir auf dem Weg zur Aufhebung aller Rassenschranken nur so langsam vorankommen, wenn uns die unwürdige Vorsicht der Regierung enttäuscht, so wollen wir neuen Mut in der Tatsache finden, daß Gott mächtig ist. Unseren oft schwierigen und einsamen Weg in die Freiheit gehen wir nicht allein. Gott geht mit uns. Er hat absolute moralische Gesetze in sein Weltall eingebaut. Wir können sie nicht ändern. Gehorchen wir ihnen nicht, so zerbrechen sie uns. Die Macht des Bösen mag vorübergehend die Wahrheit bezwingen, doch endlich wird die Wahrheit siegen. Unser Gott ist mächtig!

III

Bedenken wir schließlich auch, daß Gott die Macht hat, uns die innere Stärke zu geben, mit der wir den Versuchungen und Schwierigkeiten des Lebens begegnen können. Jeder von uns wird in seinem Leben gezwungen, Bürden auf sich zu nehmen. Feindseligkeit packt uns wie ein mächtiger Sturm. Strahlende Sonnenaufgänge verwandeln sich in nächtliche Finsternis. Unsere kühnsten Hoffnungen werden enttäuscht, unsere edelsten Träume zerbrechen.

Das Christentum hat diese Erfahrungen niemals übersehen. Sie sind unvermeidbar. Wie der rhythmische Wechsel der Natur, so kennt auch das Leben die strahlende Sommersonne und die schneidende Winterkälte. Tagen unaussprechlicher Freude folgen Tage unaussprechlichen Leids. Das Leben hat seine Regen- und Trockenzeiten.

Das Christentum weiß von den schweren Sorgen und den herben Enttäuschungen. Es lehrt, daß Gott uns die Kraft geben kann, sie zu ertragen. Gott kann uns die innere Ausgeglichenheit schenken, die uns in allen Anfechtungen und Bedrückungen aufrecht stehen läßt. Er kann uns inmitten aller äußeren Stürme inneren Frieden geben. Die innere Festigkeit glaubensstarker Menschen ist das größte Erbe, das Jesus seinen Jüngern hinterließ. Wir haben keine geheimen Mittel und Zaubersprüche, die uns von Leiden und Verfolgungen befreien. Aber Jesus hinterließ uns ein unvergängliches Geschenk: „Meinen Frieden lasse ich euch!" Das ist der Friede, der alles Verstehen übersteigt.

Manchmal meinen wir vielleicht, wir brauchten Gott

nicht. Wenn uns aber die Stürme der Enttäuschung packen, wenn der Wind der Niederlage weht und die Wogen des Schmerzes gegen uns anbranden, dann wird unser Leben in Trümmer gehen, wenn wir nicht einen tiefen und geduldigen Glauben haben. So viel Enttäuschung ist in die Welt gekommen, weil wir uns auf Götter, aber nicht auf Gott verlassen haben. Wir haben das Knie vor dem Gott der Wissenschaften gebeugt, um endlich zu merken, daß er uns die Atombombe bescherte und Furcht und Schrecken über die Welt brachte, die keine Wissenschaft wieder von uns nehmen kann. Wir haben den Gott des Vergnügens angebetet, um endlich zu merken, daß Vergnügungen vergänglich und Sensationen kurzlebig sind. Wir haben uns vor dem Gott des Geldes gebeugt und endlich gemerkt, daß es Dinge wie Liebe und Freundschaft gibt, die nicht mit Geld zu kaufen sind, und daß in einer Welt möglicher Wirtschaftskrisen und zusammenbrechender Börsen das Geld eine recht unsichere Gottheit ist. Diese vergänglichen Götter können nicht erlösen und menschliche Herzen glücklich machen.

Nur Gott ist mächtig. Den Glauben an ihn müssen wir wiederfinden. Mit diesem Glauben können wir lichtlose Tiefen in sonnenbeglänzte Höhen verwandeln. Ist jemand unter uns, der seinem Lebensabend entgegengeht und den Tod fürchtet? Warum diese Furcht? Gott ist mächtig! Ist jemand unter uns, der über den Tod eines geliebten Menschen verzweifelt ist, über eine zerbrochene Ehe, über die Widerspenstigkeit eines Kindes? Warum verzweifeln? Gott kann die Kraft schenken, solche Widerwärtigkeiten zu ertragen. Sorgt sich hier jemand um seine schlechte Gesundheit? Warum sich sorgen? Komme was mag. Gott ist mächtig!

Ehe ich schließe, will ich noch von einer persönlichen Erfahrung berichten. Die ersten vierundzwanzig Jahre meines Lebens verliefen sehr glücklich. Ich hatte keine schwierigen Probleme, keine drückenden Lasten zu tragen. Da liebevolle Eltern für mich sorgten, konnte ich Studium und Schule ohne Unterbrechungen beenden. Erst als ich einer der Leiter des Omnibusstreiks in Montgomery wurde, machte ich wirklich mit den Schwierigkeiten des Lebens Bekanntschaft. Unmittelbar nach dem Beginn dieses Streiks erhielt ich viele Drohbriefe und -anrufe. Sie häuften sich von Tag zu Tag. Zuerst nahm ich sie leicht, denn ich hielt sie für das Werk einiger Hitzköpfe, deren Eifer bald abkühlen würde, wenn sie erst merkten, daß wir nicht zurückschlugen. Aber im Laufe der Wochen mußte ich erkennen, daß viele dieser Drohungen sehr ernst gemeint waren. Ich spürte, daß ich unsicher und ängstlich wurde.

Nach einem besonders anstrengenden Tag ging ich sehr spät zu Bett. Meine Frau schlief schon, und ich wollte gerade eindämmern, als das Telefon läutete. Eine wütende Stimme sagte: „Hör zu, Nigger! Wir haben genug von dir! Spätestens nächste Woche wird es dir leid tun, daß du jemals nach Montgomery gekommen bist!" Ich legte auf, aber ich konnte nicht schlafen. Alle meine Angst schien mich auf einmal befallen zu haben. Ich war am Ende meiner Kraft.

Ich stand auf und ging auf und ab. In der Küche kochte ich mir eine Tasse Kaffee. Ich wollte aufgeben. Ich dachte nach, wie ich mich von allem zurückziehen konnte, ohne als Feigling zu erscheinen. In diesem Augenblick der Erschöpfung beschloß ich, meine Sorgen vor Gott zu bringen. Am Küchentisch stützte ich den Kopf in die Hände und betete laut: „Ich trete für eine Sache ein, die ich für gerecht halte. Aber jetzt fürchte ich mich. Die Freunde verlassen sich auf mich. Aber wenn ich ohne Mut und Kraft vor ihnen stehe, werden auch sie zusammenbrechen. Ich kann nicht mehr allein weiter."

In diesem Augenblick spürte ich die Gegenwart Gottes wie nie zuvor. Mir war, als hörte ich förmlich die innere Stimme beruhigend versichern: „Kämpfe für Gerechtigkeit und Wahrheit! Gott wird immer an deiner Seite stehen." Fast augenblicklich fiel die Furcht von mir ab. Meine Unsicherheit schwand. Ich war wieder bereit, allem entgegenzutreten.

Drei Tage später wurden Bomben in unser Haus geworfen. Aber ich nahm eine Welt, in der Bomben geworfen wurden, sehr ruhig hin. Meine Erfahrung mit Gott hatte mir neues Vertrauen geschenkt. Ich wußte, daß Gott dem Menschen die innere Kraft geben kann, den Problemen und Stürmen des Lebens zu begegnen.

Diese Gewißheit soll unser Feldgeschrei sein. Sie wird uns den Mut geben, in eine unsichere Zukunft zu gehen. Sie verleiht unseren müden Füßen neue Kraft auf dem Wege zur Freiheit. Wenn unsere Tage verdunkelt sind und unsere Nächte finsterer als tausend Mitternächte, so wollen wir stets daran denken, daß es in der Welt eine große, segnende Kraft gibt, die Gott heißt. Gott kann Wege aus der Ausweglosigkeit weisen. Er kann das dunkle Gestern in ein helles Morgen verwandeln. Darauf gründet sich unsere Hoffnung, bessere Menschen zu werden. Darin liegt unser Auftrag zu versuchen, eine bessere Welt zu schaffen.

Mittel gegen die Furcht

*Furcht ist nicht in der Liebe, sondern die
völlige Liebe treibt die Furcht aus,
denn die Furcht muß vor der Strafe zittern.
Wer sich aber fürchtet, der ist nicht völlig
in der Liebe. 1. JOH. 4, 18*

Gibt es einen einzigen Menschen in unserer Zeit der
Katastrophen und der Unsicherheit, der nicht von einer
Furcht gequält wird, die ihn wie ein Höllenhund auf
Schritt und Tritt begleitet?

Jeder begegnet Ängsten, die oft in den merkwürdigsten
Verkleidungen auftreten. Von der Furcht vor einer
schweren Krankheit geplagt, entdecken wir in jedem unbedeutenden Symptom einen Beweis unheilbaren Leidens. Von der Tatsache verwirrt, daß Tage und Jahre so
schnell vergehen, nehmen wir Zuflucht zu Drogen, die
uns ewige Jugend versprechen. Sind wir körperlich lei-
stungsfähig, so fürchten wir uns vor geistigem Versagen,
vor Komplexen und Neurosen, die uns unsicher und ohne
hinreichendes Selbstvertrauen durch das Leben stolpern
lassen. Die Furcht vor dem, was das Leben noch bringen
mag, führt manchen zu ausschweifender Sexualität und

zum Alkoholmißbrauch. Ohne es zu wollen und zu merken, haben viele Menschen zugelassen, daß der Sonnenaufgang der Liebe und des Friedens sich in einen Sonnenuntergang dunkler Depressionen verwandelte.

Läßt man sie gewähren, so zeugt die Furcht eine ganze Brut von Ängsten: Angst vor dem Wasser, vor großen Höhen, vor verschlossenen Räumen, vor Alleinsein und Dunkelheit, und eine solche Anhäufung führt schließlich zur Angstangst oder Furcht vor der Furcht.

Besonders häufig sind in unserer Wettbewerbsgesellschaft wirtschaftliche Ängste. Ihnen entstammen viele psychologische Probleme unserer Zeit. Industriekapitäne schreckt der Gedanke, ihre Unternehmen könnten Fehlschläge erleiden. Angestellte quält der Gedanke an die Arbeitslosigkeit als Folge einer ständig wachsenden Automatisierung. Vergessen wir auch nicht die vielen Glaubens- und Daseinsängste unserer Zeit. Zu ihnen gehören die Furcht vor dem Tod und vor der Vernichtung der menschlichen Rasse. Der Beginn des Atomzeitalters, das neue Wege zu Wohlstand und Überfluß hätte eröffnen müssen, hat die Furcht vor dem Tod ins Krankhafte gesteigert. Die schreckliche Möglichkeit eines Atomkrieges hat Hamlets Worte „Sein oder Nichtsein" auf Millionen zitternde Lippen gebracht. Denken wir doch nur an unsere fieberhaften Anstrengungen, atombombensichere Bunker zu bauen. Als könnten sie wirklichen Schutz gewähren! Denkt daran, daß unsere Regierung ihre Vorräte an Kernwaffen ständig vergrößert. Unser fanatischer Wille, das „Gleichgewicht des Schreckens" zu erhalten, vergrößert nur unsere Furcht und läßt ganze Völker auf Zehenspitzen schleichen, weil irgendein diplomatischer Fehltritt eine fürchterliche Massenvernichtung auslösen könnte.

Emerson erkannte, daß die Furcht die Energien eines Menschen lahmlegt; er schrieb: „Der hat die Lehren des Lebens nicht begriffen, der nicht täglich eine Furcht überwindet."

Ich will keineswegs dazu raten, die Furcht ganz aus dem menschlichen Leben zu verbannen. Wo es menschlich möglich ist, wäre es praktisch nicht wünschenswert. Furcht ist das natürliche Alarmsystem des menschlichen Organismus. Sie warnt uns vor nahenden Gefahren. Ohne Furcht hätte der Mensch weder in der alten noch in der modernen Welt überleben können. Zudem ist die Furcht eine mächtige, schöpferische Kraft. Jede große Erfindung, jeder geistige Fortschritt sind Ausdruck des Wunsches, irgendwelchen gefürchteten Tatsachen oder Umständen zu entgehen. Die Furcht vor der Dunkelheit ließ uns das Geheimnis der Elektrizität entdecken. Die Furcht vor der Krankheit führte zu den wunderbaren Leistungen der medizinischen Wissenschaft. Aus der Furcht vor der Unwissenheit entstanden die großen Schulen. Die Furcht vor dem Krieg war eine der Kräfte, die zur Bildung der Vereinten Nationen führte. Angelo Patri hat sehr richtig bemerkt: „Verlöre der Mensch die Fähigkeit zur Furcht, so wäre ihm auch die Fähigkeit zum Wachsen, Forschen und Schaffen genommen. So ist die Furcht in gewissem Sinne normal, notwendig und schöpferisch."

Wir müssen aber auch bedenken, daß abnorme Furcht vernichtend wirkt. Um den Unterschied zwischen abnormer und normaler Furcht zu erläutern, sprach Sigmund Freud von einem Menschen, der sich inmitten eines Urwalds zu Recht vor Schlangen fürchtet, und von einem anderen, der voller Furcht Schlangen unter dem Teppich seiner Stadtwohnung sucht. Psychologen sagen, dem gesunden Kind seien nur zwei Arten der Furcht angeboren: die Furcht vor dem Fallen und die Furcht vor großem Lärm. Jede andere Form der Furcht soll erst durch Umwelteinflüsse hervorgerufen werden. Die meisten dieser nachträglich erworbenen Ängste gleichen den Schlangen unter dem Teppich. Diese Ängste meinen wir zumeist, wenn wir von der Befreiung von Furcht sprechen.

Aber das ist nur die eine Seite. Normale Furcht schützt, abnorme Furcht lähmt. Normale Furcht drängt uns, den eigenen und gemeinschaftlichen Wohlstand zu verbessern; abnorme Furcht vergiftet und zerstört unser Innenleben. Es kommt nicht so sehr darauf an, daß wir uns von der Furcht befreien. Vielmehr ist wichtig, daß wir sie überwinden und beherrschen. Wie aber kann die Furcht beherrscht werden?

I

Erstens: Wir müssen unserer Furcht unerschrocken begegnen und uns ehrlich fragen, warum wir uns fürchten. Das wird in irgendeiner Weise unsere Kräfte stärken. Durch Flucht oder Unterdrückung können wir unsere Furcht nicht heilen, im Gegenteil, wir würden unsere inneren Konflikte nur noch vermehren.

Betrachten wir unsere Ängste aber mutig und aufrichtig, so merken wir, daß viele von ihnen nur Überbleibsel kindlicher Nöte und Abneigungen sind. Da wird zum Beispiel ein Mensch von der Furcht vor dem Tod oder der Strafe nach dem Tod gequält, bis er entdeckt, daß er in sein Erwachsenenleben die kindliche Furcht mit herübergenommen hat, von den Eltern gestraft, in ein dunkles

Zimmer eingeschlossen und scheinbar verlassen zu werden. Ein Mann wird vom Gefühl des Mißerfolgs und der Unterlegenheit geplagt und entdeckt schließlich, daß die Vernachlässigung durch eine selbstsüchtige Mutter und einen zu beschäftigten Vater in ihm den selbstquälerischen Gedanken weckte, untüchtig zu sein.

Versuchen wir unsere Ängste genau zu erkennen, so merken wir oft, daß sie viel häufiger eingebildet als tatsächlich begründet sind. Viele von ihnen werden sich als Schlangen unter dem Teppich erweisen.

Vergessen wir auch nicht, daß Furcht und Phantasiemißbrauch oft zusammengehören. Legen wir uns selbst alle unsere Ängste offen dar, dann lachen wir vielleicht über manche von ihnen, und das ist gut. Ein Psychiater sagte: „Lächerlichkeit ist das beste Heilmittel gegen Furcht und Angst."

II

Zweitens: Wir können unsere Furcht durch eine der höchsten menschlichen Tugenden bezwingen: durch den Mut. Plato betrachtete den Mut als jenes Element der Seele, das den Widerspruch zwischen Verstand und Trieb überbrückt. Aristoteles hielt den Mut für den Ausdruck der eigentlichen menschlichen Natur. Thomas von Aquin sagte, der Mut sei die Stärke des Geistes, die alles zu überwinden vermag, was uns daran hindern will, die höchsten Güter zu erringen.

Der Mut also ist die Kraft des Geistes, die Furcht zu überwinden. Anders als die Angst hat die Furcht stets einen bestimmten faßbaren Gegenstand zum Inhalt, den man betrachten, begreifen, zergliedern und notfalls ertragen kann. Wie oft ist Gegenstand der Furcht die Furcht selbst! In seinem „Journal" schrieb Henry David Thoreau: „Nichts ist so sehr zu fürchten wie die Furcht!" Jahrhunderte früher schrieb Epiktet: „Nicht Tod und Not sind zu fürchten, sondern nur die Furcht vor Tod und Not." Der Mut greift die Furcht an und überwindet sie. Paul Tillich sagt: „Mut ist Selbstbehauptung trotz allem . . . was das Selbst daran hindern will, sich zu behaupten." Mut ist Selbstbehauptung trotz Tod und Vergänglichkeit. Der Mutige bezieht die Furcht vor dem Tod in seine Selbstbehauptung ein und handelt entsprechend. Diese mutige Selbstbehauptung, die gewiß ein Heilmittel gegen die Furcht ist, hat nichts mit Selbstsucht zu tun. Sie umschließt sowohl eine vernünftige Eigenliebe als auch einen gehörigen Grad an Nächstenliebe. Erich Fromm hat in überzeugenden Worten erklärt, daß die rechte Art der Eigenliebe und die rechte Art der Liebe zum Nächsten voneinander abhängen.

Der Mut, die Entschlossenheit, uns von keiner Sache überwinden zu lassen, so furchterregend sie auch sein mag, ermöglicht uns, jeder Furcht zu widerstehen. Manche Furcht ist nicht bloß eine Schlange unter dem Teppich. Den Streit gibt es zum Beispiel wirklich im Leben, Gefahren lauern in jeder Tat, Unfälle ereignen sich, Krankheiten sind immer möglich, und der Tod ist eine grimmige und unausweichliche Erfahrung des Menschenlebens. Leid und Schmerz begegnen jedem von uns. Wir leisteten uns selbst und unserem Nächsten einen schlechten Dienst, wenn wir behaupten wollten, wir hätten nichts im Leben zu fürchten. Den Kräften, die das Leben zu vernichten drohen, muß der Mut entgegengesetzt werden, der die

Kraft des Lebens ist, sich trotz aller Härten zu behaupten. Das erfordert die Übung eines schöpferischen Willens, der uns befähigt, aus einem Gebirge der Hoffnungslosigkeit einen Stein der Hoffnung zu schlagen.

Mut und Feigheit sind unvereinbare Gegensätze. Mut ist innere Entschlossenheit, trotz aller Hindernisse und beängstigender Situationen vorwärts zu gehen. Feigheit ist die unterwürfige Ergebung in die Umstände. Mut führt zu schöpferischer Selbstbehauptung. Feigheit erzeugt zersetzende Selbstverleugnung. Der Mut tritt der Furcht entgegen und bezwingt sie. Feigheit unterdrückt die Furcht und wird doch von ihr beherrscht. Mutige Menschen verlieren auch in einer freudlosen Lage nicht die Lebensfreude. Feige Menschen lassen sich von den Ungewißheiten überwältigen und verlieren den Lebenswillen. Wir müssen beständig Deiche des Mutes errichten, um die Flut der Furcht einzudämmen.

III

Drittens: Furcht wird durch Liebe bezwungen. Das Neue Testament versichert: „Furcht ist nicht in der Liebe, sondern die völlige Liebe treibt die Furcht aus." Die Liebe, die Jesus zum Kreuz führte und Paulus inmitten aller Verfolgung unverbittert bleiben ließ, ist nicht weich, blutarm und gefühlsselig. Eine solche Liebe schaudert nicht vor dem Bösen zurück und zeigt, um es in unserer Gegenwartssprache zu sagen, eine unendliche Fähigkeit zum Einstecken. Eine solche Liebe überwindet die Welt selbst noch vom Kreuz aus.

Aber hat die Liebe wirklich etwas mit unserer modernen Kriegsfurcht, mit wirtschaftlicher Not und mit rassischer Ungerechtigkeit zu tun? Haß wurzelt in der Furcht, und die Liebe ist das einzige Mittel gegen Haß und Furcht. Unsere verworrene internationale Lage ist mit tödlicher Furcht durchsetzt. Rußland fürchtet Amerika, Amerika fürchtet Rußland. Nicht anders geht es China und Indien, den Israelis und den Arabern. Diese Furcht bezieht sich auf den möglichen Angriff des anderen, auf die wissenschaftliche und technische Überlegenheit des anderen, auf seine wirtschaftliche Macht und auf unseren eigenen Verlust an Prestige. Ist nicht die Furcht einer der Hauptkriegsgründe? Wir sagen, der Krieg entspringe dem Haß. Aber bei genauerem Hinsehen erkennen wir die folgende Reihenfolge: erst Furcht, dann Haß, dann Krieg und schließlich noch tieferer Haß. Sollte ein unvorstellbarer Atomkrieg über die Welt kommen, so läge seine Ursache nicht so sehr darin, daß ein Volk das andere haßte, sondern vielmehr darin, daß beide Völker die Waffen des anderen fürchteten.

Was hat der Mensch ersonnen, um mit der Kriegsfurcht fertig zu werden? Wir haben uns selbst in einem unvorstellbaren Ausmaß bewaffnet. West und Ost tragen einen fieberhaften Rüstungswettlauf aus. Verteidigungsausgaben sind zu Gebirgshöhen gestiegen, Zerstörungswaffen haben den Vorrang vor allen menschlichen Bedürfnissen. Die Völker haben geglaubt, gesteigerte Bewaffnung könne die Furcht vertreiben. Tatsächlich hat sie die Furcht nur vergrößert. In diesen bewegten, schreckbedrohten Tagen werden wir wieder an die alte Wahrheit erinnert: „Völlige Liebe vertreibt die Furcht!" Nicht Waffen, sondern Liebe, Verständnis und guter Wille können uns von der Furcht befreien. Nur die Abrüstung auf der Grundlage des guten Glaubens könnte gegenseitiges Vertrauen entstehen lassen.

Unsere eigenen Probleme müssen auf die gleiche Weise gelöst werden. Die Rassentrennung wird durch so unvernünftige Befürchtungen gestützt wie Verlust der wirtschaftlichen Vorrechte, veränderte soziale Stellung, Ehen zwischen den verschiedenen Rassen und Anpassung an eine neue Lage. In schlaflosen Nächten und arbeitsreichen Tagen versuchen viele weiße Menschen, diesen Befürchtungen mit den verschiedensten Methoden zu Leibe zu rücken. Manche weichen aus. Sie versuchen, die Fragen der Rassenbeziehungen einfach zu übersehen und verschließen die Augen vor allen damit zusammenhängenden Problemen. Andere vertrauen auf Gesetzgebung, Denkschriften und Verbote. Sie raten zu massivem Widerstand. Wieder andere wollen ihre Befürchtungen überwinden, indem sie an Akten der Gewalt und der Grausamkeit gegen ihre Brüder teilnehmen. Aber wie fruchtlos sind alle diese Versuche! Anstatt die Furcht auszurotten, pflanzen sie nur neue, noch tiefere und krankhaftere Furcht. Unterdrückung, Widerstand und Gewalt können die Furcht nicht beseitigen. Das können nur Liebe und guter Wille tun.

Wollen unsere weißen Brüder ihre Furcht wirklich überwinden, so brauchen sie sich nicht nur auf ihre christliche Nächstenliebe zu verlassen, sie können auch mit unserer christlichen Bruderliebe rechnen, die wir ihnen entgegenbringen. Nur durch unser Festhalten an Liebe und Gewaltlosigkeit wird die Furcht der weißen Gesellschaft beseitigt werden. Eine schuldbeladene weiße Minderheit fürchtet zügellose und mitleidlose Rache für alle Ungerechtigkeiten und Brutalitäten, wenn uns erst die Möglichkeiten dazu gegeben sind. Ein Vater, der seinen Sohn ständig gezüchtigt hat, bemerkt plötzlich, daß sein Sohn größer und stärker geworden ist als er selbst. Wird der Sohn nun seine neuen Kräfte dazu ausnützen, die Schläge der Vergangenheit heimzuzahlen?

Einst waren wir wie hilflose Kinder. Jetzt sind wir wirtschaftlich, kulturell und politisch gewachsen. Viele weiße Menschen fürchten Rache. Jetzt müssen wir ihnen zeigen, daß sie nichts zu befürchten haben, weil wir zum Vergeben und Vergessen bereit sind. Wir müssen ihnen zeigen, daß wir Gerechtigkeit nicht nur für uns selbst, sondern auch für den anderen erstreben. Eine Massenbewegung der Liebe und Gewaltlosigkeit, die ihre Macht diszipliniert zeigt, sollte die weiße Gesellschaft überzeugen können, daß eine solche Bewegung ihre Kraft stets schöpferisch und niemals zerstörerisch gebrauchen wird.

Wie kann die krankhafte Furcht vor der Beseitigung der Rassenschranken geheilt werden? Wir kennen das Heilmittel. Gott helfe uns, es anzuwenden. Liebe vertreibt die Furcht.

Diese Wahrheit ist auch für unsere persönlichen Ängste bedeutsam. Wir fürchten uns vor der Überlegenheit anderer Menschen, vor eigenem Versagen, vor der Mißbilligung durch Menschen, an deren Urteil uns gelegen ist. Neid, Eifersucht, Mangel an Selbstvertrauen — sie alle wurzeln in der Furcht. Wir beneiden Menschen nicht zuerst und fürchten sie dann. Zuerst fürchten wir sie, und erst dann werden wir neidisch. Gibt es ein Mittel gegen die Furcht in allen ihren mannigfachen Formen? Ja! Eine tiefe und beharrliche Übung der Liebe! „Völlige Liebe vertreibt die Furcht!"

Haß und Bitterkeit können die Furcht niemals heilen.

Nur Liebe kann es. Haß lähmt das Leben — Liebe macht es frei. Haß verwirrt das Leben — Liebe ordnet es. Haß verdunkelt das Leben — Liebe erhellt es.

IV

Viertens: Die Furcht wird durch den Glauben bezwungen. Wir fürchten uns oft, weil wir erkennen, daß unsere inneren Quellen unzureichend, daß wir dem Leben nicht gewachsen sind. Viele Menschen versuchen, den Spannungen des Lebens mit zu geringen seelischen Kraftquellen zu begegnen. Als wir unsere Ferien in Mexiko verbrachten, wollten meine Frau und ich gern Tiefseefische fangen. Aus Sparsamkeit mieteten wir ein altes, schlecht ausgerüstetes Boot. Darüber machten wir uns jedoch erst Gedanken, als sich plötzlich — wir waren ungefähr fünfzehn Kilometer von der Küste entfernt — die Wolken über uns zusammenballten und ein Sturm aufkam. Erst waren wir von Furcht gelähmt, denn wir wußten, daß unser Boot unzulänglich war. So geht es sehr vielen Menschen. Schwere Stürme und zu schwache Boote erklären ihre Furcht.

Mit vielen unserer krankhaften Ängste kann der Psychiater fertig werden. Seine noch verhältnismäßig junge Wissenschaft erkundet die unbewußten Strömungen im Menschen und sucht zu ermitteln, warum lebenswichtige Energien in neurotische Kanäle fehlgeleitet werden. Die Psychiatrie hilft uns, einen Blick in unser Inneres zu tun und die Gründe für Versagen und Furcht zu finden. Aber viele unserer Lebensängste liegen in einem Bereich, in dem nur ein Psychiater helfen kann, der gleichzeitig ein tiefgläubiger Mensch ist. Denn unsere Schwierigkeit liegt oft einfach darin, daß wir versuchen, der Furcht ohne Glauben entgegenzutreten. Wir befahren das rauhe Meer des Lebens ohne seetüchtige seelische Boote. Einer der führenden Psychiater Amerikas hat gesagt: „Das einzig bekannte Heilmittel gegen die Furcht ist der Glaube."

Abnorme Ängste und Abneigungen, die sich in neurotischen Angstgefühlen ausdrücken, mag der Psychiater heilen können; aber die Furcht vor Tod und Vergänglichkeit, die sich in tiefer existentieller Angst ausdrückt, kann nur durch positiven religiösen Glauben geheilt werden.

Der Glaube gibt uns weder die Illusion, wir könnten von Leid und Schmerzen ausgenommen werden, noch läßt er uns annehmen, das Leben sei ein Schauspiel ohne dramatische Augenblicke und Verwicklungen. Vielmehr wappnet er uns mit der inneren Ausgeglichenheit, die wir brauchen, um den unvermeidlichen Spannungen, Lasten und Ängsten entgegenzutreten. Er gibt uns die Gewißheit, daß die Welt vertrauenswürdig ist, weil Gott sich um uns sorgt.

Ohne den Glauben könnten wir uns als Waisen in einem schrecklichen, unermeßlichen Raum fühlen, der ohne Sinn und Zweck ist. Eine solche Sicht zerfrißt den Mut und läßt die Energien verdorren. In seinem „Bekenntnis" schreibt Tolstoi über die Einsamkeit und Leere, die er vor seiner Bekehrung empfand: „Es gab eine Zeit in meinem Leben, da alles zu wanken schien; die Grundlagen meiner Überzeugungen zerbrachen, und ich fühlte mich selbst zerfallen. Es gab keine stützende Kraft in meinem Leben und keinen Gott. Und so überzeugte ich mich jeden Abend, ehe ich mich zum Schlafen niederlegte, daß kein Stück Seil im Zimmer war, falls ich in der Nacht versucht sein sollte, mich am Dachbalken aufzuhängen; ich ging nicht mehr zur Jagd, um nicht in Versuchung zu geraten, meinem Leben und meiner Not ein rasches Ende zu bereiten."

Wie so vielen Menschen, so fehlte auch Tolstoi in diesem Abschnitt seines Lebens die Stärkung, die aus der Überzeugung kommt, daß die Welt von einem höheren Geist gelenkt wird, dessen unendliche Liebe die ganze Menschheit umschließt.

Die Religion schenkt uns diese Überzeugung. Über den Ungewißheiten, die unsere Tage verdunkeln, über den Wechselfällen des Lebens, die unsere Nächte schlaflos machen, steht ein weiser und liebender Gott. Das Weltall ist kein sinnloses Chaos, sondern ein wunderbar geordneter Kosmos. „Der Herr hat die Erde durch Weisheit gegründet und durch seinen Rat den Himmel bereitet." Der Mensch ist nicht nur ein Fetzen Rauch vom ewigen Feuer, sondern ein Kind Gottes, um „ein wenig niedriger denn Gott". Über der Vielfalt der Zeit steht ein ewiger Gott, dessen Weisheit uns führt, dessen Stärke uns schützt, dessen Liebe uns erhält. Seine Liebe umschließt uns, wie der weite Ozean alle winzigen Tropfen seiner Wogen. Mit überschäumender Fülle versucht er, die geringsten Spalten und Buchten unseres Lebens auszufüllen.

Das ist die immerwährende Grundstimmung der Religion, die ewige Antwort auf alle Rätsel des Seins. Wer diese Stütze findet, kann ohne ermüdenden Pessimismus und niederdrückende Furcht durch das Leben gehen.

Hier liegt auch die Antwort auf die neurotische Todesfurcht, die so viele Leben vergiftet. Wir wollen der Furcht, die mit der Atombombe in die Welt kam, mit der Gewißheit entgegentreten, daß wir niemals so weit gehen können, daß Gottes Arm uns nicht mehr umfinge. Der Tod ist unvermeidlich. Kein Mensch ist von dieser Regel ausgenommen. Könige sterben wie Bettler, junge Menschen wie alte, Gelehrte wie Unwissende. Davor brauchen wir uns nicht zu fürchten. Gott, der die kreisenden Planeten schuf und unser irdisches Leben führte, kann uns auch aus dem Tal des Todes in die Ewigkeit führen. Sein Wille ist zu vollkommen, seine Ziele sind zu umfassend, um in den Grenzen von Zeit und Raum gehalten zu werden. Der Tod ist nicht das größte Übel; viel schwerer wiegt es, außerhalb der Liebe Gottes zu stehen. Wir brauchen nicht am Wettlauf in einen irdischen Atombunker teilzunehmen. Gott ist unser ewiger Schutz.

Jesus wußte, daß nichts den Menschen von der Liebe Gottes scheiden kann. Hört seine majestätischen Worte: „Fürchtet euch nicht vor ihnen. Es ist nichts verborgen, was nicht offenbar werde, und ist nichts heimlich, was man nicht wissen werde ... Und fürchtet euch nicht vor denen, die den Leib töten und die Seele nicht können töten; fürchtet euch aber viel mehr vor dem, der Leib und Seele verderben kann in der Hölle. Kauft man nicht zwei Sperlinge um einen Pfennig? Dennoch fällt deren keiner auf die Erde ohne euren Vater. Nun aber sind auch eure Haare auf dem Haupte alle gezählt. Darum fürchtet euch nicht; ihr seid besser als viele Sperlinge."

Für Jesus ist der Mensch nicht Treib- und Strandgut im Meer des Lebens. Er ist ein Kind Gottes. Wäre der Gedanke nicht unvernünftig, ein Gott, den der Fall des Sperlings beschäftigt und der die Haare auf dem menschlichen Haupt gezählt hat, könne das Menschenleben selbst von seiner umfassenden Liebe ausnehmen? Das Vertrauen, daß Gott sich um jeden einzelnen Menschen kümmert, ist eine wertvolle Waffe im Kampf gegen die Furcht. Es gibt uns das Gefühl unseres Wertes, unseres Dazugehörens und unseres Daheimseins in der Schöpfung.

Eine ältere Negerin nahm sehr aktiv am Omnibusstreik von Montgomery teil. Wir nannten sie voll Verehrung Mutter Pollard. Obwohl sie arm war und keinerlei Schulbildung genossen hatte, war sie erstaunlich intelligent und hatte ein tiefes Verständnis für unsere Bewegung. Sie ging nur noch zu Fuß und benutzte keinen Omnibus, um unseren Streik zu unterstützen. Als man sie fragte, ob sie denn nicht müde sei, antwortete sie: „Meine Füße sind müde, aber meine Seele ist ausgeruht."

In einer an Spannungen überreichen Woche war ich verhaftet worden. Nach meiner Entlassung sprach ich in einer Massenversammlung. Dabei versuchte ich, recht stark und mutig zu erscheinen, obwohl ich innerlich niedergeschlagen und verängstigt war. Am Ende der Versammlung kam Mutter Pollard zu mir und sagte: „Komm her, mein Sohn!" Liebevoll nahm sie mich in die Arme. „Irgend etwas stimmt nicht mit dir", sagte sie. „Heute abend waren deine Worte nicht stark." Ich versuchte noch immer, meine Furcht zu verbergen, und antwortete: „Aber nein, Mutter Pollard! Alles ist in Ordnung. Ich fühle mich so wohl wie immer." Aber ihren Scharfblick konnte ich nicht täuschen. „Mir kannst du das nicht erzählen", beharrte sie. „Ich weiß, daß etwas nicht in Ordnung ist. Liegt es vielleicht daran, daß wir nicht so handeln, wie du es gern willst? Oder stören dich die weißen Menschen?" Ehe ich noch antworten konnte, sah sie mir fest in die Augen und fuhr fort: „Ich weiß ja, daß wir wirklich nicht immer deinen Weg mitgehen." Und dann strahlte ihr Gesicht, und sie sagte tief überzeugt: „Aber wenn wir dir schon nicht beistehen, dann wird dir Gott immer helfen." Und als sie diese tröstlichen Worte sagte, fühlte ich, wie neue Energie mich erfüllte.

Inzwischen ist Mutter Pollard in die Ewigkeit eingegangen. Ich habe seither nur wenige ruhige Tage erlebt. Äußerlich und innerlich bin ich gefoltert worden. Ich habe genau prüfen müssen, wieviel Mut und Kraft ich aufbringen kann, um Leiden und Feindseligkeit zu ertragen. Aber im Laufe der Jahre sind die schlichten Worte von Mutter Pollard mir immer wieder in den Sinn gekommen: „Gott wird dir doch immer helfen!"

Dieser Glaube verwandelt den rauhen Sturm der Verzweiflung in die Brise der Hoffnung. Die Worte eines Wandspruchs, der in der vergangenen Generation in vielen Häusern frommer Familien zu finden war, sollten in unsere Herzen eingegraben sein:

Die Furcht klopfte an die Tür.

Der Glaube antwortete.

Niemand trat ein.

Antwort auf eine verwirrende Frage

Warum konnten wir den Geist nicht austreiben?
MATTH. 17, 19

Durch alle Jahrhunderte hindurch zieht sich das stete
Bemühen des Menschen, das Böse von der Erde zu vertreiben. Selten hat sich der Mensch völlig dem Bösen ergeben. Trotz all seiner Erklärungen, Kompromisse und
Alibis weiß er, daß das Ist und das Sollte nicht überein-
stimmen. Obwohl die Übel der Sinnlichkeit, der Selbstsucht und der Grausamkeit sich immer wieder erheben,
sagt etwas in der Seele des Menschen, daß sie Störenfriede
sind. Der Mensch wird stetig an seine höhere Bestimmung
und seine Treuepflicht erinnert. Seine Neigung zum Dämonischen wird stetig durch sein Verlangen nach dem
Göttlichen gestört. Er versucht, sich den Erfordernissen
der Zeit anzupassen, und weiß zugleich, daß die Ewigkeit
seine eigentliche Heimat ist. Der Mensch weiß, daß das
Böse vertrieben werden muß, ehe der Mensch seine moralische und geistige Würde verwirklichen kann.

Immer wieder stößt der Mensch dabei auf seine Unfähigkeit, das Böse aus eigener Kraft zu bezwingen. Verwundert fragt er: „Warum kann ich es nicht abwerfen? Warum kann ich das Böse nicht aus meinem Leben verbannen?"

Diese schmerzliche und verwirrende Frage erinnert an ein Ereignis, das sich unmittelbar nach Christi Verklärung zutrug. Als Jesus von den Bergen herabstieg, fand er einen kleinen Jungen in wilden Krämpfen. Verzweifelt hatten seine Jünger versucht, das unglückliche Kind zu heilen. Je mehr sie sich aber darum bemühten, desto deutlicher erkannten sie die Grenzen ihrer Macht. Sie wollten schon die Hoffnung aufgeben, als ihr Herr hinzukam. Nachdem der Vater des Kindes vom Versagen der Jünger berichtet hatte, „bedrohte Jesus den bösen Geist; und er fuhr aus von dem Knaben, und er ward gesund zu derselben Stunde." Als die Jünger später mit Christus allein waren, fragten sie: „Warum konnten wir ihn nicht austreiben?" Sie wollten eine Erklärung für ihre offenbar gewordenen Grenzen. Jesus erwiderte, daß ihr Fehlschlag auf ihren eigenen Unglauben zurückzuführen war. „Wenn ihr Glauben habt wie ein Senfkorn, so könnt ihr sagen zu diesem Berge: Hebe dich von hinnen dorthin! So wird er sich heben; und euch wird nichts unmöglich sein." Sie hatten versucht, aus eigener Kraft zu tun, was erst dann gelingen konnte, wenn sie sich Gott so völlig überantwortet hatten, daß seine Kraft sie durchströmte.

I

Wie kann das Böse vertrieben werden? Zumeist haben die Menschen zwei Wege beschritten, um das Böse zu beseitigen und die Welt zu retten. Der eine vertraut ganz auf seine eigene Kraft und Erfindungsgabe. Er geht von dem seltsamen Glauben aus, durch Denken, Planen und Erfinden ließe sich das Böse endlich bezwingen. Gebt dem Menschen eine Chance und eine gute Ausbildung, und er wird sich selbst befreien! Diese wie eine Landplage über die Welt verbreitete Meinung hat Gott abgesetzt und den Menschen an seine Stelle gerückt. Er hat dem leichtfertigen Optimismus des 19. Jahrhunderts zur Blüte verholfen, die Lehre vom unaufhaltsamen Fortschritt gefördert, Rousseaus Grundsatz von der „ursprünglichen Güte der menschlichen Natur" unterstützt und Condorcets Überzeugung gestärkt, die Erde werde durch die Vernunft allein bald von Verbrechen, Armut und Krieg frei sein.

Mit seinem wachsenden Glauben an die Macht des Verstandes ausgestattet, ist der Mensch darangegangen, die Welt zu verändern. Er wandte seine Aufmerksamkeit von Gott und der menschlichen Seele fort zur äußeren Welt und ihren Möglichkeiten. Er beobachtete, analysierte, forschte. Das Laboratorium wurde zum Tempel der Menschheit, der Wissenschaftler zum Priester und Propheten. Ein moderner Humanist sprach überzeugt: „Die Zukunft gehört nicht den Kirchen, sondern den Labors, nicht den Propheten, sondern den Wissenschaftlern, nicht der Frömmigkeit, sondern der Nützlichkeit. Endlich erkennt der Mensch, daß er allein für die Verwirklichung seiner Träume verantwortlich ist, daß er in sich selbst die Kraft trägt, sie zu vollenden."

Der Mensch hat die Natur vor den Gerichtshof der wissenschaftlichen Forschung gezerrt. Unzweifelhaft hat die Arbeit in den Laboratorien einen unglaublichen Zuwachs an Fähigkeiten und Bequemlichkeiten eingebracht. Sie schuf denkende Maschinen und Fahrzeuge, die majestätisch den Himmel durchziehen, über das Land hinwegrasen und in stattlicher Würde die Meere durchpflügen.

Aber trotz aller erstaunlichen, wissenschaftlichen Leistungen ist das Böse geblieben. Das Zeitalter der Vernunft ist zu einem Zeitalter des Schreckens geworden. Selbstsucht und Haß sind nicht dadurch verschwunden, daß unsere Bildungsmöglichkeiten erweitert, unsere Gesetzgebung vollkommener wurde. Die einst so optimistische Menschheit fragt jetzt verwundert: „Warum konnten wir den Geist nicht austreiben?"

Die Antwort fällt leicht: Der Mensch kann aus eigener Kraft niemals das Böse aus der Welt schaffen. Die Hoffnung der Humanisten ist eine Illusion, die auf der Überschätzung der angeborenen menschlichen Güte beruht.

Ich will keineswegs die aufrichtigen und tatkräftigen Menschen außerhalb der Kirche verurteilen, die selbstlos in den verschiedensten Bewegungen gearbeitet haben und arbeiten, um die Welt von sozialen Mißständen zu befreien. Tätige Humanisten sind wertvoller als untätige Christen. Aber so viele dieser aufrichtigen Menschen, die ihr Heil mit menschlichen Mitteln zu finden glaubten, mußten enttäuscht werden, weil ihre Anstrengungen auf einer Selbsttäuschung beruhten, die alle Grundwahrheiten unseres sterblichen Seins außer acht ließ.

Ich will auch nicht die Wichtigkeit der Wissenschaften bestreiten oder die großen Leistungen des Zeitalters der Renaissance. Sie haben uns aus Halbwahrheit und Aberglauben zu schöpferischer Analyse und objektiver Würdigung geführt. Die unumstrittene Autorität der Kirche in den Fragen der Wissenschaft mußte von gedanklicher Verschwommenheit, veralteten Vorstellungen und der Inquisition befreit werden. Aber der überschäumende Optimismus der Renaissance vergaß die Sündhaftigkeit des Menschen, während er sich bemühte, den Geist des Menschen zu befreien.

II

Eine zweite Gruppe meint, der Mensch brauche nur getreulich darauf warten, daß Gott zur rechten Zeit die Welt allein erlösen werde. Dieser Gedanke wurzelt in einer sehr pessimistischen Auffassung der menschlichen Natur. Sie spricht dem sündhaften Menschen jede Möglichkeit zur eigenen Tat ab. Er entstand im Zeitalter der Reformation, jener großen Bewegung, in der die protestantische Sorge um Moral und geistige Freiheit ihren Anfang nahm. Die Lehre von der Erlösung durch den Glauben und der Priesterschaft aller Gläubigen sind hohe Prinzipien, an denen wir als Protestanten stets festhalten müssen. Aber die reformatorische Auffassung der menschlichen Natur stufte die Verwerflichkeit des Menschen zu hoch ein. Die Renaissance war zu optimistisch, die Reformation zu pessimistisch. Die eine starrte zu sehr auf das Gute im Menschen, so daß sie seine Fähigkeit zum Bösen nicht mehr sah; die andere beschäftigte sich so sehr mit dem Bösen im Menschen, daß sie seine Fähigkeit zum Guten übersah. Die Reformation erkannte zwar richtig die Sündhaftigkeit des Menschen und seine Unfähigkeit, sich selbst zu erlösen; sie meinte jedoch fälschlich, das Bild Gottes sei im Menschen völlig erloschen.

Das führte zu der kalvinistischen Meinung, daß der Mensch völlig und schon von Natur aus böse sei. Ein kleines Kind, das ohne Taufe stirbt, muß nach der Lehre des strengen Kalvinisten für immer verbannt bleiben. Damit wird der Gedanke der menschlichen Sündhaftigkeit sicher zu weit getrieben.

Die Theologie der Reformation war einseitig. Sie lehrte oft eine rein außerweltliche Religion. Damit legte sie den Nachdruck auf die Hoffnungslosigkeit dieser Welt und rief den Menschen auf, seine Seele nur auf die kommende vorzubereiten. Wenn die Religion aber die Notwendigkeit sozialer Reformen übersieht, ist sie vom Hauptstrom menschlichen Lebens abgeschnitten. Eine Gemeinde wollte einen neuen Prediger wählen und schrieb auf der Liste ihrer Bedingungen an die erste Stelle: „Er muß das reine Evangelium predigen und sich nicht mit sozialen Fragen beschäftigen." Das ist der beste Weg zu einer ins Bedeutungslose absinkenden Kirche, in der die Menschen sich nur noch versammeln, um sich fromme Redensarten anzuhören.

Wenn man außer Betracht läßt, daß das Evangelium sich mit dem Leib des Menschen genausogut wie mit seiner Seele beschäftigt, schafft man einen tragischen Widerspruch zwischen dem Zeitlichen und dem Ewigen. Wenn die Kirche ihrem neutestamentlichen Ursprung entsprechen will, so muß sie versuchen, sowohl das einzelne Menschenleben als auch die soziale Lage zu verändern, die so viele Menschen in Seelenangst und schreckliche Gebundenheit versetzt.

Der Gedanke, daß der Mensch alles Handeln Gott überlassen soll, führt unausweichlich zum Mißbrauch des Gebets. Wenn Gott alles tut, bittet der Mensch ihn um alles. Gott wird dann zu einer Art Kammerdiener, den man für jede Kleinigkeit in Anspruch nimmt. Das Gebet wird dann leicht zum Ersatz für Arbeit und Intelligenz. Ein Mann sagte mir einmal: „Ich glaube an die Beseitigung der Rassenschranken. Aber sie wird erst kommen, wenn Gott sie will. Ihr Neger solltet nicht protestieren sondern beten." Ich bin überzeugt, daß wir um Gottes Hilfe und Führung in unserem Kampf beten müssen. Aber wir täuschen uns, wenn wir glauben, der Kampf würde nur durch das Gebet entschieden. Gott hat uns den Verstand zum Denken und den Leib zum Arbeiten gegeben. Er würde seine eigene Schöpfung verleugnen, wenn er uns gestattete, durch das Gebet zu erlangen, was durch Arbeit und Intelligenz erreicht werden kann. Das Gebet ist eine wunderbare Ergänzung unserer Mühen, aber es wäre ein gefährlicher Ersatz dafür. Als Mose sein Volk in das Gelobte Land führte, sagte Gott deutlich, daß er nichts tun wolle, was die Israeliten selbst tun könnten. „Was schreist du zu mir? Sage den Kindern Israel, daß sie ziehen!"

Wir müssen ernstlich um den Frieden beten, aber wir müssen ebenso ernstlich für die Abrüstung und für das Ende der Kernwaffenversuche eintreten. Wir müssen unseren Geist ebensosehr für den Frieden anstrengen, wie wir ihn für den Krieg angestrengt haben. Mit unaufhörlicher Leidenschaft müssen wir um rassische Gerechtigkeit beten. Aber wir müssen auch unseren Kopf anstrengen, um ein Programm zu entwickeln, eine Massenbewegung der Gewaltlosigkeit zu schaffen und jede Kraftquelle des Leibes und der Seele zu erschließen, um die rassische

Benachteiligung zu beseitigen. Wir müssen unablässig um wirtschaftliche Gerechtigkeit beten. Aber wir müssen zugleich unablässig an einer Änderung unserer sozialen Struktur arbeiten, durch die der Reichtum in unserem Volk und in der Welt gerechter verteilt werden kann.

Aus all dem sehen wir, wie irrig der Glaube ist, Gott werde das Böse von der Welt vertreiben, wenn der Mensch nur untätig klagend am Wegrand sitzt. Kein wunderbarer Blitzschlag vom Himmel wird das Böse vernichten. Keine Engelschar wird auf die Erde kommen und den Menschen zu dem zwingen, wogegen er sich sträubt. Die Bibel schildert Gott nicht als einen allmächtigen Zaren, der alle Entscheidungen für seine Untertanen trifft; sie zeigt ihn uns nicht als Tyrannen, der das Innenleben des Menschen mit inquisitorischen Methoden überwacht. Er ist ein liebender Vater, der seinen Kindern den Segen gewährt, den sie empfangen wollen. Immer muß der Mensch etwas tun. „Menschensohn, tritt auf die Füße!" sagte der Herr zu Hesekiel, „so will ich mit dir reden." Der Mensch steckt nicht hilflos in einem Sumpf der Unfähigkeit, bis Gott ihn herauszieht. Vielmehr ist er ein aufrechtes Wesen, dessen Blick durch seine Sünden getrübt, dessen Seele vom Virus des Stolzes geschwächt wurde. Aber er kann noch genug sehen, um seine Augen zu den Bergen aufzuheben und dort Gott zu erkennen; er kann sein sündiges und schwaches Leben zu dem großen Arzt bringen, der alle von der Sünde geschlagenen Wunden zu heilen vermag.

Die eigentliche Schwäche der Meinung, Gott werde alles tun, liegt in einem falschen Gottesbild und einem falschen Menschenbild. Sie macht Gott so absolut souverän, daß der Mensch absolut hilflos wird. Sie verurteilt den Menschen zur Tatenlosigkeit, weil sie ihm keine andere Möglichkeit zugesteht als das Warten auf Gott. Schließlich wird Gott auf diese Weise Despot, anstatt Vater zu bleiben, und zugleich ist der Mensch nur noch wenig mehr als ein Wurm, der sich durch den Morast der bösen Welt windet. Aber der Mensch ist nicht völlig machtlos noch Gott ein allmächtiger Diktator. Gewiß müssen wir Majestät und Souveränität Gottes anerkennen. Aber wir dürfen ihn nicht als einen Monarchen sehen, der uns seinen Willen aufzwingt und uns die Freiheit nimmt, selbst zwischen Gut und Böse zu wählen. Gott wird sich uns niemals aufdrängen. Er wird uns nicht zwingen, daheim zu bleiben, wenn wir in irgendein fernes Land der Erniedrigung aufbrechen wollen. Aber er wird uns liebevoll folgen.

Wir dürfen nicht damit rechnen, daß Gott mit einem atemberaubenden Wunder das Böse aus der Welt vertreiben wird. Solange wir das glauben, können unsere Gebete nicht erhört werden, denn wir werden Gott um Dinge bitten, die er niemals tun wird. Gott wird nicht alles für den Menschen tun, und der Mensch kann nicht alles allein tun. Wir müssen erkennen, daß es Aberglaube ist, wenn wir annehmen, Gott werde handeln, wenn wir müßig bleiben.

III

Wie lautet dann aber die Antwort auf die schwierige Frage: Wie kann das Böse aus Leben und Gesellschaft vertrieben werden? Wenn weder Gott noch der Mensch die Welt säubert — wer wird es dann tun?

Die Antwort ist in einem Gedanken zu finden, der sich grundlegend von den bisher besprochenen unterscheidet. Weder Gott allein noch der Mensch allein werden der Welt die Erlösung bringen. Vielmehr können beide gemeinsam das Alte in Neues verwandeln und das Krebsleiden der Sünde ausrotten. Gott und Mensch werden zu einer wunderbaren Einheit durch die überströmende Liebe und Selbsthingabe Gottes und durch Gehorsam und Aufnahmebereitschaft des Menschen.

Der Glaube öffnet Gott die Tür zur Arbeit für den Menschen. Er fehlte den Jüngern, als sie sich mühten, die Krankheit aus dem Leib des Jungen zu vertreiben. Jesus erinnerte sie daran, daß sie versucht hatten, aus eigener Kraft zu tun, was nur dann gelingt, wenn sie offene Gefäße sind, in die Gottes Macht frei einströmen kann.

Zwei Arten des Gottesglaubens werden in der Bibel deutlich gezeigt. Den einen könnte man Vernunftglauben nennen. Die Vernunft neigt dazu, die Existenz Gottes anzuerkennen. Den anderen könnten wir Herzensglauben nennen. Dabei ist der ganze Mensch an einem vertrauensvollen Akt der Übergabe beteiligt. Der Mensch kann Gott nur wirklich kennen, wenn er diesen Herzensglauben besitzt. Der Vernunftglaube ist auf bloße Theorie gerichtet, der Herzensglaube auf ein ganzes Menschenleben. Gabriel Marcel sagt, wirklicher Glaube bedeute „glauben an . . .“, nicht „glauben, daß . . .“ Glaube ist die Eröffnung eines Kontos, auf dem ich mich dem zur Verfügung stelle, an den ich glaube. „Wenn ich glaube“, fährt er fort, „verbinde ich mich mit Gott mit der inneren Sammlung, die zu einer wahren Bindung gehört.“ Glaube ist das allseitige Sichöffnen für den göttlichen Einfluß.

Gerade dies unterstreicht der Apostel Paulus immer

wieder, wenn er von der Erlösung durch den Glauben spricht. Für ihn ist der Glaube die Fähigkeit des Menschen, Gottes Willen anzunehmen, durch Christus von den Fesseln der Sünde befreit zu werden. In seiner großen Liebe erbietet sich Gott, an unserer Stelle das zu tun, was wir selbst nicht tun können. Unsere demütige und offenherzige Annahme dieses Anerbietens ist der Glaube. So werden wir durch den Glauben erlöst. Der gotterfüllte Mensch und Gott, der im Menschen wirksam wird, schaffen unglaubliche Veränderungen im Einzelleben und in der menschlichen Gesellschaft.

Soziale Mißstände haben viele Menschen in ein dunkles Verlies gesperrt, aus dem kein Ausweg zu erkennen ist. Andere haben sie in den Abgrund des psychologischen Fatalismus gestürzt. Doch diese Mißstände können durch eine Menschheit beseitigt werden, die Gott wirklich ergeben ist. Und das Ziel wird erreicht werden, wenn genug Menschen ihr Leben für Gott öffnen und ihm erlauben, seine siegreiche Kraft in ihre Seelen einströmen zu lassen. Unser alter und edler Traum des Weltfriedens kann verwirklicht werden. Aber der Mensch allein wird ihn nicht erringen, noch wird Gott die bösen Pläne der Menschen vereiteln. Wenn aber die Menschen ihr Leben so für Gott öffnen, daß er sie mit Liebe, gegenseitiger Achtung, Verständnis und gutem Willen erfüllen kann, dann wird der Weltfriede gewonnen werden. Das Heil der Menschheit wird nur kommen, wenn der Mensch die machtvollen Gaben Gottes willig annimmt.

Das alles läßt sich auch auf unser persönliches Leben beziehen. Viele wissen, was es bedeutet, im Kampf mit der Sünde zu stehen. Jahr um Jahr haben sie bemerkt, daß eine schreckliche Sünde — Trunksucht, Unehrlichkeit,

Selbstsucht — von ihrem Leben mehr und mehr Besitz ergriff. Im Laufe der Zeit hat das Laster seine Angriffsspitzen immer tiefer in die Seele vorgetrieben. Vielleicht hat man gedacht: Eines Tages werde ich das Böse vertreiben. Ich weiß, daß es meinen Charakter zerfrißt und meine Familie schädigt. Und endlich hat man dann beschlossen, sich selbst von dem Übel zu reinigen, indem man zu Neujahr einen guten Vorsatz faßte. Erinnert ihr euch an eure Enttäuschung, als ihr 365 Tage später feststellen mußtet, daß euer ehrliches Bemühen die alte Gewohnheit nicht aus eurem Leben vertrieben hatte? Verwundert fragtet ihr: „Warum konnte ich den bösen Geist nicht austreiben?"

In eurer Verzweiflung habt ihr beschlossen, euer Problem vor Gott zu bringen. Anstatt ihn aber zu bitten, durch euch selbst zu wirken, batet ihr Gott: „Du mußt dieses Problem für mich lösen. Ich selbst kann da gar nichts tun." Aber Tage und Monate später war das Böse noch immer bei euch. Gott beseitigte es nicht, denn er vertreibt die Sünde niemals ohne die entschlossene Mithilfe des Sünders. Kein Problem wird gelöst, wenn wir träge darauf warten, daß Gott allein sich darum kümmert.

Man kann eine Sünde nicht durch einen bloßen Entschluß ablegen oder dadurch, daß man Gott bittet, sie von uns zu nehmen. Wir besiegen die Sünde nur, wenn wir uns ganz Gott überantworten und zu seinen Werkzeugen werden.

Gott hat uns seine Hilfe versprochen, wenn wir das Böse aus unserem Leben vertreiben und versuchen wollen, wahre Kinder seines Willens zu werden. „Ist jemand in Christus", sagt uns Paulus, „so ist er eine neue Kreatur; das Alte ist vergangen; siehe, es ist alles neu geworden."

Wenn ein Mensch in Christus ist, so ist er ein ganz neuer Mensch. Sein altes Ich ist vergangen, und er wird ein göttlich verwandeltes Kind Gottes.

Es gehört zu den größten Ruhmestaten, die das Evangelium verkündet, daß Christus unzählige verlorene Menschen verwandelte. Aus einem Simon machte er einen Petrus; aus dem christenverfolgenden Saulus den Apostel Paulus; aus dem genußsüchtigen Augustin den heiligen Augustinus. Die Bekenntnisworte, die Leo Tolstoi in seinem Werk „Meine Religion" schrieb, schildern ein Erlebnis, das vielen zuteil wurde: „Vor fünf Jahren kam der Glaube zu mir. Ich glaubte an die Lehre Jesu, und mein ganzes Leben erfuhr eine plötzliche Wandlung. Was ich einst ersehnt hatte, ersehnte ich nicht mehr, und ich begann zu wünschen, was ich nie gewünscht hatte. Was mir einst richtig erschienen war, wurde jetzt falsch, und das Falsche der Vergangenheit erkannte ich als richtig... Mein Leben und meine Wünsche wurden völlig verändert; Gut und Böse tauschten ihre Bedeutung."

Hierin finden wir die Antwort auf eine verwirrende Frage. Das Böse kann nicht durch den Menschen allein ausgetrieben werden, aber auch nicht durch einen diktatorischen Gott, der in unser Leben eingreift. Es wird erst dann ausgetrieben, wenn wir die Tür öffnen und Gott durch Jesus Christus hereinbitten. „Siehe, ich stehe vor der Tür und klopfe an. So jemand meine Stimme hören wird und die Tür auftun, zu dem werde ich eingehen und das Abendmahl mit ihm halten und er mit mir." Gott ist zu höflich, um die Tür aufzubrechen. Öffnen wir sie ihm aber gläubig, so wird die Begegnung von Gott und Mensch unser sündenzerstörtes Leben verwandeln und uns zu strahlenden Persönlichkeiten werden lassen.

Der Brief des Paulus
an die amerikanischen Christen

Ich lege euch hier einen an mich gerichteten, erdachten Brief aus der Feder des Apostels Paulus vor. Als ich ihn öffnete, entdeckte ich, daß er in griechischer und nicht in englischer Sprache geschrieben war. Angestrengt habe ich einige Wochen an der Übersetzung gearbeitet und glaube, den Sinn des Briefes jetzt erfaßt zu haben. Sollte er trotzdem noch eher nach King als nach Paulus klingen, so liegt das nicht daran, daß es Paulus an Klarheit, sondern daß es mir an Objektivität fehlt. Hier ist der Brief:

Ich, Paulus, ein Knecht Jesu Christi, durch Berufung zum Apostel ausgesondert, sende euch allen in Amerika meinen Gruß: Gnade sei mit euch und Friede von Gott unserm Vater und dem Herrn Jesus Christus!

Viele Jahre habe ich gehofft, euch besuchen zu können. Ich habe viel von euch gehört und von dem, was ihr tut.

Ich habe auch Nachricht erhalten von euren packenden und erstaunlichen Fortschritten in Wissenschaft und Kunst. Ich hörte von euren ratternden Untergrundbahnen und von euren schnellen Flugzeugen. Durch das Genie eurer Wissenschaft habt ihr die Entfernung gekürzt und die Zeit in Ketten gelegt. Ihr habt es ermöglicht, in Paris zu frühstücken und in New York zu Mittag zu essen. Auch von euren Wolkenkratzern habe ich gehört, deren wunderbare Türme sich himmelwärts recken. Man erzählte mir von euren ärztlichen Fortschritten und von der Heilung vieler Leiden und Plagen. Ihr verlängert euer Leben und verschafft dem Leib größere Sicherheit und höheres Wohlbefinden. Das alles ist staunenswert. Ihr könnt so vieles in euren Tagen tun, was ich in der griechisch-römischen Welt meiner Zeit nicht konnte. An einem Tag reist ihr über Entfernungen, für die wir drei Monate und mehr benötigten. Das ist wunderbar! In eurer wissenschaftlichen und technischen Entwicklung seid ihr erregend weit gekommen.

Aber ich frage mich, ob euer geistiger und moralischer Fortschritt eurem wissenschaftlichen Erfolg angemessen ist. Mir scheint, daß euer moralischer hinter dem wissenschaftlichen Fortschritt zurückbleibt, daß euer Geist die Moral übertrifft, daß eure Zivilisation eure Kultur überstrahlt. Vieles in eurem modernen Leben kann in den Worten eures Dichters Thoreau zusammengefaßt werden: „Verbesserte Mittel zu einem unverbesserten Zweck." Durch das Genie eurer Wissenschaft habt ihr die weite Welt zu einer Nachbarschaft werden lassen, doch ihr habt versäumt, sie durch das Genie eurer Moral und eurer Seelen auch zu einer Bruderschaft zu machen. So ist die Atombombe nicht allein die tödliche Waffe, die ihr heute so fürchtet, weil sie aus einem Flugzeug auf die Häupter von Millionen Menschen geworfen werden kann, sondern sie ist gleichzeitig eine Atombombe im Herzen der Menschen, die in einem Ausbruch wilden Hasses und zerstörender Selbstsucht explodieren kann. Darum dränge ich euch, eure moralische Fortentwicklung mit eurem wissenschaftlichen Vorankommen in Einklang zu bringen.

Ich halte es für nötig, euch an eure Verantwortung zu erinnern, die sittlichen Prinzipien der Christenheit in einer Zeit zu vertreten, die sie gemeinhin mißachtet. Das ist ein Auftrag, den ich zu erfüllen habe. Ich glaube zu verstehen, daß es viele Christen in Amerika gibt, die sich den von Menschenhand geschaffenen Sitten und Systemen letztlich unterordnen. Sie fürchten sich, anders zu sein. Sie sorgen sich um gesellschaftliche Anerkennung. Sie leben nach dem Grundsatz: „Alle tun es, also ist es richtig." Viele von euch sehen in der Moral nur ein Gruppeninteresse. In der Sprache eurer Soziologie wird das Gebräuchliche zum Richtigen. Unbewußt meint ihr, die moralischen Regeln würden durch die Meinungsforschung festgelegt.

Liebe Brüder in den USA, ich muß euch heute sagen, was ich vor langer Zeit den Christen in Rom geschrieben habe: „Stellet euch nicht dieser Welt gleich, sondern verändert euch durch Erneuerung eures Sinnes." Ihr habt zwiefaches Bürgerrecht. Ihr lebt in der Zeit und in der Ewigkeit. In erster Linie schuldet ihr Gott Treue, nicht den Sitten und Gebräuchen, dem Staat, der Nation oder irgendwelchen von Menschen geschaffenen Einrichtungen. Wenn irdische Regeln oder Gewohnheiten im Widerspruch zum Willen Gottes stehen, so ist es eure Pflicht, sich ihnen zu widersetzen. Niemals dürft ihr den vergänglichen Forderungen menschengeschaffener Ordnungen den Vorrang geben vor den ewigen Forderungen des allmächtigen Gottes. In einer Zeit, da die Menschen die hohen Werte des Glaubens aufgeben, müßt ihr an ihnen festhalten und sie trotz aller Drohungen einer glaubensfeindlichen Mitwelt für eure Kinder bewahren. Ihr müßt ungerechtem Tun entgegentreten. Ihr müßt auch für eine unpopuläre Sache kämpfen. Ihr müßt Bewegung in die Erstarrung bringen. Ihr sollt das Salz der Erde sein und das Licht der Welt. Ihr sollt die treibende Hefe im Teig der Nation sein.

Ich höre, daß ihr bei euch ein Wirtschaftssystem aufgebaut habt, das ihr Kapitalismus nennt, und mit dem ihr wahre Wunder vollbracht habt. Ihr seid das reichste Volk der Erde geworden, habt die größten Produktionsstätten aufgebaut, die je gesehen wurden. Das alles ist rühmenswert. Aber, Amerikaner, ihr könntet in Gefahr geraten, euren Kapitalismus zu mißbrauchen. Ich behaupte noch immer, daß die Liebe zum Geld die Wurzel vieler Übel ist und einen Menschen mit der Zeit zum Materialisten macht. Ich fürchte, daß viele von euch mehr an das Geldverdienen als an das Ansammeln geistlicher Schätze denken.

Der Mißbrauch des Kapitalismus kann auch zu tragischer Ausbeutung führen. Das ist in eurem Volke schon oft geschehen. Man sagte mir, daß ein Tausendstel der Bevölkerung vierzig Hundertstel des Reichtums in Händen hält. Amerika, wie oft hast du den Massen das Notwendigste genommen, um den Klassen Luxus zu geben! Wenn du eine christliche Nation sein willst, mußt du eine Antwort auf diese Frage finden. Du kannst sie nicht lösen, indem du dich dem Kommunismus zuwendest. Er ist auf

ethischem Relativismus, einer unwürdigen Gewaltherr-
schaft und dem Entzug der Grundfreiheiten aufgebaut,
die kein Christ hinnehmen kann. Aber ihr könnt in der
Demokratie arbeiten, um eine bessere Verteilung des
Reichtums zu sichern. Ihr müßt eure mächtigen wirtschaftlichen Quellen nützen, um die Armut aus der Welt
zu vertreiben. Gott will nicht, daß ein Volk in Überfluß
und Reichtum lebt, während andere nur die Armut
kennen. Gott will, daß alle seine Kinder das Nötige
haben. Er hat für alle genug auf der Welt wachsen
lassen.

Ich wünschte, ich könnte persönlich bei euch sein. Dann
könnte ich euch von Angesicht zu Angesicht sagen, was
ich nun niederschreiben muß. Wie sehr sehne ich mich danach, eure Gemeinschaft zu teilen.

Laßt mich ein Wort über die Kirche sagen. Ich muß
euch wie so viele andere daran erinnern, daß die Kirche
der Leib Christi ist. Wenn die Kirche ihrem Wesen treu
bleiben will, darf sie weder Trennung noch Uneinigkeit
kennen. Ich höre, daß es bei euch Protestanten über
250 verschiedene Denominationen gibt. Aber schlimmer
ist noch, daß manche von ihnen behaupten, allein im Besitz
der Wahrheit zu sein. Ein so enges Sektierertum zerstört
die Einheit des Leibes Christi. Gott ist weder Baptist noch
Methodist, weder Presbyterianer noch Episkopaler. Gott
steht über unseren Konfessionen. Das müßt ihr wissen,
wenn ihr wahre Zeugen Christi sein wollt.

Ich freue mich zu hören, daß in Amerika das Streben
nach Einheit und Ökumene wächst. Ich hörte, daß ihr
einen Nationalrat der Kirchen gegründet habt, und daß
die meisten eurer Konfessionen dem Weltrat der Kirchen
angeschlossen sind. Das alles ist gut. Geht auf diesem

Wege weiter. Haltet den Weltkirchenrat lebendig und unterstützt ihn ohne Vorbehalt. Ich hörte auch die ermutigende Nachricht, daß es kürzlich Gespräche zwischen Katholiken und Protestanten gab. Ich hörte, daß manche protestantischen Kirchenmänner aus Amerika die Einladung des Papstes Johannes annahmen, als Beobachter zum Konzil nach Rom zu gehen. Das ist ein bedeutsames und gutes Zeichen. Ich hoffe, daß damit der Anfang dazu gemacht worden ist, die Christenheit immer näher zueinander zu bringen.

Etwas betrübt mich an dem amerikanischen Kirchenwesen auch, daß ihr nämlich eine Kirche für Weiße und eine für Schwarze habt. Wie kann es im Leibe Christi Rassenschranken geben? Man sagte mir, in der Unternehmerwelt und in vielen weltlichen Einrichtungen gäbe es mehr Einheit als in der christlichen Kirche. Wie entsetzlich ist das!

Ich höre auch, daß es unter euch Christen gibt, die in der Bibel nach Gründen suchen, um die Rassentrennung zu rechtfertigen. Sie behaupten, der Neger sei von Natur aus minderwertig. Oh, meine Freunde, das ist Lästerung und widerspricht allem, was Christentum heißt. Ich muß wiederholen, was ich schon vielen anderen zuvor gesagt habe: „Hier ist nicht Jude noch Grieche, hier ist nicht Knecht noch Freier, hier ist nicht Mann noch Weib; denn ihr seid allzumal *einer* in Christus Jesus." Und ich muß auch wiederholen, was ich auf dem Gerichtsplatz zu Athen gesagt habe: „Gott, der die Welt gemacht hat und alles, was darinnen ist, ... hat gemacht, daß von Einem aller Menschen Geschlechter stammen, die auf dem ganzen Erdboden wohnen."

So muß ich euch denn drängen, daß ihr euch von allen

Rassenschranken befreit, denn sie verleugnen die Einheit, die wir in Christus haben. Wo eine „Ich-Du"-Beziehung sein soll, errichtet sie eine „Ich-Es-"Beziehung und versetzt den Menschen in den Zustand eines Objekts. Sie verwundet die Seele und den Menschen. Sie gibt dem Neger das falsche Gefühl der Unterlegenheit und bestärkt den Rassentrenner in einem falschen Überlegenheitsgefühl. Sie zerstört die Gemeinschaft und macht die Brüderlichkeit unmöglich. Die dem Christen zugrunde liegenden Prinzipien sind denen der Rassentrennung diametral entgegengesetzt.

Ich lobe euer Oberstes Gericht für sein Urteil, das die Rassenschranken aufhob. Ich lobe auch die Menschen guten Willens, die dieses Urteil als großen moralischen Sieg begrüßten. Ich höre jedoch auch, daß einige Brüder dagegen aufgestanden sind und die Losungen „Widerstand" und „Widerruf" ausgeben. Weil diese Brüder den wahren Sinn der Demokratie und des Christentums vergessen haben, dränge ich jeden von euch, geduldig mit ihnen zu reden. Mit Verständnis und gutem Willen müßt ihr versuchen, ihre Haltung zu ändern. Laßt sie wissen, daß sie sich hiermit nicht nur gegen die edlen Grundsätze eurer Demokratie stellen, sondern auch gegen die ewigen göttlichen Gebote.

Ich hoffe, daß eure Kirchen im Kampf gegen die Rassenschranken in vorderster Linie stehen werden. Immer ist es die Aufgabe der Kirche gewesen, Horizonte zu erweitern und Erstarrungen zu lösen. Die Kirche muß in die Arena der sozialen Taten treten. Zuerst müßt ihr danach trachten, daß die Kirche die Fesseln der Rassentrennung von ihrem eigenen Leibe löst. Dann müßt ihr darauf sehen, daß die Kirche außerhalb ihrer Türen mehr und

mehr tätig wird. Sie muß gegen jede Ungerechtigkeit aufstehen, die Neger in Mietfragen, in der Erziehung, in
Fragen des polizeilichen Schutzes, vor Behörden und Ge-
richten zu erdulden haben. Sie muß ihren Einfluß auf dem
Gebiet der wirtschaftlichen Gerechtigkeit nützen. Als
Wächterin der Moral und des geistlichen Lebens der Gemeinschaft kann die Kirche diesen Übeln nicht tatenlos
zusehen. Wenn ihr Christen diesen Auftrag mit Ergebenheit und Eifer auf euch nehmt, werdet ihr die irre-
geleiteten Menschen eures Volkes aus der Finsternis der
Falschheit und Furcht in das Licht der Wahrheit und
Liebe führen.

Auch denen möchte ich ein Wort sagen, die selbst
Opfer der rassischen Vorurteile sind. Ihr müßt auch
weiterhin tapfer und geduldig um eure von Gott gewoll-
ten und von der Verfassung zugesicherten Rechte kämpfen. Es wäre feige und unmoralisch, wolltet ihr die Ungerechtigkeit geduldig hinnehmen. Ihr könnt nicht mit
gutem Gewissen eure Freiheit für das Linsengericht der
Rassentrennung verkaufen. Wenn ihr aber euren gerechten Kampf fortführt, so seid immer sicher, daß ihr mit
christlichen Waffen und auf christliche Weise streitet.
Seid besorgt, daß die Mittel, die ihr gebraucht, so rein
sind wie die Ziele, die ihr erstrebt. Seid niemals verbittert.
Wenn ihr der Gerechtigkeit zustrebt, so tut es mit Würde
und Disziplin. Gebraucht die Liebe als wichtigste Waffe.
Laßt euch von keinem Menschen so sehr erniedrigen, daß
ihr ihn haßt. Meidet stets die Gewalt. Wenn ihr in eurem
Kampf die Saat der Gewalt ausstreut, so werden unge-
borene Generationen den Sturm einer zerfallenden Gesellschaft ernten.

Laßt in eurem Kampf um die Gerechtigkeit eure Unterdrücker wissen, daß ihr sie nicht besiegen, daß ihr die Ungerechtigkeiten nicht heimzahlen wollt. Laßt sie wissen, daß die eiternde Wunde der Rassentrennung den weißen Mann nicht weniger schwächt als den schwarzen. Verhaltet ihr euch so, dann kämpft ihr als wahre Christen.

Viele Neger weihen ihr Leben der Freiheit. Viele weiße Menschen mit gutem Willen und starkem moralischem Empfinden wagen, für die Gerechtigkeit einzutreten. Um der Ehrlichkeit willen muß ich euch sagen, daß eine solche Haltung Bereitschaft zu Leiden und Opfern verlangt. Verzweifelt nicht, wenn ihr um der Gerechtigkeit willen verfolgt und verurteilt werdet. Wenn ihr für Wahrheit und Gerechtigkeit die Stimme erhebt, werdet ihr Spott und Hohn erfahren. Man wird euch weltfremde Idealisten oder gefährliche Radikale schimpfen. Vielleicht wird man euch sogar Kommunisten nennen, weil ihr an die Brüderlichkeit unter den Menschen glaubt. Vielleicht werdet ihr ins Gefängnis geworfen. Dann müßt ihr euren dortigen Aufenthalt als eine ehrenvolle Gunst betrachten. Vielleicht werdet ihr euren Arbeitsplatz oder eure gesellschaftliche Stellung verlieren. Selbst wenn manche ihr Leben verlieren sollten, um ihre Kinder vor dem seelischen Tod zu bewahren, so könnte doch kein anderer Tod christlicher sein.

Amerikanische Christen, sorgt euch nicht um Verfolgung. Wenn ihr für große Prinzipien kämpft, müßt ihr sie erdulden. Ich weiß, was ich sage. Mein Leben war eine unaufhörliche Kette von Verfolgungen. Nach meiner Bekehrung wurde ich von den Jüngern in Jerusalem verworfen. Später wurde ich dort der Gotteslästerung angeklagt. Ich wurde in Philippi gefangen, in Thessalonich geschlagen, in Ephesus vom Pöbel angegriffen, in Athen unterdrückt. Allen diesen Verfolgungen entrann ich überzeugter denn je, daß „weder Tod noch Leben, weder Engel noch Fürstentümer noch Gewalten, weder Gegenwärtiges noch Zukünftiges ... mag uns scheiden von der Liebe Gottes, die in Christus Jesus ist, unserm Herrn." Es ist nicht der Sinn des Lebens, glücklich zu sein, Vergnügen zu finden und dem Schmerz zu entgehen, sondern den Willen Gottes zu tun, komme, was da kommt! Ich habe nur Lob für diejenigen unter euch, die Drohungen und Einschüchterungen, Unbequemlichkeiten und Unbeliebtheit, Gefangenschaft und körperlicher Gewalt unerschüttert widerstanden haben, um die Ehre von der Vaterschaft Gottes und der Bruderschaft der Menschen zu vertreten. Für so edle Diener Gottes liegt Trost in den Worten Jesu: „Selig seid ihr, wenn euch die Menschen um meinetwillen schmähen und verfolgen und reden allerlei Übles wider euch, so sie daran lügen. Seid fröhlich und getrost. Es wird euch im Himmel wohl belohnt werden. Denn also haben sie verfolgt die Propheten, die vor euch gewesen sind."

Ich muß mein Schreiben beenden. Silas wartet, um diesen Brief zur Post zu bringen, und ich muß nach Neu-Delhi aufbrechen, denn von dort ist mir dringende Bitte um Hilfe gekommen. Aber bevor ich aufbreche, muß ich euch sagen, wie ich es der Kirche von Korinth sagte, daß die Liebe die dauerhafteste Macht der Welt ist. Durch die Jahrhunderte haben Menschen versucht, das höchste Gut zu finden. Die Moralphilosophie kannte kein höheres Streben. Die griechischen Philosophen wußten keine dringlichere Frage. Die Epikureer wie die Stoiker suchten sie zu beantworten, Plato und Aristoteles suchten sie zu lösen. Was ist das höchste Gut des Lebens? Ich glaube, ich habe die Antwort gefunden. Ich habe entdeckt, daß die

Liebe das höchste Gut ist. Sie steht im Mittelpunkt des Alls. Die Liebe ist die große vereinende Kraft des Lebens. Gott ist Liebe. Wer liebt, der hat den Schlüssel zur letzten Wahrheit gefunden; wer haßt, steht vor dem Nichts.

Liebe Brüder in Christus, ihr mögt die Schwierigkeiten der englischen Sprache meistern und die Kraft glanzvoller Rede besitzen. Ihr mögt „mit Menschen- und mit Engelzungen reden und hättet der Liebe nicht, so wäret ihr ein tönend Erz oder eine klingende Schelle".

Ihr mögt mit wissenschaftlicher Voraussicht begabt sein und das Wesen der Moleküle begreifen, ihr mögt in die Schatzkammern der Natur eindringen und viele neue Erkenntnisse in ihnen finden, ihr mögt zu den Höhen geistiger Leistungen aufsteigen, so daß ihr alles Wissen besitzt, und ihr mögt mit euren großen Schulen und euren klingenden Titeln prahlen — ohne Liebe bedeutet das alles nichts.

Aber noch mehr! Ihr mögt alle eure Güter hingeben, um die Armen zu speisen, ihr mögt große Summen für wohltätige Zwecke geben, ihr mögt Hilfe auf Hilfe häufen, wenn ihr ohne Liebe seid, bedeutet all euer Wohltun nichts. Ihr mögt selbst euren Leib den Flammen übergeben und als Märtyrer sterben, euer Blut mag künftigen Generationen in ehrendem Angedenken stehen, Tausende mögen euch mit den großen Helden der Geschichte vergleichen — wenn ihr ohne Liebe seid, wird euer Blut vergeblich geflossen sein. Ihr müßt erkennen, daß ein Mensch bei aller Selbstverleugnung selbstsüchtig, bei aller Selbstaufopferung selbstgerecht sein kann. Seine Großzügigkeit kann seinem Ich schmeicheln und sein Wohltun seinem Stolz. Ohne Liebe wird Mildtätigkeit zum Egoismus, Märtyrertum zu geistlicher Überheblichkeit.

Die größte aller Tugenden ist die Liebe. In ihr finden wir den tiefsten Sinn des christlichen Glaubens und des Kreuzes. Golgatha ist ein Teleskop, durch das wir in die Ewigkeit blicken und die Liebe Gottes in die Zeit einbrechen sehen. In seiner unermeßlichen Güte erlaubte Gott seinem eingeborenen Sohn, den Tod zu erleiden, damit wir leben. Wenn ihr euch in Liebe mit Christus und mit euren Brüdern vereint, so werdet ihr die hohe Schule des ewigen Lebens besuchen können. In einer Welt, die sich auf Macht, Zwangsherrschaft und Gewalt verläßt, seid ihr aufgerufen, dem Weg der Liebe zu folgen. Dann werdet ihr entdecken, daß unbewaffnete Liebe die stärkste Macht der Welt ist.

Lebet wohl! Sagt meine wärmsten Grüße allen Heiligen im Hause Christi; seid guter Dinge; seid eines Geistes; lebet in Frieden!

Ich weiß nicht, ob und wann ich euch besuchen werde, aber in Gottes Ewigkeit werde ich euch begegnen. Ihm, der uns vor dem Fall bewahren kann, der uns aus dem dunklen Tal der Verzweiflung auf den lichten Berg der Hoffnung führt, aus der Mitternacht der Hoffnungslosigkeit in einen freudvollen Morgen, ihm sei Kraft und Herrlichkeit in Ewigkeit. Amen.

Ansprache gehalten in Berlin
in der Waldbühne
am 13. September 1964

Christliche Freunde! Es ist wahrhaftig eine Ehre, in dieser Stadt zu sein, die als ein Symbol der Trennung auf dieser Erde steht. Denn hier leben auf beiden Seiten der Mauer Gottes Kinder, und keine durch Menschenhand gemachte Grenze kann diese Tatsache auslöschen. Ob es nun im Osten oder Westen ist — Männer und Frauen suchen nach Einigung, nach Hoffnung und Erfüllung, sie sehnen sich nach Glauben an etwas, was über ihnen steht, und schreien verzweifelt nach Liebe und Gemeinschaft auf dieser Pilgerreise. Ohne Rücksicht auf die Schranken der Rasse, des Bekenntnisses, der Ideologie oder Nationalität gibt es eine unentrinnbare Bestimmung, die uns zusammenbindet; es gibt eine gemeinsame Menschlichkeit, die uns für die Leiden untereinander empfindlich macht. Und für viele von uns gibt es einen Herrn, einen Glauben und eine Taufe, die uns in einer gemeinsamen Geschichte verbindet, in einem gemeinsamen Ruf und in einer gemeinsamen Hoffnung für die Rettung der Welt. Aber hier enden die Gleichartigkeiten. Denn in Wirklichkeit sind unsere Situationen ziemlich verschieden.

Nur mit einigem Zögern kann ich versuchen, euch Gottes Wort für eure Situation zu bringen. Ich bin nicht lang genug hier, um zu entscheiden, was für euch der Plan und Ruf Gottes ist. Und doch will ich euch gern teilhaben lassen an dem Weg, den der Geist uns führt in dem Freiheitskampf im Süden der Vereinigten Staaten.

Das ganze Neue Testament hat als Thema die Versöhnung.

Der Korintherbrief spricht von einem Amt der Versöhnung, das uns durch Christus gegeben ist.

Der Epheserbrief sagt uns von einem Plan Gottes, in dem alle Dinge in ihm vereinigt sind, alle Dinge im Himmel und auf Erden.

Die Evangelien sprechen direkt und in Gleichnissen von der Verantwortung, die wir füreinander haben, ohne Rücksicht auf die Unterschiede der Rasse und der Nation.

Und so ist es für uns nicht schwierig, einen Schritt weiterzugehen und zu behaupten, daß dort, wo die Versöhnung Platz greift, wo Menschen die Mauern der Feindschaft abbrechen, die sie von ihren Brüdern trennen, Christus sein Amt der Versöhnung vollendet und seine Verheißung erfüllt: „Ich bin bei euch alle Tage bis an der Welt Ende."

Nur mit großer Demut können wir behaupten, daß wir in den Vereinigten Staaten uns die Freiheit genommen haben, als Vertreter seiner Versöhnung zu dienen. Das ist nicht unsere besondere Tugend, denn wir wissen sehr genau um unsere Unwürdigkeit. Und doch merkt jeder Neger, der zu unserer Bewegung stößt, sehr bald den festen Faden der Bestimmung, der uns in dem Glauben überzeugt, daß Gott mit und durch uns arbeitet auf Wegen, die wir nicht ganz verstehen können. Es ist die Messianität eines Augenblicks der Geschichte, denn wir glauben, daß wir aufgerufen sind, das Gewissen der Nation zu sein, und indem wir dieses Gewissen sind, werden wir es unserer Nation möglich machen, ihre besondere Rolle in der Geschichte unter Gott zu erfüllen. Aber unter Gott hat jede Nation eine Bestimmung — und Gottes Volk in der Nation hat eine besondere Verantwortung, diese Bestimmung zu bezeugen und auf ihre Erfüllung hinzuarbeiten. Hier in Berlin kann man nur feststellen, daß ihr die Mitte seid, um die sich das Rad der Weltgeschichte dreht. So wie wir uns als Prüfstelle für das Zusammenleben der Rassen trotz ihrer Unterschiede bewähren müssen, so müßt ihr die Möglichkeit der Koexistenz zweier Weltanschauungen prüfen, die um die Weltherrschaft kämpfen. Wenn es überhaupt Menschen gibt, die ständig ihrer Bestimmung und Aufgabe bewußt sein müssen, dann sollten es die Menschen in Berlin, in Ost und West, sein. Vielleicht können wir dann untereinander die Segnungen Gottes austauschen, die wir in unseren besonderen Lagen empfangen haben. Weil ich weiß, wie verschiedenartig die Situation ist, und daß ihr selbst entscheiden müßt, was für euren Platz hier in Deutschland wesentlich ist, will ich euch zunächst einige Dinge erzählen, die wir vom Handeln Gottes in unserer Mitte erfahren haben.

Diese Periode unseres Freiheitskampfes begann, als Mrs. Rosa Parks aus Montgomery sich weigerte, in den hinteren Teil des Omnibusses zu gehen, wie es 1955 im

Süden der Staaten üblich war. Indem sie sich weigerte, dorthin zu gehen, leistete sie weder offenen Widerstand noch war sie auf irgendeine Weise unhöflich. Sie sagte nur durch ihre Gegenwart: Es ist unrecht, von mir als Frau zu verlangen, daß ich meinen Sitz für einen Mann freimache, nur weil seine Haut weiß ist und meine Haut schwarz. Das war kein geplanter Protest. Es war eins der spontanen Geschehnisse des Gewissens, die der Geist bei irgendeiner Gelegenheit hervorruft.

Es dauerte 381 Tage, bevor die Stadt ihr Unrecht zugab — und dies auch nur als Antwort auf ein Gerichtsurteil, das das System der Trennung im Busverkehr abschaffte.

Verschiedene Dinge geschahen als ein Ergebnis dieses begrenzten Protestes, die es deutlich werden ließen, wie Gottes Gnade unter uns weiterarbeitete.

Zuerst: Ein einzelner Vorfall bewirkte das Entstehen einer örtlichen Bewegung. Dann breitete sich diese Bewegung in anderen Städten aus und gab unserem Protest ein Echo, das die Mehrheit der Negerbevölkerung in den Vereinigten Staaten erwachen ließ.

Zweitens: Eine neue Sicht sozialer Umschichtung wurde nun ein Teil des Lebens unserer Nation, denn die Philosophie Gandhis, vereint mit der christlichen Überlieferung der Neger, gaben uns die geistige und praktische Grundlage, durch die unser Glaube in eine Massenbewegung umgesetzt werden konnte zur Befreiung unseres Volkes von einer über vierhundertjährigen Unterdrückung. Aber die Resultate hielten mit unseren Erwartungen nicht Schritt. Unsere einzige Erklärung konnte nur sein, daß wir in Gottes heiligem Zeitraum festgehalten wurden, und unsere einzige Antwort nur die eures großen

Reformators Martin Luther: „Hier stehe ich, ich kann nicht anders, Gott helfe mir." So begann unsere Bewegung, nicht durch die Pläne der Menschen, sondern durch das mächtige Handeln Gottes. Menschen werden nur aufgerufen, im Gehorsam zu antworten; zu leiden, wenn es nötig ist; dem Tod ins Auge zu schauen und zu sterben, wenn das der Preis der Erlösung ist. Doch das Leiden und Opfer des armen Volkes von Montgomery wurde zu einem Anstoß, aus dem Gott eine mächtige moderne Missionsbewegung hervorbrachte.

Durch diesen Anstoß schlossen sich unsere Studenten zu einer Bewegung zusammen, die gegen die rassische Trennung in den Cafeterias zu Felde zog, und in einem Jahr hatte sie in mehr als zweihundert Städten des Südens Erfolg. Die Studenten lernten hier, daß es besser ist, mit Würde ins Gefängnis zu gehen, als in Erniedrigung zu leben. Mehr als fünftausend bevölkerten im Jahr 1960 die Gefängnisse, aber das war das Fanal für eine neue Aktion im ganzen Süden.

Durch diesen Anstoß kam Birmingham, wo das Gewissen der ganzen Nation aufgerüttelt wurde. Präsident Kennedy ließ ein Gesetz vorbereiten, das die Rassentrennung in jedem Bereich des öffentlichen Lebens abschaffen würde.

Es war 1964, als die bürgerlichen Rechtsgesetze im Kongress behandelt wurden. Wir führten zu dieser Zeit unseren Protest in St. Augustine in Florida fort, in der ältesten Stadt des Südens. Es war die brutalste Situation, der wir in jener Zeit gegenüberstanden. Die Demonstranten wurden täglich durch den Mob der Ku-Klux-Klan niedergeschlagen, und die Polizei stand dabei, ohne nur einen Finger zu rühren.

Der 23. Psalm gab den Menschen Mut, als sie zu den Demonstrationen hinausgingen:

> „Und ob ich schon wanderte im finsteren Tal,
> so fürchte ich kein Übel,
> denn du bist bei mir."

Und in der Tat, es war ein finsteres Tal. Aber als die Bürgerrechtsgesetze unterzeichnet waren und die Macht der Regierung sich durchzusetzen begann, da wurden unsere Leute auf einmal in den Restaurants bedient, aus denen sie noch vor einigen Tagen hinausgeprügelt worden waren. Da verstanden sie zum erstenmal die Bedeutung dieser wunderbaren Verheißung:

> „Du bereitest vor mir einen Tisch
> im Angesicht meiner Feinde.
> Du salbest mein Haupt mit Öl
> und schenkest mir voll ein."

Und wir bezeugten zusammen als unsere Lebenserfahrung:

> „Gutes und Barmherzigkeit werden mir folgen
> mein Leben lang,
> und ich werde bleiben im Hause
> des Herrn immerdar."

Nun haben wir das Ägypten der Sklaverei verlassen. Wir sind gereist und haben gelitten in der Wildnis der Trennung. Zum erstenmal stehen wir auf dem Berg und sehen in das verheißene Land des neu entstehenden gemeinsamen Lebens. Aber da sind Riesen in diesem Land und viele unserer Führer wanken. Als wir einst den Gipfel des Berges erreichten, konnten wir in zwei Richtungen sehen. Beim Blick zurück in die Wildnis sahen wir unsere Brüder, die die Lasten der Sklaverei und Trennung viel zu lange getragen hatten. Viele hatten keine Gelegenheit gehabt, eine Erziehung zu genießen, die sie für das verheißene Land vorbereitete. Viele waren infolge der langen Reise hungrig und unterernährt. Viele trugen in ihrer Seele die Narben der Bitterkeit und des Hasses — Erinnerungen an die Slums, an die Brutalität der Polizei und an die Ausbeutung, die sie auf den ländlichen Plantagen im Süden erfahren hatten. Anderen fehlten Selbstvertrauen und Mut, in diesem neuen Land mitzuarbeiten, und sie quälten sich in selbstzerfressender Verzweiflung.

Beim Blick nach vorn in das Gelobte Land sahen wir die Riesen. Wir sahen massive städtische Gesellschaften, beherrscht durch politische Maschinerien, die neue Wähler als eine Bedrohung ihrer Macht betrachteten. Wir sahen Automaten, die die Handarbeit von 41 000 Arbeitern ersetzten. Wir sahen Diener des Staates, die sich wie Slum-Herren aufführten und darauf warteten, uns in neue Rassen-Ghettos zu stoßen. Wir sahen große Geschäfte, die Riesengewinne abwarfen und Arbeitslosigkeit und Armut zurückließen, schlimmer als die Wildnisbedingungen, die wir gerade hinter uns gelassen hatten.

Aber wir sahen auch Gott, der uns soweit gebracht, und im Vertrauen auf ihn stimmten wir das Lied unserer Bewegung an:

„Laß durch niemand mich abbringen . . ."

Wenn wir in der Vergangenheit verzagt waren, haben wir dieses Lied gesungen und sind weitermarschiert. Und so werden wir weitermarschieren und uns nicht von unserem Ziel abbringen lassen. Wir werden lernen, diesen Dämonen wie in der Vergangenheit zu begegnen — und wir werden sie überwinden. Es wird nicht leicht sein!

Und noch eines haben wir gelernt: Die Notwendigkeit der Gruppenaktion in unserem öffentlichen Leben. Die

Tage der nur persönlichen Frömmigkeit sind längst vorüber. Gruppenaktionen, Massenaktionen in allen öffentlichen Bereichen von Politik und Wirtschaft sind die einzigen Möglichkeiten, mit denen wir hoffen können, den ungeheuren Kräften unserer Zeit zu begegnen. Wir sahen uns buchstäblich den Löwen vorgeworfen in der Arena des Lebens. Für uns gab es keine Frage über das, was Paulus mit den Worten „Herrschaften und Gewalten" meinte.

Wir begannen die Regeln dieser neuen Ordnung zu lernen: Wir sind oft mißbraucht worden, aber wir lernten zusammenzuarbeiten und unsere Träume zu erfüllen gegen alle politischen Widerstände unserer Gesellschaftsordnung.

Wir werden Schuldirektoren wählen, die unsere Kinder im rechten Geist erziehen; wir werden Gesetzgeber wählen, die uns auf den Gebieten sozialer Sicherheit und medizinischer Fürsorge weiterhelfen und durch Auslandhilfsprogramm diese Bereitschaft bis hin zu unseren Brüdern in den anderen Ländern ausdehnen.

Wir werden unsere Unterstützung den Geschäften geben, die Menschen anstellen ohne Rücksicht auf Rasse oder Farbe und die menschliches Verständnis für die Angestellten zeigen, die in der Gefahr stehen, durch die Automation entlassen zu werden; und wir werden unsere Unterstützung denjenigen Geschäften und Industrien entziehen, die keine faire und menschliche Bereitschaft zeigen.

Wir haben weder großen Reichtum noch politische Macht, aber wir sind oft ausschlaggebend für den Gewinn oder Verlust großer Unternehmen; dies gibt uns die Möglichkeit, weise Verwalter unserer Güter zu sein.

Wir werden unsere Talente nicht gebrauchen, um mit dem Bösen zusammen zu arbeiten, aber wir werden unsere Talente gebrauchen, um das aufzubauen, was Gottes ist.

„Gott unserer schwierigen Jahre,
Gott unserer schweigenden Tränen,
du, der du uns soweit gebracht hast
auf dem Wege,
der du hast Macht,
leite uns in das Licht,
erhalte uns immer auf deinem Weg."

So beten wir. Das ist unser Gebet. Denn nur durch die Macht und die Gewalt Gottes sind wir in der Lage, vorwärtszukommen. Wir sind ein „Tal der trockenen Knochen" gewesen, und der Geist des Herrn hat uns Stärke und Lebensatem eingehaucht, daß die trockenen Knochen meines Volkes Fleisch und Kraft bekamen, Mut und Glauben und den Marsch in das Land der Freiheit antraten.

Es ist der Glaube, der uns anhielt zu gehen.

Es ist der Glaube, der uns fähig gemacht hat, dem Tod ins Auge zu schauen.

Es ist der Glaube, der uns einen Weg gezeigt hat, wo es keinen Weg zu geben schien.

Es ist der Glaube, der uns unsere täglichen Kreuzigungen ansehen läßt in dem Wissen, daß Gottes Welt durch die Kreuzigung geändert wird, und daß es keine Auferstehung gibt ohne Kreuzigung.

Es ist der Glaube, den ich euch Christen hier in Berlin anbefehle, ein lebendiger, aktiver, starker, öffentlicher Glaube, der den Sieg Jesu Christi über die Welt bringt, ganz gleich ob es eine östliche oder eine westliche Welt ist.

Es ist der Glaube, mit dem ich nach Hause zurückkehre in den Süden der Vereinigten Staaten.

Mit diesem Glauben werden wir fähig sein, vom Berg der Verzweiflung einen Stein der Hoffnung abzutragen.

Mit diesem Glauben werden wir fähig sein, die Mißtöne der Völkerfeindschaft in eine Sinfonie der Bruderschaft zu verwandeln.

Mit diesem Glauben werden wir fähig sein, miteinander zu arbeiten, miteinander zu beten, miteinander zu kämpfen, miteinander zu leiden, miteinander für die Freiheit einzustehen, weil wir wissen, daß wir eines Tages frei sein werden.

Der Weg zur Gewaltlosigkeit

Gegen Ende meines Studiums beschäftigte ich mich mit der erregenden Lektüre verschiedenster theologischer Richtungen. Bei meiner recht bibelgläubigen Erziehung erschütterte es mich gelegentlich, wenn mich meine geistige Reise durch neue und manchmal sehr komplizierte Gebiete der christlichen Lehre führte. Doch lernte ich aus ihr von neuem objektive Wertungen und kritische Analyse zu schätzen, und sie rüttelte mich aus meinem dogmatischen Schlummer auf.

Der Liberalismus gewährte mir eine geistige Befriedigung, die ich in der strengen Wortgläubigkeit niemals gefunden hatte. So sehr nahmen mich seine Lehren gefangen, daß ich beinahe dem Fehler verfiel, alles anzunehmen, was der Liberalismus lehrte. Ich war von der natürlichen Güte des Menschen und der Macht des Menschengeistes völlig überzeugt.

I

Mein Denken veränderte sich von Grund auf, als ich anfing, manche Theorien in Frage zu stellen, die mit der sogenannten liberalen Theologie zusammenhingen. Gewiß gibt es Aspekte des Liberalismus, die ich stets hochzuhalten hoffe: seine aufrichtige Suche nach Wahrheit, seine Forderung nach einem offenen und prüfenden Geist und seine Weigerung, das Licht der Vernunft auszulöschen. Der Beitrag des Liberalismus zur philologisch-historischen Bibelkritik ist von unermeßlichem Wert gewesen und sollte mit religiöser und wissenschaftlicher Leidenschaft verteidigt werden.

Mir kamen dabei aber Zweifel an der liberalen Lehre vom Menschen. Je mehr Einblick in die Tragödien der Geschichte und den beschämenden menschlichen Hang zum bequemen Weg ich bekam, desto deutlicher erkannte ich die Tiefe und Macht der Sünde. Die Lektüre der Werke Reinhold Niebuhrs machte mir die Vielfalt menschlicher Triebkräfte bewußt und schärfte meinen Blick für die Realität der Sünde auf allen Gebieten des Lebens. Darüber hinaus erkannte ich, wie stark der Mensch an seine gesellschaftliche Umwelt gebunden ist, und wie sehr das Massenelend zum Himmel schrie. Ich begriff, daß der Liberalismus die menschliche Natur zu gefühlsbetont betrachtet hatte, und daß er einem falschen Idealismus zuneigte.

Allmählich lernte ich auch erkennen, daß der oberflächliche Optimismus, mit dem der Liberalismus den Menschen sah, die Tatsache unberücksichtigt ließ, daß die menschliche Vernunft durch die Sünde verdunkelt ist. Je länger ich über das Wesen des Menschen nachdachte, desto deutlicher sah ich, wie sehr unsere verhängnisvolle Neigung zur Sünde uns dazu treibt, unser Tun nach Vernunftgründen einzurichten. Der Liberalismus wies nicht darauf hin, daß der Verstand als solcher bestenfalls ein Werkzeug ist, um die defensive Denkweise der Menschen zu rechtfertigen. Ohne die läuternde Kraft des Glaubens kann sich der Verstand niemals von Verzerrungen und vom Vernunftdenken freimachen.

Wenn ich auch manche Anschauungen des Liberalismus verwarf, so nahm ich doch den Fundamentalismus nie ganz an. Zwar sah ich in der neuen Strenggläubigkeit eine gute Abwehr gegen einen gefühlsseligen Liberalismus, aber ich fühlte auch, daß sie auf grundsätzliche Fragen keine befriedigende Antwort geben konnte. Beurteilte der Liberalismus den Menschen zu optimistisch, so war der Fundamentalismus zu pessimistisch. Nicht nur in der Frage nach dem Wesen des Menschen, sondern auch auf anderen Gebieten ging der Aufstand der neuen Strenggläubigkeit zu weit. In ihrem Versuch, die Transzendenz (die Überweltlichkeit) Gottes stärker hervorzukehren, die der Liberalismus durch eine Überbetonung der Immanenz (die Inderweltlichkeit) Gottes vernachlässigt hatte, verfiel der Fundamentalismus dem Extrem, einen Gott zu verkünden, der unbekannt, verborgen und „ganz anders" war. Der Fundamentalismus wollte die Überbewertung der Vernunft durch den Liberalismus bekämpfen. Dabei verfiel er einem Anti-Rationalismus und forderte strengen, unkritischen Bibelglauben.

Wenn mich also der Liberalismus in der Frage nach dem Wesen des Menschen unbefriedigt ließ, so fand ich doch keine Zuflucht im Fundamentalismus. Heute bin ich überzeugt, daß die Wahrheit über den Menschen in beiden nicht zu finden ist. Beide vertreten eine Teilwahrheit. Ein großer Teil des protestantischen Liberalismus erkennt den Menschen nur in seiner essentiellen Natur, in seiner Fähigkeit zum Guten. Der Fundamentalismus neigt hingegen dazu, den Menschen nur nach seiner existentiellen Natur zu beurteilen, nach seiner Fähigkeit zum Bösen. Ein wirkliches Menschenverständnis kann weder in der These des Liberalismus noch in der Antithese des Fundamentalismus gefunden werden. Eine Synthese muß beider Wahrheiten miteinander vereinen.

Inzwischen habe ich eine neue Einstellung zur Existenzphilosophie gewonnen. Zuerst kam ich durch die Lektüre Kierkegaards und Nietzsches mit ihr in Berührung. Später studierte ich auch Jaspers, Heidegger und Sartre. Sie haben mein eigenes Denken sehr angeregt. Wenn ich auch jeden von ihnen in Frage stellte, so lernte ich doch viel aus ihren Werken. Als ich mich endlich gründlich mit Paul Tillichs Schriften befaßte, gewann ich die Überzeugung, daß die Existenzphilosophie gewisse Grundwahrheiten über den Menschen und sein Wesen erfaßt hat, die man auf die Dauer nicht übersehen kann.

Das Verständnis für die „endliche Freiheit" des Menschen ist einer der bleibenden Beiträge der Existenzphilosophie. Ihre Auffassung von der Angst und dem Konflikt, der im persönlichen und gesellschaftlichen Leben des Menschen durch die gefährdete und verschwommene Struktur seiner Existenz hervorgerufen wird, ist für unsere Zeit besonders bedeutungsvoll. Ein gemeinsamer Nenner der atheistischen und der theistischen Existenzphilosophie besteht darin, daß sie meinen, die existentielle Situation des Menschen sei seiner essentiellen Natur entfremdet. In Ablehnung der Hegelschen Schule stimmen alle Existenzphilosophen darin überein, daß die Welt zerbrochen ist. Die Geschichte besteht aus einer Reihe von ungelösten Konflikten, und die Existenz des Menschen ist furchterfüllt und von Sinnlosigkeit bedroht. Wenn auch die letzte christliche Antwort in keiner dieser existenzphilosophischen Behauptungen zu finden ist, so enthalten sie doch vieles, das dem Theologen helfen kann, die wahre menschliche Existenz zu beschreiben.

Meine eigentlichen Studien beschränkten sich zwar vorwiegend auf systematische Theologie und Philosophie, doch interessierte ich mich in zunehmendem Maß auch für soziale Fragen. Als Halbwüchsigem machte mir das Problem der rassischen Ungerechtigkeit sehr zu schaffen. Vernunftmäßig war die Rassentrennung für mich nicht zu erklären und moralisch unvertretbar. Niemals konnte ich mich damit abfinden, daß ich in der Straßenbahn nur auf den hinteren Plätzen, im Zug nur in besonderen Abteilen sitzen durfte. Als ich zum erstenmal in einem Speisewagen hinter einem Vorhang aß, hatte ich das Gefühl, dieser Vorhang verhülle mein ganzes Selbst. Ich merkte auch, daß rassische und wirtschaftliche Ungerechtigkeit untrennbare Zwillinge sind. Ich erkannte, wie das System der Rassentrennung nicht nur den Neger, sondern auch den existenzschwachen Weißen traf. Diese frühen Erfahrungen ließen mir die mannigfachen Ungerechtigkeiten unserer Gesellschaftsordnung tief bewußt werden.

II

Erst während meiner theologischen Studienzeit begann ich, nach einer Methode zu suchen, mit der das gesellschaftliche Übel sich beseitigen ließe. In den frühen fünfziger Jahren las ich Walter Rauschenbuschs „Das Christentum und die soziale Krise". Das Buch hat mein Denken sehr beeinflußt. Natürlich gab es Punkte, in denen ich nicht mit Rauschenbusch übereinstimmte. Ich fühlte, daß er ein Opfer des Kultes war, den das 19. Jahrhundert um den „unaufhaltsamen Fortschritt" trieb. Dadurch wurde er in Hinblick auf die menschliche Natur zu einem durch nichts berechtigten Optimismus verleitet. Zudem neigte er gefährlich dazu, das Reich Gottes mit einer bestimmten wirtschaftlichen Ordnung gleichzusetzen. Dieser Versuchung darf die Kirche niemals verfallen. Trotz dieser Schwächen gab Rauschenbusch dem amerikanischen Protestantismus das Gefühl sozialer Verantwortung, das er niemals mehr verlieren sollte. Das Evangelium befaßt sich mit dem ganzen Menschen. Nicht nur mit seiner Seele, sondern auch mit seinem Leib, nicht nur mit seinem geistlichen, sondern auch mit seinem materiellen Wohlergehen. Eine Religion, die sich um die Seelen der Menschen kümmert, aber nicht an die Slums denkt, in denen diese Seelen gefangen sind, an die wirtschaftlichen Bedingungen, durch die die Seelen beengt werden, an die gesellschaftlichen Verhältnisse, die die Seelen verkümmern lassen, ist eine geistlich tote Religion.

Nachdem ich Rauschenbusch gelesen hatte, studierte ich aufmerksam die sozialen und ethischen Lehren der großen Philosophen. Um diese Zeit zweifelte ich fast daran, durch die Macht der Liebe soziale Probleme zu lösen. Die Lehre von der Feindesliebe galt nach meinem Gefühl nur für die Konflikte zwischen den einzelnen Menschen. Lagen Rassen und Völker miteinander im Streit, so schien mir eine realistischere Lösung notwendig.

Dann wurde ich mit Leben und Lehre Mahatma Gandhis bekannt. Mich fesselte sein Eintreten für den gewaltlosen Widerstand. Gandhis Konzept des *satyagraha* (*satya* ist Wahrheit, die der Liebe gleicht, und *graha* ist Kraft; *satyagraha* bedeutet also Wahrheit-Kraft oder Liebe-Kraft) schien mir sehr bedeutungsvoll. Je tiefer ich in die Lehre Gandhis eindrang, desto mehr schwand meine Skepsis hinsichtlich der Kraft der Liebe. Zum erstenmal erkannte ich, daß die christliche Lehre der Liebe, wie sie in der Gewaltlosigkeit Gandhis zum Ausdruck kam, eine der mächtigsten Waffen ist, die ein unterdrücktes Volk in seinem Kampf um die Freiheit ergreifen kann. Damals gewann ich jedoch nur ein rein intellektuelles Verständnis und eine echte Achtung vor diesem System und hatte keine feste Vorstellung davon, wie ich es in einer bestimmten sozialen Lage selbst anwenden könnte.

Als ich im Jahre 1954 als Pfarrer nach Montgomery kam, ahnte ich nicht, daß ich hier später in eine Situation geraten würde, in der ich zum gewaltlosen Widerstand aufrufen sollte. Ich hatte ungefähr ein Jahr in meiner neuen Gemeinde gelebt, als der Omnibusstreik begann. Die Neger von Montgomery waren der Beschämungen müde, die sie ständig in den Omnibussen erleiden mußten. Entschlossen bewiesen sie ihre Weigerung, länger das ungerechte System zu dulden. Sie begriffen endlich, daß es besser ist, in unangetasteter Würde zu laufen, als unter beschämenden Bedingungen zu fahren. Zu Beginn des Streikes baten mich die Menschen, ihr Sprecher zu sein. Als ich diese Verantwortung auf mich nahm, wurden meine Gedanken bewußt oder unbewußt zur Bergpredigt und zur Gandhischen Lehre der Gewaltlosigkeit geführt. Dieses Prinzip wurde das wegweisende Licht unserer Bewegung. Christus gab Geist und Antrieb, Gandhi die Methode.

Mehr als alle Bücher halfen mir die Erfahrungen von Montgomery, meine Gedanken zur Gewaltlosigkeit zu klären. Im Laufe der Zeit wurde ich immer mehr von ihrer Wirkung überzeugt. Die Gewaltlosigkeit bedeutete mir nicht mehr nur eine Methode, der ich geistig zustimmte, sie wurde zu einer entschiedenen Lebensweise. Viele Aspekte der Gewaltlosigkeit, die ich geistig nicht geklärt hatte, klärten sich nun in der Praxis.

Eine Reise nach Indien hat mich sehr beeinflußt. Es war stärkend, die verblüffenden Erfolge eines gewaltlosen Kampfes um die Unabhängigkeit an Ort und Stelle mit eigenen Augen zu sehen. Die Nachklänge des Hasses und der Verbitterung, die zumeist einem gewalttätigen Kampf folgen, waren nirgends in Indien zu spüren. Zwischen Indern und Briten herrschte im Commonwealth Freundschaft auf der Grundlage völliger Gleichberechtigung.

Ich will nun nicht den Eindruck erwecken, die Gewaltlosigkeit könne über Nacht Wunder vollbringen. Die Menschen lassen sich nicht leicht aus ihren ausgefahrenen Gleisen schieben oder von ihren mit Vorurteilen behafteten, unvernünftigen Gefühlen befreien. Wenn die Entrechteten die Freiheit verlangen, so antworten die Bevorrechteten zunächst mit Verbitterung und Widerstand. Wird eine Forderung gewaltlos gestellt, so führt sie nicht unmittelbar zu einer Änderung. Ich bin gewiß, daß viele unserer weißen Brüder in Montgomery noch immer über die Negerführer verbittert sind, obwohl diese Führer sich bemüht haben, einen Weg der Liebe und Gewaltlosigkeit zu gehen. Aber die Gewaltlosigkeit bewirkt etwas in den Herzen derer, die sich ihr verschreiben. Sie gibt ihnen eine neue Selbstachtung. Sie legt bisher ungeahnte Quellen der Kraft und des Mutes frei. Und endlich rührt sie auch das Gewissen des Gegners so sehr an, daß die Aussöhnung zur Wirklichkeit wird.

III

Erst in jüngster Zeit erkannte ich die Notwendigkeit der Gewaltlosigkeit auch in den internationalen Beziehungen. Obwohl ich noch nicht von ihrer Wirksamkeit in den Konflikten zwischen den Völkern überzeugt war, fühlte ich, daß der Krieg niemals gut sein konnte. Vielleicht konnte er ein notwendiges Übel sein, das Ausdehnung und Wachstum einer bösen Macht verhinderte. Doch heute glaube ich, daß die potentielle Zerstörungskraft moderner Waffen auch die Möglichkeit eines Krieges als notwendiges Übel ausschließt. Wenn wir an das Lebensrecht der Menschheit glauben, müssen wir eine Alternative zu Krieg und Zerstörung finden. In unserer Zeit des Weltraumfluges und der ferngelenkten Raketen bleibt nur die Wahl zwischen Gewaltlosigkeit und Untergang.

Ich bin kein doktrinärer Pazifist, aber ich versuchte, einen realistischen Pazifismus zu entwickeln, der unter den obwaltenden Umständen als das kleinere Übel anzusehen ist. Ich behaupte nicht, von dem Widerspruch frei zu sein, dem sich jeder christliche Nichtpazifist ausgesetzt sieht. Aber ich bin überzeugt, daß die Kirche nicht schweigen darf, während die Menschheit von atomarer Vernichtung bedroht ist. Will die Kirche ihrem Auftrag treu sein, so muß sie das Ende des Wettrüstens fordern.

Auch einige persönliche Leiden der vergangenen Jahre

haben geholfen, mein Denken zu formen. Ich zögere immer, diese Erlebnisse zu erwähnen, weil ich keinen falschen Eindruck erwecken möchte. Ein Mensch, der ständig die Aufmerksamkeit auf seine eigenen Leiden lenkt, entwickelt leicht einen Märtyrerkomplex und läßt andere glauben, er wolle um Sympathien werben. Es ist gut möglich, daß jemand bei aller Selbstaufopferung selbstsüchtig ist. Deswegen zögere ich auch immer, mich auf meine eigenen Opfer zu berufen. Aber in diesem Aufsatz darf ich es vielleicht doch tun, weil sie mein Denken beeinflußt haben.

Wegen meiner Teilnahme am Freiheitskampf meines Volkes habe ich in den letzten Jahren nur wenige, ruhige Tage erlebt. Zwölfmal habe ich in den Gefängnissen von Alabama und Georgia gesessen. Mein Haus ist zweimal mit Bomben beworfen worden. Ich war das Opfer eines fast tödlich verlaufenen Anschlages, von den fast tagtäglichen Mordandrohungen ganz zu schweigen. Ich bin also wirklich von den Stürmen der Verfolgung geschüttelt worden. Bisweilen hatte ich das Gefühl, diese Belastungen nicht mehr länger ertragen zu können. Dann war ich versucht, mich in ein ruhigeres und sorgenfreieres Leben zurückzuziehen. Aber jedesmal, wenn eine solche Versuchung auftauchte, geschah etwas, das meine Entschlossenheit stärkte. Jetzt habe ich begriffen, daß Gottes Lasten leicht sind, wenn wir sie willig auf uns nehmen.

Meine persönlichen Erfahrungen haben mich auch den Wert unverdienten Leidens erkennen lassen. Als meine Bedrängnisse zunahmen, merkte ich, daß es zwei Möglichkeiten gab, mit meiner Lage fertig zu werden. Ich konnte mit Bitterkeit darauf reagieren oder versuchen, das Leiden in schöpferische Kraft zu verwandeln. Ich entschloß mich zum zweiten Weg. Als ich erkannte, daß alles Leid notwendig ist, versuchte ich, eine Tugend daraus zu machen; wenn auch nur, um mich selbst vor der Verbitterung zu bewahren, versuchte ich doch, meine persönlichen Nöte als Gelegenheiten aufzufassen, mich selbst zu verwandeln und die Menschen zu heilen, die in jene tragischen Situationen verflochten waren. In den letzten Jahren habe ich die Überzeugung gewonnen, daß unverdientes Leiden erlösend wirkt. Manche Menschen halten das Kreuz für einen Stein des Anstoßes, andere finden es töricht. Aber ich bin mehr als je davon überzeugt, daß im Kreuz die Macht Gottes ausgedrückt ist, den Menschen in seinem persönlichen wie in seinem gesellschaftlichen Leben zu erlösen. So kann ich nun mit dem Apostel Paulus demütig und stolz zugleich sagen: „Ich trage die Malzeichen Jesu an meinem Leibe."

Die angstvollen Augenblicke der vergangenen Jahre haben mich näher zu Gott geführt und von der Realität eines persönlichen Gottes überzeugt. Gewiß, ich habe immer an einen persönlichen Gott geglaubt. Aber früher bedeutete er mir kaum mehr als eine metaphysische Kategorie, die mich philosophisch und theologisch befriedigte. Jetzt ist er zur lebendigen Wirklichkeit geworden, die sich in der Lebenserfahrung bestätigte. Gott ist mir in den vergangenen Jahren fast greifbar wirklich gewesen. Inmitten äußerer Gefahren empfand ich innere Ruhe. In einsamen Tagen und traurigen Nächten habe ich eine Stimme gehört, die mir sagte: „Siehe, ich bin bei dir!" Wenn Furcht und Verzweiflung alle meine Mühen zunichte machen wollten, verwandelte Gott die Müdigkeit und Verzweiflung in die Spannkraft neuer Hoffnung. Ich bin überzeugt, daß Liebe über dem Weltall wacht und daß der Mensch in seinem Kampf um die Gerechtigkeit überirdischen Beistand genießt. Hinter dem rauhen Äußeren der Welt steht eine gütige Macht. Wenn ich sage, daß es einen persönlichen Gott gibt, stelle ich ihn nicht als greifbaren Gegenstand neben andere Dinge. Ich sage ihm auch nicht die Begrenztheit einer menschlichen Persönlichkeit nach. Vielmehr sage ich damit, daß in ihm alles vollkommen vorhanden ist, was wir als das Feinste und Edelste kennen. Die menschliche Person ist freilich begrenzt, aber Persönlichkeit als solche bedingt nicht notwendigerweise Begrenzungen. Persönlichkeit bedeutet einfach Selbstbewußtsein und Selbstführung. So ist Gott im wahrsten Sinne des Wortes ein lebendiger Gott. In ihm sind Gefühle und Wille, die für das tiefe Verlangen des menschlichen Herzens empfänglich sind. Dieser Gott weckt und erhört Gebete.

Die letzten zehn Jahre waren sehr bewegt. Trotz der Spannungen und Ungewißheiten dieser Zeit vollzieht sich etwas sehr Bedeutungsvolles. Alte Systeme der Unterdrückung und Ausbeutung sterben, neue Systeme der Gleichheit und der Gerechtigkeit werden geboren. Es ist gut, in einer so großen Zeit zu leben. Deswegen entmutigt mich der Gedanke an die Zukunft nicht. Gewiß ist der leichtfertige Optimismus von gestern heute nicht mehr möglich. Gewiß stehen wir einer Weltkrise gegenüber, die uns oft mitten in das aufgewühlte Meer des Lebens stellt. Aber jede Krise hat nicht nur ihre Gefahren, sondern auch ihre Möglichkeiten. Jede kann Heil oder Untergang bedeuten. In einer dunklen, verwirrten Welt kann in den Herzen der Menschen doch das Reich Gottes herrschen.

Register der Bibelzitate

Museum

 Sehenswürdigkeit

 Gaststätte

 Fahrradverleih

 Fahrradreparatur

 Bootsverleih

 Campingplatz

 Personenschiffahrt

 Freibad

Für die Richtigkeit der in den Touren aufgeführten Öffnungszeiten und Telefonnummern kann keine Gewähr übernommen werden.

Die in dieser Publikation enthaltenen Karten sind lediglich Übersichtskarten. Für alle, die es genauer wissen wollen oder müssen, empfiehlt sich das Heranziehen von Wanderkarten, Stadtplänen und topographischen Karten.

KARTENSYMBOLE

●	Tourbeginn	✿	Wassermühle
▶	Einsetzstelle	✳	Aussichtspunkt
E	Wehr	⌣	Freibad
X	nicht befahrbar	△	Zeltplatz
⇧	Bootshaus	**M**	Museum
⇧	Bootshaus mit Bootsverleih	●	Gastronomie

Die Inhalte dieser Publikation berechtigen nicht zur Ableitung rechtlicher Ansprüche. Für die Richtigkeit der Angaben übernehmen die Herausgeber keine Gewähr. Die Benutzung der hier vorgestellten Gewässer erfolgt auf eigene Gefahr. Für Hinweise zu Änderungen, Ergänzungen und Berichtigungen, die in der nächsten Auflage Berücksichtigung finden können, ist PRO LEIPZIG stets dankbar.

LEIPZIG –
VON VIELEN WASSERN
GEWASCHEN

LEIPZIG – VON VIELEN WASSERN GEWASCHEN

MICHAEL HEYDER

Die Willkür des Zufalls schafft kuriose Tatsachen. Hier waren es zwei uralte Handelswege, nämlich die von der Ostsee bis nach Italien verlaufende Via imperii, die Reichsstraße, und die vom Rhein bis tief in den Osten reichende Fernhandelsstraße Via regia, deren Schnittpunkt allmählich einen Marktflecken anregte, denn hier begegneten sich Handelsleute aus allen Himmelsrichtungen. Das aber ausgerechnet in einer Region, deren Fertigung irgendwie in die Feierabendstunden der göttlichen Schöpfung gefallen sein mußte. Offenbar war nichts übriggeblieben, was Landschaft einigermaßen reizvoll macht: keine schneebedeckten Berge, kein Meer und keine Seen mit sonnigen Stränden. Nein, eher ein unscheinbares Gelände in Gestalt eines riesigen, flachen Eierkuchens, über dem der Wind lustlos in den Wipfeln einiger Linden zauselte, die dann auch prompt als namensgebendes Naturereignis herhalten mußten: der Ort bei den Linden. „Ja mein Gott, sonst war ja da auch nix!" „Doch, doch!" erwiderte Gott vielsagend und wusch sich grinsend in heiliger Unschuld den schmierig graubraunen Staub von den schöpferischen Händen: „Braunkohle! Aus dem Rest macht was, ihr Sachsen seid doch pfiffig." Nachdem jahrhundertelang die Altvordern diesen Ratschlag befolgt und den trostlosen Urzustand je nach Interessenlage verschlimmbessert hatten, bekam ich diesen makabren Landschaftswitz als Hei-

Der Palmengarten, um 1910

matstadt verpaßt. Aber ich tat, was alle tun, die irgendwo hineingeboren werden, ich liebte fortan diesen Flecken Erde, mein Leipziger Flachland mit all dem „Rest". Und siehe da, der ist – bei näherem Kennenlernen – gar nicht so übel ...

Die markanteste Entdeckung: Wald! Richtiger Wald! Ich wuchs in unmittelbarer Nähe der Leutzscher Aue auf, also rein regionalgenetisch gesehen als Leipziger Waldmensch.

Leipzig hat tatsächlich mehr und schöneren Wald (sogar Naturschutzgebiete) als der Blick aus dem Cockpit des Betonmischer-Brummis im Stau der Eisenbahnstraße freigibt. Immerhin gelten noch fast 16 % des städtischen Territoriums als Grünfläche. Hierzu gehören größere und geschlossene Waldgebiete, die sich vor allem um die Nord-Süd-Achse der Stadt lagern, und der über 40 Hektar große Wildpark, in dem heimische Waldtiere wie Schwarz-, Dam- und Rehwild leben. Im englischen Landschaftsstil gehalten, verbünden sich Johannapark, Palmengarten und Clara-Zetkin-Park mit dem südlichen und südwestlichen, das Rosental mit dem nördlichen Zentrum. Im Bretschneider-, Mariannen-, Stünzer, Agra- und Friedenspark dirigieren uralte stattliche Bäume ausgedehnte Wiesen oder lauschige Teicharrangements und Fontänen die Impressionen, die nicht nur Bühnenbildner von Lohengrin-Inszenierungen in Verzückung geraten lassen. Aber vor allem ist es der beson-

Palmengartenwehr

Huflattich

dere Typ Auenwald, der Botaniker und Biologen ganz Europas aufgeregt Schlange stehen läßt. „Der Leipziger Auwald – ein verkanntes Juwel der Natur" betitelt der Direktor des Botanischen Gartens von Leipzig, Gerd K. Müller, ein 1992 erschienenes Büchlein ... Meine einzigartigen Laubhütten, die ich dort baute, hat er dabei natürlich nicht im Blick. Müller meint berufsmäßig etwas anderes: Der nährstoffreiche Auenboden läßt eine ebenso seltene wie artenreiche und üppige Vegetation sprießen, die ihrerseits einer speziellen Tierwelt wohlgesinnt ist. Hier wachsen Esche, Stieleiche, Feldulme, Bergahorn, Hainbu-

Mühlpleiße bei Connewitz

Aronstab

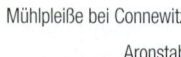

che und Wildobstarten wie Süßkirsche, Holzapfel, Traubenkirsche und vereinzelt die Waldbirne. Im Busch sind Schwarzer Holunder, Weißdorn und der allgegenwärtige Haselstrauch. Auf der unteren Etage finden sich im dichten Wuchs Märzenbecher, Aronstab und Bärlauch, der seinen dem Knoblauch verwandten Geruchsteppich eindringlich ausbreitet und nur Freunde und absolute Gegner kennt. Wenn der Frühling naht, sieht man den Wald demonstrativ in den Sachsenfarben Grün-Weiß. Im höheren Geäst finden wir Habicht, Rot- und Schwarzmilan, Turm- und Baumfalke. Und immerhin klopfen sechs Spechtarten um die Wette ... Diese Perlen der Flora und Fauna ver-

10

Am Stausee Rötha

danken ihre Existenz weitgehend den Besonderheiten der Leipziger Wasserlandschaft, die Städte an größeren Flüssen wie Donau, Rhein oder Elbe so nicht kennen. Sie ist wohl der sächsischen Seele verwandt, verwinkelt und verzweigt, dem Gemächlichen zugetan und nicht auf den ersten Blick durchschaubar, Hah-Zwei-Oh nach Sachsenart. Leipziger Wasser. Deshalb braucht es eine Weile, bis man mit dieser Vielfalt Leipziger Gewässer klarkommt. Selbst für „Ur-Leipziger" ein schrecklich unübersichtliches Gewusel von kleineren und kleinsten Flüssen, Bächen, Sümpfen und Feuchtgebieten. Dazu ein Nach- und Miteinander von Natürlichem und Künstlichem. Seit Jahrhunderten gestaltet, kultiviert – aber auch geschunden, vernachlässigt und mißbraucht und doch nicht totzukriegen: ein System von Fluß-, Neben-, Zweig- und Verbindungsarmen, Kanälen und Kanälchen – der sogenannte Wasserknoten um und in Leipzig. Geschlungen aus: Pleiße, Weißer Elster, Parthe, Batschke, Paußnitz, Kleiner und Großer, Neuer und Alter Luppe, Nahle, Östlicher und Nördlicher Rietzschke, Bauerngraben und Zschampert. Dazu kommen Großer und Kleiner Elsterflutgraben, der Karl-Heine-Kanal, Elster-Saale-Kanal, zwei Elstermühlgräben, Mühlpleiße und Pleißemühlgraben, Elsterflutbett und -becken. In den Auen verlaufen sich Schwarzes, Stilles und Hundewasser sowie einige Bäche, deren Namen man sich sowieso nicht mer-

Parthe bei Panitzsch

11

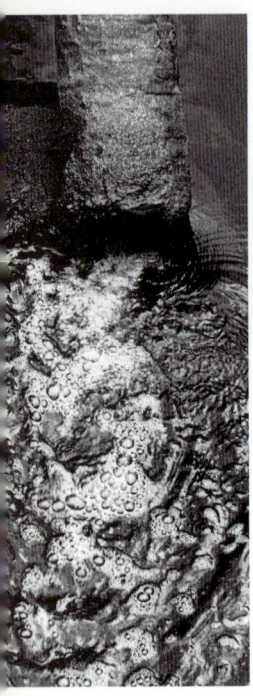

ken kann. Leipziger Teiche und Seen wie der Auensee, ab 1910 die Kies liefernde Grube zum Bau des Leipziger Hauptbahnhofes, entstanden meist als Nebenprodukt mehr oder weniger heftigen Baugeschehens. Einer dieser Seen heißt deshalb auch schlicht „Der Bagger".

Kaum ein anderer Landschaftsbestandteil gibt so wie die Leipziger Gewässer, ihr Zustand, die geplante und tatsächliche Nutzung, ungeschminkt Auskunft über das Wohlbefinden von Leipzig – ob es aufwärts geht mit der stolzen Messestadt oder nur mit dem Stolz der Stadtväter, ob alles gerade mal so dahindümpelt oder gar im schwarzen Schlamm steckenbleibt. Hier kann man es sehen, riechen, fühlen ...

Zu jener Zeit, als Braunkohle von den Nah- und Mitkämpfern des Genossen Ulbricht als himmlisches Geschenk im Klassenkampf entdeckt und auf Teufel komm raus abgebaggert wurde, wußte ich als Vierjähriger, daß Leipziger Flüsse fast so schön stinken wie die Puffwolken, die aus den großen Autos kommen, nur schöner. Ich war begeistert von dem ein Meter hohen rosaroten Schaum am Wehr der Weißen Elster. Nur wunderte ich mich nicht über den Schaum, sondern von dem komischen Flußnamen. Warum hieß das Ding nicht Rosa Elster. Oder nur Rosarot. Stolz lief ich später mit dem Wissen umher, das mir ein wirklich guter Kumpel anvertraute: in Leipziger Gewässern könne man Filme entwickeln. Als ich im Chemieunterricht die Formel für Phenol kennenlernte und eine Geruchsprobe davon erhalten hatte, war mir klar, Leipzig ist eine reiche Stadt mit Tradition. „Mensch, prima, wir haben sogar einen richtigen Phenolfluß, die Pleiße!" Ich kam mir vor wie im Schlaraffenland. Und weil man wertvolle Schätze nicht jedem zeigen darf, kam die innerstädtische Pleiße Anfang der 50er Jahre unter die Erde, bekam einen Deckel, einen Geruchsverschluß. Daß dieser Fluß bis weit ins 19. Jahrhundert einer der fischreichsten Europas gewesen sein sollte und laut kurfürstlicher Ord-

Untersuchungen zu Beginn der 90er Jahre belegten, daß sich die Pleiße-wölbleitung in desolatem Zustand befindet

nung von 1717 Hechte unter einer „Spanne" wieder ins Wasser geworfen werden mußten, ... hielt ich damals für einen dieser schlecht gelungenen Gags wie die Gewichte für die Wasserwaage oder Fahrkarten nach Köln, die es angeblich für jeden Einhundertvierunddreißigsten in der Schlange der Wartenden am Reichsbahnschalter geben sollte. Meine Pleiße stank, das tat sie scheinbar schon immer. Und wo sie nicht stank, war sie weg. Unter der Erde. Die Gewichte für die Wasserwaage gibt's wohl noch immer nicht. Dafür Fahrkarten nach Köln kiloweise, wenn man mag und zahlen kann. Und die Pleiße? Will wieder ans Licht. Soll wieder ans Licht! Und der Elstermühlgraben und ... die anderen ...

„Unsinn!" riefen die einen, denen ohnehin zuviel gebaut wird. „Unsinn!" rufen erst recht die Besitzer eines Parkplatzes, den ihnen das zugeschüttete Flußbett bietet. Zu teuer, meinen andere und überhaupt: Leipzig hat andere Probleme. Wohl wahr! Und die größten haben direkt oder auf schlimme Weise indirekt mit den Leipziger Gewässern zu tun. Aber vielleicht werden die Leipziger einmal dem Grüppchen verrückter Künstler und Architekten ein wasserklares Denkmal setzen, das schon

Pleißemühlgraben an der Wundtstraße

„Wer die Eigentümlichkeit einer Stadt in ganzheitlicher Hinsicht erlebbar machen will, der hat eine gute Chance in der Öffnung der Fließgewässer, ihrer Renaturierung und ihrer Erschließung für Fußgänger und Radfahrer. So dürfte sich oft in einfacher Weise Landschaftsgeschichte und Stadtgeschichte mit der Gegenwart verbinden lassen und diese Verbindung erfahrbar machen. Wenn dieser Zusammenhang in Stadtführern nachvollziehbar präsentiert wird, ist dies auch ein Beitrag zur Identifikation der Bürger mit ihrer Stadt." Klaus Eick

13

Sommer-Terrasse des „Café Paul" auf dem Pleißemühlgraben

Pleißemühlgraben zwischen Otto-Schill-Straße und Promenadenring

1988 die Freilegung von Pleiße- und Elstermühlgraben anmahnte und damals einem (utopisch anmutenden) Projekt den Weg bahnte, das aber heute niemand mehr rechtfertigen muß. Ich jedenfalls schwöre inzwischen auf den Stammplatz an der Reling des Freisitzes im „Café Paul" mit Blick auf den Fluß und den aus maroder Substanz auferstandenen Architekturcocktail aus Gründerzeit und Gegenwart. Sauwohl kann man sich fühlen in Leipzigs City – am Wasser. Venedig ist beeindruckend, aber weit – das hier krieg ich mit dem Fahrrad in zehn Minuten. Und auch das ist beeindruckend! Neuerdings wird den Leipzigern ins Gedächtnis zurückgeholt, warum der Straßenzug zwischen ehemaligem Reichsgericht und Neuem Rathaus früher Karl-Tauchnitz-Brücke hieß. Richtig, auch hier sprudelt es inzwischen wieder öffentlich, geruchlos und fischlebendig. Einst so triste Gegenden wie Otto-Schill-/Zentralstraße oder Wundtstraße zeigen an „Neuen Ufern", wo es langgeht: zum alten, neuen Stadtbild mit Charakter und Charme.

Auf anderen städtischen Flußbereichen lohnt es wieder, Kahn, Boot oder Kanu zu fahren. Zum Beispiel auf dem Wasserweg von der Bootsstation an der Antonienstraße zum brückenreichen Karl-Heine-Kanal, dem Senior Leipziger Wasserattraktionen, zu rudern vorbei an der alten Spinnerei und unterwegs vielleicht mal am Steg einer Wirtschaft auf ein Bier anzulegen, ist längst wieder zum allgemeingültigen Vergnügen avanciert. Schon heute gehe ich jede Wette ein, daß bald die Fans frühkapitalistischer Industriearchitektur zwischen Dublin, Duisburg und Döbeln (unter Anschluß japanischer Tourist-Groups) hier vor Begeisterung feuchte Hände und verklärte Augen bekommen werden. Die Mischung aus Manchester und schaurig schöner, melancholischer Naturkulisse der Ufervegetation wechselt mit plötzlich aufscheinenden hellen Tupfern spritziger Architektur-Coolness der späten 90er Jahre. Leipzigs einst ältestes Industriegebiet zwischen Schleußig und Plagwitz bietet heute zum Teil Wohnmöglichkeiten jenseits aller architektonischen Konfektion, in denen sich Vergangenheit, Gegenwart und Künftiges auf raffinierte Weise mischen. Statt Gießereigestank und rußiger Mauern Wohnen in Lofts – mit Bootssteg! Auf jeden Fall ist der Blick vom Wasser aus ein ungetrübtes Erlebnis, die monatliche Mietrechnung gewiß nicht ...

Weiße Elster an der
Karlbrücke

Restaurant „Weiße Elster"
an der Könneritzbrücke

Kanalbau in Plagwitz, 1864

Spielobjekt „Archimedische Schraube" am Karl-Heine-Kanal

Auf dem Uferweg des Karl-Heine-Kanals entlang, mit dem Fahrrad Richtung Lindenau, wenn die Reifen auf dem phantastisch breiten neuangelegten Radweg surren, glaubt man nach einer Kurve ein kleines Stück Silhouette von Delft hinter sich zu spüren. Ist das wirklich das alte Plagwitz? Der Rückenwind erfreut und treibt lustvoll voran ... unter die nächste Brücke und unter noch eine. Da plötzlich ist die Welt samt Kanal zu Ende, als wollte die Leipziger Geschichte und jahrzehntelang verbrauchte Natur einen Moment innehalten, um den kühnsten Knüller von Leipzigs Wasserbaukunst dramaturgisch vorzubereiten, der selbst das imposante, vor Hochwasser schützende Elsterflutbecken in den Schatten stellt: der Leipziger Hafen. Leipzig und ein Hafen? Das hat doch etwas von einer Sprungschanze in der Sahara!

Das Paradoxon klärt sich schnell, wenn die ursprüngliche Absicht des weitsichtigen Unternehmers und Stadtverordneten Karl Heine bedacht wird, der mit dem nach ihm benannten Kanal eigentlich eine Verbindung von der Elster zur Saale anstrebte, die ihrerseits in die Elbe mündet. Und schon hätten nämlich die Besatzungen der grün-weißen Dampferflotte auf der Reeperbahn nachts um halb eins angetroffen werden können und ganz nebenher natürlich auch die Wirtschaftsinteressen zwischen Leipzig und Hamburg und der anderer Regionen. Nach Heines Tod versuchte die Westend-Baugesellschaft das Projekt zu vollenden, aber die Ebbe im Finanzsäckel kündete 1893 vom vorfristigen Feierabend ... Aus der Traum. Genau vierzig Jahre später war die Planung des Mittellandkanals ihrerseits aus der rein visionären Phase herausgetreten, so daß nach etlichen Querelen und gescheiterten Versuchen im Juli 1933 der Bau des Elster-Saale-Kanals als dessen südlichster Abschnitt endlich den ersten Spatenstich bei Burghausen erlebte. Ihm folgten unzählige andere im Rahmen einer gigantischen ABM für Tausende Arbeitslose: Handarbeit mit Spaten und Schaufel. So kam Leipzig 1938 als direkte Fortsetzung der Heineschen Bestrebungen zum legendären „Kanal" samt Umschlag- und Industriehafen mit Kaimauer und Speichergebäuden. Obwohl 1941 die Hafenbetriebsgesellschaft Leipzig stolz und etwas voreilig in einer Annonce verkünden ließ „Leipzig, der Endhafen am Südflügel, Großdeutschlands jüngster und modernster Hafen", war aber eben alles nicht ganz fertig. Und statt Leipzig, wie beabsichtigt, über den Mittellandkanal nicht nur mit Hamburg, sondern auch mit dem rheinisch-westfälischen Industriegebiet und dem gesamten westdeutschen Kanalsystem, rheinabwärts mit den dort gelegenen Überseehäfen Rotterdam und Antwerpen und rheinaufwärts über den Rhein-Marne- und den Rhein-Rhône-Kanal, zu verbinden, erlebten Kanal und Hafen durch Krieg und die darauffolgende Teilung Deutschlands ihr kurioses Finale als riesige Investruinen, aber auch als längstes und wildromantischstes Freibad der späteren DDR. Nicht auszudenken, was aus dem Selbst-

Elster-Saale-Kanal bei Burghausen

Unvollendet und ohne Kanalanschluß: Schleusenstufe Wüsteneutzsch

Cospudener See

bewußtsein der Hamburger geworden wäre, hätte es der Kanal, wie geplant, noch die paar Kilometer bis Kreypau geschafft, um dann in der Saale zu münden ... Hamburg wäre heute sozusagen der maritime Vorort von Leipzig.

Als nach der Wende das letzte „Feierahmd" für die riesigen quietschenden Schaufelungetüme in den Braunkohletagebauen vor allem im Leipziger Südraum zu hören war, hinterließen sie für die kühnsten unter den Landschaftsplanern einen einzigartigen Buddelkasten in vorher nie gekannten Ausmaßen für strategische Überlegungen und umweltgestalterische Planspiele. Das gab Anlaß zu großen Hoffnungen. Einige davon erfüllen sich bereits: mit Wasser. Leipzigs Zukunft als Seestadt hat längst begonnen.

Cospuden zum Beispiel. Ehemals ein kleiner Ort am südlichsten Zipfel des Leipziger Umlandes, der für die Kohle geopfert wurde, hinterließ seinen Namen für einen See von beachtlicher Größe (395 ha Wasserfläche), samt Umfeld offiziell „Naturpark Nordwest-Sachsen" benannt; Leipziger Witzbolden klingt „Südsee" oder „Costa Cospuda" natürlich angemessener und liebevoller. Schließlich ließ man nicht bloß eine Grube

absaufen. Was hier entstand, darf mit größter Genugtuung gesehen werden, denn mit dem See begann zugleich eine ökolo-
gisch ausgewogene Landschaft mit eigenem Charakter zu
wachsen – Bachverläufe, sanfte Hügel, schattige Wege (first
class fürs Rad!), kleinere Feuchtbiotope, drei Badestrände mit
weißem Sand, insgesamt sieben Kilometer profilierte Uferböschung. Im Sog dieses Vorbilds folgen in nächster Zukunft eine
ganze Reihe ähnlicher Projekte. Und ich bin sicher, daß in fünfzig Jahren von einer Leipziger Seenplatte gesprochen werden
kann, die Surfer, Segler und Badewütige aus den entlegen-
sten Ecken Deutschlands anzieht. Neuseenland – die Vision hat
auch schon einen Namen. Und in der Bucht von Grünau wird
der Mitteldeutsche Yachthafen eingeweiht, der über einen
Kanal in die Saale ...

Am Zöbigker Hafen

Neuerdings habe ich einen vorher hier nie gekannten Freund.
Ein Fischreiher am Palmengartenteich! Da steht er auf seinen
stelzigen Füßen, als wolle er sagen: „Wasser habt ihr, aus dem
Rest macht was, ihr Sachsen seid doch pfiffig!"

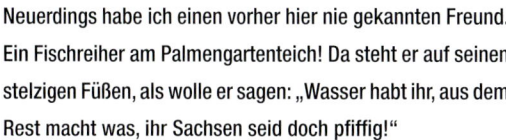

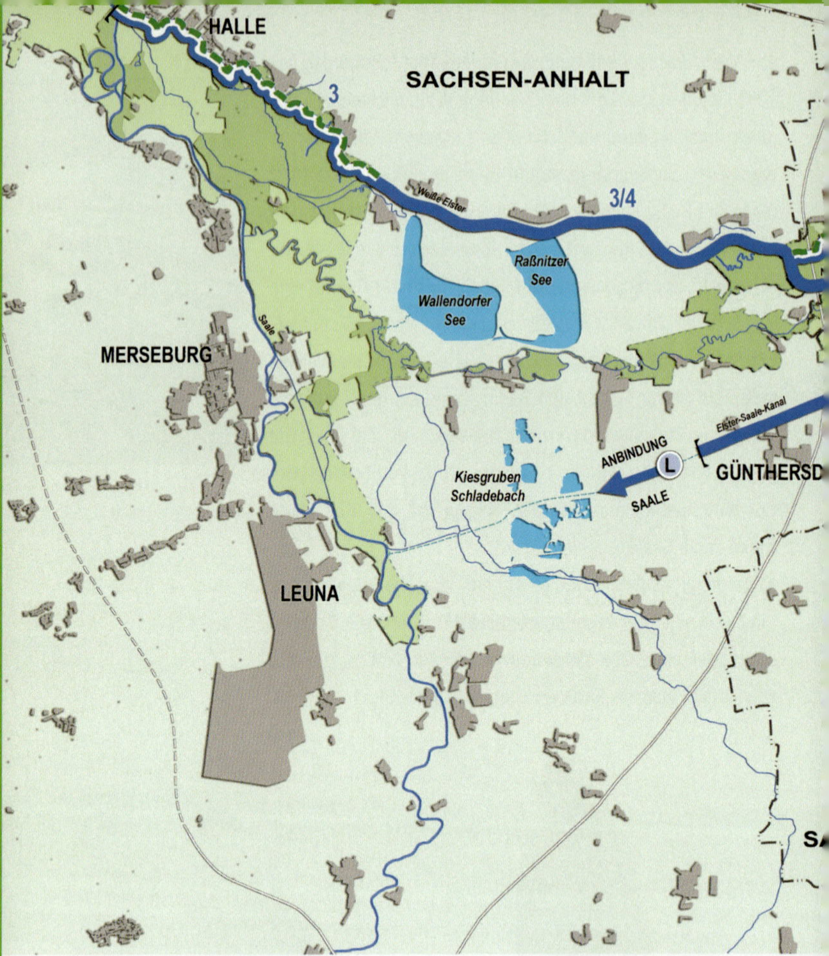

Map Labels

HALLE

SACHSEN-ANHALT

3

Weiße Elster

3/4

Raßnitzer See

Wallendorfer See

Saale

MERSEBURG

Elster-Saale-Kanal

ANBINDUNG

Kiesgruben Schladebach

SAALE

L

GÜNTHERSD

LEUNA

SA

Legend

Gewässerverbund - 2015 - Leitplan

LeipzigBoot-Gewässer (gewässerangepasste Motorboote, Kanutourismus)
kurz / mittelfristige Motorboot-Nutzung (bis 2008 / 2011)

LeipzigBoot-Gewässer
langfristige Motorboot-Nutzung in Prüfung

Kanu-Gewässer

Naturvorrangbereich (Natura 2000-Schutz)
Reglementierung der Kanu-Nutzung

Tagebauseen einschließlich Verbindungsgewässer
Nutzung für alle Bootstypen
(Flutung: Angabe in Klammern)

Natura 2000 Schutzge

FFH-Gebiet

Vogelschutzgebiet

Wesentliche Baumaßn
(Gewässerverbindunger
Schleusen)

K   Baumaßnahme kurzfrist

L   Baumaßnahme langfrist

weiterhin Steganlagen, I
Umtrageeinrichtungen (

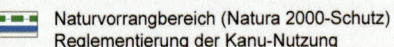
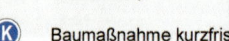
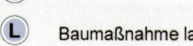

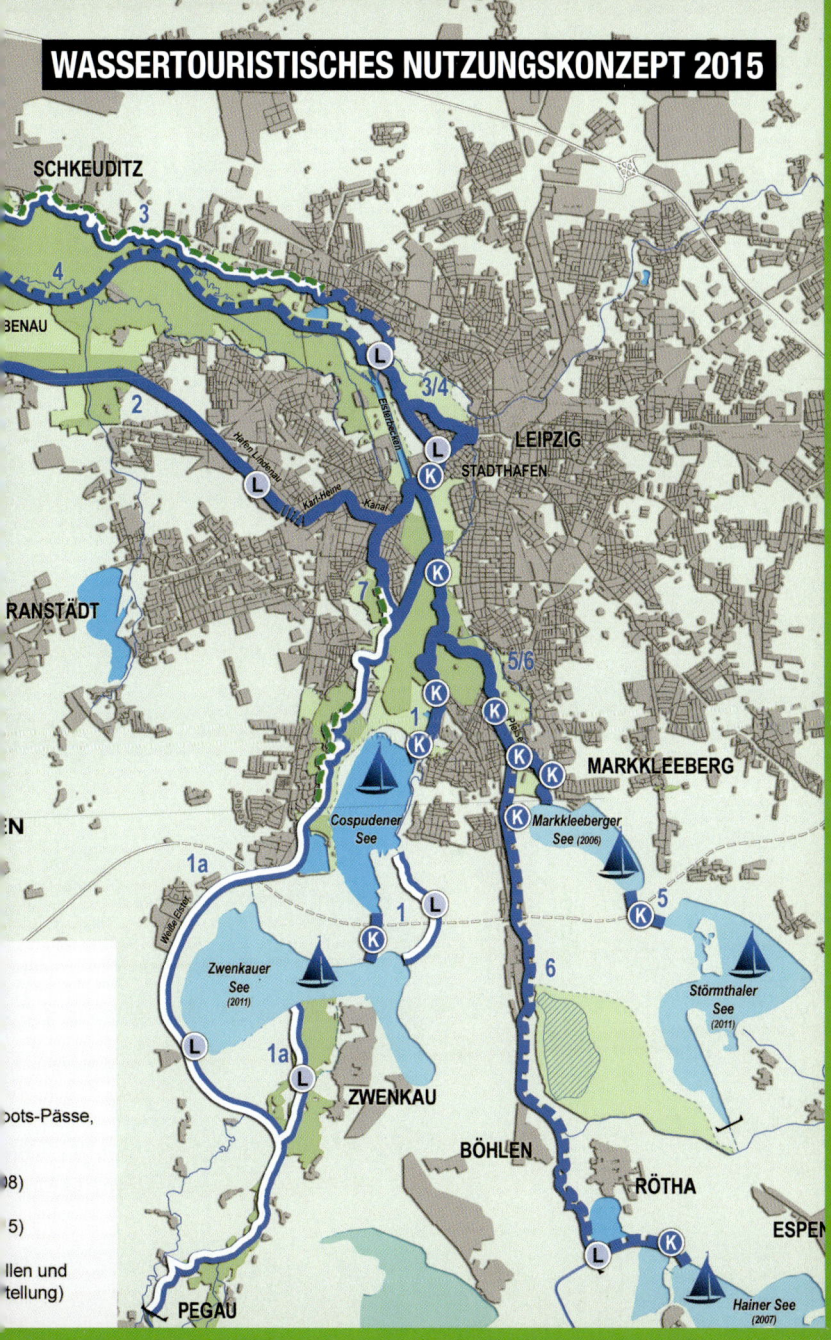

WASSERTOURISTISCHES NUTZUNGSKONZEPT 2015

PLEISSE

MUSTAFA HAIKAL

Pleißequelle bei Ebersbrunn

Leipzigs bekanntester Fluß ist zugleich auch sein merkwürdigster. Schon die Frage, wo er entspringt, war lange Zeit unklar. Das lag weniger an der Unzugänglichkeit des Quellgebiets als an der Willkür der Geographen. In den historischen Atlanten finden sich verschiedene Angaben. So sind südwestlich von Zwickau gleich drei Pleißebäche auf den Karten verzeichnet. Jahrhundertelang störte das niemanden. Zum Krach kam es erst, als die zuständige Amtshauptmannschaft einen der Bäche zum Quellgewässer bestimmte. Der Widerstand der um den Pleißequell gebrachten Gemeinden ließ nicht auf sich warten. Begleitet von mancher Aufregung wanderte das Verfahren durch die Instanzen. Letztlich wurde das Königlich Sächsische Hauptstaatsarchiv mit der Klärung des Streitfalls beauftragt. Im Ergebnis der mehrseitigen Stellungnahme erließ das Ministerium des Innern im Mai 1915 folgende Verfügung: „Zur Beseitigung von Zweifeln wird hiermit festgelegt, daß der in Ebersbrunn entspringende und durch die Orte Stenn, Lichtentanne und Steinpleis fließende Wasserlauf von seiner Quelle an den Namen Pleiße zu führen hat." Bei dieser Entscheidung ist es bis heute geblieben. Auch wenn der dünne Wasserstrahl der Quelle schon nach wenigen Metern in einer Art Feuerlöschteich verschwindet – die Verordnung der königlichen Beamten läßt kaum Raum für Spekulationen. Im Vergleich zur Frage nach dem Flußverlauf ist sie von wohltuender Eindeutigkeit. Vor allem das untere Flußgebiet zwischen Altenburg und Leipzig hat in den letzten Jahrzehnten tiefgreifende Veränderungen erfahren. Riesige Landschaftsräume mußten dem Braunkohletagebau weichen. Immer aufs neue wurde die Pleiße verlegt, begradigt und verkürzt. Von den ehemals 115 Kilometern Länge sind so ganze 90 geblieben – gefährlich wenig für einen ohnehin kleinen Fluß. Da tut es gut, an eine weitere Besonderheit zu erinnern. Im Gegensatz zur Weißen Elster beginnt und endet die Pleiße in Sachsen. Zwar schlägt auch sie einen Bogen ins Thüringische, doch spätestens bei Regis-Breitingen kehrt sie geradewegs zurück. Andere Stationen ihres Verlaufs sind Werdau, Crimmitschau, Gößnitz, Böhlen und Markkleeberg. In Leipzig mündet der Fluß in den Elsterflutkanal.

Ehemalige Angermühle in Werdau

Die Flüsse sind Lebensadern, Grundlage und Voraussetzung menschlicher Existenz. Die Pleiße macht da keine Ausnahme. Ihr Wasser betrieb Mühlen und Wasserkünste, diente zum Küh-

Pleißebogen bei Großdeuben

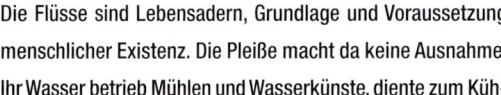

len und Erhitzen, zum Färben und Gerben, zum Baden und Wäschewaschen und soll im übrigen etwas nach Tinte geschmeckt haben. Erstmals erwähnt wird der Fluß in einer Urkunde aus dem Jahre 974. Sein Name ist allerdings älter und wahrscheinlich von dem indogermanischen Wortstamm für „fließen, rinnen und gießen" abgeleitet. Mit dem Wandel der Verhältnisse wandelten sich dann die Bezeichnungen. Einige Familien- und Ortsnamen, wie Pleißner oder Steinpleis, erinnern noch immer an jene Zeit, in der Kaiser Friedrich I. (Barbarossa) die Region großräumig erschließen ließ. Anderes, so die Geschichte der Scheitholztrift, ist längst vergessen. Die Holzhöfe an der Werdauer Angermühle, in Crimmitschau, Münsa und Lößnig beschäftigten ein ganzes Heer von Floßknechten, Rechen- und Teichwärtern, Holzanweisern und Verwaltungsbeamten. Wichtiger noch waren die Mühlen. Etwa 60 von ihnen hat es im 18. Jahrhundert an der Pleiße gegeben. Dort, wo Müh-

len entstanden, entstanden auch Mühlgräben und Mühlteiche, wurden Wege und Brücken angelegt, entwickelten sich unter bestimmten Umständen und lange danach Fabriken. Als in Werdau und Crimmitschau die ersten Spinnmühlen und Webereien ihre Arbeit aufnahmen, war es mit der ländlichen Ruhe vorbei. In wenigen Jahrzehnten veränderte sich das obere Pleißetal zu einer dichtbebauten Industrieregion. Die Leipziger spürten davon wenig. Im Gegenteil: hatten sie einst nur das Rosental und die stadtnahen Promenaden zur Erholung genutzt, so schwärmten sie nun – gegen Ende des 19. Jahrhunderts –

auch in die südlichen Auwaldgebiete aus. In den Dörfern an der Mühlpleiße eröffneten Biergärten und Tanzgaststätten. Der Connewitzer Eiskellerpark beispielsweise bot Platz für mehr als dreitausend Besucher. Die Leipziger Fischer nutzten die Gunst der Stunde, organisierten Stechkahnpartien und betrieben Badeanstalten. Der Fluß im Wechsel der Jahreszeiten, die Naturschönheiten der Auwälder – all das war so recht nach dem Zeitgeschmack. Die fidele Stimmung währte nicht allzulange. Schon ab 1912 fror die Pleiße im Winter nur noch an wenigen Stellen zu, es häuften sich Klagen über die Qualität des einst fischreichen Flußwassers. Ins Katastrophale kippte die Situation, als die karbochemischen Betriebe in Böhlen und Espenhain ihre Produktion aufnahmen. Mitte der 30er Jahre

Schaugle, mei Gahn, uff dr Bleiße,
Schaugle un gibbe nich um!
Scheen is, wenn glorksn so leise
De Wälln. Un de Miggn, die summ´.
Lene Voigt

hatte sich die Pleiße in eine stinkende Kloake verwandelt, trieben gewaltige Schaumkronen auf dem Fluß. Im Zweiten Weltkrieg wurde der Bootsverkehr eingestellt, und bis zum Ende der DDR wäre es niemandem eingefallen, dem tiefschwarzen Wasser unnötig nahezukommen. Mittlerweile sind nicht nur die Fische zurückgekehrt. Durch die Stillegung der großen Industriebetriebe, die Flutung der unweit gelegenen Tagebaurestlöcher und den Ausbau der Uferwege hat der Fluß seine Attraktivität wiedergewonnen. Die Leipziger jedenfalls haben ihn längst aufs neue entdeckt.

Bad am alten Pleißewehr in Markkleeberg, um 1920

27

Durch ein verlorenes Paradies – Die Pleiße zwischen Rötha und Connewitz

TOUR 1

HINWEISE FÜR WANDERER UND RADLER

TOUR-EMPFEHLUNG flußaufwärts von Leipzig nach Rötha, Rückfahrt auf gleicher Strecke oder mit dem Zug von Böhlen aus

LÄNGE DER TOUR 21,5 km, für die Rückfahrt mit dem Zug beträgt die Entfernung zwischen Rötha/Stausee und Böhlen/Bahnhof 4 km

SCHWIERIGKEITSGRAD keine nennenswerten Steigungen, bis auf einige Straßenquerungen bis Rötha vorwiegend Rad- und Wanderwege

TOUR-ÜBERBLICK

0,0	Clara-Zetkin-Park, Sachsenbrücke
1,2	Querung Schleußiger Weg über die Beipert-Brücke, danach rechts der Pleiße Fuß- oder Radweg nutzen
1,6	Connewitzer Wehr
3,4	Hakenbrücke, nach rechts Richtung Unterstellpilz Neue Linie
4,8	vor Wolfswinkel weiter nach links zur Koburger Straße
6,3	Querung der Koburger Straße, weiter durch Dölitzer Straße
6,7	vor der Pleiße rechts auf Pleiße-Radwanderweg
7,8	Pleißewehr an der agra
8,2	Bogenbrücke für Radler und Fußgänger für Abstecher entlang der Kleinen Pleiße
9,4	nach links durch Kleingartenverein „An der Pleiße" e. V. auf parallel zur Pleiße führenden Weg einbiegen
10,2	nach links zurück auf den Pleiße-Radwanderweg
11,3	Gaschwitz/Pleißebrücke, geradeaus weiter
13,3	Großdeuben, Wehr und Einlaßbauwerk des Stöhnaer Rückhaltebeckens
14,4	nach links über die Wehrbrücke, am Ostufer entlang auf die Stöhnaer Straße zur Abfahrt von der B 2, links auf den Radweg nach Böhlen einbiegen
15,1	Unterquerung der Bundesstraße B 2
16,8	Böhlen/Pleißebrücke, nach links abbiegen auf den Wald- bzw. Dammweg
17,9	in Höhe Sportstadion nach links abbiegen
18,0	Querung der Wiesenbrücke über die Pleiße
18,6	parallel zur Gösel bis zur Straße nach Rötha oder zur Unterführung unter die Bundesstraße B 95 für den Abstecher zum Stöhnaer Becken
19,5	Bahnhof Rötha, davor Schienen queren, rechts zur Bahnhofstraße, weiter zum Markt und Stausee Rötha
21,5	ehemalige Obstweinschänke Rötha

HINWEISE FÜR WASSERSPORTLER

TOUR-EMPFEHLUNG   flußabwärts von Rötha, Hinfahrt mit dem Zug von Leipzig
                    nach Böhlen, vom Bahnhof zur Neumühle an der Straße
                    nach Rötha

LÄNGE DER TOUR   17 km (ohne Hinfahrt)

SCHWIERIGKEITSGRAD für erfahrene Paddler (mehrmaliges Umtragen, Schnellen)

TOUR-ÜBERBLICK

17,0	Einsatzstelle Bahnbrücke Böhlen am Sportplatz
15,0	Straßenbrücke, Pegel: 0,75 = Mittelwasser
12,5	Großdeuben, 2,5 m hohes Sturzwehr (!), 100 m vorher links umtragen (!)
7,1	Markkleeberg, 3,7 m hohes Sturzwehr (!), 100 m vorher links umtragen (!), Abgang Mühlpleiße (nicht befahrbar)
6,5	Oetzscher Steg, 0,5 m hohe Stufe (!), für erfahrene Paddler befahrbar
5,9	Leipzig-Lößnig, Bahnbrücke, Steine mit kleiner Schnelle (!), bei Niedrigwasser treideln
5,4	Badesteg ("Rialtobrücke"), ehemaliges Connewitzer Waldbad
4,7	Connewitz, Raschwitzer Brücke, vor dem Wildpark ehemaliges Bootshaus von "Agir" (1883). Hier war der berühmte Leipziger Paddler und Schriftsteller Herbert Rittlinger aktiv.
4,2	links Wiese vom Hochflutbett, Anlegemöglichkeit links am kleinen Graben für einen Besuch der Gaststätte Wildpark (wilder Pfad)
4,0	Hakenbrücke, Mündung Mühlpleiße
3,5	Mündung des Floßgrabens/Batschke in die Pleiße
2,0	Connewitzer Wehr (!), links umtragen, rechts Bootshaus von Motor West, nach der Straßenbrücke des Schleußiger Weges links das Bootshaus der SG Leipziger Verkehrsbetriebe e. V.
1,6	Mündung der Pleiße in das Elsterflutbett ("Deutsches Eck"), links Waldstück "Nonne", rechts Pferderennbahn im Scheibenholz
0,0	Palmengartenwehr (!), rechts Abbauplatz

ABSTECHER FÜR RADLER UND WANDERER

Zur Kleinen Pleiße in Markkleeberg von der Mönchereistraße
zur ehemaligen Stadtmühle, zurück über die Krobitzschstraße und die Auenkirche zum Pleißeradwanderweg.
Zum Stöhnaer Becken vom Pleißeradwanderweg zwischen
Böhlen und Rötha unter der Bundesstraße B 2/95 hindurch.

Die Tour beginnt am östlichen Ufer des Elsterflutbetts im Clara-Zetkin-Park. Das wundervolle Gelände mit seinen Rhododendronhainen und Teichanlagen entstand vor mehr als einhundert Jahren nach der Sächsisch-Thüringischen Industrie- und Gewerbeausstellung. Entlang der Max-Reger-Allee geht es unter schattigen Linden südwärts. Während der Blick noch von den Ruderern und Kanuten auf dem Wasser gefangengenommen wird, taucht kurze Zeit später die Tribüne der Rennbahn auf. Durch verschiedene Umbauten hat das 1907 erbaute Gebäude viel von seinem filigranen Charme verloren. An ihm vorbei führt der Weg bis zum Zusammenfluß von Pleiße und Elsterflutbett. Hier steht seit Dezember 2003 die fünf Meter hohe und zehn Tonnen schwere Plastik des Leipziger Medienkünstlers Ritchie Riediger. Das in der Nacht fluoreszierende Roß erinnert am Tage an eine überdimensionierte Zigarettenschachtel. Hinter der Landzunge liegt das Gebäude eines Kanu-Sportvereins. Links der Strecke reihen sich die Parzellen des Kleingärtner-

Am „Deutschen Eck",
Mündung der Pleiße in das
Elsterflutbett in Leipzig

TOUR 1

Radweg am Pleißeflutbett

Bärlauchblüte im Streitholz

Schulbiologiezentrum
Schleußiger Weg 3–5
(0341)-3 91 51 02
(0341)-2 25 37 67

Anlegestelle vom
Bootshaus der
SG Motor-West e. V. am
Pleißewehr Connewitz

vereins „Südvorstadt" aneinander. Die älteste erhaltene Schrebergartenanlage der Welt kann auf berühmte Pächter verweisen. Wilhelm Liebknecht zum Beispiel bewirtschaftete hier den Garten Nr. 3 – das Grundstück gegenüber dem Vereinslokal. Nachdem der Schleußiger Weg, eine der vielbefahrenen Durchgangsstraßen, überwunden ist (Ampel!), folgt die Route dem Flußverlauf. Auf der anderen Seite der Pleiße befindet sich der botanische Lehrgarten des Schulbiologiezentrums. Das 1892 angelegte Gelände ist öffentlich zugänglich und lohnt einen Abstecher (Eingang Schleußiger Weg). Die Erhebung im Hintergrund besteht aus den Trümmern des Zweiten Weltkrieges. Als Aussichtspunkt und Kulisse bizarrer Happenings gehört der Fockeberg (45 Meter Höhe) zu den beliebtesten Ausflugszielen im südlichen Stadtgebiet. Der Weg entlang des Flusses erreicht jetzt das Pleißewehr, wo früher eine Eisenbahnbrücke den Fluß überspannte. Ihre Fundamente lassen sich an der anderen Uferseite noch erkennen. Die eingleisige Strecke zwischen Plagwitz und Connewitz wurde 1925 stillgelegt und demontiert. Zurück blieb ein teilweise erhaltener Bahndamm, auf dessen Krone ein Wanderweg verläuft (rechts). Der Pleißemühlgraben, der unmittelbar vor dem Wehr abzweigt, verschwindet nach etwa 350 Metern in der Verrohrung. Zwei auf älteren

Karten verzeichnete Flußbäder (Städtisches Freibad, Fischer- bzw. Germaniabad) sind hier heute ebenso unauffindbar wie die Schuppen der Fischerinnung. Von den Anlegestellen am Mühlgraben (südöstlich des Schulgartens) starteten die Ausflugslustigen einst ihre Bootspartie, ging die Tour mit großen Stechkähnen durch den Auwald. Bis zu 30 Personen hatten in den langgestreckten, häufig von Musikanten begleiteten Booten Platz – ein Bild, an das sich manche Leipziger nochslebhaft erinnern. Die Route führt nun vom Wehr zur Probsteibrücke, überquert die Pleiße und verläuft auf dem östlichen Dammweg. Bis zur Zerstörung im Zweiten Weltkrieg stand auf der rechten Seite flußaufwärts der „Wassergott", eine auf Pfählen

erbaute Gaststätte. Wer wollte, konnte an ihrem Bootssteg anlegen oder vom Ufer aus nach dem Fährmann rufen. Vorbei am Sportplatz der Leipziger Verkehrsbetriebe geht es zur Hakenbrücke (Abstecher zur Mühlpleiße). Fast das gesamte Waldgebiet der südlichen Aue gehörte über Jahrhunderte dem Augustiner-Chorherrenstift. Nach der Reformation kam es in den Besitz der Stadt Leipzig, weshalb es noch heute Ratsholz heißt. An der Hakenbrücke, wo Pleiße und Mühlpleiße zusammenfließen, überquert der Weg den Fluß und folgt der Neuen Linie. Die Tiergehege zur Linken sind Teil des Wildparks, eines beliebten Ausflugsziels mit mehreren Gaststätten und Kinderspielplät-

Ausflugslokal „Zum Wassergott" an der Pleiße, um 1910

SG Motor-West Kanu e. V.
Bootshaus am Pleißewehr
Schleußiger Weg 3
(0341)-3 91 32 78

Die begradigte Pleiße
bei Markkleeberg

Forsthaus Raschwitz
Koburger Straße
täglich ab 11 Uhr
(0341)-35 68 88 12

Westphalsches Haus
Dölitzer Straße 12
(0341)-3 91 11 17

Wildpark, ab 7 Uhr
(0341)-30 94 10

agra-Veranstaltungs-
gelände Markkleeberg
Bornaische Straße 210
(0341)-3 33 20

zen. An den Gehegen vorbei führt die Route südwärts und biegt etwa 800 Meter nach dem Unterstellpilz links ab. In dieser Gegend soll 1732 der letzte Wolf des Reviers geschossen worden sein – Anlaß genug für ein steinernes Denkmal, das grimmig am Waldrand steht. Der Weg erreicht kurz darauf die Koburger Straße und damit das Forsthaus Raschwitz. Die alte Ausflugsgaststätte ist unlängst rekonstruiert worden und bietet sich für eine kurze Verschnaufpause an (Biergarten). Seit 1902 können die Leipziger mit der Straßenbahn bis hierher fahren.

Raschwitz gehört bereits zu Markkleeberg, und auch die weitere Route führt zunächst durch die kleine, aus verschiedenen Ortskernen bunt zusammengewürfelte Stadt. Entlang der Breitscheidstraße unterquert der Weg eine Eisenbahnbrücke und biegt dann in die Dölitzer Straße ein. Das letzte bebaute Grundstück auf der rechten Seite (Westphalsches Haus) beherbergt eine Ausstellung zur Regionalgeschichte und dient als Veranstaltungsort für Kammermusikabende und Lesungen. Unmittel-

bar hinter dem neobarocken Gebäude beginnt der Pleißerad-
weg. Über sieben Kilometer begleitet die Strecke den Fluß.
Der Dammweg entstand in den letzten Jahren und soll später
bis nach Altenburg ausgebaut werden. In seinem Verlauf drängen sich Siedlungen, Straßen, Gärten und eine Eisenbahnlinie
auf engem Raum aneinander. Während links und rechts Kohle
gefördert wurde, blieb nur eine schmale Landbrücke erhalten.
Auch die Pleiße floß einst in der östlich verlaufenden Aue, ehe
sie vor Jahrzehnten (1952, 1959, 1971) ihr neues Flußbett erhielt. Mittlerweile sind die Ufer bewachsen und eine Schafherde
beweidet die Wiesen. Der Weg aber erreicht nach wenigen

An der Wildparkgaststätte

Metern das Gelände der agra, führt am ehemaligen Landwirt-
schaftsmuseum vorbei und gibt den Blick auf das Weiße Haus
im Hintergrund frei. Die Anlage mit ihren Teichen und dem kleinen dorischen Tempel befand sich bis zur Bodenreform 1945
im Besitz der Verlegerfamilie Herfurth. Obwohl der im englischen Landschaftsstil errichtete Park viel von seinem ursprünglichen Charakter eingebüßt hat, ist er noch immer sehenswert.
Der Weg verläßt die agra und führt nun über Großstädteln und
Gaschwitz bis nach Großdeuben. An der Brücke zur Mönchereistraße bietet sich ein Abstecher auf den Spuren der Kleinen
Pleiße an. An ihr erreicht der Weg nach Querung der S 46 die
ehemalige Tagebaukante. Bis Sommer 2006 ist hier der End-

Wildparkgaststätte
Koburger Straße 12
Di.–Fr. ab 12 Uhr
Sa., So. ab 11 Uhr
(0341)-3 91 33 34

Teehaus im Wildpark
(0341)-3 91 61 92

Röhnert, Markkleeberg
Koburger Straße 29
(0341)-3 58 44 13

Musikpavillon im agra-Park

Fahrrad-Ossi
Bornaische Straße 17
(0341)–3 02 57 57

Fahrrad-Bachmann
Bornaische Straße 61
(0341)-3 38 05 46

Uhlich
Böhlen, Röthaer Straße 1
(034206)-5 11 84

Fahrrad-Center Wönicker
Rötha, Marienstraße 1
(034206)-5 30 50

Museum Torhaus
Markkleeberg,
Kirchstraße 40 A
Di.–Do. 9–15 Uhr
Fr. 9–14 Uhr
So. 14–17 Uhr
(0341)-3 38 57 76

Flachwassersee im
Stöhnaer Becken

wasserstand des Markkleeberger Sees erreicht. Dicht am neuen Seeufer geht es zur alten Stadtmühle. Von dem Gebäudekomplex sind nur noch wenige Teile erhalten. Auch das in der Vergangenheit so beliebte Familienbad ist verschwunden. Kurz hinter den drei Wohngebäuden verlief früher die Pleiße, trug der Fluß kleine Fischerkähne. Durch die Krobitzschstraße, die Bornaische Straße und die Kirchstraße führt der Rundweg erneut über die S 46. Das zurückgesetzte Gebäude auf der rechten Seite gehörte einstmals der Fischerfamilie Eser. Mit der Auenkirche und dem Ensemble des einstigen Ritterguts ist der kulturhistorisch bedeutsamste Teil des Abstechers erreicht. Während der Völkerschlacht bei Leipzig lag das Rittergut im Zentrum erbitterter Kämpfe um den Pleißeübergang. In dem 1664 erbauten Torhaus kann ein kleines Museum besichtigt werden, ehe der Weg über die Mönchereistraße an den Ausgangspunkt der Strecke zurückkehrt. Weiter auf dem Pleißeradwanderweg. Die Kühltürme in der Ferne gehören zum Braunkohlekraftwerk Lippendorf, einem über vier Milliarden Mark teuren Neubau. Da die gigantischen Betontöpfe zumeist hinter Bäumen verborgen sind, bleibt genügend Aufmerksamkeit

für die kleinen Attraktionen am Rande. Das betrifft die beiden Pleißewehre ebenso wie den Apelstein, der in Großdeuben an die Völkerschlacht bei Leipzig erinnert. Nach dem Überqueren der Straße wird die Fahrradstrecke in Richtung Böhlen genutzt. Kurz hinter dem Ortseingangsschild Böhlen biegt der Weg links ab (bei geschlossenem Tor die alternative Strecke nutzen!), führt östlich des Flusses entlang zum landschaftlich reizvollen Stöhnaer Becken. Als Rückzugsgebiet vieler seltener Vogel- und Amphibienarten hat es einzigartige Bedeutung. Unnötiger Lärm verbietet sich hier von selbst. Der flache See entstand in den vergangenen 20 Jahren als Hochwasserschutzbecken und liegt etwas abseits der touristischen Pfade. Etwa 750 Meter nach dem Zulauf zum Becken biegt der Weg nach links ab, unterquert die Bundesstraße und begleitet zunächst die Gösel. Der kleine Fluß transportierte jahrelang die Abwasserflut der karboche- mischen Werke von Espenhain. Nach wiederum 750 Metern geht es an einer Wegegabelung nordwärts zum Becken. Die- ses kann größtenteils umwandert werden. Zurück zum Zulauf des Stöhnaer Beckens in die Pleiße. Hier führt der Weg weiter Richtung Süden und erreicht bald darauf den ehemaligen Bahn- hof von Rötha – ein halb verfallenes Gebäude voll nostalgischer Sehnsucht. Über die Bahnhofstraße geht es ins Zentrum der kleinen, gemütlichen Stadt (Silbermannorgeln in den Kirchen von St. Georg und St. Marien). Vom Markt aus folgt die Route der Rathaus- und danach der Gartenstraße, bis sie im Verlauf der Waldstraße zum Pleißestausee gelangt. Der See, der die Werke von Espenhain mit Kühl- und Brauchwasser versorgte, wurde 1940 geflutet. Dort, wo sich heute Gartenanlagen befin- den, lagen einst Obstplantagen. Die marode Obstweinschänke erinnert noch an diese Zeit. Das beliebte Lokal war bis 1989 in Betrieb, ehe der letzte Pächter die Tore schloß und über Un- garn in den Westen verschwand. Der See kann auf einsamen Wegen umwandert werden und bietet schöne Aussichten.

Pleißezufluß am Stausee Rötha

St. Marienkirche und Stadtkirche St. Georg mit Silbermannorgeln

Heimatmuseum Rötha Straße der Jugend 5 (034206)-5 45 07 Sa. 15–17 Uhr

„Auf der Höhe", Rötha August-Bebel-Straße 63 (034206)-5 34 17 Mo.–Sa. ab 17 Uhr

Freibad im Kulturpark

Empfehlung für den Rückweg: über Zentrum Rötha, Volkspark und Böhlener Straße bis Böhlen, nach der Pleißequerung links Weg zur Dorfkirche Christophorus und zum Bahnhof Böhlen (S-Bahn- Anschluß) nutzen

An der Mühlpleiße zwischen Dölitz und Connewitz

TOUR 2

HINWEISE FÜR WANDERER UND RADLER

TOUR-EMPFEHLUNG von der Hakenbrücke Mühlpleiße aufwärts bis zum Pleißewehr an der agra oder umgekehrt, als alternativer Streckenabschnitt innerhalb der Pleißentour

LÄNGE DER TOUR 4,0 km

SCHWIERIGKEITSGRAD für radelnde Familien und Spaziergänger, bis auf Straßenquerungen vorwiegend Rad- und Wanderwege

TOUR-ÜBERBLICK

0,0 Hakenbrücke, nördlich der Mühlpleiße zum Filtersteg, Wanderweg durchs Mühlholz

0,7 Unterquerung der Koburger Straße an der Pleiße

0,9 Unterquerung der Bundesstraße B 2/95

1,0 Förstersteg, weiter rechts die Mühlpleiße aufwärts

1,6 Unterquerung der Bahntrasse

2,5 Goethesteig, alternativ zu dem Weg über die Sportplätze führt auch ein nichtöffentlicher Weg direkt an der Mühlpleiße entlang, weiter Weg durch den Goethepark (Torhaus Dölitz, Spreewaldschänke)

3,8 Unterquerung der Bundesstraße B 2/95, zur Brücke über die Pleiße

4,0 Pleißewehr

Wehr der Dölitzer Mühle

Mühlpleiße

ehemalige Connewitzer Mühle

Mühlholz

B 2/B 95

DÖLITZ

Prinz-Eugen-Straße

Pleiße

Bornaische Straße

Wildpark

ab hier 400m mit Bootswagen umtragen

LÖSSNIG

Kraftwerk

Gautzscher Spitze

Mühlpleiße

Koburger Straße

Sportplätze

privat!

Mühlenwehr rechts umtragen

Tor-haus Dölitz

Pleiße

Goethesteig

Dölitzer Straße

Dölitzer Holz

B 2/B 95

agra-Park

M

Raschwitzer Straße

Döburger Straße

Ring

Hauptstraße

Einsetzstelle

Kleine Pleiße

Rathaus Straße

MARKKLEEBERG MITTE

M

HINWEISE FÜR WASSERSPORTLER

TOUR-EMPFEHLUNG   Mühlgraben abwärts, von der Mönchereibrücke in Markkleeberg zur Pleißemündung in Connewitz

LÄNGE DER TOUR   4,2 km

SCHWIERIGKEITSGRAD   für erfahrene Abenteurer, denen ein Trip in den brasilianischen Regenwald zu teuer ist (mehrmals umtragen, Mühlenwehr Connewitz muß gefahren werden!!)

TOUR-ÜBERBLICK

4,2	Einsetzstelle Mönchereibrücke in Markkleeberg
4,1	vor Pleißewehr rechts, Unterquerung der Bundesstraße
4,0	agra-Brücke 2
3,7	agra-Brücke 1, Weißes Haus
3,1	Torhausbrücke
2,9	Mühlenwehr Dölitz, rechts umtragen
2,8	Goethesteig, Brücke
2,1	Lößniger Brücke (sehr niedrig !), die Weiterfahrt am Kraftwerk Lößnig ist verboten, daher mit Bootswagen 400 m links umtragen
1,8	an der Bahnbrücke wieder einsetzen
1,2	Apitzschbrücke (Förstersteg), Lichte Höhe 0,70 m
1,0	Querung Zubringer zur Bundesstraße
0,9	Koburger Brücke (sehr niedrig !)
0,8	Mühle (jetzt: Autoreparatur) Connewitz, Wehr muß gefahren werden, keine Umtragemöglichkeit (!), sonst bereits ab Förstersteg links umtragen zur Pleiße
0,5	Querung der Bundesstraße B 2/95, ab hier ist die Mühlpleiße verwachsen
0,4	Mühlholzsteg
0,2	Filtersteg
0,0	Hakenbrücke, Mündung in die Pleiße

Ohne die Mühlpleiße und ihre Mühlen ist die Geschichte von Connewitz, Lößnig und Dölitz undenkbar. Der am Ostrand der Aue verlaufende Wassergraben entstand in der ersten Hälfte des 13. Jahrhunderts. Für die damalige Zeit war er eine beeindruckende bautechnische Leistung. Um das dafür erforderliche Gefälle überhaupt zu erreichen, mußte die Bettsohle des Grabens in Geländehöhe liegen und durch einen künstlichen Damm gefaßt werden. Wer genau hinschaut, kann dies z. B. zwischen Raschwitzer Straße und Eisenbahnlinie noch erkennen. Die Tour beginnt an der Hakenbrücke und führt nördlich der Mühlpleiße bis über den Filtersteg. Unweit von hier befand sich einst ein Filter, durch den das Grundwasser der Aue vor seiner Weiterverwendung gereinigt wurde. Die Route folgt der eingeschlagenen Richtung, unterquert dicht an der Pleiße die Koburger Straße und danach die B 2. Wie keine andere Verkehrsader hat die in den 70er Jahren erbaute Bundesstraße den südlichen Auwald verändert, alte Verbindungen unterbrochen und Lebensqualitäten beeinträchtigt. Der an der westlichen Seite der Mühlpleiße verlaufende Radweg unterquert nun die Eisenbahn. Vorbei am Kraftwerk Süd geht es weiter bis zur Raschwitzer Straße. Hier bieten sich zwei verschiedene Routen an. Während die eine zwischen den Sportplätzen zum Goethesteig führt, schlängelt sich die andere direkt am Wasser entlang (nichtöffentlicher, dafür schöner Wanderpfad). Die Dölitzer Mühle und das hinter ihr liegende Torhaus des ehemaligen Dölitzer Schlosses sind auf beiden Wegen zu erreichen. Das Torhaus beherbergt heute eine Zinnfiguren-Ausstellung und Exponate zur Völkerschlacht. Die Dölitzer Mühle wird vom Grünalternativen Zentrum betrieben. Als einzige der drei Mühlpleißemühlen hat sie alle Wirren der Zeit überstanden, wenn auch ihre Turbinen längst stillstehen. Nach dem Besuch der historischen Gebäude geht es ins Gelände der agra und auf dem Pleißedammweg nach Großdeuben.

TOUR 2

Restaurant & Pension „Dölitzer Romantik" Helenenstraße 14 (0341)-3 38 06 66

„Spreewaldschänke" Goethesteig 7 täglich ab 11 Uhr (0341)-3 38 35 70

Fahrradreparatur: Siehe Tour 1

Grünalternatives Zentrum Dölitzer Wassermühle Vollhardtstraße 16 (0341)-3 38 93 52

Torhaus Dölitz Zinnfigurensammlung Helenenstraße 24 (0341)-3 38 91 07 Mi.–So. 10–17 Uhr

Torhaus Dölitz an der Mühlpleiße

PLEISSE- UND ELSTERMÜHLGRABEN

PLEISSE- UND ELSTERMÜHLGRABEN

HEINZ-JÜRGEN BÖHME

Pleißemühlgraben am Neuen Rathaus, das am ehemaligen Standort der Pleißenburg errichtet wurde, um 1920

Am Alten Amtshof, 1932

Daß sich noch zu Beginn der 1930er Jahre nicht nur die Seelöwen des Zoologischen Gartens einigermaßen schadlos im Pleißewasser aufhalten konnten, ist verbürgt. Doch schon kurz nach dem Zweiten Weltkrieg taugte Leipzigs einstiger Hauptfluß weder für Mensch noch Tier. Die Dauereinleitung ungeklärter Abwässer der Braunkohleveredlungswerk ein Böhlen, Espenhain, Rositz und anderer hatte zu nachhaltiger Verseuchung geführt. „Wir sind zu der Ansicht gekommen, daß die Pleiße nach Möglichkeit aus der Stadt herausgenommen werden muß, da die früheren Voraussetzungen für die Flußführung nicht mehr gegeben sind und es niemals gelingen wird, das verunreinigte Pleißewasser wieder in den reinen Urzustand zurückzuversetzen. Nach eingehenden Erörterungen mit den wasserwirtschaftlichen Dienststellen der Regierung in Berlin ist beschlossen worden, den Pleißelauf mehr oder weniger zum Tode zu verurteilen." So Stadtbaurat Brendel 1951. Man sah die Lösung nicht etwa in der Beseitigung der Ursachen, sondern im Bau einer unterirdischen Wölbleitung, d. h. im Verdrängen, im Unsichtbarmachen der Symptome. Ende Mai 1956 wurde das über drei Kilometer lange Steingrab des Pleißemühlgrabens zwischen Germaniabad und Rosentalwehr geflutet. Als rund zehn Jahre später auch noch der Elstermühlgraben zwischen Schreberbad und Jacobstraße verrohrt wurde, hatte die Stadt ihre beiden

Bau der Pleißewölbleitung an der Harkortstraße, 1951

wichtigsten zentrumsnahen Fließgewässer und damit rund fünf Kilometer innerstädtische Flußlandschaft verloren. Dort, wo die Mühlgräben früher mit malerischen Ufereinfassungen, Brükken, Stegen und Wehren unverwechselbare Teile eines in sich geschlossenen urbanen Systems bildeten, verödeten Brachflächen oder verstellten Parkplätze den Blick. Die Stadt war ärmer geworden, ärmer an struktureller Vielfalt, ärmer an örtlicher Eigenart, ärmer an Erlebbarkeit. Ende der 1980er Jahre mehrten sich die Stimmen derer, die nicht mehr bereit waren, Fehlentwicklungen und Perspektivlosigkeit tatenlos hinzunehmen. Initiativgruppen (z. B. der Christliche Arbeitskreis Welt-Umwelttag/AKW) führten 1988 und 1989 Pleißemärsche durch und reflektierten die ökologische Situation der Pleiße. Das STADT-KULTUR-PROJEKT Leipzig, ein freier Zusammenschluß von vier Künstlern und Architekten, verwies auf strukturelle Defizite und forderte eine die historischen Entwicklungslinien respektierende Stadtplanung. Das von der Gruppe initiierte Vorhaben zur Freilegung von Pleiße- und Elstermühlgraben, erhielt die Bezeichnung NEUE UFER.

Noch in den 1980er Jahren hielt die Flußverseuchung durch Industrieabwässer an.

Aktion „Pleiße ans Licht",
Markierung des
Flußverlaufs an der
Wundtstraße, 1990

Pleißewölbleitung an der
Beethovenstraße

Von den ersten, zumeist belächelten, visionären Vorstellungen, etwa der Aktion „Pleiße ans Licht" (1990), über Diskussionen und Ausstellungen ist es gelungen, trotz manch hartnäckiger Ressentiments den kommunalen Sinn für die Problematik der geschundenen Flüsse zu schärfen. Als Untersuchungen belegten, daß sich die meisten Abschnitte der Pleißewölbleitung in marodem Zustand befinden, erschien es selbst vielen Skeptikern sinnvoll, die Mittel nicht in der Konsolidierung dieser unwürdigen Situation zu vergeuden, sondern damit besser die Freilegung voranzubringen. Zudem begann sich die Erkenntnis durchzusetzen, daß die Integration ökologischer Belange in die Stadtplanung keineswegs im Widerspruch zu wirtschaftlichen Erfordernissen steht und daß die Kultivierung sogenannter weicher Standortfaktoren geradezu Voraussetzung für eine gute ökonomische Perspektive Leipzigs ist. Nach Bestätigung der Rahmenpläne durch die Stadtverordnetenversammlung (1994) richtete sich das Augenmerk auf die Qualität der Umsetzung, wobei es weder um eine gänzliche Rekonstruktion historischer Verhältnisse noch um einen absoluten Neuanfang gehen sollte. So ist zwar die Sanierung der alten Ufermauern angestrebt, aber ebenso das Aufbrechen der kanalartigen Fassung und die Schaffung vielfältiger Kontaktebenen zum Wasser. Im Rahmen einer Typologiestudie (1995) wurden neue Ausstattungselemente wie Ufergeländer, Bänke, Leuchten, neue Staustufen, Treppenanlagen, Bootsanlegestellen, Brücken, Stege oder uferbegleitende Begrünungen entworfen. Sie sollen wieder einen gestalterischen Zusammenklang herstellen und die einzelnen Flußabschnitte zu einer lebendigen Achse verschmelzen. Darüber hinaus eröffnen sich mit den erweiterten Wege- und Blickbeziehungen viele Möglichkeiten, altbekannte Orte gewandelt zu erleben und vergessene Facetten ihrer kulturhistorischen Entwicklung wieder stadträumlich nachvollziehbar zuzuordnen. Für Leipzig ist die Freilegung von Elster-

Containerausstellung auf dem Sachsenplatz zu Historie und Zukunft der beiden Mühlgräben, 1996

und Pleißemühlgraben selbst ohne ihre ursprüngliche Funktion keine beliebige oder gar verzichtbare gestalterische Zutat, sondern elementare Stadtreparatur mit einem deutlichen Zuwachs an Identifikation der Bürger mit ihrer Stadt und nicht zuletzt auch mit einem Zugewinn an Attraktivität für Touristen und für Investoren. Erfreulicherweise haben sich ja gerade Bauvorhaben entlang dem Pleißemühlgraben als Impuls für die Freilegung erwiesen und eine Finanzierung ermöglicht, die etwa zu gleichen Teilen von der Stadt, durch Fördermittel und von Investoren getragen wurde. Des weiteren setzen sich mittlerweile viele amtliche und private Partner für das Projekt ein, so der 1996 gegründete Förderverein NEUE UFER, der den Planungs- und Bauprozeß seither u. a. mit der Weiterführung der gleichnamigen Publikationsreihe begleitet und für dessen materielle und ideelle Unterstützung wirbt. Die Abschnitte des neuen Pleißemühlgrabens an der Wundtstraße, im Musikviertel, am Alten Amtshof und gegenüber der Thomaskirche, aber auch der erste Öffnungsabschnitt des Elstermühlgrabens am Ranstädter Steinweg bestätigen die Richtigkeit des bisherigen Weges, machen aber auch deutlich, wieviel Engagement und welch anspruchsvolle Planung noch nötig ist, um ein über Jahrhunderte gewachsenes und vor Jahrzehnten leichtfertig zu Grabe getragenes Potential weitsichtig wiederzubeleben.

Freilegung des Flußbetts des Pleißemühlgrabens an der Wundtstraße, 1997

Zurück ans Licht –
Spurensuche am Pleißemühlgraben

TOUR 3

HINWEISE FÜR WANDERER UND RADLER

TOUR-EMPFEHLUNG   den Pleißemühlgraben abwärts zwischen Rennbahn, Musikviertel und Promenadenring, von dort über die Rosentalgasse zum Zooschaufenster

LÄNGE DER TOUR   ca. 4,3 km

SCHWIERIGKEITSGRAD   für Spaziergänger aller Altersgruppen

TOUR-ÜBERBLICK

0,0   Wundtstraße, Ecke Kurt-Eisner-Straße

0,9   Ecke Dufourstraße die Wundtstraße queren und entlang der Simsonstraße dem verrohrten Flußlauf folgen

1,6   Bundesverwaltungsgericht (Simsonplatz), Fritz-von-Harck-Anlage weiter den Promenadenring (Martin-Luther-Ring) entlang, dann links Fuß- und Radwege direkt am geöffneten Pleißemühlgraben entlang

2,5   Ecke Dittrichring/Gottschedstraße

2,7   Lessingstraße

2,8   Naundörfchen, Hauptfeuerwache

3,0   Rosentalgasse, Lortzingstraße

3,6   Rosentaltor

3,8   Vorderer Rosentalteich

4,3   Zooschaufenster

HINWEISE FÜR WASSERSPORTLER

Bisher sind nur Teilabschnitte des Pleißemühlgrabens geöffnet, auf denen zu paddeln ist jedoch nur etwas für Spaßvögel; der Elstermühlgraben ist zwischen Palmengartenwehr und Schreberbad eingeschränkt befahrbar. (Achtung! Der Elstermühlgraben hat nur eine geringe Wassertiefe, darunter jedoch eine gefährlich tiefe Schlammschicht.)

Von Fischerfamilien betriebene Bootsstationen am Schleußiger Weg (heute Wundtstraße), um 1910

TOUR 3

Bauschmuck am Haus Arndtstraße 1

Der Pleißemühlgraben zweigt kurz vor dem Wehr im Connewitzer Holz rechts von der Pleiße ab und verschwindet unvermittelt unweit des Schleußiger Wegs, etwa am ehemaligen Standort des Germaniabades zwischen den Stahlgittern eines Einlaufbauwerks. Schon wenige Meter dahinter, unter den Pfeilern der lärmenden B 2 oder an den schmalen Grünflächen entlang der Wundtstraße, ahnt niemand mehr die unterirdische Existenz des Flusses. Auf Fotos dieser Gegend aus der Zeit um 1900, mit am Uferbogen aufgereihten Bootsstationen und einer Armada von Wasserfahrzeugen ist kein wiedererkennbarer Fixpunkt zu finden. Die Wandlung ist hier wie vielerorts umfassend. Nur wer die wenigen Spuren, etwa die Abdecksteine der Ufermauern oder die Markierungen längst verschrotteter Brückengeländer im Bodengranit, zu deuten versteht, spürt die Zeit und ahnt die Zusammenhänge. Das Eckhaus Arndtstraße 1 ist jedenfalls ein echter Flußbau. Wie es sich gehört mit Krebsen und Fischen als Fassadenschmuck und einer ehemaligen Bootsstation im Keller.

Das erste freie Wasser dann endlich an der Mahlmannstraße. Die mattsilbern glänzende Reihe edelstählerner Brücken gehört zum ersten Öffnungsabschnitt, für den bei strömendem Regen und Blasmusik am 13. November 1996 neben dem Regierungspräsidium der langersehnte erste Spatenstich erfolgte. Mit dem Aufbruch der Wölbleitung war das Ende des fast fünfzig Jahre andauernden unwürdigen Zustands eingeläutet. Die erhalten gebliebenen Ufermauern erwiesen sich, wie erwartet, als sanierungsfähig und wurden mit neugestalteten Geländern und Sockelleuchten komplettiert.

Kurz vor der Dufourstraße schwenkt der Fluß, ab Braustraße wieder unsichtbar, ins Musikviertel hinüber, das sich am Ende des 19. Jahrhunderts mit all seinen Wohnquartieren, Stadtvillen und repräsentativen Kultur- und Bildungsbauten in die eigens dafür trockengelegte Auenlandschaft hineinschob. Auch die Schimmelschen Teiche mit der legendären Ausflugsinsel Buen Retiro mußten damals der Baulandgewinnung weichen. An der Spießbrücke, an der noch vor hundert Jahren die Pleißefischer wohnten und die heute noch keine Brücke, sondern

Restaurant Neo
Mahlmannstraße 1–3
(0341)-9 95 61 91

Café Grundmann
Mahlmannstraße 16
(0341)-2 22 89 62

Pleißemühlgraben
von der Wundtstraße
Richtung Simsonstraße

Pleißemühlgraben vor dem Bundesverwaltungsgericht

Karl-Tauchnitz-Brücke, um 1950

ein Einlaufbauwerk ist, beginnt der gerade mit Unterstützung der Bundesstiftung Umwelt fertiggestellte neue Abschnitt. In die Gestaltung der Anlage mit ihren aufgeweiteten grünen Ufern, den Findlingen im Fluß, einem Schiffs- und Wasserspielplatz und einer kleinen Fußgängerbrücke flossen auch die Ideen von Schülern, Studenten und Anwohnern ein. Letztere haben nun einen ganzjährigen Exklusivblick – vom eigenen Balkon.

Die Bewohner von Simson- und Lampestraße, der anschließenden Hauptachse des Viertels müssen auf das Wasser vor der Haustür noch warten. Besonders jetzt, nach erfolgter Sanierung der Häuserzeilen wird die komplette Wiederherstellung dieses herausragenden gründerzeitlichen Ensembles mit dem Fluß in der Mittellage immer dringlicher. Zwischen Mozart- und Beethovenstraße wieder gutes Beispiel. Im Kontext zur angrenzenden Tiefgarage erbaut, das neue Mendelssohnufer. Benannt in Erinnerung an den Gewandhauskapellmeister und Mitbegründer des Leipziger Konservatoriums Felix Mendelssohn Bartholdy, dessen Denkmal die Nazis 1936 beseitigten. Nördlich von hier befand sich, ebenfalls mit großen, in die Aue hineinreichenden Teichen, der Botanische Garten der Universität, der trotz des schlechten Baugrunds zum Standort des Reichsgerichtskomplexes wurde. Im Zuge seiner Sanierung kam es 2002 zur Neugestaltung des davorliegenden Simsonplatzes. Leider war hier die angestrebte großzügige Öffnung des Mühlgrabens nicht durchsetzbar – enge Gitterroste wirken eben doch wie ein geschlossener Bodenbelag.

Unmittelbar anschließend war bis etwa 1880 mit der Nonnenmühle mit Badeanstalt und Pferdeschwemme, den beiden Türmen der Wasserkunst, die die Versorgung der Stadt mit Trinkwasser zur Aufgabe hatte und zu diesem Zweck über die sogenannte Röhrenfahrt ein Gemisch aus Pleiße- und Brunnenwasser in die öffentlichen Brunnen und Hausanschlüsse pumpte, ein ganzes Spektrum Alt-Leipziger Wassernutzung

![Der neu gestaltete Mühlgraben zwischen Fritz-von-Harck-Anlage und Harkortstraße]

konzentriert. Innerhalb zweier Jahrzehnte kippten auch hier die historischen Strukturen. Den Mühlplatz nahm nun die Karl-Tauchnitz-Brücke ein. Ihre beiden reich dekorierten Obelisken wurden mit dem anstelle der Ploißenburg errichteten Neuen Rathaus im Hintergrund fast zu einem Wahrzeichen der Stadt. Dies mag mit dazu beigetragen haben, daß die oberirdischen Teile der Brücke nach der Flußverdolung noch eine Gnadenfrist erhielten und erst 1964 dem Bau der Großkreuzung zum Opfer fielen. Interessanterweise hielten ausgerechnet die Straßenbahnfahrer die Erinnerung wach, als sie noch Mitte der 70er Jahre, und scheinbar völlig unbeeinflußt von den Geschehnissen, die benachbarte Haltestelle als Karl-Tauchnitz-Brücke ausriefen. An der neu gestalteten Fritz-von-Harck-Anlage präsentiert sich der offene Fluß mit Bootsanlegesteg, Überlaufwehr und einem Kunstobjekt aus aneinandergereihten, rot lackierten Wasserrädern, das an die Tradition dieses Ortes erinnern soll. Nach hundert Metern ein weiterer Öffnungsabschnitt. Der Fluß schwenkt vis-à-vis dem Stadthaus, am Standort der

Der neu gestaltete Mühlgraben zwischen Fritz-von-Harck-Anlage und Harkortstraße

Neuer Fluß am Alten Amtshof

An der Dorotheenbrücke

„Café Paul"
Otto-Schill-Straße 1
täglich ab 9 Uhr
(0341)-2 24 84 58

Vor der Dresdner Bank

Schloßbrücke, die vorerst durch eine rote Betonwand markiert ist, hinter die Gebäude am Ring. Hier hatte bis 1963 die berühmte Fischhandlung Müller ihr Domizil, die in besseren Zeiten noch mit eigenem Bootssteg und einem in die Strömung gehängten Frischhaltekasten ausgestattet und so dem Metier geradezu elementar verbunden war. Die kleinen Häuser am Alten Amtshof, die der Krieg verschont hatte, bekamen jedoch keine Chance. An ihre Stelle sind die exakten Stahl-, Glas- und Betonkanten unserer hart kalkulierenden Zeit getreten.

Eine angenehm kontrastierende Oase von zumindest saisonaler Lebendigkeit ist der über dem Wasser schwebende Freisitz des Café Paul an der neuen Dorotheenbrücke. Eben hier, zwischen Manufaktur und barockem Prachtgarten des Kaufmanns Apel, hatte übrigens die Leipziger Tradition des Fischerstechens 1714 ihren Ausgangspunkt, ein wohl den Venezianern abgeschauter Turnierkampf zu Wasser, bei dem je zwei ganz in weiß gekleidete Angehörige der Fischerinnung mit langen, an den Spitzen gepolsterten Stangen danach trachteten, sich vor johlender Menge gegenseitig die Balance zu nehmen und aus ihren Booten zu stoßen. Letztmalig so geschehen 1938, allerdings nicht hier, sondern auf dem Teich des Palmengartens, des saubere-

ren Wassers und des umgebenden Parks wegen. Wenige Fluß-
meter weiter befindet sich ebenfalls geschichtsträchtiges Terrain. Die Dresdner Bank, vom Ring her nur über Brücken erreichbar, wurde anstelle zweier kriegszerstörter Baudenkmale
errichtet, dem Lurgensteinschen Gartenpalais und der Thomas-
mühle. Diese war als letzte der drei Stadtmühlen am Pleißemühlgraben noch bis 1943 in Betrieb. Freilich nicht mehr mit
ihrem alten unterschlächtigen Wasserrad, sondern seit 1901
mit einer effektiven Francis-Turbine. Deren Rad konnte geborgen werden und ist heute der einzige erhaltene Sachzeuge
der Mühle.

Dann am Wehr vor der Gottschedstraße das vorläufige Ende
der Flußfreiheit. Das Wasser rauscht noch einmal kurz auf, bevor es erneut für mehrere hundert Meter vom Kanaldunkel umschlossen wird. Bis zur heutigen Käthe-Kollwitz-Straße erfolgte
die Abdeckung allerdings schon um 1900 im Zuge der Neube-
bauung des Rings. Auch die etwa am Eingang der Bosestraße
gelegene Barfußmühle kam damals zum Abbruch. Ihre beiden
barocken Erinnerungstafeln blieben glücklicherweise erhalten
und werden in der Halle der Hochschule für Musik und Theater,
dem Nachfolgebau der Mühle, präsentiert. Trotz knapper Platz-

An der Gottschedstraße

Kosmos Hotel
TNC GmbH
Hotel, Sauna
Gottschedstraße 1
(0341)-2 33 44 20
(keine Küche)

Das Brückensymbol an
der Lessingstraße deutet
einen weiteren Öffnungs-
abschnitt an.

Das Naundörfchen hinter der Hauptfeuerwache, um 1930

Ende der Pleißewölbleitung an der Rosentalbrücke

verhältnisse ist perspektivisch selbst hier am stark frequentierten Dittrichring wieder eine offene Flußführung möglich. Zwischen Käthe-Kollwitz- und Lessingstraße wurde jedenfalls 1994 die Gelegenheit verpaßt, mit dem Bau der Victoria-Versicherung und der Kraft des Bauherrn ein Stück des Flusses freizulegen. So ist an dieser Stelle die sich nur wenigen erschließende zarte Symbolik einer begrünten Bodensenke mit Brückenandeutung geblieben. Ein Zeichen – immerhin.

Die Lessingstraße ist aus der Hauptachse des von Pleißemühl-, Elstermühl- und Diebesgraben begrenzten Gerhardschen Gartens hervorgegangen, der in der ersten Hälfte des 19. Jahrhunderts als „Hort der Musen" und als kultureller Treffpunkt seine Hochzeit hatte, dann aber schrittweise parzelliert und bebaut wurde. Sein schmiedeeisernes Brückentor ziert heute das Gohliser Schlößchen.

Das angrenzende Naundörfchen, eine alte verwinkelte Handwerker- und dem Fischersiedlung ging im Zweiten Weltkrieg restlos zugrunde. Auch für dieses Areal ist mit der Flußöffnung und einer kleinteiligen Bebauung die Hoffnung auf eine zeitgemäße Wiederbelebung verbunden. Hinter der Hauptfeuerwache, die Teile des Naundörfchens und des Flußgrundstücks für ihren Garagenhof okkupiert hat, führt der Mühlgraben zur Großkreuzung am Goerdelerring. Hier braucht es tatkräftige Investoren und behutsame Planer, um wieder eine städtebauliche Ordnung zu erlangen, in der auch der Pleißemühlgraben angemessen zur Wirkung kommt. Der Fluß unterquert am ehemaligen Standort der Frankfurter Brücke die beginnende Jahnallee und schwingt in leichtem Bogen hinüber zur Rosentalgasse und zum Vorplatz des Naturkundemuseums. Es wird höchste Zeit, daß sich dieser exponierte Platz am Promenadenring endlich von der Park- zur Grünfläche wandelt, selbstverständlich mit Uferterrassen. Die Wölbleitung endet übrigens an der Rosentalbrücke, und das Pleißewasser fließt hindurch in den Elstermühlgraben. Von hier ab wurde das alte Flußbett des Plei-ßemühlgrabens aufgegeben und bis zur Partheeinmündung im Zoologischen Garten mit Trümmerschutt verfüllt. Dabei könnte der Fluß gerade zwischen Rosentalgasse und Lortzingstraße sein urbanes Potential gut entfalten. Die Ausrichtung der Häuser entlang beider Straßen und die Gestalt ihrer Höfe lassen den Verlauf des Grabens noch erkennen. Und auch an der ehemaligen Humboldtbrücke, am Rosentalor und im Zoo zeichnen die alten Bäume und die Grenzmauern der Grundstücke so exakt die Form des Flusses nach, als wären sie jederzeit bereit, ihn wieder aufzunehmen.

Das Projekt NEUE UFER ist derart bildhaft und klar profiliert, daß die Ungeduld, es in kontinuierlichen Schritten umgesetzt zu sehen, immer größer geworden ist. Die bisherige Bilanz ist nicht schlecht, aber schwierige Etappen stehen noch bevor. Erst wenn alle Abschnitte geöffnet und miteinander verbunden sind, kann man sagen, daß Leipzig wirklich (wieder) an der Pleiße liegt.

Ehemaliger Verlauf des Pleißemühlgrabens zwischen Lortzingstraße und Rosentalgasse

Naturkundemuseum Leipzig
Lortzingstraße 3
Di.–Do. 9–18 Uhr
Fr. 9–13 Uhr
Sa., So. 10–16 Uhr
(0341)-98 22 10

Zoologischer Garten Leipzig
Pfaffendorfer Straße 29
(0341)-5 93 35 00

Halb verrohrt und halb vergessen – Elstermühlgraben zwischen Schreberbad und Rosental

TOUR 4

HINWEISE FÜR WANDERER UND RADLER

TOUR-EMPFEHLUNG	den Elstermühlgraben abwärts vom Palmengartenwehr zur Mündung in die Weiße Elster im Rosental
LÄNGE DER TOUR	4,8 km
SCHWIERIGKEITSGRAD	für Spaziergänger aller Altersgruppen

TOUR-ÜBERBLICK

0,0	Palmengartenwehr, weiter über Mainzer Straße oder Käthe-Kollwitz-Straße
1,0	Schreberbad, weiter über Carl-Maria-von-Weber-Straße
1,3	Elsterstraße, Poniatowskidenkmal
1,6	Thomasiusstraße, Jahnallee, Brückensprengungsdenkmal
1,9	Jacobstraße/Ecke Jahnallee, Standort der ehemaligen Angermühle, weiter über Jacobstraße, Gustav-Adolf-Brücke, Auenstraße und Leibnizstraße
2,6	Leibnizbrücke, links über den Waldweg weiter am Elstermühlgraben
3,3	Waldstraßenbrücke, weiter über den Radwanderweg zum Rosentalhügel
4,3	Rosentalhügel, Aussichtsturm
4,5	Hinterer Rosentalteich
4,8	Mündung des Elstermühlgrabens in die Weiße Elster nahe der Marienbrücke

HINWEISE FÜR WASSERSPORTLER

Der Elstermühlgraben ist zwischen Palmengartenwehr und Schreberbad befahrbar. Vorsicht bei Unterquerung der Brücke im Verlauf der Marschnerstraße. Zwischen Jacobstraße und Mündung ist der Mühlgraben bei Niedrigwasser nicht und sonst nur eingeschränkt befahrbar. Das Flußbett ist stark verschlammt und teilweise mit Müll verunreinigt.

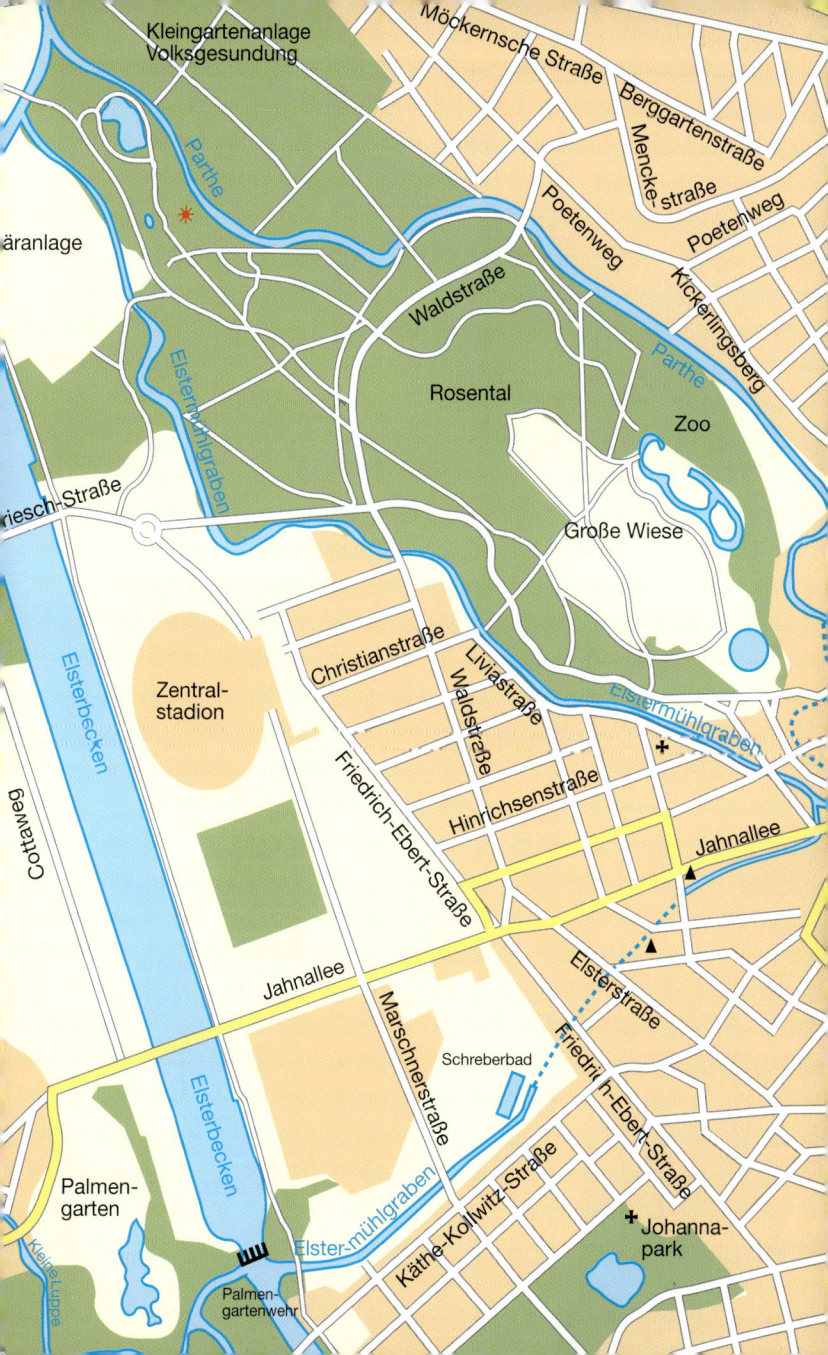

Elstermühlgraben am
Peterssteg

TOUR 4

Bootsgrotte an der
Heiligen Brücke

Kontrastreich ist auch die Situation des Elstermühlgrabens: an seinem Abzweig vom Elsterflutbett, unweit des Palmengartenwehrs, der marode Petersteg, dann die intakte Wasserwelt der aktiven Rudervereine mit ihren Bootshäusern und Anlegestellen. Kurz dahinter die sagenumwobene Heilige Brücke, ein Neubau von 2004 auf alten Fundamenten. Ruinös der danebenliegende Ufertempel der ehemaligen Villa Mothes, erwähnenswert, weil sich unter ihm eine künstliche steinerne Bootsgrotte befindet, allerdings mit zubetonierter Einfahrt. Der Graben selbst ist verschlammt und verkrautet, Flußblicke sind nur von den Brücken möglich, da sich die Grundstücke alle bis zur Wasserkante erstrecken und es keine Uferwege gibt. Gleich hinter der Schreberbrücke saugt ein vergitterter Kasten unvermittelt das Wasser in die Tiefe. Seit Jahrzehnten ist der Elstermühlgraben von hier ab dem Stadtbild entzogen und wird, einer Kloake gleich, durch Betonröhren geschleust. Doch inzwischen ist Licht am Ende des Tunnels – die komplette Freilegung in drei Abschnitten wurde nicht nur geplant, sondern bereits im Januar 2005 begonnen. Auch am Schreberbad, dem 1866 eröffneten, ältesten Beckenfreibad Leipzigs, wird Wasser das Hauptthema der künftigen Entwicklung. Zum einen, weil hier durch

Schreberbad, um 1920

private Investoren ein großer Stadthafen für Sport- und Freizeitboote angelegt werden soll und zum anderen, weil überraschend auch die Revitalisierung der hier ehemals abzweigenden Alten Elster in Aussicht gestellt wurde. Sie soll, wie auch Elster- und Pleißemühlgraben, Teil des neuen Hochwasserschutzkonzeptes werden, das nach dem Jahrhunderthochwasser 2002 notwendig wurde. Auf diesen Elsterarm, der einst dem Schreberbad zu einer romantischen Insellage verhalf und ab 1924 verfüllt wurde, verweisen noch Reste der alten Ufermauern und weiter nördlich die vor der AOK und an der Friedrich-Ebert-Straße angelegten Lindenalleen.

Durch die Verrohrung des Elstermühlgrabens wird neben dem Verlust des ortstypischen Flairs allenthalben der Verlust an Geschichtlichkeit deutlich, da die geografischen Bezüge zu den historischen Ereignissen erheblich gestört sind. Daß etwa der in Napoleons Diensten stehende polnische Marschall Poniatowski am 19. Oktober 1813 in den Fluten der Elster ertrank und Tage darauf von Leipziger Fischern geborgen wurde, ist angesichts des derzeit noch trockenen Umfelds seines Gedenksteins an der Gottschedstraße nicht eben leicht nachvollziehbar. Genausowenig wie die Tatsache, daß der rund 50 Jahre später von

Schreberbad
Schreberstraße 15
(0341)-9 83 20 24

Frosch Café
Café und Bühne
Thomasiusstraße 2
(0341)-2 25 13 63

Brückensprengungsdenkmal

SPRENGUNG
DER BRÜCKE
BEI DEM RÜCKZUGE
DES
FRANZÖSISCHEN HEERES
AM 19. OCTOBER 1813.

Tafel der ehemaligen
Angermühle am Haus
Jacobstraße 1
rechts: Elstermühlgraben
am Ranstädter Steinweg
(heute Jahnallee), vor 1879

Restaurant „allee"
Jahnallee 28
(0341)-9 80 09 47

Fregesteg über den Elstermühlgraben am Liviaplatz

Karl Heine angelegte Kanal für den Personen- und Güterver-
kehr mit Dampfschiffen, ausgehend vom Pleißemühlgraben am
Promenadenring, hier einmündete. An der Funkenburgbrücke
und Thomasiusstraße folgt der Beginn des ersten Öffnungsab-
schnitts. Gleich daneben ein weiterer Hinweis auf die Völkerschlacht: das Denkmal zur Erinnerung an die vorzeitige Sprengung der steinernen Elsterbrücke, die ebenfalls am 19. Oktober
hunderten von napoleonischen Soldaten beim Rückzug das Leben kostete. Der Ranstädter Steinweg war die einzige Ausfall-
straße über die oft überflutete Aue nach Westen und die Brücke
das Nadelöhr, durch das die flüchtenden Massen damals drängten. Das Milieu dieser traditionsreichen Vorstadtstraße, mit dem
Fluß in Mittellage, den alten Herbergen und Ausspannhöfen und
den an den Ufern vertäuten Netzen und Kähnen der Fischer,
änderte sich schlagartig, als es 1878 aus verkehrstechnischen
Gründen zum Bau des Wölbkanals kam. Nach schweren Kriegs-
schäden und dem Wiederaufbau ist nun mit der Rückkehr des
Wassers ein erneuter grundlegender Wandel eingetreten. Es ist
der Versuch, an das verlorene Bild des Ortes anzuknüpfen, zwar
mit viel Beton, aber auch mit Grün und Licht. Der erste Öffnungsabschnitt hatte es jedenfalls in sich, war mit der Flußbettver-
legung von der Nord- auf die Südseite der Straße, mit dem Bau

von Brücken, Ufertreppen und Anlegestegen, jedoch auch mit der Zerstörung der Kleinen Funkenburg, einem spätklassizistischen Baudenkmal, verbunden. Nahe des ehemaligen Standorts der 1879 abgerissenen Angermühle (Sandsteintafel befindet sich an der Jacobstraße 1) gibt es nun einen dreiarmigen Flußknoten aus Elstermühlgraben, dem Überlauf des Pleißemühlgrabens und einem Teilstück des alten Wölbkanals, das wegen der darin Unterschlupf suchenden Wasserfledermäuse erhalten wurde. In einem weich geschwungenen Bogen aus Bruchsteinwänden fließt dann das Elster- und Pleißewasser-Gemisch zur neu gebauten Gustav-Adolf-Brücke und weiter in Richtung Trinitatiskirche. An der Liviastraße, dort, wo sich die Alleen der Feuerbach- und der Tschaikowskistraße zu einem Platz vereinigen, führt der Fregesteg über den Fluß, mitten hinein in die grüne Wand des Rosentals. Nach Aufgabe vieler alter Mäander, die sich trotz Verfüllung und Baumbewuchs noch deutlich abzeichnen, bildet der Elstermühlgraben heute mit einem steinernen und einem natürlichen Ufer die weich geschwungene Grenzlinie zwischen dem Waldstraßenviertel und dem Auenwald. Erst weit hinten im Rosental, neben der städtischen Kläranlage, mündet er in die vom Elsterbecken abzweigende Weiße Elster.

Biergarten des „Mückenschlößchens" an der Waldstraßenbrücke

„Mückenschlößchen"
Paulaner-Restaurant
Waldstraße 86
täglich ab 11.30 Uhr
(0341)-9 83 20 51

Rohrbrücke am
Leutzscher Weg

WEISSE ELSTER

THOMAS NABERT

Die Elster bei
Großzschocher, um 1850

Elsterlandschaft
mit Anlandungen

Auch wenn Leipzig einst als Pleißathen galt und die Pleiße der Stadt nicht nur räumlich stets näher war, so hat die Weiße Elster die Region doch in einem viel stärkeren Maße geprägt. Die alten Slawen nannten sie Elster, was soviel bedeutet wie „die Eilende". Die Pleiße war nach ihren Beobachtungen dagegen „das Sümpfe bildende Wasser" und die Parthe gar „der Stinkfluß". Ihre Beobachtungen lassen sich auch heute noch nachvollziehen, schafft doch die Weiße Elster das Doppelte an Wasser nach Leipzig wie die Pleiße und mehr als das Zehnfache wie die Parthe. Weniger ausgeprägt war dagegen die Kommunikation der alten Slawen untereinander. Denn eine „Eilende" entspringt nicht nur im Elstergebirge, um eiligst in der Leipziger Tieflandsbucht die Saale zu erreichen, sondern auch im Lausitzer Bergland macht sich seit Menschengedenken ein Wässerchen gleichen Namens auf den Weg, allerdings zur Elbe. Zur besseren Unterscheidung wird die eine die „Weiße" und die andere die „Schwarze" genannt. An der Farbe des Wassers haben sich diese Beinamen sicher nicht orientiert, auch wenn zu DDR-Zeiten vor allem das Hydrierwerk in Zeitz alles daran setzte, die Weiße Elster stets mit einer weißen Schaumkrone für den Rest ihres Weges auszustatten.

Von der Quelle im Grenzgebiet zwischen Tschechien und Sachsen, durch das Vogtland bis nach Zeitz schuf die Weiße Elster sich ein immer weiter öffnendes Tal. Danach trifft sie in die Leipziger Tieflandsbucht, wo sie nur noch ein geringes Gefälle hat. Ihrem Namen auch weiterhin alle Ehre machend, pendelt sie doch nun gemütlicher hin und her und bildet dabei ein breites Auental von Zeitz über Leipzig bis zur Saale bei Halle-Ammendorf. Der Fluß schuf hier eine einzigartige Naturlandschaft und Voraussetzungen für eine der ältesten Kulturlandschaften Europas. Seit der Steinzeit siedelten an seinen Ufern Menschen. Zwischen Zeitz und Leipzig bildete sich beiderseits des Flusses ein Siedlungsband, an dem noch heute die Dörfer und kleinen Städte wie Perlen an einer Kette hängen. Vor Zwenkau teilte sich einst der Fluß und gab einen Teil seines Wassers der Batschke ab. Das Auenband wurde dadurch breiter, und dazu vereinigte es sich nun noch mit dem der Pleiße. Die Siedlungen konzentrieren sich im weiteren Verlauf vorrangig auf das hochwassersichere Westufer. In Höhe der Leipziger Altstadt ist die

Weiße Elster bei Knautkleeberg

Elsterbad Kleinzschocher, um 1920

Pferdeschwemme an der Elster bei Großzschocher, um 1935

Aue so breit und so flach, daß hier einst die jährlichen Hochwasser besonders augenfällig waren. Hier konnte die Aue schon in früherer Zeit relativ gefahrlos überquert werden. Die Natur ließ sogar den Bau einer wichtigen Handelsstraße zu, der „Via regia", die West- und Osteuropa verbindet. In Leipzig kreuzt sich diese mit der Süd- und Nordeuropa verbindenden „Via imperii". Die Kreuzung dieser Handelswege bestimmte über Jahrhunderte die Geschicke der Stadt. Nordwestlich von Leipzig bildet die Weiße Elster gemeinsam mit der Luppe erneut eine breite Aue bis zur Saale nach Merseburg bzw. Halle. Ein dichtes Siedlungsband zieht sich daher nur am nördlichen Steilufer der Elster entlang.

Die außerordentliche Siedlungsgunst, die die Weiße Elster in der Leipziger Tieflandsbucht schuf, drückt sich nicht zuletzt in der Vielzahl von Mühlen bzw. den Fluß oft kilometerlang be-

Mitglieder des Faltbootclubs „Möwe" an der Elster bei Hartmannsdorf, 1929

gleitenden Mühlgräben aus. Fast jedes Elsterdörfchen hatte einst einen Herrensitz. Besonders im Zeitalter der Empfindsamkeit wuchsen deren Parks und Gärten in die Aue hinein, gestaltet nach den natürlichen Vorgaben dieser lieblichen Landschaft. Die Parks in Knauthain und Lützschena sind beeindruckende Beispiele dafür. Ab Mitte des 19. Jahrhunderts fühlte sich der Mensch stark genug, dem Fluß seinen Willen aufzuzwingen. Kaum ein Fließgewässer Europas hat derartige Reglementierungen in den letzten 150 Jahren über sich ergehen lassen müssen wie die Weiße Elster bei Leipzig. Zunächst entstand die Elsterflutrinne zwischen Zwenkau und dem Palmengartenwehr. Weite Teile der Stadt wurden dadurch hochwasserfrei. Der geschäftstüchtige und weitsichtige Rechtsanwalt Dr. Karl Heine ließ die gewonnenen Areale auffüllen, erschließen bzw. bebauen. Das Bachstraßenviertel und das Waldstraßenviertel, beides herausragende Architekturensembles, entstanden in der einstigen Aue. In Plagwitz wurde die Elster dagegen Zeuge einer üppigen Industriekultur, deren Bausubstanz heute ein

Ausbaggern des Elsterflutbetts, um 1925

Ausflugsfahrten von der Abfahrtsstelle Klingerbrücke nach Großzschocher erfreuten sich auch in den 30er Jahren großer Beliebtheit.

Besitzer Fritz Raue.

LEIPZIG

Badende am alten Elsterwehr Großzschocher, um 1960

Stahmelner Mühle, 1930

besonderes Erlebnis darstellt. Höhepunkt der Elsterregulierung wurde jedoch das zwischen 1911 und 1925 errichtete Elsterbecken auf den Frankfurter Wiesen. Seit den 70er Jahren rückten im Süden und Westen Leipzigs die Braunkohlentagebaue auf die Elster zu. Der Tagebau Zwenkau „biß" regelrecht ein Stück aus dem breiten Auenband südlich von Leipzig heraus. Im Zuge der „Vorfeldfreimachung" für diesen Tagebau kam es Ende der 70er Jahre zur Verlegung der Weißen Elster auf einer Länge von 12 Kilometern. Das ingenieurtechnisch anspruchsvolle Werk ist gleichzeitig einer der gestalterisch mißlungensten Gewässerbereiche Europas und daher schon fast wieder sehenswert.

Der Wanderer auf oder an der Weißen Elster durchstreift die unterschiedlichsten Landschaften, von den lieblichen Auenwiesen bei Wiederau, der Bergbaufolgelandschaft bei Zwenkau bis zum dichten, urwüchsigen Auenwald der Burgaue. Der reizvolle

Wechsel von Wasser, Wald und Wiesen sowie eine arten- und formenreiche Pflanzenwelt lassen keine Einförmigkeit zu. Die zunehmende Zahl der Angler am Fluß oder das seit einigen Jahren wieder in Knauthain nistende Storchenpaar sind Indizien dafür, daß nach den Jahrzehnten, in denen die Elster zu einer toten Durchlaufrinne zu verkommen drohte, wieder bessere Zeiten folgen könnten. Der Fluß hat viel erlebt, nicht zuletzt deshalb ist er erlebnisreich. Der Liebreiz der Landschaft sollte aber vor allem den Wasserwanderer nicht zu Leichtsinn verleiten. Immer wieder fordert der Fluß seine Opfer. Das prominenteste unter ihnen ist der polnische Fürst Poniatowski. Schon an seiner Wiege soll ihm geweissagt worden sein, daß er einmal durch eine Elster umkommen würde. Doch nicht der diebische Vogel, sondern der von der Weißen Elster abzweigende Elstermühlgraben in der westlichen Vorstadt wurde ihm während der Leipziger Völkerschlacht 1813 zum Verhängnis.

Weiße Elster bei Hartmannsdorf, im Hintergrund Absetzer des Tagebaus Zwenkau, um 1990

Am ehemaligen Fortunabad bei Knautkleeberg

Betonromantik und angenehmes Wiederau – Die Weiße Elster zwischen Leipzig und Pegau

TOUR 5

HINWEISE FÜR WANDERER UND RADLER

TOUR-EMPFEHLUNG	flußaufwärts von Leipzig/Rennbahnsteg nach Pegau, Rückfahrt mit dem Zug
LÄNGE DER TOUR	26,2 km (ohne Rückfahrt)
SCHWIERIGKEITSGRAD	für radelnde Familien und ausdauernde Wanderer, keine nennenswerten Steigungen, bis auf einige Straßenüberquerungen ausschließlich Rad- und Wanderwege, zwischen Rennbahn und Knauthain vorwiegend wassergebundene Decke, ab Knauthain vorwiegend Asphalt

TOUR-ÜBERBLICK

0,0	Rennbahnsteg (westlich des Flutkanals durch die Nonne)
0,8	Querung Schleußiger Weg
2,6	Teilungswehr Großzschocher
3,6	Querung der Brückenstraße (links in Lauerschen Weg)
4,4	Gasthaus an der Lauer (rechts Abstecher zum Wehr Großzschocher), abbiegen vom Lauerschen Weg auf Wanderweg
7,1	Schloßpark Knauthain (Querung der Brücke Ritter-Pflugk-Straße, weiter auf westlichem Elsteruferweg)
8,6	Knauthain, Seumestraße (vom Schloßpark zur Fußgängerbrücke über die Elster (diese nicht queren!), rechts in die Cocciusstraße und links in die Seumestraße)
10,3	Hartmannsdorf, Erikenstraße
11,0	Gefällestufe Hartmannsdorf
15,0	Abzweig Zitzschen
17,0	Abzweig Kleindalzig
18,0	Geschiebefalle Kleindalzig
20,8	Querung der Straße nach Wiederau
24,2	Weideroda (im Ort links halten auf ausgeschildertem Radweg)
25,4	Querung des Elstermühlgrabens
26,2	Pegau, Rathaus

ABSTECHER

Zwischen Großzschocher und Knauthain alternativ den reizvollen Weg am Elstermühlgraben mit günstiger Anbindung zum ehemaligen Naturbad Südwest oder dem ehemaligen Fortunabad (4,3 km), Elsterstausee mit Rundwanderweg, ab Fußgängerbrücke über die Elster bei Knauthain (300 m), Imnitzer Lachen/Elster(Altarm)/Eichholz, ab Abzweig Kleindalzig links über die Bundesstraße (ca. 4,0 km).

72

HINWEISE FÜR WASSERSPORTLER

TOUR-EMPFEHLUNG	flußabwärts von Pegau, Hinfahrt mit dem Zug von Leipzig nach Pegau
LÄNGE DER TOUR	28 km (ohne Hinfahrt)
SCHWIERIGKEITSGRAD	für erfahrene Paddler (mehrmaliges Umtragen und einige kleinere Schnellen)

TOUR-ÜBERBLICK

28,0 Einsatzstelle Alberthain in Pegau, 1,3 km vom Bahnhof entfernt, Brücke (!), Schnelle mit Stufe, links halten, bei NW rechtes Ufer treideln

22,0 Einfahrt Kleines Absatzbecken bei Kleindalzig (!), ab hier betoniertes Flußbett, bei der Ausfahrt aus dem Becken kleine Schnelle (!)

18,0 Zitzschen, Brücke mit kleiner Schnelle

13,5 Gefällestufe Hartmannsdorf (3 m hohes Sturzwehr!), umtragen nach Unterquerung Autobahnbrücke auf dem linken Uferweg

10,8 Verteilerbauwerk Knauthain (Schützenwehr), Wehr kann bei NW unterfahren werden, rechts Abzweig zum Elsterhochflutbett, von hier auch gute Umtragemöglichkeiten zum Elsterstausee (300 m) und zum Cospudener See (600 m)

10,0 Brücke Ritter-Pflugk-Straße

9,0 ehemaliges Fortunabad

7,0 Wehr Großzschocher (!), Sturzwehr, trotz Bootsrutsche rechts umtragen

6,0 Großzschocher, Straßenbrücke, kleine Schnelle, in der Mitte halten

5,3 S-Bahn-Brücke mit Pegel, links (0,8 m NW, ab 1,2 m HW)

4,5 Teilungswehr Großzschocher, bei HW starke Strömung (!), mit Abstand kann Wehr gefahrlos passiert werden, Umtragemöglichkeit in das Elsterflutbett

4,4 Bootshäuser des Leipziger Kanuclubs e. V. und des SG Germania Kanusport e. V.

3,5 Bootshaus des Rudervereins Triton 1893 e. V.

3,0 Schleußig, Straßenbrücke, dahinter Bootsausleihe Herold und Bootshaus des Universitätssportclubs Leipzig e. V.

1,5 Abzweig Karl-Heine-Kanal, Abstecher zum Lindenauer Hafen (2,5 km) und Umtragemöglichkeit in den Elster-Saale-Kanal

1,0 mehrere Möglichkeiten der Wassergastronomie

0,5 Bootshaus des SC DHfK Leipzig e. V. mit Bootsausleihe

0,2 Abzweig Kleine Luppe, fahrbar ca. 750 m

0,0 Palmengartenwehr (Sturzwehr!, Abstand halten), davor links Abbauplatz, Weiterfahrt durch das Elsterbecken ist nicht empfehlenswert da verschlammt, ansonsten links und ab Höhe Stadion in der Mitte halten

Die Tour beginnt an der altehrwürdigen, seit 1887 bestehenden Leipziger Pferderennbahn. Gleich neben dem 1907 gebauten Tribünengebäude liegt der Rennbahnsteg über das Elsterflutbett. Dieses wird gen Süden bis zur Brückenstraße zu beiden Seiten von Wanderwegen flankiert. Die Wahl fiel auf den rechts vom Steg in die „Nonne" führenden Weg. Augenblicklich taucht man ein in das dichte Grün des Elster-Pleiße-Auenwaldes. Die Kronen der großen Stieleichen, Eschen, Bergahorne, Winterlinden und Hainbuchen bilden ein schattiges Dach. Ihre Stämme und eine reiche Strauchflora lassen keine weiten Räume zu. Und am Boden breitet sich vor allem im Frühling ein dichter Blütenteppich aus. Das Waldstück fiel der Stadt 1543 mit der Säkularisierung des Nonnenklosters St. Georg zu. Die Erinnerung an die gläubigen Damen blieb mit seinem Namen erhalten. Bereits nach 800 Metern meldet sich jedoch die Zivilisation mit harten Tatsachen zurück: Der vierspurige Schleußiger Weg ist erreicht, der nur mit Hilfe einer Ampelanlage überquert werden kann. Der Weg führt jetzt direkt am westlichen

Wanderweg zwischen Elsterflutbett und Waldstück „Nonne"

TOUR 5

Radwelt Bemmann
Windorfer Straße 52,
(0341)-4 24 81 75

Thiele, Dieskaustraße 23,
(0341)-4 24 71 00

Zweirad Woi
Könneritzstraße 62,
(0341)-4 79 11 10

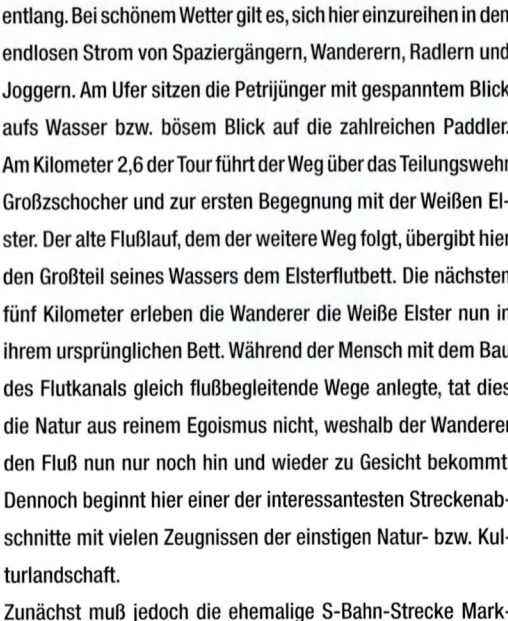

Ufer des Ende des 19. Jahrhunderts angelegten Elsterflutbettes entlang. Bei schönem Wetter gilt es, sich hier einzureihen in den endlosen Strom von Spaziergängern, Wanderern, Radlern und Joggern. Am Ufer sitzen die Petrijünger mit gespanntem Blick aufs Wasser bzw. bösem Blick auf die zahlreichen Paddler. Am Kilometer 2,6 der Tour führt der Weg über das Teilungswehr Großzschocher und zur ersten Begegnung mit der Weißen Elster. Der alte Flußlauf, dem der weitere Weg folgt, übergibt hier den Großteil seines Wassers dem Elsterflutbett. Die nächsten fünf Kilometer erleben die Wanderer die Weiße Elster nun in ihrem ursprünglichen Bett. Während der Mensch mit dem Bau des Flutkanals gleich flußbegleitende Wege anlegte, tat dies die Natur aus reinem Egoismus nicht, weshalb der Wanderer den Fluß nun nur noch hin und wieder zu Gesicht bekommt. Dennoch beginnt hier einer der interessantesten Streckenabschnitte mit vielen Zeugnissen der einstigen Natur- bzw. Kulturlandschaft.

Am Elsterflutbett bei Schleußig

Zunächst muß jedoch die ehemalige S-Bahn-Strecke Markkleeberg–Großzschocher überquert werden. Gott sei Dank hat sich die Stadt von Plänen verabschiedet, die hier die Errichtung einer Schnellstraße vorsahen. Ein paar Meter weiter folgt ohnehin die stark befahrene Brückenstraße. Kurz bevor diese erreicht wird, durchfährt man eine alte Streuobstwiese. Das einst Selbstverständliche ist heute das Seltene und steht daher unter Schutz. Wenige Meter rechts den neu angelegten Radweg die Brückenstraße entlang und schon grüßt die markante Silhouette Großzschochers am westlichen Steilufer der Elster. Der Fluß schlägt hier einen großen Bogen, an dessen nördlichstem Punkt das im Krieg zerstörte Großzschochersche Schloß lag. Neben ein paar Wirtschaftsgebäuden ist von ihm jedoch nur noch das Gärtnerhaus erhalten, in dem der Lützower Theodor Körner schwer verwundet für eine Nacht vor den Häschern Napoleons versteckt wurde. Links ragt aus üppigem Grün die

Leipziger Kanu-Club e. V., Pistorisstraße 66, (0341)-4 01 49 61

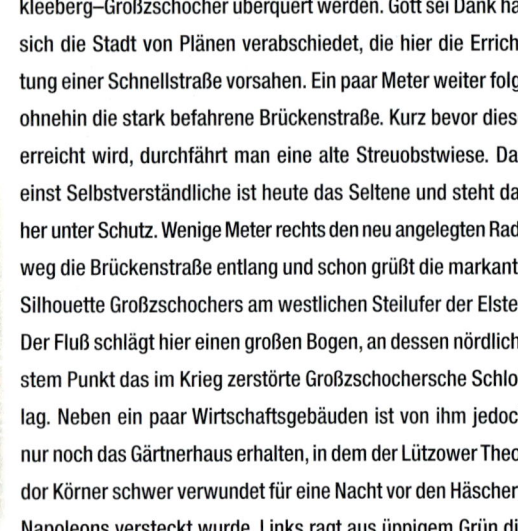

wie eine Kathedrale anmutende Zickmantelsche hervor. Zwei Möglichkeiten bieten sich nun dem Wanderer für die nächsten reichlich vier Kilometer: der Weg am Elstermühlgraben oder der Lauersche Weg und dessen Verlängerung durch den Zschocherschen Winkel. Beide Varianten treffen sich am Knauthainer Schloßpark wieder. Letztere Variante begleitet, nachdem eine Kleingartenanlage mit dem Gasthaus an der Lauer (Freisitz!) passiert wurde, teilweise die Mäander der Elster und ist besonders für Radfahrer zu empfehlen. Der Lauersche Weg führte einst in das Waldrevier Lauer, welches ebenso wie das darin liegende Wasserschloß Anfang der 80er Jahre für den Tagebau Cospuden geopfert wurde. Dennoch lohnt ein Abstecher nach der Gartenanlage gen Osten. Ziel ist das Nordufer des an der Stelle des Tagebaues entstandenen Cospudener Sees mit der in den letzten Jahren gestalteten Parklandschaft. Die empfohlene Strecke bleibt jedoch in der Nähe des Flus-

Am Zschocherschen Winkel bei Knauthain

Wehr Großzschocher

ses. Für die Elstermühlgrabenvariante – ursprünglich Profener Elstermühlgraben, heute zur Unterscheidung der getrennten Abschnitte Knauthainer Elstermühlgraben – führt der Weg zunächst die Brückenstraße hinauf, dann Zur alten Bäckerei und zur Dieskaustraße, diese wenige Meter nach Süden, um links in die Traubengasse einzubiegen. In Windorf wieder links halten bis zur kleinen Brücke über den Elstermühlgraben. Der Belag ist für den asphaltverwöhnten Radler nun etwas steinig, was aber den Wanderer kaum stört. Vorbei geht es an dem kleinen, 1904 errichteten Windorfer Wasserwerk zur nächsten Mühlgrabenbrücke. Diese kann überquert werden für einen Besuch des Naturbades Südwest. Das aus einer Kiesgrube in den 60er Jahren entstandene Naherholungszentrum ist nicht zuletzt wegen der leeren Stadtkasse in einen Landschaftssee zurückgestuft worden.

Der Weg am Mühlgraben führt weiter zur Knautkleeberger Mühle. Von dort ist ein Abstecher Am krummen Graben entlang zum ehemaligen Fortunabad ratsam. Das Kur- und Sportbad entstand 1920 an drei Ziegeleiteichen. Bereits in den 50er Jahren war es verfallen und wurde aufgegeben. Dafür ist es heute ein wildromantisches Naturparadies und im Winter Treff der Schlittschuhläufer. Zurück zum Mühlgraben wird sein begleitender Weg über das Gelände der ehemaligen Gärtnerei (Storchennest) bis zur Ritter-Pflugk-Straße bzw. dem Knauthainer Schloßpark

verfolgt. Das heute leer stehende Schloß entstand zwischen 1700 und 1703 unter Leitung des Baumeisters David Schatz auf den Resten eines mittelalterlichen Wasserschlosses. 1868 wurde der dazugehörige Garten in einen englischen Landschaftspark umgewandelt. Er kann auf einem Weg rechts der Elster durchquert und erlebt werden. Nach wenigen hundert Metern führt der Weg am Verteilerbauwerk Knauthain vorbei. Bei Hochwasser kann das Schützenwehr geschlossen und damit ein Teil der Fluten in das sonst trockenliegende Hochflut-

Körnerstein in den „Schönen"

Am ehemaligen Fortunabad

bett umgeleitet werden. Rechts fällt der Blick auf die Knauthainer Mühle, die von weitem eher einer stattlichen Vorstadtkirche gleicht. Die nun folgende Fußgänger- und Radfahrerbrücke über die Weiße Elster könnte für Abstecher zum Elsterstausee oder zum Cospudener See genutzt werden. Der zwischen 1933 und 1935 angelegte Elsterstausee diente einst der Reinigung des Mühlgrabenwassers. Heute bietet er einen schönen Rundwanderweg, den Fischern gelegentlich volle Netze und im Winter den Schlittschuhläufern und Eisseglern ideale Bedingungen, da

Kühnis Fahrradeck
Knauthain
Am Mühlgraben 2
(0341)-4 29 17 47

Eissegler auf dem
Elsterstausee bei Knauthain

Gasthof und Pension
„Zur Ratte", Hartmannsdorf
Erikenstraße 10
(0341)-4 25 32 00

Bootsverleih Wittig,
Am Stausee 1
(0341)-9 46 83 96

Bootsverleih und Imbiß
am Elsterstausee

er wegen seiner geringen Tiefe besonders schnell zufriert. Die Tour nach Pegau führt jedoch weiter über die Cocciusstraße in Knauthain nach Hartmannsdorf. Auf der Erikenstraße herrscht kaum Verkehr, da südlich vom Ort der Tagebau alle weiteren Autoverbindungen kappte. Über den Ursprung des Straßennamens muß der Wanderer nicht lange rätseln. Hartmannsdorf war einst die Hochburg der Moorbeetkulturen. Eine Gärtnerei an der anderen oder zumindest die Reste von ihnen bestimmen noch heute das Ortsbild. Hinter dem Ort scheint die Welt zu Ende zu sein. Doch der Weg führt weiter! Die nächsten reichlich zehn Kilometer sind nichts für Romantiker, denn an der Gefällestufe Hartmannsdorf beginnt die „Betonelster", die in trister Eintönigkeit bis Ende 1977 um den Tagebau Zwenkau gelegt wurde. Die Bahnstrecke Leipzig–Pegau–Zeitz und die ursprünglich von Knautnaundorf über Eythra und durch das Eichholz nach Zwenkau führende B 186 wurden gleich mit an ihr westliches bzw. östliches Ufer verlegt. Zwischen Fluß und Bahnstrecke war noch ein kleiner Wirtschaftsweg notwendig, welcher heute Teil des länderübergreifenden Elsterradwanderweges ist. Trotz einiger Schlaglöcher geht es recht zügig auf ihm voran. Größtenteils erspart dichtes Buschwerk den Anblick der leblosen Flußlandschaft. Ein paar vor der Tour eingeübte Wanderlieder lassen außerdem die Geräuschkulisse der nahen Bundesstraße vergessen. Eine kleine Rast am Beton-

ufer hat dennoch ihren pädagogischen Wert! Nach Flutung des Zwenkauer Tagebaus soll hier die Elster durch die Anlage von Fließhindernissen, den Rückbau der Dichtungsschicht, Gehölzpflanzungen und den Bau von Uferwegen wieder etwas natürlicher werden. Nur zweimal müssen unterwegs Straßen gequert werden, die nach Zitzschen und die nach Kleindalzig. Unmittelbar nach letzter Querung fließt der von Profen kommende Elstermühlgraben in die Elster.

Nördlich der Bundesstraße führt das trockene und leider teilweise vermüllte Bett dieses Mühlgrabens bis zur Kante des ehemaligen Tagebaus Zwenkau. In den letzten Jahren gruben sich in seinem zum Abbau vorbereiteten Vorfeld, wo einst der Ort Eythra lag, noch die Archäologen von einer frühgeschichtlichen Sensation zur anderen. Auch die riesige Förderbrücke, um deren Erhalt als technisches Denkmal und touristische Attraktion lange Zeit gerungen wurde, ist gesprengt und demontiert. Die Vorbereitungen zur Flutung des Tagebaus laufen. 2010 soll die Wanne voll sein. Ein Abstecher, zunächst am Mühlgraben

„Betonelster" bei Knautnaundorf

Altwasser der Weißen Elster im Eichholz bei Zwenkau

Schloß Wiederau in der
Elsteraue

Imnitzer Lachen

entlang, dann nach etwa 500 Metern rechts, führt direkt ins Eichholz, an das sich südlich die Imnitzer Lachen und der ehemalige Imnitzer Gutspark anschließen. Hier liegen auch die ebenfalls später im Tagebau endenden Altarme von Elster und Batschke, welche wieder angeschlossen werden sollen. Doch zurück zur „Betonelster". Diese endet mit der Geschiebefalle bei Kleindalzig. Der Weg entfernt sich nun etwas von der Elster. Noch vor der Querung der Straße nach Wiederau hat der Wanderer die Natur zurück. Die Silhouette eines alten Dorfes und die strahlende Fassade eines Barockschlosses tauchen rechts aus dem Grün auf: „Angenehmes Wiederau, freue dich in deinen Auen." Der Titel der 1737 in dem Schloß aufgeführten Huldigungskantate von Johann Sebastian Bach findet augenblicklich Bestätigung. Nicht nur das sehenswerte Wiederau mit seinen schönen Fachwerkhäusern und dem 1705 auf dem Gelände einer mittelalterlichen Wasserburg errichteten Barockschloß freut sich in der weiten lieblichen Wiesenaue, sondern auch das Herz des Wanderers. Der Weg führt an großen Sendemasten für den Rundfunk vorbei. Bereits 1932 ließ der „Großrundfunksender Wiederau" an gleicher Stelle die ersten 125 Meter hohen Masten aus Holz errichten. Bei Weideroda begegnet man kurz der Elster, um dann rechts in das sich weit öffnende Dorf zu gelangen. „Dank sei Gott in der Höhe" – der Dichter des bekannten Kirchenliedes, Johannes Mühlmann, wurde 1573 hier geboren. Im Dorf links halten und den die Elster begleitenden Radweg zunächst nach Süden, dann nach Westen nehmen bis zu einem kleinen Steg über den Elstermühlgraben. Das an dieser Stelle in den Mühlgraben fließende Bächlein ist der Kleine Floßgraben, dessen Verlauf man zwischen Kleingärten ein Stück verfolgt, um nach wenigen Metern bereits im Städtchen Pegau anzukommen. Pegau hat nicht nur eine reiche Geschichte, sondern sich deren Spuren vielerorts im Stadtbild auch erhalten. Das einzigartige Ensemble aus kleinen Gassen und Plätzen und der typischen landstädtischen Bebauung lädt zum Stadtbummel ein. Von der Mühlgrabenbrücke aus bietet sich ein Blick, der jeden Maler der Romantik zum Verweilen gezwungen hätte: Die Stadtmauer überbrückt den Mühlgraben, alte Häuser, zum Teil mit Fachwerk, säumen die Ufer, und im Hintergrund ragt der Turm des Rathauses empor, das aussieht, als wäre es der kleine Bruder des Leipziger Alten Rathauses. Am Ende der Tour sollte ein Besuch am Grabmal des Grafen Wiprecht von Groitzsch, des Urvaters des „Aufbau Ost", in der Stadtkirche St. Laurentius stehen. Der Sohn eines slawischen Edlen und einer ostsächsischen Grafentochter war der Initiator des frühmittelalterlichen Landesausbaus in Nordwestsachsen und daher Mitschöpfer der auf der Tour zu erlebenden Reste der alten Kulturlandschaft. Vor der Rückfahrt ist eine Erfrischung im Eiscafé an der Kirche empfehlenswert.

Altstadt von Pegau mit Rathaus

Renaissance-Rathaus mit Museum

Technisches Denkmal „Ziegelei Erbs"

„Ratskeller"
Markt 1
Di.–Fr.11–15 Uhr und 18–22 Uhr, Sa. ab 11 Uhr
So. 11–15 Uhr
(034296)-7 64 26

Eiscafé und Pension am Kirchplatz
Kramergasse 15
(034296)-7 66 00

Mängel
Breitstraße 35
(034296)-7 60 13

Bad Pegau

Pflichtrunde für Leipziger Wasserratten –
Mit dem Boot rund um Schleußig

TOUR 6

HINWEISE FÜR WASSERSPORTLER

TOUR-EMPFEHLUNG die Weiße Elster ab Teilungswehr Großzschocher flußabwärts, das Elsterflutbett ab Palmengartenwehr flußaufwärts

LÄNGE DER TOUR 8,0 km

SCHWIERIGKEITSGRAD für Freizeitkapitäne aller Altersklassen mit und ohne Erfahrung, mehrere Bootsverleiher haben auch spezielle Angebote für Kinder

TOUR-ÜBERBLICK

0,0	Einsetzstelle am Teilungswehr Großzschocher, auf dem Gelände des Leipziger Kanuclubs e. V. (vorher fragen!)
0,2	links Bootshaus der SG „Germania"
0,5	Pistorissteg
1,0	links das Bootshaus des Rudervereins „Triton"
1,6	Schleußiger Brücke, Bootsverleih Herold
2,7	Karlbrücke
3,9	Einfahrt in den Karl-Heine-Kanal, Kanu- und Freizeitzentrum Südwest e. V.
4,0	ehemalige Werksbrücke der Buntgarnwerke
4,1	links „Ristorante da Vito" mit Freisitz am Wasser und Gondelfahrten
4,2	rechts „Paulis-Cafeteria" mit Freisitz am Wasser und Bootsverleih
4,3	Könneritzbrücke, rechts ehemalige Villa von Karl Heine
4,6	rechts Bootshaus des SC DHfK e. V. mit Bootsverleih und Freizeitangeboten
4,7	Plagwitzer Brücke, ehemalige Villa des Künstlers Max Klinger
4,9	Abzweig der Kleinen Luppe, befahrbar ca. 750 m
5,2	Palmengartenwehr, links vor dem Wehr Ausstieg
5,6	Klingerbrücke
6,0	Sachsenbrücke, Clara-Zetkin-Park
6,5	Rennbahnsteg
6,9	Mündung der Pleiße in das Elsterflutbett am „Deutschen Eck"
7,2	alte und neue Paußnitzbrücke, links das Connewitzer Holz, rechts die „Nonne"
8,0	Steg des Leipziger Kanuclubs e. V. vor dem Teilungswehr Großzschocher

Sonntagsausflug auf der
Weißen Elster

TOUR 6

Trainingsgruppe des
SC DHfK auf der Elster
vor den ehemaligen
Buntgarnwerken

Die Tour auf der Elster und dem Elsterflutbett rund um den Stadtteil Schleußig ist eine ausschließliche Empfehlung für Wasserwanderer und eignet sich für Familienausflüge genausogut wie fürs Fitneßtraining. Selbst der Oma läßt sich auf ihr ein gutes Stück Leipzig vom Wasser aus zeigen (freier Wille und Hilfe beim Ein- und Ausstieg vorausgesetzt). Die knapp acht Kilometer lange Tour ist mit den maritimen Kenntnissen des Leipzigers gut zu bewältigen. Es gibt Abschnitte, da möchte man sich einfach nur treiben und die vielfältigen Uferkulissen an sich vorbeiziehen lassen: dichter grüner Dschungel, roter Klinker alter Industriearchitektur mit modernen Lofts im Inneren, kunstvolle Ufermauern mit Zugängen zu herrschaftlichen Villen, moderne Wohnbauten, deren Fassaden mit dem Fluß flirten, mondäne Bootshäuser und Caféterrassen überm Wasser. Bei allen Besichtigungen sollte der Kahn immer schön rechts gehalten werden, da gleich mehrere Wassersportvereine auf verschiedenen Teilstrecken ihre Trainingseinheiten absolvieren. Und wie es in einer echten Seestadt wie Leipzig nicht anders sein kann, ist unter den trainierenden Kanuten oder Ruderern so mancher bestehender oder angehender Europa- oder Weltmeister. Die Boote für die Tour können an mehreren Stellen eingesetzt bzw. ausgeliehen werden. Jeder Wasserwanderer kann sich daher seine individuelle Runde selbst wählen. Die folgende Tourempfehlung beginnt am Teilungswehr Großzschocher auf dem Gelände des Leipziger Kanuclubs. Eine Erlaubnis für das Einsetzen oder Umsetzen auf dem Gelände ist vorher unbedingt einzuholen. Der Verein leiht aber auch Boote aus. Gestartet wird an einem der wildesten Abschnitte der Weißen Elster bei Leipzig – der Trainingsstrecke der Slalomkanuten. Die Weiße Elster war hier einst besonders mäanderreich. Begradigungen im letzten Jahrhundert haben die Fließgeschwindigkeit in diesem Abschnitt erhöht. Zur Linken werden das Hahnholz mit dem Bootshaus der SG Germania Kanusport e. V,

Bootsverleih Leipziger
Kanu-Club e.V.
Pistorisstraße 61
(0341)-4 01 49 61

Leipziger Sport-Club
Di.–So. ab 16 Uhr
(0341)-4 01 46 12

und das Küchenholz mit dem Bootshaus des traditionsreichen Rudervereins „Triton" 1893 e. V. passiert. Die Ausläufer des Auenwaldstückes reichen bis an die Antonienstraße heran. Am rechten Ufer des Flusses erstrecken sich die Anlagen des Leipziger Tennis-Clubs. Unmittelbar danach beginnt die villenartige Bebauung Schleußigs am ehemaligen Gut mit seinem 1835 erbauten Herrenhaus. Hier und an der nahegelegenen Rödelstraße liegen die Ursprünge des einstigen Gutsdorfes, das den Leipzigern schon um die Mitte des 19. Jahrhunderts als Ausflugsziel diente. Sie kamen auf lauschigen Waldwegen, mit dem Stechkahn oder im Winter auf der zugefrorenen Elster mit Schlittschuhen und auf dem Stuhlschlitten. Bis hierher wurde eigens dafür eine Bahn gekehrt. An der Stelle der heutigen Kaufhalle an der bald folgenden Schleußiger Brücke stand das größte

Trainingsstrecke der Slalomkanuten auf dem Elsterflutbett

Alte und neue Brücke im Zuge des Schleußiger Weges

Bootsbau und Bootsverleih Seifert (heute Herold), um 1925

Bootsverleih, Bootsshop und Personen-schiffahrt Herold
Antonienstraße 2
(0341)-4 01 10 59
(0341)-4 80 11 24

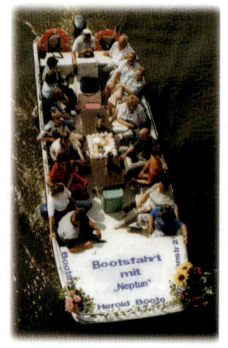

Gartenetablissement Leipzigs um die Jahrhundertwende. Hier ist auch die Stelle, an der am 19. Juni 1813 der bei Kitzen verwundete und im Gärtnerhaus des Großzschocherschen Gutes vor den Häschern Napoleons versteckte Dichter und Angehörige der „Schwarzen Schar", Theodor Körner, mit dem Boot anlandete. Nach Frühstück und einem Spaziergang durch Schleußig setzte er und seine Helfer die Flucht auf dem offenbar sicheren Wasserweg nach Leipzig fort. Flucht und Genesung gelangen bekanntlich, doch schon wenige Wochen später ging der Dichter der Freiheitskriege und Verfasser begeisternder Kriegslieder im mecklenburgischen Gadebusch erneut zu spät in Deckung und wurde endgültig dahingestreckt. Gleich nach der Brücke liegt Leipzigs traditionsreichster und größter Bootsverleih. Seit 1888 verleiht und baut das Familienunternehmen Seifert, ab 1961 Herold, hier Boote. Die folgenden Kilometer zählen wohl zu den spannendsten der Leipziger Wasserlandschaft. Von der Gründerzeit bis zum Ersten Weltkrieg wuchs an dem Fluß eine imposante, teilweise von hohem Zyklopenmauerwerk gesicherte Uferkulisse heran: links die Plagwitzer Industriepaläste, rechts, auf aufgefülltem Terrain, die gutbürgerlichen

Wohnquartiere von Schleußig. Beide Seiten haben in den letzten Jahren ihre graue Patina verloren und wurden ergänzt durch moderne, sich zum Wasser hin öffnende Architektur. Hinter der Karlbrücke liegt beiderseits der Elster das Gelände der ehemaligen Buntgarnwerke, gegründet als Wollgarnfabrik Tittel & Krüger. Das zwischen 1879 und 1925 entstandene Ensemble ist Deutschlands größte Fabrikanlage der Gründerzeit im Geschoßbau und mit Sicherheit auch die schönste. Dem Architekten Ottmar Jummel und später dem Büro Händel & Franke gelang es, eine einheitliche Architektursprache für die gesamte Anlage zu finden. Ziegelfassaden mit hellen Putzbändern, gegliederte Fenster und verspielte Akzente durch Türme, Kuppeln und betonte Eingangsbereiche prägen die imposanten Baukörper. Hinter den denkmalgerecht sanierten Fassaden zieht momentan neues Leben ein. Neben Geschäften und Büros entstehen vor allem attraktive Wohnungen. Beim Anblick der imposanten Architektur wird häufig die links liegende Zufahrt zum Karl-Heine-Kanal übersehen. Hier hat auch das Kanu- und Freizeitzentrum Südwest sein Domizil. Wenige Meter weiter liegt die

„Ristorante da Vito"
Nonnenstraße 11b
(0341)-4 80 26 26
Gondelfahrten möglich!

„Paulis Cafeteria"
Restaurant Elsterbar
Könneritzstraße 14
(0341)-4 80 52 69

Die Einfahrt von der Weißen Elster in den Karl-Heine-Kanal, um 1900. Rechts das erste Bootshaus des Vereins „Sturmvogel"

inzwischen auch für Wohnzwecke umgebaute ehemalige Wäschefabrik von Mey & Edlich. Berühmt wurde die Firma durch ihre weltweit verschickten Papierkragen und die Einführung des Katalogversands. Hier im Bereich der Könneritzbrücke konzentriert sich auch ein Teil der wiedererwachten Leipziger Wassergastronomie mit Terrassen und Anlegestellen. Die markante Stahlbogenkonstruktion der Brücke besteht seit 1899. An gleicher Stelle wurde jedoch schon 1869 die erste direkte Verbindung von Plagwitz nach Leipzig geschaffen. Rechts hinter der Brücke erstrahlt hinter dichtem Grün die Villa Könneritzstraße 1. Hier lebte Karl Heine ab 1874 bis zu seinem Tod 1888. Er förderte und organisierte nicht nur die Industrialisierung von Plagwitz, sondern trieb gemeinsam mit Bernhard Hüffer, dem das bereits genannte Schleußiger Gut gehörte, auch die Bebauung von Schleußig voran. Unmittelbar an den Park der Villa, wo die verfüllte Rödel einst in die Elster mündete, schließt sich das Gelände des SC DHfK e. V., ehemals Ruderverein „Sturmvogel", mit dem wohl imposantesten Leipziger Bootshaus, Bootsausleihe und Freizeitangeboten an.

An der Könneritzbrücke
Abb. links: „Buntgarnwerke"

Restaurant „Weiße Elster"
Nonnenstraße 5e
(0341)-4 80 05 42

Bootshaus Klingerweg
Klingerweg 2
(0341)-4 80 65 45

Bootshaus des Rudervereins
„Sturmvogel", um 1910

Palmengartenwehr, vom Elsterbecken aus gesehen

Sockel für das unvollendet gebliebene Richard-Wagner-Denkmal von Max Klinger im Klingerhain

Links hinter der nun folgenden Plagwitzer Brücke im Zuge der Karl-Heine-Straße erscheint jetzt die einstige Villa der Familie Klinger. Leipzigs berühmtester Kunstmaler und Bildhauer, Max Klinger, hatte hier sein Atelier. Rechts befindet sich der Klingerhain. In diesem Abschnitt scheint für kurze Zeit die Stadt zu Ende zu sein. Der „Steg der vier Jahreszeiten", sogenannt nach den vier Amoretten auf der Brücke, führt in den Palmengarten. Davor befindet sich ein Abzweig der Kleinen Luppe, in die sich bei ausreichend hohem Wasserstand ein Abstecher lohnt. Bei der Weiterfahrt auf der Elster ist für eine kurze Wegstecke Vorsicht geboten, denn das Palmengartenwehr naht. Unbedingt rechts halten und nicht auf das Wehr zufahren! Das von 1913 bis 1917 nach Plänen des Architekten Georg Wünschmann errichtete Wehr ist gleichzeitig Einlaufbauwerk für das Elsterbecken und reguliert den Wasserstand des rechts vom Wehr abfließenden Elstermühlgrabens. Die weitere Tour verläuft nun auf dem Elsterflutbett gen Süden bei kaum wahrnehmbarer Strömung. Das Elsterflutbett entstand im Zuge der Elsterregulierung im letzten Drittel des 19. Jahrhunderts. Es faßt in diesem Abschnitt nicht nur große Teile des Wassers der Weißen

Elster, sondern auch das der Pleiße, was diese wiederum zuvor nicht an den Pleißemühlgraben abgegeben hat. Der breite Strom durchfließt zunächst den Clara-Zetkin-Park. Es folgen rechts das Waldstück „Die Nonne" und links die 1867 angelegte Pferderennbahn im „Scheibenholz". Unmittelbar dahinter liegt das sogenannte „Deutsche Eck". Hier mündet die Pleiße in das Elsterflutbett. In Anspielung auf die weniger bekannte Mündung der Mosel in den Rhein bei Koblenz tauften die Leipziger diese Landspitze so. Auf ihr reitet kein in Bronze gegossener Kaiser, dafür befinden sich hier die Wassersportanlagen der Sportgemeinschaft der Leipziger Verkehrsbetriebe. Die Tour führt nach rechts weiter auf dem Elsterflutbett. Es folgen die 1962 aufgegebene und die unmittelbar dahinter liegende, im gleichen Jahr neu gebaute Paußnitzbrücke. Schnurgerade verläuft der Flutkanal nun bis zum Teilungswehr Großzschocher, dem Ausgangspunkt der beschriebenen Tour. Links des Weges erstreckt sich der südliche Leipziger Auwald und rechts liegen die Kleingärten der 1905–1907 entstandenen Sparte „An der Dammstraße", eine der ältesten und größten Sachsens, und die der Anlage „Elsteridyll".

SG Leipziger Verkehrsbetriebe e. V.
Schleußiger Weg 2a
(0341)-3 91 30 89

Neue und alte Paußnitzbrücke über das Elsterflutbett im Zuge des Schleußiger Weges

Dörfer, Mühlen, Landschaftsgärten –
Die Weiße Elster zwischen Leipzig
und Schkeuditz

TOUR 7

HINWEISE FÜR WANDERER UND RADLER

TOUR-EMPFEHLUNG	flußab vom Richard-Wagner-Hain nach Schkeuditz, Rückfahrt über Luppedamm-Radweg oder mit der Straßenbahn
LÄNGE DER TOUR	15,8 km (ohne Rückfahrt)
SCHWIERIGKEITSGRAD	für Familien mit größeren Kindern und Pfadfinderausbildung, auf der Suche nach der Weißen Elster geht es über Damm-, Feld- und Waldwege in allen Qualitäten, ruhige Dorfstraßen und entlang belebter Bundesstraßen

TOUR-ÜBERBLICK

0,0	Richard-Wagner-Hain, Rad-/Fußweg am Ostufer des Elsterbeckens
1,5	Querung der Straße Am Sportforum
2,2	Unteres Elsterwehr
2,8	Unterquerung der Bahnbrücke über die Neue Luppe, danach rechts zum Marienweg
3,8	Wettinbrücke, kurz vorher Weg nach links an der Elster
5,5	Auensee, Querung der Gustav-Esche-Straße, weiter Straße An der Elster
7,5	Luppedammweg rechts
7,9	Abzweig Auenwaldstation (kleine Treppe), durch den Park Lützschena markiertem Weg folgen (grüner Strich)
9,3	Auenwaldstation, nach Schloß und Kirche links Am Bauernsteg einbiegen, weiter Hohle Gasse, Am Brunnen, Gartenweg
10,9	Kirche Hänichen
12,0	Mühle Hänichen, rechts hoch auf den Radweg an der Bundesstraße
12,2	Schkeuditz-Modelwitz, links in die Waldstraße, wieder links, dann rechts in den Feldweg, von dort schräg gegenüber in Am Bornberg
13,2	Schkeuditz-Papitz, Radweg an der Bundesstraße
14,1	Schkeuditz-Altscherbitz, links in Altscherbitzer Weg hinunter zur Elster, dann rechts auf Wanderweg
14,6	Querung der überdachten Elsterbrücke und geradeaus ins Herrnholz
15,3	Querung der Bundesstraße B 186 und auf den Radweg rechts
15,8	Schkeuditz, alte Stadtmühle und Heimatmuseum

TOUR 7

HINWEISE FÜR WASSERSPORTLER

TOUR-EMPFEHLUNG	flußabwärts nach Schkeuditz oder weiter zur Saale, Elbe, Nordsee ...
LÄNGE DER TOUR	12,5 km bis Schkeuditz, 37 km bis zur Mündung in die Saale (ohne Rückfahrt)
SCHWIERIGKEITSGRAD	für erfahrene Paddler (mehrmaliges Umtragen)

TOUR-ÜBERBLICK

0,0	Einsatzstelle an der Marienbrücke im Rosental
0,3	Mündung der Parthe
0,4	Eisenbahnbrücke, auf den folgenden 4 km sehr verwachsen
1,5	Wettinbrücke in Möckern, links ehemaliges Bootshaus „Kanugilde"
2,5	Eisenbahnviadukt, dahinter Auensee
2,7	Bauernsteg
3,5	Wehr an der ehemaligen Wahrener Mühle (!), am Sportplatz in den rechten Elsterarm umtragen, links Bootshaus „August Bebel"
4,5	Wehr an der Stahmelner Mühle, bei Überlauf am Wehr links 100 m um zwei Gärten umtragen, sonst rechts 300 m um die Mühle umtragen
6,5	Wehr Lützschena, links mit Bootswagen 300 m über Hundewasserbrücke umtragen, unterhalb des elektrischen Turbinenhäuschens wieder einsetzen
8,0	Wehr an der Mühle Hänichen, links umtragen
10,5	Wehr an der Mühle Altscherbitz, links umtragen
12,5	Wehr an der Mühle Schkeuditz, links umtragen, Bootsverleih, zur Straßenbahn 500 m über den Markt

Leipzig.
Hochflutregulierungsbecken.

Die Weiße Elster zwischen Leipzig und Schkeuditz bietet dem Wanderer doch etwas andere Voraussetzungen als die Strecke nach Pegau. Der Fluß hat hier noch einen recht ursprünglichen mäandrierenden Verlauf mit natürlichen Armen, künstlichen Mühlgräben und bildet zahlreiche Inseln, Altwasser und unbegehbare Feuchtgebiete. Kein durchgängiger Wanderweg begleitet ihn. Gelegentlich berühren Wege oder Straßen den reizvollen Elsterlauf, meist queren sie ihn nur, um recht schnell das „rettende" Hochufer zu erreichen. An diesem drängeln sich zwischen Leipzig und Halle auf 20 Kilometern 27 Ortschaften. Der Wanderer muß also genau wissen, was er erleben will. Teils nur wenige hundert Meter entfernt fließt die Luppe in ihrem künstlichen Bett. Auf ihrem stets sicheren Damm kommt man bequem durch die Aue und zurück. Versucht man aber in der Nähe der Elster zu bleiben, geht oder fährt man alles andere als geradlinig, manchmal sogar mitten im Straßenverkehr. Dafür erwartet den Wanderer aber eine vielfältige Kulturlandschaft entlang alter Dorfstraßen oder romantischer Parkwege. Die Tour

Das Elsterbecken, um 1925

TOUR **7**

Fahrradstation Eckhardt
Hauptbahnhof
Parkhaus West
(0341)-9 61 72 74

Freibad am Elsterbecken, um 1930

beginnt an einer der jüngsten städtischen Parkanlagen, dem Richard-Wagner-Hain am Elsterbecken. Wie sein Gegenüber, die Uferterrassen des Palmengartens, entstand die Anlage in den 30er Jahren im damaligen Zeitgeschmack. Das Anfang der 20er Jahre fertiggestellte Elsterbecken bildete den Abschluß jahrzehntelanger Hochwasserschutzmaßnahmen an der Weißen Elster bei Leipzig. Nach den ursprünglichen Plänen sollte das 2 400 m lange und 150 m breite Becken der repräsentative Mittelpunkt eines neuen Zentrums der Stadt mit der Stadthalle und vielen öffentlichen Gebäuden werden. Kurz darauf wandelte sich die Meinung der Stadtväter vernünftigerweise wieder, und das Areal war fortan dem Sport und der Erholung vorbehalten. Die bis in die 50er Jahre stattfindenden Ruderregatten dürfen nach den heutigen Bestimmungen nicht mehr stattfinden (keine Durchfahrt unter Brücken!). Die Boote würden auch im Schlamm steckenbleiben, denn von den ursprünglichen anderthalb Metern Wassertiefe ist nicht sehr viel geblieben. Der Schlamm, dessen Gewinnung anfangs betrieben wurde, um das umliegendes Territorium aufzufüllen, enthielt jedoch seit den 40er Jahren zunehmend das, was in Espenhain oder Böhlen nicht durch die Schlote oder zur Weiterverarbeitung ging. Ein

Fischreiher

Zentrum für Sport und Erholung und beinahe sogar für die Olympischen Spiele wurde das Umfeld dennoch. Nach wenigen hundert Metern grüßt rechts der mächtige Damm des Anfang der 50er Jahre aus den Kriegstrümmern der Stadt gebauten, einst hunderttausend Zuschauer fassenden Zentralstadions. Heute empfängt innerhalb des Walls eine moderne 45 000 Zuschauer fassende Fußballarena. Am Ende des Beckens liegt rechts die Kläranlage am Rosental, zu der die meisten Leipziger seit über hundert Jahren eine besondere Beziehung haben. Die folgenden gut drei Kilometer über den Marienweg und an der Elster zum Auensee sind geprägt durch viele Kleingarten- und Sportanlagen (Einkehrmöglichkeiten mit Freisitzen!).

Der Auensee entstand an der Stelle einer Grube, aus der Kies für die Fundamente des Leipziger Hauptbahnhofes stammt. 1913 wurde um den entstandenen See der Lunapark mit „Gebirgsszeneriebahn", der Liliputbahn „Luna-Expreß", einem Tanzpalast und vielerlei anderen Attraktionen eröffnet und ist bis heute mit dem „Haus Auensee" (Freisitz und Konzerte!),

Neben der legendären Liliput-Dampflok verkehrt auch die kleine Akku-Lok um den Auensee

Parkeisenbahn Auensee
(0341)-4 61 11 51

„Haus Auensee", um 1915

Luna-Park, Leipzig-Wahren am Auensee.
Hauptrestaurant.

Campingplatz am Auensee
Gustav-Esche-Straße 5
(0341)-4 65 16 00

der Parkeisenbahn oder der Gondelstation ein beliebtes Ziel der Leipziger. Nach dem Auensee wird dem Wanderer entlang des Weges An der Elster wieder vor Augen geführt, was für eine Nutzung die hochwassergefährdete Aue dem Menschen zuläßt: Sportplätze, Kleingärten, Wiesen und dazwischen erneut eine Kläranlage. Am Luppedamm führt der Weg für 400 m nach rechts bis zu dem kleinen Schild Auenwaldstation. Der Einladung (klei-

Bootsverleih Auensee
Firma Wittig
Gustav-Esche-Straße 4a
(0341)-4 62 23 42

ne Treppe) sollte man unbedingt folgen. Bereits nach wenigen Metern empfängt den Wanderer einer der schönsten Flecken des Leipziger Landes: das Auenwaldstück Polenz mit seinem

Bootsverleih am Auensee

sanften Übergang in den Park Lützschena. Radfahren auf den teils schmalen Waldwegen ist zwar nicht verboten, schieben aber besser, um die reichhaltigen Angebote der Natur mit allen Sinnen aufsaugen zu können. Um sicher zu gehen, kann der Markierung gefolgt werden. Wer sich verläuft, wird es dennoch auf keinen Fall bereuen. Etwa 1825 begann der einstige Schafhirte, dann Kaufmann, Schloßherr, Kunstsammler, Schafzüchter und Brauereibesitzer Speck von Sternburg mit der Gestaltung des Parkes, wobei er sich betont an die geographischen Gegebenheiten hielt. In direkter Anknüpfung an die noch jungen Ideen

Auwaldstation
Schloßpark Lützschena
(0341)-4 62 18 95
täglich 8.30–15.30 Uhr,
am Wochenende
nach Vereinbarung

des Landschaftsgartens wurden Gartenszenen geschaffen, die durch ein System von Wegen, Gewässern und architektonischen Kleinoden als Blickfänger gestalterisch und funktionell miteinander korrespondieren, sonst aber abgeschlossene Räume bilden und harmonisch in die umliegende Elsteraue überleiten. Das wiederkehrende Hochwasser wurde durch ein künstlerisch angelegtes Gewässersystem zur Gliederung und Gestaltung des Parkes genutzt, ebenso wie vorhandene Flußmäander, Inseln oder markante Eichen. Ungern verläßt man den Park wieder, auch wenn von seiner ursprünglichen Gestalt nur noch Fragmente erhalten blieben.Vorbei an der Auenwaldstation, die wechselnde Ausstellungen und interessante Freizeitprogramme für Kinder und Jugendliche bereithält, über die Elster zum 1864 erbauten Schloß. Die gesamte Gutsanlage und das etwas entfernt liegende Brauereigelände sind sehenswert. Stoßgebete möchte man nach oben richten in Anbetracht des bedrohlichen Zustandes dieses kulturhistorischen Erbes. Die nächsten fünf Kilometer führen durch die Kette zusammengewachsener Dörfchen am Hochufer der Elster. Auf stillen Dorfstraßen und

Dianentempel im Park Lützschena

Bürgerhaus Lützschena
Elsterberg 7
(0341)-4 61 23 60

Corsa-Radsport
Schkeuditz, Georg-Schumann-Straße 265
(0341)-9 01 41 74

Schloßbrücke über die Elster in Lützschena

Mühle und Heimatmuseum

Spielzeugmuseum
Zum Herrnholz
Di.–Fr. 14–17 Uhr
Sa., So. 10–12, 14–17 Uhr
(034204)-6 00 50

Heimatmuseum Schkeuditz,
Mühlstraße 52
Mi. 10–13 Uhr
So. 10–12 Uhr
(034204)-6 27 11

entlang der belebten einstigen Handelsstraße zwischen Halle und Leipzig geht es durch Lützschena, Quasitz, Hänichen, Modelwitz, Papitz nach Altscherbitz. Die Namen finden sich zum Teil nur noch auf alten Karten, auf neueren sind die Orte entweder nach Leipzig oder nach Schkeuditz eingemeindet. Alte Güter und Dorfhäuser, viele von ihnen verfallen, kleine Dorfkirchen und große Mühlen wechseln mit neu erbauten Reihenhäusern. Einige der neueren Bauherren hatten die Idylle gesucht, waren aber offenbar nicht bereit, ihren Beitrag zu deren Erhalt zu leisten. Schade, mitunter hat man das Gefühl, der zuständige Ortsplaner war lange Zeit im Urlaub. Welch schöne Ecken überall entstehen könnten, zeigt dagegen das Umfeld des Spielzeugmuseums am Borneberg. Ein Besuch der liebevoll dargebotenen Spielzeugsammlung wird mit Sicherheit nicht nur Kinder begeistern. In Altscherbitz geht es durch das Dorf, vorbei an ähnlich schönen und verfallenen Gutsanlagen hinunter zur Elster, an der ein idyllischer Weg durch die Reste des alten Rittergutsparks führt. Das Rittergut hatte bereits 1876 der Provin-

Neue Elsterbrücke bei Altscherbitz

ziallandtag der preußischen Provinz Sachsen erworben, um dort eine Irrenanstalt zu errichten. Der Anstaltspsychiater Moritz Koppe führte hier anstelle von Zwangsmaßnahmen ein koloniales Leben mit Arbeitstherapie für Geisteskranke ein. Das 6,5 Hektar große Tal zwischen barockem Gutshaus und Elster wurde um 1900 als Landschaftspark umgestaltet. Die herrschaftlichen Alleen aus Hainbuchen und Winterlinden sind natürlich älter.

Über die neu erbaute und überdachte Elsterbrücke kann der Park für die Fortsetzung der Tour verlassen werden. Der Abschied fällt nicht allzuschwer, da hinter der Brücke schon das Herrnholz grüßt. Danach geht es neben der Bundesstraße hinauf nach Alt-Schkeuditz. Gleich am Anfang des Ortes stehen die alte Stadtmühle und das Heimatmuseum. Hier am Mühlberg siedelten schon die Slawen (Wallanlage) und in Thietmars Chronik wird bereits 981 an der Stelle erstmals eine deutsche Burg, die „Scudicis civitas" genannt. Mehr über die Geschichte der Gegend kann man im Heimatmuseum erfahren.

Astronomisches Zentrum Schkeuditz
An der Bergbreite 1
Öffnung nach Vereinbarung
(034204)-6 26 16

FLOSSGRÄBEN

FLOSSGRÄBEN

HELMUT HARTMANN

Das Münztor mit der Brücke zum Leipziger Floßplatz, um 1860

An der Batschke-Mühle bei Zöbigker, 1956

Floßgrabentouren sind etwas für entdeckungsfreudige Individualisten. Sie bieten nichts Spektakuläres, vermitteln jedoch das reizvolle Erlebnis von Natur und Landschaft, von Geschichte der Gegend und versteckten Denkmalen, lassen die dynamische Entwicklung unserer Region deutlich werden.

Die vorgeschlagene Tour führt vom Leipziger Floßplatz die Leipziger Flößstrecke aufwärts bis zu ihrem Ursprung bei Pegau und von dort den großen Elsterfloßgraben abwärts bis Lützen, umfaßt also nur einen kleinen Teil der historischen Weißelsterflöße: vergleichbar einem Baum kommunizierte die Weiße Elster über ihre Floßgräben im Gebirge wurzelnd mit den Flüssen Eger, Zwickauer Mulde und Göltzsch sowie im nordwestsächsischen Niederland über die Verästelungen der Elsterfloßgräben mit Rippach, Saale, Luppe und Pleiße. Am „Elsterstamm" bildete die reußische Flöße auf der Weida mit ihren Zuflüssen einen beachtlichen westlichen Seitenzweig. Vier Wasserscheiden überwinden die insgesamt über 100 Kilometer langen Gräben. Sie verlaufen geschlängelt, dem Gelände angepaßt. Die Weißelsterflöße gilt als eines der bedeutendsten Denkmale der historischen Wasserwirtschaft, des Wasserbaus, des Vermessungswesens und der Salinengeschichte unseres Landes und sucht europaweit ihresgleichen. Eingerichtet wurde die Scheitholzflöße in ihrer Grundform in lediglich zwei Jahren bereits mit ei-

Schauflößen bei Muldenberg

nem fünfzig Kilometer langen Elsterfloßgraben zum Rippach bei der sich dann als unrentabel erweisenden Saline Poserna auf Veranlassung des Kurfürsten August I. durch seinen Oberbergmeister Martin Planer 1578–80. Kurfürst August wollte mittels der frisch erworbenen vogtländischen Holzreserven in den zu Kursachsen gekommenen Salinen des Stiftes Merseburg Salz sieden lassen, ein in seiner Großzügigkeit der Renaissance würdiges Vorhaben. Bis 1632 wurde die Anlage mehrfach erweitert und brachte dem Fiskus zeitweise größere Gewinne als der Silberbergbau.

Die Flöße funktionierte durch kampagnenhaftes Abschwemmen der meterlangen Holzklafter zur Schneeschmelze unter Einbeziehung selbst der – dann schulbefreiten – Kinder und unter Aufsicht eines ausgeklügelten Beamtenapparates. Sie brachte den Menschen im Gebirge und an der Strecke Arbeit sowie den Abnehmern auf den mehr als 30 Holzplätzen einschließlich der Städte Halle und Leipzig Wärme und Energie. Bis zu 150 000 Raummeter Brennholz, ca. ein Zehntel davon für Leipzig, wurden jährlich abgeschwemmt, letztmals 1864.

Der Elsterfloßgraben in Rampitz in der Nähe von Kötzschau, 1920

TOUR 8

HINWEISE FÜR WANDERER UND RADLER

Die Tour ist für Wanderer nur in Abschnitten zu schaffen (z. B. Floßplatz–Zöbigker, Zwenkau–Pegau, Pegau–Eisdorf, Lützen–Großgörschen). An den z. T. weglosen Gräben wandert es sich außerhalb der Vegetationsperiode am besten. Zugverbindung gibt es nach Pegau, sonst per Bus.

Trainierte Radfahrer können die 80 km lange Strecke als Tagestour wagen.

Schlechte Wege: um den Tagebau Zwenkau, Bereich Imnitzer Lachen, Kippe Profen sowie zwischen Rahna und Lützen. Von Lützen nach Leipzig wird der Weg von der Gustav-Adolf-Gedenkstätte über Meuchen/Meyhen zum Grünen-Ring-Weg bei Schkeitbar in Richtung Knauthain empfohlen.

HINWEISE FÜR WASSERSPORTLER

Sämtliche Floßgrabenabschnitte sind für Paddler nicht befahrbar.

Zwischen der Pleiße und der Brückenstraße ist das Paddeln mit Einschränkungen (Flachstellen) möglich.

Spuren der Flößer –
An den Floßgräben der Weißen Elster
zwischen Leipzig, Pegau und Lützen

TOUR 8

LÄNGE DER TOUR
SCHWIERIGKEITSGRAD

Die 80 km (inkl. Rücktour) sind für Wanderer nur in Abschnitten zu bewältigen, für Radfahrer sind sie als Tagestour möglich.

TOUR-ÜBERBLICK

0,0	Floßplatz
1,3	Querung Schleußiger Weg, auf rechtem Pleißedamm an Pleiße- und Floßgraben
3,3	über die Weiße Brücke (Floßgraben), weiter die Linie Richtung Wolfswinkel
6,1	S-Bahn-Übergang am Equipagenweg, weiter durch den Keesschen Park
7,3	Lauersche Straße in Gautzsch, rechts zur Uferpromenade des Cospudener Sees
9,7	Zöbigker, weiter Wanderweg durch die Neue Harth nach Zwenkau
16,0	Ende des Wanderweges an der B 2 am Flugplatz Böhlen, Weiterfahrt nach rechts auf der Bundesstraße
18,0	Ortseingang Zwenkau, weiter Richtung Pulvermühle, dann die Batschke aufwärts zu den Imnitzer Lachen und zur Bundesstraße B 186
22,0	B186 einen Kilometer Richtung Leipzig, Querung der Elsterbrücke Kleindalzig
23,5	links in den Elsterradwanderweg
31,9	Mühlgraben bei Pegau, dem Kleinen Floßgraben folgen
36,0	Aussichtspunkt Stöntzsch am Tagebau Profen
39,0	Tagebausee Werben, weiter nach Werben und die Landstraße über Sittel, Thesau, Hohenlohe, Kitzen nach Eisdorf
45,0	Eisdorf, weiter nach Kleingörschen, Caja und die Landstraße Richtung Lützen
49,1	Floßgrabengabelung nahe der Landstraße
54,0	Holzplatz bei Lützen

WEITERE FLOSSGRABENTOUREN

■ Ab Lützen den südlichen Floßgrabenabzweig über das alte Salzwerk Teuditz (heute Tollwitz) zur Saline Dürrenberg.

■ Den nördlichen Floßgrabenabzweig von Meuchen über das ehemalige Salzwerk Kötzschau und die Kreuzung des trockenen Floßgrabens mit der unvollendeten Kanalschleuse in Wüsteneutzsch bis zur Mündung in die Luppe bei Wallendorf.

■ Vogtländische Göltzsch- und Kielfloßgrabentouren mit Schauflößen in Muldenberg organisieren seit Jahren die Leipziger Wanderer, gute Zugverbindung bis Muldenberg über Zwickau, ideale Kurzurlaubsmöglichkeit (z. B. Hotel „Flößerstube" in Muldenberg).

Gestartet wird unter den Bäumen des Floßplatzes. Er war früher ein Drittel größer, wurde von drei aus dem Pleißenmühlgraben abzweigenden Floßgräben durchzogen, faßte 7 000 Klafter (1 Klafter = ca. 3 m³) und zur Saison mußten hundert Leute die Scheite zum Stapeln ausziehen.

Die Wundtstraße entlang geht es über den Schleußiger Weg bis zum Pleißewehr, oberhalb über die Brücke flußaufwärts bis zur Floßgrabenmündung, anschließend bis zur Weißen Brücke. Dort informiert eine Schautafel über die Weißelsterflöße. Grabenaufwärts zum Markkleeberger Wolfswinkel mäandert der Floßgraben, eigentlich als Batschke ein östlicher Elsterarm, noch in ursprünglicher Weise. Nach Überquerung der S-Bahn-Linie führt der Equipagenweg zum Ziegeleiweg (Abstecher zum Auslaufgraben des Waldbades Lauer). Entlang des Waldbades und über den Verbindungsgraben mit Bootsschleuse zum Cospudener See (hier lag der Holzplatz für Gautzsch und die Ziegelscheune) geht es zur Lauerschen Straße (Abstecher zur ehemaligen Gautzscher Mühle mit ihrem hölzernen Wehr, in dessen Oberwasser sich das Freibad befand). – Grabenaufwärts hat sich am Rand des Tagebausees ein Galeriewald um den Floßgraben herum erhalten. Letzterer ist bis zum Hafen Zöbigker und in der Neuen Harth als Auslauf des Zwenkauer Sees mit Wanderweg neu angelegt bzw. im Bau. An der Bundesstraße 2 biegt die

Der Floßplatz in Leipzig nach seiner Gestaltung als Grünfläche, um 1900

TOUR **8**

Der Floßgraben bei Čaja

Trockenes Bett des
Batschke-Floßgrabens
in Zwenkau

Tour nordwestlich zum Kap Zwenkau und zur Pulvermühle ab. Hier wurde von 1620 bis zur letzten Explosion, 1919, Schießpulver u. a. aus (Flöß-) Holzkohle hergestellt.

Am Eichholz entlang, vorbei am Herrengarten, dem ehemaligen Zwenkauer Holzplatz, geht es am trockenen Batschkefloßgraben zum Zwenkauer Wehr, durch die Imnitzer Lachen batschkeaufwärts zur Weißen Elster, am Ufer entlang bis zur Döhlener Brücke. Hier sperrte ein Wehr mit Rechen die Elster ab, um das Holz über die Batschke nach Leipzig zu flößen. In Wiederau lohnt ein Abstecher zum Barockschloß.

Hillerts Radlerhof
Zwenkau
Zum Rittergut 16
(034203)-5 26 50
(0163)-8 21 61 54

Nach Durchquerung der Auenwiesen hinter Weideroda führt eine kleine Brücke über den Elstermühlgraben. Sie markiert den ehemaligen hölzernen Fluter, über den der gegenüber in

Zwenkauer Wehr am Abzweig der Batschke von der Weißen Elster (Altwasser)

Tagebaurestsee Werben

Schützenhaus Zwenkau
Geschwister-Scholl-Platz 1
(034203)-5 47 55

den Mühlgraben mündende kleine oder Pegauer Elsterfloßgraben früher die Holzscheite zur Weißen Elster transportierte. Weiter geht´s – den Weiderodaer Weg entlang, vor dem Bahndamm rechts bis zur Straße nach Werben mit dem Parkplatz des Lidl-Marktes, dem ehemaligen Pegauer Holzplatz. Durch die Gassen des Ortsteils Carsdorf muß man zu einer Bahnunterführung an der Kippe des Tagebaues Profen-Nord finden. Hier hinauf schwingt sich der neu angelegte Pegauer Floßgraben in vergleichsweise kühnen Serpentinen mit taschenartigen Teichen, muß doch ein Höhenunterschied von 25 Metern zwischen Kippe (150 m ü NN) und Weißer Elster überwunden werden. Pegau, das „Trutz-Leipzig" des Dreißigjährigen Krieges, mit seinem wie eine Miniaturausgabe des Leipziger Rathauses wirkenden Lotterschen Rathaus ist mit dem Zug in 23 Minuten vom Hauptbahnhof Leipzig erreichbar.

Gleich am Bahnhof führt die Zeitzer Straße in die Stadt sowie die Koburger Straße auf die Kippe über den Pegauer Floßgraben hinweg zum Aussichtspunkt mit herrlicher Rundsicht. Hier befand sich das abgebaggerte Dorf Stöntzsch. – Wenige hundert Meter südlich zweigt der kleine Elsterfloßgraben vom großen ab, der seinerseits knapp vier Kilometer südlich am Rand des aktiven Tagebaues Profen-Süd rostrot aus stählerner Quelle entspringt. Beide Gräben sind auf Kippengelände neu angelegt worden.

Kleiner Floßgraben am
Tagebau-Aussichtspunkt
Stöntzsch

Zufluß des Kleinen Floßgrabens in den Elstermühlgraben bei Pegau

Den Beginn des Leipziger Teils der Weißelsterflöße markiert seit 1713 der auf dieser Seite abgebildete Denkstein mit den Namen der Verantwortlichen vom König bis zum Holzverwalter in Pegau. 1988 war er, schon verlorengeglaubt, im Tagebau wiedergefunden, später geborgen, restauriert und im Lapidarium der Groitzscher Wiprechtsburg gezeigt worden. Nach Aufstellung am Aussichtspunkt Stöntzsch zum Pegauer Stadtjubiläum verschandelten ihn Sprayer, so daß er wieder eingelagert werden mußte.

Der barocke Floßgrabenstein von 1713

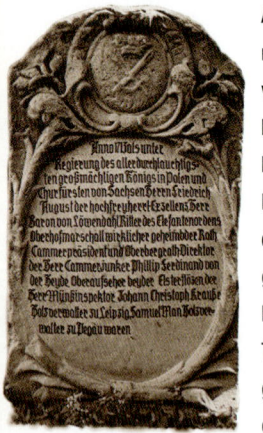

Auf der die Koburger Straße kreuzenden Kippenstraße geht es nordwärts, nun in Fließrichtung des Großen Elsterfloßgrabens, vorbei an vier Windrädern zum Tagebau Werben, einem kaum bekannten Kleinod der neusächsischen Seenplatte, fisch- und lurchreich, mit kleinen Kiesinseln und terrassiertem Ufer.

Bei Werben beginnt der originale Große Elsterfloßgraben wieder mit seinem alten Uferbewuchs, unverzichtbar in der ausgeräumten flachen Gegend. Die Lohrbrücke mit der Nr. LIX (ab Krossen wurde gezählt) und einem allerdings unlesbaren Text im Schlußstein ist die erste von etwa einem Dutzend originaler Sandsteinbogenbrücken bis Lützen. In alten Karten tragen sie Eigennamen. Neugierige können nach ihnen suchen.

Am Werbener Ableiter mit seiner markanten Pappelreihe geht es zur Straße nach Sittel, vorbei am zwiebelbekrönten Wunderbrunnen Seegel, der unregelmäßig zutage trat, dann aber regelrechte Wallfahrten auslöste. Künstler können jetzt im Grundstück wohnen. Bei Sittel, einem typischen Rundling, vollführt der Floßgraben, den Höhenlinien folgend, einen scharfen Knick, „Quarkwinkel" genannt.

In Thesau, genauso klein, gibt es Alberts Gasthof und eine Bushaltestelle. Die spätromanische Kirche von Hohenlohe/Kitzen ist vergleichsweise reichhaltig verziert, weil sie Anfang des 13. Jahrhunderts einem wenige Jahre in Hohenlohe bezeugten Nonnenkloster als Gotteshaus diente. Die Nonnen sollen nach Leipzig weitergezogen sein. Vor der flüchtigen Klostergründung war der Hohenloher Priester gleichzeitig der Vogt (lat. butellus) des Kirchsprengels, weshalb die betreffenden Dörfer heute noch etwas geringschätzig als „Buddel" bezeichnet werden (nach Dr. Otto Kunzmann, Kitzener Ortschronist).

Im Rittergutspark Kitzen steht Theodor Körners Denkmal mit der Inschrift „Die Wunde brennt, die bleichen Lippen beben"

Frenzel
Pegau
Stöntzscher Straße 29a
(034296)-7 68 04

Mängel
Pegau, Breitstraße 35
(034296)-7 60 13

Herrenhaus Kitzen

Im Schloßpark Kitzen

„Roter Löwe", Lützen
Ernst-Thälmann-Straße 9
(034444)-2 33 32

Gustav-Adolf-Gedenkstätte
Lützen, Gustav-Adolf-
Straße 42
(034444)-2 03 17

Floßgraben bei Caja

in Erinnerung an seine Verwundung beim Überfall der Franzosen auf Lützows Freikorps am 17. Juni 1813 bei Kitzen. Der Kitzener Floßholzplatz befand sich an der Stelle der 1861 gegründeten Zimmerei Sack. Der Floßgraben zieht mitten durchs Dorf. Stege führen in die Grundstücke. Die Radler finden in Kitzen Anschluß an die „Route südliches Schlachtfeld" nach Eisdorf und Kleingörschen.

Eisdorf, von Thietmar von Merseburg 1009 erstmals erwähnt und besucht, liegt an einer alten Heer- und Handelsstraße. Der Ort konkurrierte vor 900 Jahren mit Leipzig als Gerichts- und Marktort am ursprünglichen Lauf der Via regia, die vom Saaleübergang Dehlitz über Eisdorf, Eythra, Magdeborn zur Mulde führte. Als zunehmende Trockenheit das Passieren der Lindenauer Wiesen nach Leipzig erlaubte, verlief die Via regia nun dort. Eisdorf blieb vom alten Einfluß bis ins 18. Jahrhundert lediglich das „Brückgericht" mit seinen wunderlichen, auf die Kolonisationszeit zurückgehenden Bräuchen, das den Erhalt des Knüppeldammes durch die sumpfige Aue zwischen Eythra und Zwenkau unter Einbeziehung von zuletzt 44 Ortschaften überwachte. Zwei ungleiche Türme der Eisdorfer Kirche signalisieren noch immer Macht und Besitz der Merseburger Bischöfe. Die einzige Floßgrabenmühle, 1851 in Eisdorf erbaut, hat ein sehenswertes, wenn auch marodes gußeisernes Mühlrad mit konkaven hölzernen Schaufeln. Ein Abstecher entlang dem Ortsrand, vom Ortsausgang nach links, lohnt sich.

Die Wasserscheide zwischen Weißer Elster und Saale wird auf der Straße nach Kleingörschen gleichzeitig mit der Landesgrenze zu Sachsen-Anhalt überwunden. „Beutepreußen" nannten sich die Görschener nach Sachsens Verkleinerung 1815. Die Schlacht bei Großgörschen am 2. Mai 1813, als Preußen erstmals wieder gegen Napoleon kämpfte, forderte im Dörferviereck Klein- und Großgörschen, Rahna und Caja über 30 000 Tote. Original preußisches Kopfsteinpflaster auf der Straße bis Lützen läßt diese Strecke nur für Unentwegte zu. Caja bietet nichts Besonderes. An den „Bärlöchern" liegt die einzige Floßgrabenfurt. Der sich anschließende Stau des Floßgrabens mit „Wasserfall" diente zu DDR-Zeiten der Felderberegnung. Gegenüber steht einsam ein alter Ziegeleiringofen, der zum Fledermausrefugium umgebaut wurde. An dieser Stelle könnte die erste Floßgrabentrasse westlich weiter zur Saline Poserna geführt haben (von 1580–85, danach verfüllt). Heute biegt der Graben nach Norden ab und unterquert bald darauf die Autobahn A 38. Danach teilt sich der Floßgraben. In der Floßgrabengabelung hatten die Schweden während der Schlacht bei Lützen am 16. November 1632, die Wallenstein verlor und König Gustav Adolf das Leben kostete, Aufstellung genommen. In Lützen ist die denkmalgeschützte Gasse „Am Floßgraben" einen Blick wert. Unmittelbar benachbart ist das Schloßmuseum, eine alte Wasserburg der Merseburger Bischöfe, deren Graben früher der Floßgraben füllte. Die B 87 wird vom nördlichen Floßgrabenabzweig gekreuzt. Hier befand sich in den Jahren 1602 bis 1610 der Holzplatz, von dem Leipzig teuer und mühsam per Fuhrwerk sein Brennholz bezog, bevor der Leipziger Floßgraben eröffnet wurde.

Eisdorfer Mühlenrad

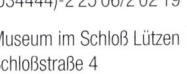

Dorfmuseum
Großgörschen
Mai–Oktober
So. 14.30–16.30 Uhr
(034444)-2 25 06/2 02 19

Museum im Schloß Lützen
Schloßstraße 4
(034444)-2 02 28

Denkmalgeschützte Gasse
„Am Floßgraben" in Lützen

Auf dem Floßgraben von der City zur „Costa Cospuda"

TOUR 9

HINWEISE FÜR WASSERSPORTLER

TOUR-EMPFEHLUNG — vom Palmengartenwehr das Elsterflutbett aufwärts bis zum Deutschen Eck, dann die Pleiße bis zum Wehr, die Pleiße aufwärts, bis rechts der Floßgraben abzweigt

LÄNGE DER TOUR — 8 km

SCHWIERIGKEITSGRAD — für paddelnde Familien vorwiegend auf dem schattigen Floßgraben

TOUR-ÜBERBLICK

0,0 — Palmengartenwehr, Einsetzstelle am Klingerhain, Elsterflutbett aufwärts

0,5 — Unterquerung der Klingerbrücke, an der Sachsenbrücke vorbei zur Pferderennbahn „Scheibenholz"

1,5 — Deutsches Eck, geradeaus in das Pleißeflutbett

2,2 — Pleißewehr Connewitz nach rechts umtragen, Einsetzstelle hinter dem Wehr

3,5 — Pleiße stromaufwärts, bis rechts der Floßgraben abzweigt

4,0 — Unterquerung der „Weißen Brücke", vorbei am Wildpark

6,0 — vorbei am Klärwerk Markkleeberg, nach rechts umtragen, Überquerung der Brückenstraße bzw. des Ziegeleiweges, Einsetzstelle hinter Lärmschutzwand in den Waldsee Lauer

6,5 — Querung des Waldsees Lauer bis zum Zulauf des Cospudener Sees, umtragen, ab Herbst 2006 Schleuse benutzbar

8,0 — Cospudener See

TOUR 9

Kanu-Kämpfe bietet geführte Touren mit eigenen Booten ab Bootshaus Klingerweg bis zum Hafen Cospuden. Auf Wunsch mit einer Auenwaldkundlerin oder mit einer „Kräuterhexe".

Kanu-Kämpfe
04683 Belgershain
Platanenstraße 3
(034293)-3 28 73

Bootsverleih Herold
Antonienstraße 2
(0341)-4 01 10 59

Bootshaus Klingerweg
Klingerweg 2
(0341)-4 80 65 45

Wildromantische Auenwaldkulissen begleiten den Floßgraben

Bootsverkehr auf den Elsterfloßgräben war ehedem nur dem Kammerziegler aus Grana bei Zeitz außerhalb der Flößzeit erlaubt, um in langen breiten Kähnen Kalkrohlinge aus Wetterzeube zu seinem Ofen zu transportieren. Einer Orientierungstafel an der Weißen Brücke, dem bisher einzigen, aber anschaulichen Hinweis auf die zweieinhalb Jahrhunderte florierende Brennholzflöße, ist zudem zu entnehmen, daß auf der einsamen, weil schlammigen und stinkenden Floßstrecke auch Antifaschisten in Katamaranen konspirierten. Jetzt kann dieser ehemalige Holzweg nach Entschlammung und Ertüchtigung der Markkleeberger Kläranlage wieder im Paddelboot erfahren werden. Die Tour beginnt am Palmengartenwehr und endet nach acht Kilometern am Cospudener Nordstrand. Das Elsterflutbett aufwärts geht es nach 1,5 km links in das Pleißeflutbett bis zum Pleißewehr Connewitz. Hier ist Umtragen angesagt. Eine Fisch-Boot-Passage mit Umgehungsgerinne und mechanischer Treideleinrichtung ist jedoch für 2008 geplant. Oberhalb des Wehres zweigte einst die Rödel zur Elster hin ab, der Pleißemühlgraben tut dies auf der linken Flußseite noch immer Richtung Floßplatz. Bald folgt die Stelle, an der die Güterbahn Connewitz–Plagwitz früher die Pleiße überbrückte. Oberhalb der folgenden Probsteibrücke existierte auf der westlichen Flußseite das legendäre Restaurant „Wassergott", der hölzerne Vorgänger des Stelzenhauses. Dieser Pleißeabschnitt, von Lene Voigt besungen, überrascht mit fast ursprünglicher Schönheit: Flußschlingen, üppige Vegetation im unberäumten Wasser, Fischreichtum oder schimpfend flüchtende Eisvögel. Nach einem weiteren Kilometer folgt die Einfahrt rechts in die Batschke- bzw. Floßgrabenmündung. Die Ufer sind jetzt beräumt, das Flußbett ist schmaler als früher, um die unvermeidliche Sedimentablagerung zu verringern. In der Gegend der bald erreichten Weißen Brücke ist deshalb im 19. Jahrhundert eine Begradigung erfolgt. Die alten Batschkeschlingen füllen sich noch heute mit Wasser

und sind Rückzugsgebiet mancher Tiere. Oberhalb der Brücke bis zu einer Schneise mit Hochspannungsleitung und Fernwärmetrasse sind die Mäander noch zu erleben. Vorbei geht es am Klärwerk. Oberhalb der Klärwerkbrücke folgt ein fischreicher, klarer Abschnitt. Für ganz Stille zeigen sich hier auch Eisvogel oder Silberreiher. Mit überraschend kräftiger Strömung, besonders unter der S-Bahn-Brücke, erreicht der Paddler eine Pegelstange. Hier teilt sich der Graben. Nach rechts wird die Umtragestelle an der Brückenstraße erreicht, wo bis zum Ausbau der Straße (u. a. Anhebung um ca. zwei Meter) Aufmerksamkeit und etwas Ausdauer nötig sind. Die Einsetzstelle liegt hinter dem Lärmschutzwall am Auslauf des Wolfssees (Waldbad Lauer). Nach dessen Querung und Passage seines Zulaufes im Tertiärwald schippert man schon auf dem klaren, durch dichte Wasserpflanzen gefilterte Wasser des Cospudener Sees. Bis zu seinen Ufern muß aber noch die im Juni 2006 in Betrieb gehende Bootsschleuse mit der parallelen Wehranlage zur Überlaufregulierung des Tagebausees überwunden werden. Danach empfängt der offene See.

Floßgrabenabschnitt kurz vor Zeigeleiweg/Brückenstraße

Restaurant „Seeterrasse"
Hafenstraße 23
(0341)-3 54 26 83

Am Connewitzer Wehr und über die Brückenstraße muß umgetragen werden.

ELSTER-SAALE-KANAL

THOMAS NABERT

Karl-Heine-Kanal, um 1890

Halle

Leipzig

Saale

Magdeburg

Elbe

1 Elster-Saale-Kanal
2 Elbe-Havel-Kanal
3 Mittellandkanal
Der Elster-Saale-Kanal sollte Leipzig an das deutsche Binnenwasserstraßennetz anbinden.

Kanäle als künstliche Wasserstraßen sind in der Regel langweilige Bauwerke. Ihnen kilometerlang zu folgen lohnt oft nicht, da sie kerzengerade durch Landschaften führen und der oberste Gestalter letztendlich der Kassenmeister ist. Nicht so beim Karl-Heine-Kanal und seiner unvollendeten Verlängerung in Richtung Saale! Es gibt in Deutschland kein zweites Kanalprojekt, das sich fast 150 Jahre lang in einer Planungs- und Realisierungsphase befand, in das zudem riesige Mengen Geld geflossen sind, ohne je ein nutzbares Ergebnis gebracht zu haben. Ohne jedes Ergebnis? Nicht ganz. Der Kanal hat zwar noch nie einen Schleppkahn, dafür aber jede Menge badende Nackedeis, Paddler und auf den Dammkronen Radler und Wanderer gesehen. Sein noch separater drei Kilometer langer älterer Teil, der Karl-Heine-Kanal, bietet zu dem eine Industriearchitekturkulisse, der man sonst allenfalls noch in Manchester begegnen würde. Außer per Rad oder zu Fuß kann diese auch auf einer venezianischen Gondel mit Sektfrühstück bewundert werden.

Zwischen den beiden Kanälen liegt „Großdeutschlands jüngster und modernster Hafen", so eine Anzeige von 1941. Sowohl aus Großdeutschland als auch aus dem Hafen wurde nichts. Sechseinhalb Kilometer trennen die Hafenbauruine und die fertiggestellten zwölf Kilometer Kanal seither von der Saale

124

und damit von den Frachtkähnen aus Hamburg. Gewinn brachte der Hafen bisher nur für das Selbstbewußtsein der Leipziger. Selbst altgedienten Weltenbummlern klappt die Kinnlade runter bei der Konfrontation mit der Tatsache, daß Leipzig fern der großen Strände und Ströme einen Hafen besitzt. Die ursprüngliche Idee für das Projekt war genial und von langer Hand geplant. Noch zwei Jahrzehnte vor der eigentlichen Gründerzeit kaufte der Rechtsanwalt Dr. Karl Erdmann Heine das Land der Lindenauer und Plagwitzer Bauern, schaffte Eisenbahnanbindungen und begann mit dem Bau des Kanals zunächst nach Leipzig und dann Richtung Saale. Aus Äckern wurden bald begehrte Bauflächen für Wohnhäuser und Fabriken. Mit den steinigen Aushubmassen wurden die Überschwemmungsgebiete westlich von Leipzig verfüllt und Gelände für die feineren Viertel geschaffen. Heines Kraft und die der von ihm gegründeten Westend-Baugesellschaft reichte nur für die von einer Vielzahl schöner Brücken überspannten ersten drei Kilometer bzw. bis zur Luisenbrücke. Bald schon war er umringt von behördlichen Bremsern und neunmalklugen Variantenanbietern, die das Projekt zum Erliegen brachten. 1920 fiel dann doch noch eine Entscheidung: Der Kanal wird gebaut. 1000-Tonnen-Kanalschiffe sollte er tragen können. Die waren natürlich zu dick für den alten Karl-Heine-Kanal, weshalb er in dem Plan keine Rolle mehr spielte. Der Bau begann 13 Jahre später in einer großen Arbeitsbeschaffungsmaßnahme mit Hacke und Spaten und endete mit dem bereits genannten Ergebnis. Da in der jungen DDR Fähr- oder Transportfahrten nach Hamburg oder ins Ruhrgebiet zumindest bei den Machthabern immer unbeliebter wurden, fand sich keine Lobby für den Weiterbau. Der Kanal wurde dennoch berühmt als längstes Freibad der DDR. Vor ein paar Jahren fiel dann die kluge Entscheidung: Es wird weitergebaut! Nicht für 1000-Tonnen-Kanalschiffe, dafür aber für Wanderer, Radfahrer und Paddler.

Dr. Karl Erdmann Heine (1819–1888)

Speicherhäuser am Lindenauer Hafen, 1989

Gründerzeit und Größenwahn –
Karl-Heine-Kanal
und Elster-Saale-Kanal

TOUR 10

HINWEISE FÜR WANDERER UND RADLER

TOUR-EMPFEHLUNG	ab Elisabeth-Brücke in Plagwitz in Richtung Saale, Rückweg ab Günthersdorf über Luppe- oder Zschamperttour
LÄNGE DER TOUR	bis Kanalende 15,5 km, bis Kreypau 25 km (nur Hinweg)
SCHWIERIGKEITSGRAD	für Familien mit größeren Kindern und ausdauernde Wanderer, kaum Steigungen, bis auf einige Straßenquerungen nur Wanderwege, am Karl-Heine-Kanal und Hafen neue Radwege, sonst teils zugewachsene Damm- und Treidelwege

TOUR-ÜBERBLICK

Bis Günthersdorf gelten hinsichtlich der Kilometrierung und des Streckenverlaufs die folgenden Hinweise für Wassersportler: Entlang des Elster-Saale-Kanals führen größtenteils beidseitig Wege; zu empfehlen ist, ab Lindenauer Hafen auf der linken Seite bis Burghausen, dann weiter auf der rechten Seite bis zur Straße nach Kötschlitz bzw. Günthersdorf.

ABSTECHER

Über Kötschlitz und Zschöchergen zur Bundesstraße 181, weiter auf der rechten Kanalseite bis zum Ende des Kanals. Der mit dem Rad schlecht befahrbare Weg führt im Zuge des geplanten Kanals weiter, quert die Straße nach Schladebach und führt an einem See vorbei nach Wüsteneutzsch. Vorbei an den Rudimenten der Straßenbrücke über den geplanten Kanal nach Kreypau an der Saale (10 km).

HINWEISE FÜR WASSERSPORTLER

TOUR-EMPFEHLUNG in alle Richtungen gut befahrbar bzw. als Rücktour der Luppe-Tour (2,2 km umtragen von Horburg nach Günthersdorf)

LÄNGE DER TOUR 15,1 km (ohne Rückfahrt)

SCHWIERIGKEITSGRAD für fast alle Freizeitkapitäne (zweimal umtragen, auf dem Karl-Heine-Kanal reger Bootsverkehr, auf dem Elster-Saale-Kanal Schlingpflanzen)

TOUR-ÜBERBLICK

15,1 Einfahrt in den Karl-Heine-Kanal von der Weißen Elster (mehrere Möglichkeiten für Einsetzstellen in der Nähe oder am Stadtteilpark Plagwitz)

12,6 Ende des Kanals, 1 km umtragen in das Hafenbecken

11,5 Ende des Hafenbeckens an der Lyoner Straße, umtragen über die Straße in den Elster-Saale-Kanal

10,2 Straßenbrücke B 181

10,0 Bahnbrücke

8,3 Straßenbrücke bei Burghausen, links Bootshaus der Rudergesellschaft „Wiking"

6,7 Überquerung des Zschampert, Fahrt durch den Bienitz

5,4 Überquerung (!) der Straße bei Dölzig

4,0 Unterquerung der Autobahn A 9

2,9 Straßenbrücke bei Günthersdorf (Einsetzpunkt des Umtragens von der Luppe)

1,4 Schiffswende-See

0,0 Kanalende

Vermessungsarbeiten am Karl-Heine-Kanal mit dem Dampfschiff „Columbus", um 1900

An der Elisabethbrücke beginnt einer der schönsten Leipziger Rad- und Flanierwege. Hier wird Plagwitzer Atmosphäre definiert: etwas Manchester, ein Stück Amsterdam, ein Schuß Venedig, umwirbelt von paddelnden, radelnden, Kinderwagen schiebenden, auf Gondeln spuckenden oder von der Schifffahrtsgesellschaft beförderten Leipzigern. Noch vor zehn Jahren tummelten sich an gleicher Stelle lediglich ein paar Ratten. Wer den 1995 fertiggestellten, gestalterisch sich hervorragend in das rechte Steilufer einfügenden Fuß- und Radweg nicht kennt, sollte ihn durchlaufen. Das Auge braucht schon etwas Zeit, um die vielen, ständig neuen Bilder zu erfassen. Da wären zunächst die Brücken: elf Straßen- und drei Eisenbahnbrücken entstanden mit dem Bau des Kanals. Eine der ersten wurde 1863 im Beisein König Johanns eröffnet, die letzte, die Luisenbrücke, entstand nach langen Streitigkeiten mit der Stadt erst 1898. Keine der Bogenbrücken aus Naturstein gleicht der anderen. Da der Kanal bis zu 14 Meter tief in das Gelände eingeschnitten wurde, erreichen sie stattliche Höhen. Am Anfang der Tour wirken sie schlanker, da der Kanal hier

Karl-Heine-Kanal am Stadtteilpark Plagwitz

TOUR 10

„Restaurant am Riverboot" Erich-Zeigner-Allee 45 (0341)-4 74 82 48

Eisenbahnviadukt und Gießerbrücke

Am Riverboat

MS „Weltfrieden", An-
legestellen: Am Kanal 28
und Stelzenhaus
(0341)-5 90 16 47

Café „Am Kanal 28"
im Sommer tägl. geöffnet
(0341)-4 97 24 30

Café-Freisitz „Am Kanal 28"

auch nur 14 Meter breit ist. Am Ende erreicht er eine Breite von 20 Metern, und auch die Durchfahrten wurden mit zunehmendem Baufortschritt größer. Offenbar waren sich die Kanalbauer dann doch nicht mehr so sicher, ob sie den Kanal auch groß genug gebaut hatten. Durch den Bogen, der heute den Spaziergängern und Radlern vorbehalten ist, dampfte früher die Uferbahn P 2 den Kanal entlang. Den jüngsten Zuwachs an Brücken erhielt der Kanal erst im Juni 2000 mit einer bisher in Europa einmaligen Stabbogenbrücke. Es ist die einzige, über die vom Niveau des Radweges aus das andere Ufer, in diesem Fall der neue Stadtteilpark, erreicht werden kann. Neben den Brücken fällt der Blick immer wieder auf die vielgestaltige und dichte Wohn- und Industriebebauung an den Ufern des Kanals. Das meiste ist nicht als Kulisse für eine Flaniermeile gebaut, da in der Entstehungszeit außer ein paar Schlepperkapitänen niemand vorbeikam. Doch es gibt auch eine Reihe ganz anderer Entdeckungen. Eine davon ist das Riverboat, ein Veranstaltungssaal in Form eines Boots auf einer alten Eisenbahnbrücke mit angrenzendem kleinen Hafen und Restaurant. Eine andere ist das Stelzenhaus. Wäre Schloß Pillnitz an der Elbe erst in den 20er Jahren gebaut worden, hätte es wohl ähnlich ausgesehen. Die ehemalige Verzinkerei beherbergt heute Wohnungen, Büros und ein Restaurant. Fast am Ende des Kanals empfängt Heines alte Mörtelfabrik, die in der Regie des soziokulturellen Vereins WABE e. V. eine beeindruckende Wandlung zu einem Jugendfreizeitzentrum erfahren hat. Das Restaurant „Am Kanal 28" mit seiner Caféterrasse ist nicht nur in den Sommermonaten ein beliebter Treff der Leipziger. Dann ist der Kanal zu Ende und mit ihm auch der aufstrebende Leipziger Westen. Oder auch nicht, denn auf den folgenden Metern am Lindenauer Hafen ist der „Wandel" noch ganz am Anfang. Ein neuer Radweg an der Westseite des Hafens ist bereits entstanden. Mit einem Radweg fing am Karl-Heine-Kanal schließlich auch alles an. Der Bau des Hafens begann 1937. 1943 mußten die Arbeiten eingestellt werden. Bis auf wenige Ausnahmen hat sich seither nur die Vegetation geändert. Die noch erkennbaren Abmaße des Hafens sind beeindruckend. Das vorhandene Becken ist ca. 1000 m lang und 70 m breit. An beiden Kais hätten je zwei Schiffe nebeneinander gelöscht oder beladen werden können. Die Petrijünger, die heute an den Kais sitzen, wird es kaum stören, daß es anders kam. Weiter geht´s über die Plautstraße zum Elster-Saale-Kanal. Links vom Kanal liegen die Schönauer Lachen. Infolge des fast 100jährigen Kiesabbaus in diesem Gebiet entwickelte sich eine reizvolle Teichlandschaft mit einer einzigartigen Tier- und Pflanzenwelt, die der Ortsunkundige hier wohl nicht vermuten würde. An der Nordseite des Gebietes führt die Museumsfeldbahn Leipzig-Lindenau entlang, deren Trägerverein sonntags einen Fahrbetrieb mit Diesellok und einem Personenwagen unterhält. Die etwa 30 Meter über dem Geländeniveau sich erhebende Halde entstand beim Bau des Stadtteils Grünau und bietet einen schönen Ausblick. Doch zurück zum

Hafenbecken und Speicher

Wehner
Stuttgarter Allee 12
(0341)-1 21 30 52

Museumsfeldbahn
Leipzig-Lindenau
(0341)-4 24 80 84

131

Training der Ruderer
auf dem Elster-Saale-Kanal
bei Dölzig

„Kreta"
Burghausen, Dorfplatz 23
(0341)-4 41 59 83

Kirche in Dölzig

Kanal. An dessen linker Seite geht es auf Damm- oder Treidel-
wegen in Richtung Burghausen. Der Kanal wurde projektiert für
eine Wassertiefe von 3,5 Metern und eine Spiegelbreite von
32 bis 37 Metern. Das hätte einen 2schiffigen Betrieb mit den
in den 30er Jahren modernen 1000-Tonnen-Kanalschiffen erlaubt. Fast 2000 Arbeitslose begannen 1933 mit dem Kanalbau.
Erst später kam es zum Einsatz größerer Bagger und Kratzbän-
der. Über den Ergebnissen dieser Arbeit ließ die Natur in den
letzten sechzig Jahren eine üppige Vegetation entstehen, die
mitunter ein Durchkommen nicht leicht macht. Oberhalb des
Weges haben vor allem Kleingärtner ihr Domizil. Ab Burghausen
wird die Kanalseite gewechselt. Nach wenigen hundert Metern
erreicht der Wanderer das Bootshaus der Rudergemeinschaft
„Wiking". Hier beginnt auch der Bienitz. Das Revier ist Teil des
Landschaftsschutzgebietes Nördlicher Leipziger Auenwald und
unter Botanikern, Geologen und Prähistorikern wegen Artenviel-
falt, Bodenschichtung und Funden eine Berühmtheit. Eine Reihe
von Wegen führt nun zum Teil parallel am Wasser entlang. Radfahrer müssen aufpassen, daß sie keinem Sonnenbader übern
Bauch fahren. Mit der Querung des Zschampert endet der Bienitz. Der Kanal beginnt sich nun majestätisch aus den umgebenden Fluren zu erheben. Die folgenden Straßen bei Dölzig füh-

ren nicht auf Brücken über ihn hinweg, sondern werden mit gewaltigen Aquädukten überbrückt. Das Dorf Dölzig bietet eine Reihe von Sehenswürdigkeiten und gastronomischen Einrichtungen. Für einen Abstecher in den Ort muß man sich jedoch schon vor dem ersten Aquädukt (Dammabstieg) entscheiden. Einige hundert Meter hinter Dölzig muß die Autobahn unterwandert werden. Hier befindet sich der Wanderer bereits in Sachsen-Anhalt. Das Betreten oder Befahren der Dämme und das Baden im Kanal sind hier offiziell verboten. Tatsächlich werden die Wege nicht besser, und besonders für Familien mit Kindern liegt die Überlegung nahe, über Möritzsch oder Kötschlitz, weiter über Kleinliebenau und den Luppedamm den Rückweg anzutreten. Man erspart sich außerdem den Anblick der in den letzten Jahren entstandenen Gewerbe- und Einkaufsbauten bei Günthersdorf. Das Gebäudeensemble wird nicht zu Unrecht im Volksmund „Würfelhusten" genannt. Die Weiterfahrt auf den häufig sehr ausgefahrenen Feldwegen ist ohnehin eher etwas für Mountainbiker.

Straßenunterführung der B 186 unter dem Elster Saale-Kanal bei Dölzig

Landgasthaus „Goldener Hirsch", Dölzig Paul-Wäge-Straße 61 (034205)-8 74 15

Elster-Saale-Kanal bei Zschöchergen

LUPPE

AGNES BERKEMEIER

Blick von der
Lindenauer Gasthofbrücke
auf die Kleine Luppe

Ein Puzzlespiel besonderer Art ist es, die Luppe zwischen Lindenau und Maßlau im nachbarlichen Sachsen-Anhalt eindeutig auszumachen, obwohl die größte Wegstrecke auf der Dammkrone des tief eingeschnittenen, meist dahineilenden Kanals der Neuen Luppe zurückgelegt wird. Vielgestaltige Begriffe wie Große Luppe, Kleine Luppe, Alte Luppe, Rote Luppe, Heuwegluppe oder die im Volksmund so genannte Sixtholzluppe bei Schkeuditz lassen die historisch ungestüme Geschäftigkeit des verzweigten Gewässersystems als Lebenselixier der Auwaldvielfalt erahnen.

In diesem Teil des Landschaftsschutzgebietes Leipziger Auwald liegen auch die beiden großen, künftig insgesamt etwa 870 ha umfassenden Naturschutzgebiete „Burgaue" und „Luppeaue". Diese Gebiete prägt der Hartholzauwald und das durch Landnutzung entstandene kleinräumige Auenmosaik – durch Wiesen, Altlehmgruben, Weidengebüsche, Tümpel, Hecken und Parkanlagen mit jeweils artenvielfältiger Ausstattung gekennzeichnet.

Wehr an der ehemaligen
Lindenauer Mühle

In der Nähe des einstigen Kuhturmes trennte sich die Luppe von der Weißen Elster. Für die Luppe war die Aufspaltung in viele, ein ganzes Gewässernetz bildende Flußläufe charakteristisch. Schon kurz nach ihrem Abzweig von der Weißen Elster teilte sie sich in drei Arme, die am südlichen Auenrand

wieder in einem gemeinsamen Flußbett, die Große Luppe bildeten. Bereits in Gundorf begann die deltaähnliche Verzweigung
in die Aue neu. Bei Hochwasser führten die Flüsse Sediment-
fracht mit und lagerten diese in der Aue ab. Eine mehrere Meter
mächtige Lehmschicht bildete sich im Laufe von etwa 6 000 Jahren, als der Prozeß des Lößbodenabtrags durch Waldrodungen
zur Ackerbaunutzung südlich von Leipzig begann. Die natürliche Lebendigkeit des Auensystems, in dem sich Flüsse verla-
gern, zeitweise über ihre Ufer treten und neue Altwässer bilden konnten, erhielt sich bis zu den großen Flußregulierungen
des 20. Jahrhunderts.

Erhöhte Schmutzfracht durch Industrieabwässer, sprunghaft
steigende Bevölkerungszahlen am Ende des 19. Jahrhunderts,
Landgewinnungsabsichten und die Pläne der schnelleren Hoch-
wasserableitung zur Saale führten schließlich 1934 bis 1938
auch in der nordwestlichen Aue zur Kanalisierung des Gewässersystems, zunächst bis zur Landesgrenze. Am Nordende des
Elsterflutbeckens wurde die 1890 angelegte Flutrinne bis zur

Die Kleine Luppe
nahe der Angerstraße
in Lindenau

Gedenkstein zur Luppe-
Regulierung 1934–38

137

Kleine Luppe am
Palmengarten

Gustav-Esche-Straße für den Flußlauf der Neuen Luppe genutzt.
Arbeitskräfte standen durch den Reichsarbeitsdienst zahlreich
zur Verfügung. Die Regulierungsmaßnahmen erfolgten ohne
jedes naturschutzfachliche Gutachten. Für den 10 Kilometer langen Kanal verschwanden etwa 40 Kilometer des windungsrei-
chen Flußlaufes. Diese wasserbauliche Maßnahme bewirkte mit
tiefem Kanaleinschnitt und der Durchtrennung aller Nebenläufe
des verzweigten Gewässernetzes der Luppe eine Grundwasser-
absenkung um einen Meter. Die Neue Luppe wirkt seither wie
eine Entwässerungsdrainage, die dem gesamten nordwestlichen Auenwald das Wasser entzieht und mit hoher Fließgeschwindigkeit abtransportiert. Damit veränderte sich der natürliche Wasserhaushalt der Aue, langfristig auch die typische
Artenzusammensetzung und Auwaldvielfalt. Die regelmäßigen,
für die Auendynamik wichtigen Überschwemmungen blieben
seitdem weitgehend aus. Das heutige „Alte Luppe" genannte
Flüßchen bei Böhlitz-Ehrenberg ist von allen seinen Zuflüssen
abgeschnitten und müßte eigentlich wie ehedem Große Luppe
heißen.

Neue Brücke über
den Bauerngraben

Nach dem Hochwasser 1954 wurden die durch den Zweiten Weltkrieg unterbrochenen Arbeiten wieder fortgesetzt. Inzwischen mußte der geplante Tagebauaufschluß Merseburg-Ost mit der Umgehung durch die Neue Luppe und die Weiße Elster Berücksichtigung finden. Beide Flußläufe wurden östlich von Ermlitz zusammengeführt und die Weiße Elster am nördlichen Auenrand in einem künstlich abgedichteten Flußbett kanalisiert zur Saale geleitet. Auch die Nahle baute man weiter aus und errichtete das Nahle-Auslaßbauwerk. Erst 1968 erfolgte die Fertigstellung des gesamten Projektes. Der genannte Tagebau Merseburg-Ost wurde inzwischen geflutet. Mit der Option naturnaher Erholung in ausgewählten Bereichen entstand der Wallendorfer See. Der gleichzeitig entstandene Raßnitzer See bleibt dagegen der Natur- und Landschaftsentwicklung vorbehalten.

Feldfluren an der Neuen Luppe. Nach längeren Regenfällen zeichnen sich die Konturen des alten Flußverlaufes wieder ab.

Burgaue und Autobahnsee – Die Luppe zwischen Lindenau und Horburg

TOUR 11

HINWEISE FÜR WANDERER UND RADLER

TOUR-EMPFEHLUNG	flußabwärts von Leipzig-Lindenau nach Horburg-Maßlau, Rückweg über die Elster-Saale-Kanal-Tour
LÄNGE DER TOUR	22 km
SCHWIERIGKEITSGRAD	für radelnde und wandernde Familien, keine Steigungen, bis auf den Anfang und das Ende der Tour ausschließlich Rad- und Wanderwege mit wassergebundener Decke

TOUR-ÜBERBLICK

0,0 Leipzig-Lindenau, Straßenbahnhof, weiter über Anger-, Roßmarkt-, Rietschel- und Friesenstraße, auf letzterer den ersten Abzweig nach rechts auf einen sandigen Rad- und Fußweg

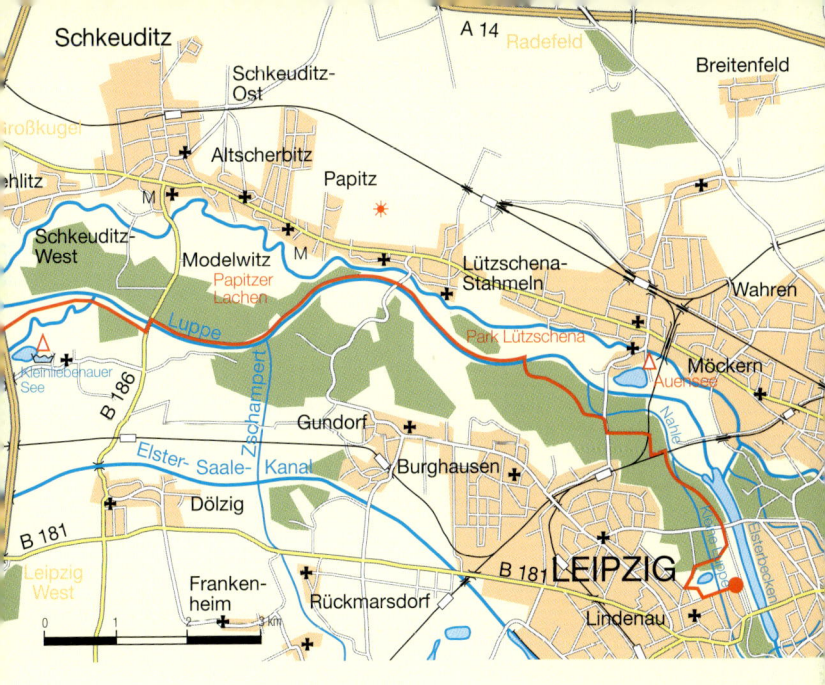

1,8	Querung der Kleinen Luppe
2,6	Querung der Hans-Driesch-Straße an der Landauer Brücke, weiter durch das Verschlossene Holz zwischen Kleiner Luppe und Elsterbecken zur Nahle
4,2	Nahlewehr, nach links auf Betonstraße abbiegen, erster Abzweig nach rechts
4,7	erneute Querung der Kleinen Luppe, rechts bis zur Bahnlinie
5,1	Heuweg, weiter nach links bis zur Eisenbahnunterführung, durch diese führt der Weg in das Waldstück Wilder Mann
6,2	erneute Eisenbahnunterquerung, weiter entlang der Nahle bzw. Alten Luppe
6,9	Querung der Gustav-Esche-Straße, diese rechts ca. 500 m, dann links ab
7,4	Nahle-Auslaßbauwerk, auf ausgeschildertem Weg Richtung Lützschena
8,7	Querung des Luppe-Stegs und Weiterfahrt auf dem rechten Dammweg
13,4	Luppenbrücke, im Zuge der Gundorfer Linie (Abstecher zur Domholzschänke 0,7 km) weiter auf etwas schlechter befahrbarem Uferweg
16,4	Luppenbrücke der B 186, queren, weiter entlang linkem Deichfußweg
17,5	Wehr Kleinliebenau
18,7	Abzweig zur Nessellacher Linie
19,7	Unterquerung der Autobahn A 9 parallel zur Luppe (Grobschotterweg)
21,5	Maßlau, Luppenbrücke, weiter durch den Ort, über die Luppe nach Horburg
22,0	Horburg, Kirche

141

HINWEISE FÜR WASSERSPORTLER

TOUR-EMPFEHLUNG	flußabwärts nach Horburg, nur bei gutem Mittelwasser! Zurück: 2,2 km mit Bootswagen zum Elster-Saale-Kanal umsetzen, bis zum Lindenauer Hafen
LÄNGE DER TOUR	14,5 km bis Horburg, Rücktour über Günthersdorf, Elster-Saale-Kanal, Karl-Heine-Kanal und Weiße Elster bis zum Palmengartenwehr: 17,5 km
SCHWIERIGKEITSGRAD	für erfahrene Paddler (mehrmaliges Umtragen und hohe Fließgeschwindigkeit)

TOUR-ÜBERBLICK

0,0	Einsetzstelle am Luppenwehr in die kanalisierte Neue Luppe
0,4	Luppensteg
0,5	S-Bahn-Brücke
0,6	Müllbrücke! (ehemalige Kippe Möckern) Lichte Höhe 1,0 bis 1,5 m (unter 0,8 m Kentergefahr)
1,5	Bahnviadukt, kleine Schnelle
2,5	Wahren, Gustav-Esche-Straße mit Brücke, kleine Schnelle
3,4	Steg (Abstecher zu den Altlehmgruben Böhlitz-Ehrenberg möglich)
5,1	Lützschena, Straßenbrücke, Schnelle!!
5,8	Hänichen, Straßenbrücke, Schnelle!!
8,0	Steg an der Domholzschänke, alter Grenzstein zwischen Sachsen und Preußen
10,0	Bundesstraße B 186, Umsetzmöglichkeit mit dem Bootswagen zum Elster-Saale-Kanal
11,0	Wehr Schkeuditz, links umtragen in Alte Luppe (rechts umtragen zur Weiterfahrt auf der Weißen Elster nach Halle)
12,7	Wehr Kleinliebenau, rechts umtragen im Auenwald
13,0	Unterquerung der Autobahn A 9, davor Möglichkeit des Umtragens über Möritzsch zum Elster-Saale-Kanal (2,5 km)
13,5	Maßlau, DKV-Station, gegründet 1920 von C. Donat, 1. Station in Deutschland
14,5	Horburg, Steg, mit Bootswagen 2,2 km zum Elster-Saale-Kanal nach Günthersdorf über Kötzschlitz umtragen

Wer die Kleine Luppe in der Nähe ihrer Entstehung betrachten will, sollte zuerst das Lindenauer Mühlenwehr in der Luppenstraße aufsuchen. Erst dort entdeckt mancher Leipziger, daß er das vom Palmengarten kommende und die oft befahrene Lützner Straße unterquerende Flüßchen noch nie bemerkt hat. Dieser westliche Elsterarm wurde nach Regulierungsarbeiten Ende des 18. Jahrhunderts als „Kleine Luppe" bezeichnet. Da die Kleine Luppe nördlich des Straßenbahnhofs an der Angerbrücke durch Fabrik- und Gartengelände und das Grundstück der alten Wirtsmühle abgeschirmt wird, empfiehlt es sich, mit dem Fahrrad zunächst die Rietschelstraße, weiterhin nach rechts gewandt die Friesenstraße als Umgehung anzusteuern. Die Kleine Luppe wird gekreuzt, links liegt das Motodrom im Forstort „Die Gottge". An der Landauer Brücke muß nun die Leutzscher Allee überquert werden, bevor der Dammweg am westlichen Ufer des Elsterflutbeckens im Forstort „Das verschlossene Holz" zum Nahlesteg führt. 1998 entstand hier das Entnahmebauwerk für den neu angelegten, mit dem Wasser

Kleine Luppe an der ehemaligen Lindenauer Mühle

TOUR 11

Flußbalkon über der Kleinen Luppe an der Angerbrücke

Burgaue im Mai mit
blühendem Bärlauch

der Weißen Elster gespeisten Burgauenbach. Durch diesen Bach wurden Altwässer und Hohlformen im Auwald miteinander verbunden, Teilstücke zur gezielten Wasserversorgung und Belebung der austrocknenden und von der Wasserzufuhr abgetrennten Altlehmgruben bei Böhlitz-Ehrenberg neu geschaffen. Die Lehmgruben, vor deren Ausbeute ehemalige Auwiesen, dienten bis Anfang des 20. Jahrhunderts den vier umliegenden Ziegeleien als Lehmstiche. An diesen grundwassernahen Altlehmgruben siedelten sich Weichholzgebüsche, Weidenarten und Schwarzerlen an. Zahlreiche Amphibien- und Reptilienarten finden in diesem Teil des Naturschutzgebietes „Burgaue" Lebensraum und Rückzugsräume. Bläßhuhn, Wasserralle, Kleinspecht und Beutelmeise brüten u. a. in dem Gebiet.

Wasserralle

Zurück zur Nahle. Dieses nur 400 Meter lange Flüßchen, das die Weiße Elster mit der Großen Luppe verband, nimmt am Heuweg die Kleine Luppe auf, bevor sie westlich der Gustav-Esche-Straße in die Neue Luppe eingebunden wird. Sie dient vor allem der Hochwasserabführung aus dem Elsterbecken. Dem Wasser auf der Spur bleibend, wird linker Hand die Tunnelunterführung der Thüringer Bahnstrecke passiert; ehe man in nördlicher Richtung die Nahle wieder erreicht, ist nochmals die Bahnlinie zu passieren. Entlang der Nahle nach links gewandt muß bald die vielbefahrene Gustav-Esche-Straße gemeistert werden, um an die Mündung der Nahle in die Luppe und das nach dem Hochwasser 1954 fertiggestellte Nahle-Auslaßbauwerk zu gelangen. Bisher brauchte es noch nicht geöffnet zu werden. Im Hochwasserfall würde das Wasser in das südlich der kanalisierten Luppe bestehende Flutungsvorbehaltsgebiet fließen, in dem die Luppe mäanderte, bevor sie als „Neue Luppe" gebändigt wurde. Der an der Nahlemündung nach links strebende Weg führt in das heutige Naturschutzgebiet „Burgaue". 1367 erwarb die Stadt Leipzig für ihre Bürger vom Wahrener Ritter Porzig die „Bürgeraue". Hier in der Eichen-Eschen-Ulmen-Hartholzaue trifft man im zeitigen Frühjahr vor der Belaubung der Bäume auf farbenprächtige Frühjahrsblüher und den würzigen Duft des im Mai großflächig blühenden Bärlauchs. Im Forstort „Am Hundewasser" durchzieht die alte Flutrinne als Wiesenstreifen die Aue. Ihre westliche Weiterführung in der ackerbaulich genutzten Fläche läßt sich als Vertiefung und sich abhebende Farbgebung des Bodens erkennen.

Bei Weiterführung des Burgauenbaches in der nordwestlichen Aue soll die alte Flutrinne einbezogen werden. Erst nach den wasserwirtschaftlichen Eingriffen mit der Luppeeindeichung und Trockenlegung des Gewässernetzes konnte in der Aue großflächig Ackerbau betrieben werden.

An der alten Flutrinne führt der rechte Wegabzweig wieder zum Luppehochufer. Eine schmale Brücke ermöglicht es, auf den nördlichen Luppedamm zu wechseln und dort die westliche Richtung einzuschlagen. Auch der Forstort „Der Polenz" rechts der Luppe ist Teil des Naturschutzgebietes Burgaue. Durch die

Am 2004/05 sanierten Elsterwehr nördlich des Elsterbeckens

Zucammenfluß von Nahle und Kleiner Luppe am Heuweg

Sandsteinfigur im
Park Lützschena

Lupperegulierung wurde das Hundewasser abgedämmt und von seinen Zuflüssen abgetrennt.

Die östlichen Mäander des verbliebenen Verlaufes begrenzen den romantischen Lützschenaer Gutspark südlich. 1822 begann Maximilian Speck von Sternburg, Wollhandelskaufmann, Rittergutsbesitzer und Kunstsammler, damit, den Park anzulegen. Dabei wurden die landschaftlichen Vorzüge durch betonende Gestaltungselemente besonders hervorgehoben. Typische Auwaldvegetation, künstliche Kanäle und kleine Teiche geben im natur- und denkmalgeschützten Landschaftspark bis heute die Auenlandschaft in verdichteter Form wieder. Die alte Gutsstellmacherei am Parkeingang wurde restauriert und für die Öffentlichkeit nutzbar als Auwaldstation zur Vermittlung der Auen- und Kulturlandschaftsentwicklung ausgestattet. Dem Luppedamm nach Westen gefolgt, muß bald der Gundorf-Hänicher Weg gequert werden. Beim Ausblick nach Süden, über den Fluß hinweg, ist eine große Ackerbaufläche zu erspähen, der Lützschenaer „Pfingstanger", so genannt, weil um Pfingsten in den Auwiesen der festlich begangene erste Viehaustrieb vollzogen wurde. Dieses Gebiet wurde vor seiner Trockenlegung von den Gewässeraufspaltungen der Luppe durchzogen. Manchmal kann man hier im Frühjahr erleben, wie das Wasser von seinem uralten Gewohnheitsrecht Gebrauch macht und im

Luppebogen bei Hänichen

Acker, trotz des verschütteten Laufes, das ihm einst zugedachte   In den Papitzer Lachen ...
Bett wieder einfordert. Braucht man den südlichen Luppedamm
zum Hochwasserschutz heute noch? Diese Frage wird zur Zeit
von Wasserfachleuten gestellt und geprüft. Am Oberlauf von
Pleiße und Weißer Elster entstanden in der südlichen Tagebau-
folgelandschaft großvolumige Speicherbecken, durch die im
Hochwasserfall Abflußsteuerungen erfolgen können. Langfristig wird man der Frage auf den Grund gehen und möglicher-
weise der Luppe mit ihrer Aue mehr Eigenleben und Dynamik
zugestehen.

Jungstörche von Modelwitz

 Domholzschänke
Wiedereröffnung geplant

Neue Luppe bei Lützschena

Westlich weiterfahrend muß beim Abzweig Modelwitz erwähnt werden, daß die bis 1974 betriebene Ziegelei ihren Rohstoff Lehm aus den Papitzer Lachen im heutigen Naturschutzgebiet Luppeaue bezog. Hier ließen zahlreiche Strukturen aus Fließgewässern, Altlehmgruben, Teichen, Weichholzgebüschen, Wäldern, unterschiedlichen Wiesengesellschaften, Saumbiotopen und deren Übergängen den Fortbestand für eine Fülle selten gewordener Tier- und Pflanzenarten zu. Auch ein hoher Anteil der 105 im Leipziger Auwald brütenden Vogelarten findet hier und in den Parkanlagen der Aue, wie im nahe gelegenen Altscherbitzer Gutspark, die nötige Muße, ihre Stimme erschallen zu lassen und für Nachwuchs zu sorgen. Greifvögel wie Mäusebussard, Rot- und Schwarzmilan, Habicht oder Sperber kann man vom Luppehochflutbett gut beobachten. Westlicher sind Graureiher öfter anzutreffen.

An der Brücke Gundorfer Linie ist ein Abzweig zur wiederaufgebauten Domholzschänke möglich. Im Jahre 974 schenkte Kaiser Otto II. das Domholz dem 968 gegründeten Bistum Merseburg. Im Forst- und Jagdgebiet des Domkapitels und des Sächsischen Königshofes wurde 1840 das Domhäuschen als Jagdhütte errichtet. Auch nördlich der Luppe, am weiterführenden Weg, erinnern die Sixtuswiese und der im Volksmund Sixtholzluppe genannte Luppealtarm an das Merseburger Bistumsland und den namengebenden Schutzpatron. Am Übergang der Sixtuswiese zum Hochwald kennzeichnen historische Grenzsteine noch den Verlauf der nach dem Wiener Beschluß 1815 zur Teilung Sachsens entstandenen sächsisch-preußischen Grenze. Für die nähere Gebietserkundung eignet sich der parallel zum Luppedamm verlaufende Wanderweg „Bocklinie" recht gut. Die ausgeformten Mäander der Sixtholzluppe lassen beachtlichen historischen Arbeitseifer des Flusses erkennen. Im Schkeuditzer „Verschlossenen Holz" – von Luppealtarmen umschlossen – entfalten die Hybride des Weißen Buschwind-

röschens und des Gelben Windröschens, das zitronengelb blü-
hende Leipziger Windröschen, die Frühlingsplatterbse, Hohler
Lerchensporn weiß und rot sowie weitere typische Frühjahrsblüher ihre Farbenpracht.

An der erreichten B 186, Verbindungsstraße von Markranstädt
und Schkeuditz, muß auch die Luppe gequert werden, bevor
der südliche Deichfußweg westlich richtunggebend zum Kleinliebenauer Wehr führt. Wegbegleiter bis zur Wehranlage bleibt
die Neue Luppe rechts, linker Hand ein Lauf des Zschampert.
Während des Luppekanalbaus wurde die Wehranlage Kleinliebenau zur Beschickung von Überschußwasser in das hier noch
vorhandene Luppewildbett (Alte Luppe) vorgesehen. Derzeit
wird die Alte Luppe in erster Linie durch das Wehr abgeriegelt.

Roter Milan

Zuflüsse erhält sie erst wieder durch Bäche und Feldgräben in
Sachsen-Anhalt. Mit dem nach links gerichteten, bis Maßlau
nutzbaren Waldweg „Nessellacher Linie" durch urwüchsige
Auenlandschaft wird die Spur des alten Luppebettes im Forst-

Frühjahrshochwasser in
der Burgaue mit altem
Grenzstein der Jagdreviere

Campingplatz Autobahn-
see Kleinliebenau
Horburger Straße 99
(034205)-8 32 96

siehe Tour 6

Schlobachshof
(an der Lützschenaer
Straße) Montag Ruhetag
(0341)-4 53 38 36

Luppe bei Maßlau

ort „Pflaumenwinkel" aufgenommen und die A 9 parallel zum Fluß unterquert. Hier trifft man auf den nördlich von Kleinliebenau gelegenen Hochwasserschutzdamm. Links liegt der zum Autobahnsee gehörende Campingplatz. Dieser muß zunächst auf der Dammkrone umgangen werden, um zum Haupteingang zu gelangen. An der B 186 kann aber auch die Kleinliebenauer Straße als Direktverbindung zum Ortsinneren von Kleinliebenau gewählt werden. Von der Domholzschänke kommend ist dies mittels Querung der B 186 günstig zu erreichen. Direkt an der Autobahn entstehen in der Kiesabbaufolgelandschaft zwei Seen. Den in diesem Gebiet oberflächennah anstehenden Kies nutzte man zuerst für den Bau der Autobahn A 9 in den 1930er Jahren. Als Badesee und Naherholungsgebiet blieb der in den 1970er Jahren gestaltete Autobahnsee zurück. Kirche, Gutshof und Gasthaus gaben dem als Gutsweiler gegründeten Kleinliebenauer Ortskern Profil. Im restaurierten Gasthof kann man (falls offen) eine Rast einlegen. Das gegenüberliegende Gutsanwesen mit Torhaus und Speicherhaus mußte einigen Einfamilienhäusern weichen.

An der frisch asphaltierten, einst katzenkopfgepflasterten Straße nach Horburg wird die Wegweisung durch einen Viertelmeilenstein am Ortsausgang angezeigt. Beide Gutsbezirke befanden sich mehrfach im Besitz der Dölkauer Gutsherrschaft. Durch Zugehörigkeit der Kirchgemeinde Kleinliebenau zum Horburger Kirchspiel bestehen auch heute noch gemeinsame Anliegen zwischen den Nachbarorten unterschiedlicher Landesherrschaft. Die im 12. Jahrhundert gegründete, später mehrfach veränderte Horburger Marien-Wallfahrtskirche erhielt nach dem Verlust eines hölzernen Turmes den Blickfang bildenden achteckigen Turmaufbau.

Das im Jahre 1806 im klassizistischen Stil erbaute Schloß Dölkau mit Landschaftspark lohnt eine Besichtigung. Als „Dom der Aue" bezeichnete man die 1492 erbaute Zweimener Kirche mit zwiebelförmiger schiefergedeckter Haube. Dem Dölkauer Gutshaus diente sie als Patronatskirche (Ortsausschilderungen sind gegeben).

Soll die Weiterfahrt zu den Tagebauseen Merseburg-Ost im sachsen-anhaltinischen Landschaftsschutzgebiet „Elster-Luppe-Aue" fortgesetzt werden, empfiehlt sich dies auch über die o. g. Route von Maßlau auf dem nicht beschilderten Feldweg in westlicher Richtung, parallel geführt zur nördlicher verlaufenden eingedämmten Weißen Elster. Zur verbliebenen Auenlandschaft gesellt sich im Naturschutzgebiet „Auen südlich von Ermlitz" der Reiz wiedererstehender Landschaft nach dem Bergbaugeschehen. Der Grundwasseranstieg des Auengebietes wurde durch die Flutung der Tagebaurestseen bei Raßnitz und Wallendorf mit einer Wasserfläche von insgesamt ca. 300 ha unterstützt. Beide Seen wachsen größtenteils der Natur- und Landschaftsentwicklung zu.

Der Rückweg kann von Raßnitz aus – Aussichtsplattform am Tagebausee, Brückenquerung der Weißen Elster, Fahrtfortsetzung in Richtung Oberthau–Ermlitz–Schkeuditz – erfolgen.

Ortseingang von Horburg mit der aus dem 12. Jahrhundert stammenden Marien-Wallfahrtskirche, 1998

Dem Meister der Naumburger Stifterfiguren zugeschriebene, angeblich wundertätige Marienskulptur der Horburger Kirche. Die im Altartisch eingemauerten Bruchstücke der Plastik wurden 1930 aufgefunden.

ZSCHAMPERT-AUE

AGNES BERKEMEIER

Zschampert-Aue bei Miltitz

Am Zschampert-Durchlaß
unter dem
Elster-Saale-Kanal

Mehr als 10 000 Jahre sind vergangen, seit eiszeitliche Verlagerungen das bei Miltitz beginnende urstromartige Tal des Zschampert formten, in dem der Fluß eine schmale Bachaue ausbildete und diese mäandernd durchfloß. Der Höhenunterschied von 35,6 m im gesamten Verlauf verhalf dem heute auf knapp 10 km beschnittenen Flußlauf mit ca. 25 m Gefälle zu schneller Strömung. Schon in der ausgehenden Altsteinzeit, in der Zeit der Linienbandkeramik vor ca. 7 000 Jahren oder während der Jungsteinzeit vor ca. 4 000 Jahren lassen sich am Zschampertlauf Besiedlungen nachweisen. Die robuste Natur des Flusses konnte aber erst das Industriezeitalter mit dem 1864 beginnenden Braunkohleabbau und einsetzender Entwässerung im Quellgebiet des Flusses zwischen Seebenisch und Knautnaundorf empfindlich schwächen. Die vorher gekannte Entfaltungsfreiheit erreichte der Zschampert seitdem nicht mehr. Verlegungen, Bachbettbegradigungen, Vertiefungen und weitgehender Verlust der Bachaue begrenzten die Flußdynamik. Das alte Bachbett bei Göhrenz ist überpflügt.

Aus einer Betonrinne wird dem Zschampert in der Ortslage Göhrenz Wasser zugeleitet, bevor das Flüßchen die Göhrenzer Bahnhofstraße unterquert, mit dem Lausener Wegden Tagebaurestsee Kulkwitz erreicht und diesen östlich begleitet. Die Besucher überqueren ihn auf der alten, bis 1957 geradeaus nach Markranstädt führenden Landstraße. Der Weg führt über eine kunstvoll gemauerte Dreibogenbrücke aus dem Jahre 1793. Der Kulkwitzer See ist jüngst zu einer zusätzlichen Quelle für den Zschampert geworden. Steigendes Grundwasser drohte den See überschwappen zu lassen, ein Umstand, der dem schon Jahrzehnte „dürstenden" Zschampert gerade recht kam. Mit einer Pumpanlage wird das klare Seewasser nun bei Miltitz in den Bach gespeist. Relikthafte Auestrukturen erhielten sich in der mittleren und nördlichen Zschampertaue bei Linden-naundorf/Rückmarsdorf. Die Bachaue soll im Gesamtverlauf, Landschaftsräume und Siedlungsgebiete vernetzend, erlebbar wiederhergestellt werden. Westlich am Bienitz fließt der Zschampert vorbei, nutzt den Durchlaß unter dem Elster-Saale-Kanal und mündet heute in kurzer Nord-Süd-Verbindung unweit der Domholzschänke in die Neue Luppe.

Der Zschampert südlich von Miltitz

Zschampertbrücke von 1793 am Kulkwitzer See

Der Zschampert zwischen Kulkwitz und Domholzschänke

TOUR 12

HINWEISE FÜR WANDERER UND RADLER

TOUR-EMPFEHLUNG bachabwärts auf Straßen und Wegen vom Kulkwitzer See zur Domholzschänke; die Strecke ist gut geeignet als Hin- oder Rückweg der Luppen- und Elster-Saale-Kanal-Tour; für Wassersportler ist der Zschampert ungeeignet

LÄNGE DER TOUR 14,1 km

SCHWIERIGKEITSGRAD für radelnde Familien mit etwas größeren Kindern und Wanderer, einige leichte Steigungen, Nutzung von Straßen und Wegen aller Kategorien (von der Bundesstraße bis zum Trampelpfad), einige Wegeabschnitte sind nur für Wanderer geeignet, Radlern bieten sich aber immer Alternativen

TOUR-ÜBERBLICK

0,0	Kulkwitzer See, Querung der B 87 zum Radweg nach Miltitz, weiter Querung des Zschampert-Durchlasses, den ersten Rad-/Fußweg rechts abbiegen
0,8	Miltitz, Auenstraße
2,6	Lindennaundorf, Gasthof, weiter durch Schlippe zwischen den Scheunen
5,1	Ortseingang Rückmarsdorf
6,4	Kreuzung Bundesstraße B 181 im Gewerbegebiet Rückmarsdorf, weiter Richtung Dölzig
7,6	nach rechts auf den in die Zschampertaue einmündenden Sandweg, der Weg führt leicht nach links parallel zum Zschampert
8,2	„Hunnenquelle"
8,8	an der Weggablung nach links
9,3	Querung des Zschampert vor dem Elster-Saale-Kanal-Durchlaß, auf dem Weg am Dammfuß Richtung Dölzig
9,8	Ochsenbrücke über den Elster-Saale-Kanal (Querung nur für Wanderer, die dann nach links über Kies-, Sand- und zugewachsene Hohlwege und über gefährliche Steilböschungen auf die Verbindungsstraße von Dölzig zum Domholz gelangen, Radler queren nicht die Brücke, sondern fahren weiter bis Dölzig)
11,9	Dölzig, Kanalunterführung, weiter Richtung Domholz
12,2	Querung Auegraben
12,3	Querung stillgelegte Eisenbahnstrecke
14,1	nach links zur Domholzschänke

TOUR 12

Lesepult und Taufbecken
tragender Engel der
Miltizer Kirche
aus dem Jahre 1739

„Zschampert-Quell"
Lausen, Zschochersche
Allee 3, täglich ab 17 Uhr
Sa. und So. ab 11 Uhr
(0341)-9 41 21 01

Seit 1995 wird der Zschampert durch Überschußwasser des Tagebaurestsees Kulkwitz gespeist, um hier einen maximalen Wasserspiegel von 114,5 m ü NN nicht übersteigen zulassen. Nach Beendigung des Kohleabbaus und der Grubenentwässerung stieg der Wasserpegel des Sees Anfang der 1990er Jahre in ungewohnter Weise an, da auch die bisherige Wasserentnahme umliegender Wirtschaftsunternehmen ausblieb, weiterer Grundwasseranstieg jedoch erfolgte. Die Wassereinleitungsstelle vom Kulkwitzer See an der Unterquerung der B 87 soll zugleich auch Ausgangspunkt des weiteren Weges in Zschampertnähe, zunächst am Kreuzungsabzweig der B 87 Richtung Miltitz, sein. Erst 1934 schlossen sich die durch den Zschampert getrennten und beide vom Fluß partizipierenden Sackgassendörfer Groß- und Kleinmiltitz mit jeweils eigenständiger Entwicklung zusammen. Während Großmiltitz früher als Herrensitz Zeit Anerkennung fand, konnte Kleinmiltitz dann im 19. Jahrhundert mit mineralischem Brunnenwasser und der Firma der Gebrüder Schimmel aufwarten.

Von 1978 an wurde das Grabenprofil des Zschampert für die Aufnahme einer Extrakanalisation des Oberflächenwassers der Grünauer Wohngebiete VII und VIII bis zum Domholz vergrößert. In den 1990er Jahren baute man mit der Wohnsiedlung „Am Schwarzen Weg" in Kleinmiltitz gleichzeitig begradigte Zschampertbereiche zurück. 1998 begann in Miltitz ein Aufforstungsprojekt, das sich bis zum Zschampert erstrecken und die im Zschampertverlauf vorgesehene Renaturierung einleiten soll. Die Geschwister-Scholl-Straße führt deutlich entfernter vom Zschampert nach Lindennaundorf. Eine Rast im dortigen Gasthof kann eingeplant werden. Die Lindennaundorfer Chorturmkirche mit barockem Turmhelm gehörte einst zur Altzellaer Klosterkirche Altranstädts. In den Jahren 1907/08 wurde der Zschampert zwischen Lindennaundorf und Rückmarsdorf begradigt und nimmt hier auch den Ellernbach auf, der die Nie-

derung zwischen Miltitz/Frankenheim und dem Hopfenteich entwässert. Über die Schönauer Straße, durch die Schlippe erreicht man Rückmarsdorf. Mit Hilfe eines bei Lindennaundorf nach Nordwesten gerichteten Mühlgrabens konnte Anfang des 18. Jahrhunderts südwestlich Rückmarsdorfs bis 1935 eine oberschlächtige Wassermühle betrieben werden. An der Teichmühle 1 hat das Rückmarsdorfer Heimatmuseum sein Domizil. Der Wachberg (133,6 m ü NN) als höchste Erhebung der Rückmarsdorf-Dehlitzer Endmoräne erhielt mit dem funktionell wichtigen Wasserturm Anfang des 20. Jahrhundert seine zusätzliche, weithin sichtbare Betonung. Ein Granitstein weist auf den Vermessungspunkt Rückmarsdorf – „Station der Königlich Sächsischen Triangulierung" – hin; damals wurde die Dreipunktvermessung in Sachsen durchgeführt. Mit dem Apelstein am Wachberg wird an die Verdienste des Generals Kleist in der Völkerschlacht 1813 erinnert. Besuchenswert ist der alte Ortskern des Sackgassendorfes und die aus romanischer Zeit stammende Chorturmkirche.

Zschampert-Aue zwischen Großmiltitz (Bildmitte) und Kleinmiltitz (rechts), 1997

Heimatmuseum Rückmarsdorf
An der Teichmühle 1
geöffnet jeden 1. So. im Monat 10–12 Uhr
Seumestube (Bild unten)

„Rosensäle"
Miltitz,
Neue Leipziger Straße 5
(0341)-9 41 16 33/4

Vielerorts fungiert der Zschampert als Grenzfluß, so auch zwischen Rückmarsdorf, Lindennaundorf und Frankenheim (Markranstädt). Weiter nördlicher trennt oder verbindet der Fluß die Städte Leipzig und Schkeuditz, bevor er im Domholz vereint mit der Alten Luppe, an der sächsisch-preußischen Grenze von der Neuen Luppe aufgenommen, der Saale zufließt.

An der Bienitzstraße muß die B 181 gequert werden. Günstigerweise nutzen Wanderer den einige hundert Meter nach links in die Zschampertaue führenden, durch Lehrtafeln gesäumten Weg. Am Zschampertdurchlaß des nördlich gelegenen Elster-Saale-Kanals treffen beide Wege wieder zusammen.

Die Bachaue des Zschampert verbindet die Lützener Platte mit der Elster-Luppe-Aue. Seit 1998 ist das Bienitzgebiet mit der Zschampertaue Teil des Landschaftsschutzgebietes Leipziger Auwald. Die beschilderte Hunnenquelle führt als letzte der kalkhaltigen Bienitzquellen noch Wasser. Am Saum der Quelle wachsen Feuchte liebende Pflanzen, wie das Echte Mädesüß, Sumpfstorchschnabel oder die Ufersegge.

Diese zwischen dem Zschampert und dem Bienitz-Westhang verbliebene 45 bis max. 75 Meter breite Zschampertaue wird zur Zeit zum Feldfruchtanbau genutzt, obwohl dies besonders im nördlich feuchteren Teil nur kaum möglich ist. Die geologische Prägung des Bienitzgebietes entstand als Folge der Saalekaltzeit. Ein früherer Flußlauf der Saale setzte hier kalkhaltige Schotter ab, auf denen sandig-lehmige Sedimente lagern. Pflanzen verschiedener geographischer Herkunft trafen auf begrenztem Raum zusammen und bildeten, begünstigt durch bodengeologische Beschaffenheit, klimatische u. a. Bedingungen, Grenzstandorte. Mitte des 19. Jahrhunderts konnten am Bienitz annähernd 800 Pflanzenarten, darunter 19 Orchideen- und 41 Seggenarten nachgewiesen werden. Nur ein Bruchteil davon erhielt sich bis heute. Auch hier wurde der natürliche Wasserhaushalt der Bachaue durch Vertiefung und Begradigung des

Zschampert am Bienitz

Zschampert, den Bau des Elster-Saale-Kanals inmitten des Bienitzkomplexes und veränderte Landnutzungsformen deutlich beeinflußt. Die Vielgestaltigkeit des Endmoränenhügels mit dem nördlichen Abschluß durch den Bienitz (127,1 m ü NN) ist geologisch von Interesse und wird derzeit mit mehreren Profilen bodenkundlich untersucht.

Wird die Weiterfahrt von der Rückmarsdorfer Ortslage auf der Bienitzstraße fortgesetzt, trifft man an der Einmündung zur ehemaligen Rodelbahngaststätte auf die zum Lehrpfad gehörende Gebietsübersicht. Am besten eignet sich der ca. 3,5 km ausgedehnte Rundweg, auf dem auch die Hügelgräber der Jungsteinzeit Beachtung finden, jedoch für eine spezielle Wanderung, so daß die Fahrt zur Domholzschänke zielstrebiger fortgesetzt werden kann. Seit 1999 ist das ehemalige Militärgelände nordwestlich der Bienitzstraße nicht mehr mit Stacheldraht umzäunt und munitionsbelastet. Mit Hilfe eines EU-Förderprojektes konnten

Hunnenquelle

Echtes Mädesüß

Ehemaliger Schießstand
auf dem Bienitz

Ausstellung „Alte Wache"
Heimatverein
Burghausen e. V.
(0172)-1 41 44 72

Am Bienitz

die militärischen Relikte der 1891 im Königreich Sachsen angelegten, bis 1990 aber genutzten und jeweils erweiterten Anlage, die in Erdwälle gebetteten Schußbahnen auf dem ca. 25 ha umfassenden Gelände, beseitigt werden. Erhalten blieben dagegen die historischen Wachgebäude. Das gegenüberliegende Kurhaus wurde saniert, steht jedoch leer. Der angrenzende Kaffeegarten war zuvor Teil des Militärgeländes.

Am Elster-Saale-Kanal wird der südliche Dammweg eingeschlagen. Zwei turmartige Gebäude stehen sich am Kanaleinschnitt gegenüber. Ein absenkbares Sperrtor sollte im Havariefall den streckenweise auf einem Damm geführten Kanal abriegeln. Die Zschampert-Aue mit dem Zschampert-Durchlaß wird gequert und an der Ochsenbrücke zum nördlichen Kanaldamm gewechselt. Das nördlich anschließende Gebiet war vor dem Kanalbau Teil der Dölziger Moormergelwiesen. Die „Rote Kippe" oder auch „Ochsenhalde" genannte Aufschüttung, heute hauptsächlich mit Birken bewachsen, besteht aus Aushubmasse der als Gra-

Wehner, Grünau
Stuttgarter Allee 12
(0341)-4 21 30 52

Fahrrad-Berger
Rückmarsdorf
Am Sandberg 26
(0341)-9 41 03 00

Ehrenboth
Dölzig, Auenstraße 20
(034205)-5 80 11

Naturkundliche Exkursion
am Bienitz

beneinschnitt angelegten Kanalteile, die für Dammbauten keine
Verwendung gefunden hatte. Typische Trockenrasenflora hat
sich an den Kanaldämmen angesiedelt. Am Westende der Kippe
gelangt man unbeschadet zum Deichfußweg und kann nach
einigen hundert Metern dem Feldwegabzweig nach Norden
durch weite Offenflur, fernab vom Zschampert, folgen. Dieser
durchfließt nördlich des Kanals den „Grünen Winkel" und den
„Burghäuser Bruch", benutzt den Dammdurchlaß an der 1931
fertiggestellten Merseburger Eisenbahnstrecke. Entgegen seinem früheren Verlauf tritt der Zschampert seit den 1970er Jahren geradewegs in das Domholz ein und mündet zwischen der
Domholzschänke und Schlobachshof in die Alte Luppe, um wenig nördlicher von der Neuen Luppe aufgenommen zu werden.
Am Waldrand schwenkte der Bach früher nach Westen, um bei
Maßlau in die Luppe zu münden. Durch den Tagebauaufschluß
Merseburg-Ost und damit verbundene Entwässerungsmaß-
nahmen sowie schnellere Wasserabfuhr mußte der Zschampert
verlegt werden. Die Route zum Domholz trifft auf die Straße
zwischen der B 186 und Gundorf, bevor der Feldweg rechts in
den Forstort „Rosenholz" führt, etwas östlicher dann das Domholz quert und die Domholzschänke erreicht.

Landgasthof
„Goldener Hirsch", Dölzig
Paul-Wäge-Straße 61
(034205)-8 74 15

Im schattigen Garten der
Domholzschänke, 1998

KULKWITZER SEE

REINHARD IHLE

Flutung der Restlöcher
Kulkwitz und Miltitz,
um 1960

Badebetrieb am
Kulkwitzer See, um 1970

Fast drei Jahrzehnte war der Kulkwitzer See das einzige offizielle größere Bade- und Wassersportgewässer für die Leipziger, Markranstädter, Miltitzer, Lausener und sonstiger Naherholer. Nicht zuletzt daher rührt sein hoher Bekanntheits- und Beliebtheitsgrad, den sich sein neuer Konkurrent, der Cospudener See, erst noch erwerben muß.

Wie bei den meisten Seen der Region auch zählten Kies oder Kohle zu seinen Geburtshelfern. Nahe Kulkwitz war es die Kohle, die seit dem ausgehenden 19. Jahrhundert im Tiefbau und ab 1937 in einem Tagebau abgebaut wurde. Ab 1956 wird der Tagebau dann in Richtung Miltitz und Markranstädt erweitert, und ein Jahr darauf mußte sogar die Fernverkehrsstraße 87 neu trassiert werden. Noch vor dem Ende des Braunkohlenabbaus im Jahr 1963 beschloß der damalige Kreistag die Einrichtung des Naherholungsgebietes „Kulkwitzer See" aus den Restlöchern Kulkwitz und Miltitz sowie der Hochkippe.

Nach damaligen Plänen sollte das „Erholungskombinat" täglich 26 000 Besucher aushalten, so daß mehrere Strand- und Erlebnisbereiche an verschiedenen Uferzonen des Sees entstanden. Im Mai 1973 konnte das Naherholungszentrum mit dem 150 ha großen und 32 m tiefen See offiziell der werktätigen Bevölkerung, wie es damals so schön hieß, übergeben werden. Diese hatte sich ihren „Kulki" allerdings schon längst erobert. Sogar die Nacktbader erhielten ihren ersten offiziellen Strand in Leipzig. Manch einer der ersten Dauercamper verteidigt bis heute seinen damals erkämpften Platz. Als das gebaute Leipzig Anfang der 80er Jahre mit der Wohnungsbauserie 70 am Ostufer des Sees ankam, wurden die Liegeplätze an den Stränden an schönen Sommertagen knapper und die Schlangen an den Imbißbuden länger. Das änderte sich, als für die Nordwestsachsen der Urlaub auch am Mittelmeer möglich wurde. Da dort das Wasser längst nicht so sauber, die Preise höher und der Platz am Strand eher noch kleiner ist, kommen die meisten seither wie-

Informationen unter
www.kulkwitzer-see.de
Tel.: (0341)-71 07 70

der mit der Straßenbahn oder dem Fahrrad zu ihrem „Kulki". Der See bietet jedoch nicht nur Wassersportlern und Sonnenanbetern ein volles Programm. Auch Radler und Wanderer kommen auf ihre Kosten. Der etwa 7 Kilometer lange Rundweg um den See ist zu jeder Jahreszeit ein lohnendes Ziel. Seit einigen Jahren hat der See noch eine weitere Aufgabe: Wegen seines ständig steigenden Wasserspiegels dient er dem fast ausgetrockneten Zschampert als neue (Lebens-) Quelle, indem von den Tiefen des Sees sauerstoffarmes Wasser über Fallstufen zur Sauerstoffanreicherung in den Bach gepumpt wird.

„Kulki", „Alte Frieda" und die „Platten" von Grünau

Von der „Frieda" zum „Roten Haus" – eine Seeumrundung

TOUR 13

HINWEISE FÜR WANDERER UND RADLER

TOUR-EMPFEHLUNG   entgegen dem Uhrzeigersinn um den See

Der Kulkwitzer See ist nicht nur in der Badesaison ein lohnendes Ziel. Wiederkehrende Veranstaltungen wie das Ansegeln im Mai, der Leipziger Triathlon und das Neptunfest Anfang Juli, das Seefest Ende August, die Herbstregatta und das Weihnachtstauchen bieten das ganze Jahr Höhepunkte.

LÄNGE DER TOUR   7,0 km

SCHWIERIGKEITSGRAD   zum Wandern, Radeln und für den Sonntagsspaziergang sehr gut geeignet, zwei kleinere Steigungen

TOUR-ÜBERBLICK

0,0   Ampelkreuzung am Ortsausgang Leipzigs an der Lützner Straße oder Parkplatz Kulkwitzer See

0,6   Lageplan, links die „Alte Frieda" (als Restaurant genutzter, ausgedienter Saalelastkahn), rechts den schmalen Feldweg auf der Krone der Nordböschung entlang

2,1   Anglerverbandshaus, vorbei an der Bootsanlegestelle des Seglerverbandes, auf dem Feldweg hinauf zur Hochkippe

3,4   Parkplatz hinter dem Imbiß „Kulki-Bratstübl", vorbei an der Tauchschule „Florian" (Schlaglöcher!)

4,6   Bungalowsiedlung Lausen, Imbiß und Gaststätte „Seeblick", Tauchschule „Delphin", FKK-Strand, am „Roten Haus" weiter die Strandpromenade

7,0   Ausgangspunkt

HINWEISE FÜR WASSERSPORTLER

Segeln, Tauchen, Rudern, Surfen, Baden mit und ohne Höschen – der 150 Hektar große „Kulki" bietet fast allen Wassersportlern ausgezeichnete Bedingungen.

Strandbetrieb am
Kulkwitzer See

TOUR 13

Ausgangsort ist die Ampelkreuzung am Leipziger Ortsausgang der B 87. Hier kreuzen sich die Lützner Straße und die Straße am See. Gut gerüstet wird die etwa 2 bis 3 Stunden dauernde Wanderung angetreten, zuerst noch auf dem Fußweg, der parallel zur B 87 liegt und in das Erholungsgebiet Kulkwitzer See führt. Endlich wird es ruhig. Man taucht in eine grüne Oase ein. Kaum einer der ankommenden Gäste registriert, daß die Einfahrtsstraße, die heute geradewegs zum See führt, die alte Straße 87 war, die durch den Kohleabbau verlegt werden mußte. An der Brücke, die über das kleine Flüßchen Zschampert führt, ist an der rechten Mauer noch die alte Straßenkennzahl „87" zu erkennen. Die nunmehr vor dem Wanderer befindliche Schranke, die eigens für uneinsichtige Autofahrer aufgestellt wurde, wird durch eine Einfahrt für Rad- oder auch Rollstuhlfahrer passiert. Wer sich erst einmal einen Grobüberblick über das gesamte Gebiet verschaffen will, findet rechter Hand einen Lageplan. Links ist das wohl bekannteste Wahrzeichen des Kulkwitzer Sees zu sehen: Die alte „Frieda", einst als Lastkahn auf der Saale schippernd, wurde 1972 in Teile zerlegt,

Schiffsrestaurant
„La Barca"
Straße am See 1
(0341)-9 02 38 14

zum Ufer des Kulkwitzer Sees gebracht und hier auf dem „Trokkendock" wieder zusammengebaut. Trocken blieb es hier aber nicht lange, denn unter dem Namen „MS Leipzig" wurde der Kahn als Schiffsgaststätte eingerichtet. Zwischenzeitlich beherbergte das Schiff unter dem Namen „Dschunke" viele Jahre ein chinesisches Spezialitätenrestaurant. Nach einem Brand im Jahre 2003 wurde es neu aufgebaut und wird heute unter dem Namen „La barca" als italienisches Restaurant geführt. Vor dem Wanderer steht nun ein kleiner Bruder der ansonsten an den Weltmeeren unentbehrlichen Leuchttürme; ob er den Weg für die „Alte Frieda" gewiesen hat, vermag wohl keiner zu sagen. Heute soll er jedenfalls als Ausgangspunkt dienen für die Tour rund um den „Kulki".

An der Seepromenade

Der Wanderer biegt zunächst nach rechts ab und geht ein kleines Stück den Strandweg entlang. Am Ufer des Sees tummeln sich bei Sommerwetter zahlreiche Badegäste. Nach einer leichten Rechtskurve verläßt man am Hochbeet den asphaltierten Weg und bleibt auf der seeumführenden Strecke. Eine kleine Pause gönnen wir uns hier in der Kurve, um den Wassersportlern auf der Wasserskipiste zuzuschauen. Stellenweise wird

Wasserskianlage
am Nordufer

Zander

Schuppenkarpfen

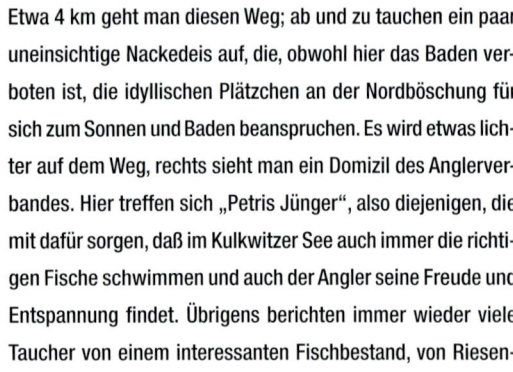

Schleie

es jetzt etwas eng, denn der Weg auf der Krone der Nordböschung des Sees ist teilweise recht schmal. Man kann nur noch hintereinander gehen – und bitte auf die Radfahrer achten, die sich diesen Weg mit den Wanderern teilen. Obwohl zur Rechten der Straßenlärm und der starke Straßenverkehr der B 87 dominieren, fühlt man sich davon eigenartigerweise wenig berührt, denn die vielen Bäume und wildwachsenden Büsche und die Weite des links neben dem Weg liegenden Sees ziehen einen so in den Bann, daß die Straße kaum wahrgenommen wird.

Etwa 4 km geht man diesen Weg; ab und zu tauchen ein paar uneinsichtige Nackedeis auf, die, obwohl hier das Baden verboten ist, die idyllischen Plätzchen an der Nordböschung für sich zum Sonnen und Baden beanspruchen. Es wird etwas lichter auf dem Weg, rechts sieht man ein Domizil des Anglerverbandes. Hier treffen sich „Petris Jünger", also diejenigen, die mit dafür sorgen, daß im Kulkwitzer See auch immer die richtigen Fische schwimmen und auch der Angler seine Freude und Entspannung findet. Übrigens berichten immer wieder viele Taucher von einem interessanten Fischbestand, von Riesen-

karpfen, Hechten, Zandern und zahlreichen anderen Fischarten. Unschwer ist zu erkennen, daß das nun vor einem liegende Ufergelände mit einigen Bungalows, einer Bootsslip-Anlage, einem Bootssteg und zahlreichen Schiffsutensilien von Segelfreunden beherrscht wird. Was wäre ein im Sonnenlicht silbern schimmern der See unter einem strahlend blauen Himmel, wenn nicht die weißen oder bunten Segel auf den Wellen umhertreiben würden!

Den nunmehr auftauchenden Pkw-Parkplatz meidend biegt man nach links, immer am Seeufer entlang, ab. Ein herrlicher Blick über den See, hinüber zum Schiff und zum Leuchtturm, unserem Ausgangspunkt, sollte dazu veranlassen, einmal eine kleine Wanderpause einzulegen und vielleicht daran zu denken, daß hier einmal ein großes tiefes Erdloch war, indem sich große Bagger durch die Erdmassen bissen und Braunkohle abgebaut wurde. Noch bevor die Kohle hier im Tagebau aus der Erde gegraben wurde, standen in den 60er und 70er Jahren des 19. Jahrhunderts im Göhrenzer Gebiet Fördertürme, die die Bergleute in den Schacht brachten, denn zum Beginn des Kohleabbaus wurde hier unter Tage gearbeitet.

Nach dieser kleinen Rast wandert man weiter auf dem manchmal recht holprigen Weg, vorüber an der Wassersportausbildungsstätte der Universität Leipzig und dem Kanu- und Freizeitzentrum Markranstädt. Mit etwas Glück kann man kurz bei der

Rad- und Wanderweg an der Westseite des Sees

Buntspecht

173

Ausbildung oder beim Training der Wassersportler zuschauen. Der Weg führt jetzt leicht nach links und mit etwas Puste und kräftigen Waden schafft man mühelos die kleine Anhöhe, hinter der sich das Wäldchen auf der ehemaligen Hochkippe befindet. Die einstige Pappelmonokultur entwickelte sich zu einem vielartigen Baumbestand; verschiedene Sträucher und Gräser besiedelten das Terrain, so daß man heute hier ein schönes Stück Natur vorfinden kann. Auf einer Lichtung lohnt es sich, die Decke aufzuschlagen und eine Rastpause zu machen. Alle einheimischen Vögel sind hier inzwischen zu Hause; an die Zeit des Kohlebergbaues erinnert rein gar nichts mehr. Wer jedoch den Hauptweg nach links verläßt, kommt der Vergangenheit etwas näher, denn hier findet sich noch altes unbewachsenes Kippengelände. Dieses Gelände diente zeitweise auch zur Ascheablagerung für das nahegelegene Kraftwerk Kulkwitz, daher die stellenweise recht seltsame Färbung. In einer zierlichen, recht dünnen Schlängellinie rieselt Wasser durch dieses Gebilde. Verfolgt man es bis zu seinem Ursprung, kommt man an eine

Heimische Orchidee „Frauenschuh"

kleine Quelle, aus der, zwar recht mager, aber immerhin frisches Quellwasser kommt. Rund um diese Quelle sieht es recht urwüchsig aus, – und ist es auch. Hier sind inzwischen Frösche und verschiedene andere Echsenarten zu Hause. Man merkt: Im Gebiet der Hochkippe hat sich die Natur das zurückerobert, was ihr der Mensch zur Zeit des Kohleabbaus geraubt hat, und das ganz Besondere ist, daß hier zwei Orchideenarten blühen: der bekanntere „Frauenschuh" und das seltenere „bleiche Waldvöglein". Der Weg führt weiter durch das Waldgebiet. Linker Hand wird es unheimlich, – dichtes, teilweise sumpfiges Gebiet wird durchschritten. Mit etwas Phantasie erinnert es an Märchenwälder mit Hexen und Geistern. Dieses Gebiet ist der ideale Platz für allerlei Wasservögel, insbesondere

Bleßhuhn

die Bleßhühner haben hier ihr Domizil. Es wird sonnig und hell, die Baumkronen über dem Wanderer verschwinden, und man kommt auf dem Parkplatz in Göhrenz an. Das nun zu sehende kleine Gebäude beherbergt die Tauchsportfreunde der Tauchschule „Florian", am nahegelegenen Strand befindet sich eine Einstiegsstelle für Taucher. Nun wendet man sich nach links, kommt an einem Kiosk, der unerklärbarerweise „Bratstübl" heißt, vorbei und bleibt auf dem oberen Weg. 500 Meter geht es nun geradeaus, und dann wieder führt der Weg nach links um den See. Jetzt liegt vor dem Wanderer eine weitere Holperstraße, die ihn dem Ausgangspunkt näher bringt. Rechter Hand

Der Kulkwitzer See gilt als beliebtes Tauchgewässer. Als lohnendes Ziel in der Tiefe lockt seit kurzem auch ein versenktes Flugzeugwrack und ein Schiffskörper.

Rotes Haus

Rotes Haus
(0341)-71 07 70

„Seeblick"
Lausen, Kulkwitzer See
(0341)-9 41 15 87

Gaststätte „Seeblick"

sieht man einige Bungalows, die zum Feriendorf Lausen gehören. Der Weg, der bis dorthin führt, liegt oberhalb der sogenannten Südböschung des Kulkwitzer Sees. Rechts vom Wanderer
liegt das Bett des hier meistens trockenen Zschampert. Dahinter führt die stillgelegte Bahnlinie nach Lützen entlang. Diese
Strecke war, auch zu Zeiten, als hier noch Züge fuhren, keine
besonders wichtige Strecke. Nicht umsonst wurde sie im Volksmund Lausen–Lützen–Lond'n genannt. Vielleicht wird sie einmal als Rad- und Wanderweg neu erschlossen. Doch jetzt, Berg-
bewohner bitte nicht lachen, geht's hinunter ins Tal und dann
sofort steil bergauf auf den Strandweg. Auf diesem geht man
weiter. Rechter Hand lädt die Gaststätte „Seeblick" ein. Der dort
befindliche Freisitz hat durch seine Hängegeranien in jedem
Sommer auch den Namen „Blumenoase vom Kulkwitzer See".
Auf der Wanderung begegnet man jetzt wieder einem alten
„Zeitzeugen", denn der linker Hand vor dem Wanderer stehende rote Ziegelbau stammt aus der Zeit, in der es hier mit viel
Technik um den Abbau der Braunkohle ging. Hier schlug einstmals das Elektroherz des Tagebaus. Hinter den großen grauen
Toren des Gebäudes standen einstmals die Transformatoren.

Von hier aus wurde der Tagebau mit Strom versorgt. Viele Jahre diente dieses Gebäude, das eigentlich der einzige richtige Zeuge der Kohlezeit ist, nur als Lagerhalle. Es gab viele Ideen, wie das Gebäude genutzt werden könnte. Anfang des Jahres 2005, nach rund 40 Jahren einer unbedeutenden Nutzung dieses Hauses, begann nun doch ein Traum Wirklichkeit zu werden. Die LeipzigSeen Projektmanagement GmbH, die seit April 2004 das gesamte Gebiet des Zweckverbandes Erholungsgebiet Kulkwitzer See bewirtschaftet, begann mit dem Ausbau des Roten Hauses. Seit dem Sommer 2005 lädt hier ein Strandcafé mit einer herrlichen Terrasse zum Verweilen ein. Gegenüber toben ausgelassen die kleinen Gäste auf dem Spielplatz mit überdimensionalen Wassertieren aus Beton.

Der Rundweg führt nun vorüber am Tauchstützpunkt, hier hat die Tauchschule „Delphin" ihren Sitz. Ebenso wie bei der Tauchschule „Florian" in Göhrenz beherrschen an dieser Stelle die Taucher das Strandbild, ebenfalls befindet sich hier eine Tauchereinstiegsstelle. Der Kulkwitzer See gehört aufgrund seiner hervorragenden Wasserqualität zu einem der besten und beliebtesten Tauchgewässer Mitteldeutschlands. Taucher aus ganz Deutschland kommen jedes Jahr hierher, um die Unterwasser-

Am FKK-Strand

Ferienhaus im
skandinavischen Stil

Campingplatz am
Kulkwitzer See
(0341)-71 07 70

Bistro an der
Wasserskianlage
(0341)-2 25 69 52

Gasthof Lausen
Staffelsteinstraße 1
(0341)-9 42 02 58

Figur auf dem Rodelberg

welt eines ehemaligen Braunkohletagebaus zu sehen. Für viele Taucher gibt es auf dem Grund des Sees eine Überraschung, denn wer auf der Suche nach alten Bergbaugeräten ist, findet plötzlich den Rumpf eines Flugzeuges. Dieses ist hier nicht etwa in den See gestürzt, nein, es wurde eigens als Attraktion für die Tauchsportler von den Tauchsportfreunden der Tauchschule „Delphin" in den See gebracht. Selbstverständlich wurde es dazu so vorbereitet, daß der See keinen Schaden nimmt. Im Frühjahr 2005 kam eine weitere Attraktion zum Flugzeug hinzu: ein Schiffskörper wurde versenkt. Damit nimmt der Unterwasser-Technik-Park langsam Gestalt an. Zum Freizeitangebot am See gehört die nunmehr rechter Hand befindliche Minigolfanlage; hier kann auch Tischtennis gespielt werden. Für alle hungrigen oder durstigen Besucher bietet die rechts stehende „Strandhütte" Speisen und Getränke an. Noch zwei, drei Schritte weiter und wir sehen links am Ufer die Ruderboote und Wassertreter des Bootsverleihs liegen.

Der Weg führt jetzt immer näher an den Ausgangspunkt heran; links sieht man schon die Halbinsel, die bereits seit 1973 von den Dauercampern „besetzt" ist. Anfangs kamen die Campingfreunde noch mit einfachen Zelten, dann wurden daraus die sogenannten Leinwandvillen, und heute dominieren natürlich, wie auf allen vergleichbaren Campingplätzen, Wohnwagen aller Sorten und Größen. Sehr viele der im Sommer hier wohnenden Dauercamper sind von Anfang an dabei und können sich ein Leben ohne ihren Kulki gar nicht mehr vorstellen.

Die Wanderung geht nun auf dem Strandweg weiter, – doch halt: Wer sich etwas in die Höhe begeben will und sich den Kulki vielleicht mal von oben betrachten möchte, der erklimmt die Höhen des sogenannten Rodelberges. Ein schmaler Pfad führt direkt bis zur Plattform des 135 m hohen Berges. Er gehörte ursprünglich nicht hierher und entstand beim Bau des Wohngebietes Leipzig-Grünau. Schaut man in Richtung Göhrenz, liegt am Fuß des Rodelberges noch ein weiterer Campingplatz. Er wird lediglich noch von einigen Dauercampern genutzt. Zu besonderen Tagen aber, wenn der Andrang sehr groß ist, wird dieser Platz auch für Touristen-Camper geöffnet. Immer dann, wenn es in der Messestadt Leipzig brummte, also wenn Messe war oder auch andere Großereignisse wie beispielsweise das Turn-und Sportfest stattfanden, reichte das Platzangebot nicht aus, und es wurde für Campingunterkünfte ein bescheidener Ersatzplatz am Rodelberg eingerichtet. Bescheiden deshalb, weil die sanitären Bedingungen hier wirklich bescheiden, also schlicht und einfach waren. Heute ist das Vergangenheit, denn

Landgasthof
„Zschampert-Quell"
Zschochersche Allee 3
täglich ab 17 Uhr
Sa., So. ab 11 Uhr
(0341)-9 41 21 01

Auf dem Rodelberg am Kulkwitzer See

die Camper finden hier neben Toiletten auch Wasch- und Duschräume vor. Hinter der Rasenfläche, die sich an den Platz anschließt, liegt das Bett des Zschampert, der hier die Grenze des Erholungsgebietes markiert.

Die Sicht von hier oben ist vielleicht nicht ganz so wie erwartet, aber was soll's, wir sind nicht in den Bergen. Trotzdem, einen kleinen Überblick über die Leipziger Ortsteile Grünau und Lausen bis hin nach Miltitz und Markranstädt gibt es doch. In den Wintermonaten, wenn hier mal Schnee liegt, wird der Berg dann wirklich zum Rodelberg. Wenn der See dazu noch

Am Restaurant
„La barca"

Krake auf dem Spielplatz
am Lausener Strand

zugefroren ist, geht die rauschende Schlittenfahrt oben vom Berg über den Strandweg bis hinunter aufs Eis. Der Wanderer, der den Abstecher auf den Rodelberg unternommen hat, geht nun den Weg hinunter und zurück auf den Strandweg. Der Weg führt jetzt nach rechts am See entlang. Links, am gegenüberliegenden Ufer befindet sich der Campingplatz mit seinen vielen bunten Farbtupfern. Wir sehen fünf neue, wunderschöne bunte Ferienhäuser im skandinavischen Stil. Diese können ebenfalls wie die zu sehenden Bungalows zu Urlaubs- oder Kurzaufenthalten gemietet werden. Unser Weg biegt nach links ab, wer jedoch wild darauf ist, seine eigenen Mutgrenzen zu testen, sollte sich nach rechts zum TWID-Hochseilgarten begeben. In luftiger Höhe kann man sich hier austesten und Streß abbauen. Unser Wanderweg führt uns aber nach links, die linker Hand befindliche Schranke bitte beachten, es ist die Ausfahrtsstraße vom Campingplatz. In dem blauen Holzhaus befindet sich ein modernes Sanitärgebäude für die Camper.

Rechts, neben einem kleinen Erdwall, rinnt der Zschampert, vorausgesetzt, es hat vor nicht allzu langer Zeit geregnet. Die meisten Tage im Jahr ist das Bett hier trocken. Doch ein kleiner Hoffnungsschimmer für den Zschampert besteht. Seit einigen Jahren wird aus dem Kulkwitzer See Wasser gepumpt und an der B 87 in den Zschampert eingeleitet. Wenigstens ab hier hat daher der Zschampert wieder Wasser.

Es ist vorgesehen, eine Freispiegelleitung 2006 zu errichten, damit das immer wieder steigende Wasser des Kulkwitzer Sees dauerhaft im Freispiegel in die Zschampert abfließen kann.

Auf der nun folgenden, hinter dem blauen Gebäude linker Hand befindlichen Straße biegen wir nach links ab. Vor uns steht ein rotes, mit Holz verkleidetes Haus, es beherbergt die Rezeption des Campingplatzes und auch die Büroräume von LeipzigSeen GmbH. Wir setzen unsere Wanderung vor dem Eingangstor zum Campingbereich nach rechts in Richtung Schiffsgaststätte fort.

Wir kommen geradewegs zum Wasser, vorüber am Wasserrettungsturm. Hier sind im Sommer bei Badewetter die Rettungsschwimmer des DRK anzutreffen. Sie sind in erster Linie da, um bei Problemen im Wasser zu helfen, wer sich jedoch bei seiner Wanderung Blasen an den Füßen geholt hat, bekommt natürlich auch mal ein Heftpflaster. Den Weg fortsetzend liegt bald rechter Hand eine kleine Oase der Natur, ein Biotop. Es entstand Anfang der 90er Jahre. Der steigende Wasserstand drückte auf die einstige Senke und füllte sie mit Wasser. Auch hier wurde die Natur aktiv – Schilfbewuchs in den Randbereichen und das Quaken der Frösche sind nicht mehr wegzudenken. Gut in die Landschaft fügen sich die Holztiere des Spielplatzes ein.

Strahlender Sonnenschein liegt über dem Kulkwitzer See, kein Wölkchen am Himmel. Sonnen- und Wasseranbeter tummeln sich hier am Strand. Die Musik des nahegelegenen Freisitzes am Schiff vermischt sich mit dem Lärm und Trubel des Strandes. Der Leuchtturm vor dem Wanderer steht unberührt von all dem Trubel. Was er ihm zu sagen hat, ist: Die Wanderung rund um den Kulkwitzer See ist beendet.

Bootsverleih Wittig
am Kulkwitzer See
Seestraße
(0172)-3 65 30 93

Der letzte Badegast
der Saison

PARTHE

BERND HOFFMANN

Parthebrunnen in Taucha

Die Parthenlandschaft ist ein Resultat naturräumlicher wie auch anthropogener Gestaltungsprozesse. Die Grundform der heutigen Landschaft – eine Wald-Wiesen-Feld-Flur mit Talauen und Moränenhügeln – ist im Pleistozän vorgeprägt worden. Während der Inlandvereisung der Saalekaltzeit (vor 150 000 Jahren) wurden an der Basis der mächtigen Gletscherkörper die Saalegrundmoräne abgesetzt und die großen ebenen Plattenstrukturen um Schönefeld und Mockau ausgebildet. Etwa auf der Linie Taucha–Thekla kam der Gletscherkörper zeitweilig zum Stillstand, und an seiner Vorderfront wurden glaziale Sande und Kiese sedimentiert. Es entstand in Eisrandlage die Kuppenlandschaft der Tauchaer Endmoräne mit den bedeutenden Erhebungen (Schwarzer Berg, Steinertsberg, Theklaer und Portitzer Kirchberg).

Die Parthenniederterrasse als überschwemmungsarmes und dennoch wassernahes Gebiet war während der sorbischen Landnahme im 7./8. Jahrhundert bevorzugtes Siedlungsareal (Portitz, Seegeritz, Panitzsch). Die landwirtschaftliche Erschließung des Parthengebietes gehört der Ausbauphase der niederdeutschen Kolonisation im 12. und 13. Jahrhundert an (Abtnaundorf, Borsdorf). Rodung und Bewirtschaftung verstärkten die Bodenerosion, was zur weiteren Einebnung, insbesondere der Endmoränenkuppen, und Ablagerung im Parthental

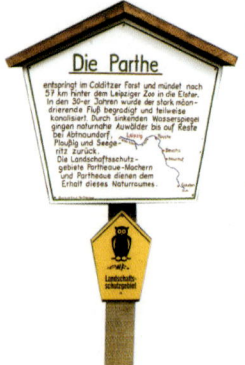

Die Parthe

entspringt im Colditzer Forst und mündet nach 57 km hinter dem Leipziger Zoo in die Elster. In den 30-er Jahren wurde der stark mäandrierende Fluß begradigt und teilweise kanalisiert. Durch sinkenden Wasserspiegel gingen naturnahe Auwälder bis auf Reste bei Abtnaundorf, Plaußig und Seegeritz zurück. Die Landschaftsschutzgebiete Partheaue-Machern und Partheaue dienen dem Erhalt dieses Naturraumes.

Landschaftsschutzgebiet

führte. Bis zu Beginn der gründerzeitlichen Stadtentwicklung Leipzigs war das Parthengebiet nur gering bebaut und vorrangig landwirtschaftlich genutzt. Die Dörfer waren meist Rittergutsdörfer und trugen den Charakter reiner Bauern- bzw. Landarbeitersiedlungen. Um die Jahrhundertwende wurden dann zahlreiche Kleingartensparten angelegt, vor allem in Talauenlage. Diese Erstbebauung brachte eine flächendeckende Materialaufschüttung (1–2 m), damit eine Geländeerhöhung und -verebnung. In den dreißiger Jahren wurde der Parthenabschnitt von Mockau bis Borsdorf begradigt, kanalisiert, zum Teil vollständig ingenieurtechnisch verbaut und das natürliche Grundwasserniveau so im gesamten Teileinzugsgebiet abgesenkt. Entlang der Parthe liegt eines der größten Auewiesenpotentiale im Leipziger Land. Vor allem die Kohldistelwiese siedelt hier mit bemerkenswerten Vorkommen seltener Pflanzenarten, wie Langblättriger Blauweiderich, Färberscharte, Weidenblättriger Alant, Wiesenknöterich, Nordisches und Echtes Labkraut, Echtes Mädesüß, Wiesenknopf und Breitblättriges Knabenkraut. Der größte Teil der trockengefallenen Wiesen wird landwirtschaftlich intensiv als Grasland genutzt und entbehrt daher typischer Wiesenpflanzen. Obwohl viele Insektenarten mit Ver-

Parthenaue bei Schönefeld

Echtes Labkraut

Teich- oder Streifenmolch

Libelle aus der Familie
der Wasserjungfern

Beobachtung im
Abtnaundorfer Park

änderung der ursprünglichen Landschaft nachweislich verschwunden sind, beherbergen Teile des Gebietes noch ein breites Artenspektrum. So konnten in den letzten Jahren 25 Tagfalter- und über 100 Nachtfalterarten nachgewiesen werden. Auf blütenreichen Wiesen fliegen u. a. die drei Kohlweißlingsarten, dazu der Kleine Fuchs, das Tagpfauenauge und das Ochsenauge. Auffällige Vertreter der Käfer sind die Nashornkäfer, der Moschusbock und der Hainlaufkäfer. Für Libellen bieten sowohl das Naturbad Bagger als auch die verstreut liegenden Teiche Lebensmöglichkeiten. Teichmolche und Erdkröten kommen besonders zahlreich vor. Auf Wiesen und Brachflächen lassen sich im Hochsommer Grashüpfer, darunter gelegentlich auch das Große Heupferd und der Warzenbeißer beobachten. Auch Teich- und Grasfrösche werden in und an den Gewässern der Parthenaue gefunden, sehr selten die Ringelnatter. Trockenere Flächen und Geröllhaufen bevorzugt die Zauneidechse. Zur Zeit brüten etwa 100 Vogelarten im Parthengebiet, darunter auch Eisvogel und Weißstorch. Viele weitere Vogelarten lassen sich bei der Nahrungssuche, auf dem Durchzug oder auch im Winter beobachten. Die Säugetierfauna der Parthenaue ist artenreicher als man das zunächst vermuten könnte. Der Igel kommt noch regelmäßig im gesamten Gebiet vor, ebenso der Maulwurf. Die Waldspitzmaus gehört ebenfalls zu den häufigsten Arten, seltener ist die Feldspitzmaus. Verschiedene Fledermausarten, u. a. das Braune Langohr, leben in den Parkanlagen. Auf den Wiesen und Feldern sieht man Hasen und Wildkaninchen, in den Parkanlagen auch das Eichhörnchen. Mit etwas Glück ist im Gebüsch das Nest der Zwergmaus zu finden. Auch die Gelbhalsmaus, die Waldmaus und die Brandmaus bewohnen die Aue. Ausgewilderte Nutrias vermehren sich zur Zeit stark. Seltener wird die Bisamratte im Flußbereich beobachtet, auch Fischotter sind schon nachgewiesen. Die Rötelmaus lebt in Parks und flußnahen Gehölzen. Auf Wiesen und Feldern ist die Feldmaus sehr häufig. Der Rotfuchs wandert vereinzelt aus der ländlichen Region ein. Das Hermelin wird nur noch selten nachgewiesen, während die Bestandsentwicklung des Steinmarders überall positiv verläuft.

Langohrfledermaus

Waldspitzmaus

Parthenlandschaft
bei Schönefeld

Die Parthe aufwärts zum Nudistenparadies

TOUR 14

HINWEISE FÜR WANDERER UND RADLER

TOUR-EMPFEHLUNG flußaufwärts von Leipzig/Mariannenpark zum Naherholungsgebiet Naunhofer Seen, innerhalb des Zweckverbandgebietes Partheaue kann dem Wanderweg „grüner Strich auf weißem Grund" gefolgt werden, Rückfahrt mit dem Zug von Naunhof, Beucha oder Borsdorf

LÄNGE DER TOUR 33,5 km (ohne Rückfahrt)

SCHWIERIGKEITSGRAD Die Strecke ist geeignet für ausdauernde Radler und Wanderer, die Tagesmärsche gewöhnt sind. Unterwegs sind ein paar Steigungen zu meistern, die vorgeschlagenen Wege sind Wanderwege und daher nicht durchgehend zum Radfahren geeignet. Entweder muß das Rad ab und zu kurze Strecken geschoben werden, oder es sind Alternativen auf vorhandenen Straßen zu suchen (siehe Fahrradstadtplan Leipzig, Ausgabe 1999).

TOUR-ÜBERBLICK

ABSTECHER

1. von der Parthenbrücke in Taucha über den Höhenweg zu den Lübschützer Teichen (Wegemarkierung mit gelbem Querstrich, 10 km)

von der Panitzscher Parthebrücke über den Tresenweg zu den Lübschützer Teichen (Wegemarkierung mit gelbem Punkt, 10 km)

2. vom Dorfteich in Plaußig zum Staditzwald und Steinertsberg (Wegemarkierung mit grünem Punkt, 2 km)

von den Naunhofer Seen über den Hermann-Löns-Weg zur Mühle Lindhardt (6,5 km)

HINWEISE FÜR WASSERSPORTLER

TOUR-EMPFEHLUNG von Naunhof flußabwärts, Hinfahrt mit dem Zug zum Bahnhof Naunhof; die 3–6 m breite und 0,5 m tiefe Parthe kann nur bei gutem Mittelwasser oder nach einer längeren Regenperiode befahren werden, vor der Fahrt am Pegel am Fußwegsteg in Thekla informieren; ein Mittelwasser von 0,75–1 m garantiert eine gute Fahrt

LÄNGE DER TOUR 30,4 km (nur Rückfahrt)

SCHWIERIGKEITSGRAD für erfahrene Paddler mit Taschenlampe, die unbedingt alles ausprobieren müssen und im 500 m langen Tunnel keine Angst vor Ratten haben

TOUR-ÜBERBLICK

30,4	Einsetzstelle Parthenbrücke in Naunhof
24,8	Beucha (Einsetzstelle an der Straßenbrücke)
20,9	Borsdorf
13,7	Taucha/Straßenbrücke, dahinter Schnelle (!), besser rechts umtragen unter der Straßenbrücke
11,4	Seegeritz
8,8	Plaußig
7,9	Unterquerung der Autobahn A 14, flache Stelle
6,9	Leipzig-Thekla, Pegel am Fußwegsteg ca. 0,20 m
4,9	Abtnaundorf
0,0	Schönefeld, links Schloß und Mariannenpark (Tour beenden)
	Tunnel unter dem Hauptbahnhof!! (Lampe mitnehmen)
	kleine 2 m breite Betonrinne, vor der Straßenbrücke (Pfaffendorfer Straße) Fahrt beenden (Treppe), Zoodurchfahrt ist nicht mehr möglich

Der Parthewanderweg (grüner Querstrich) beginnt am Süd-
eingang des Mariannenparks (am Stannebeinplatz, Straßen-
bahnlinien 1 oder S-Bahn). Eine Orientierungstafel des Zweckverbandes Partheaue zeigt den gesamten Weg im Bereich der
Mitgliedergemeinden Leipzig, Taucha und Borsdorf. Der Ma-
riannenpark wurde in seinem ersten Abschnitt 1914, kurz vor
der Eingemeindung von Schönefeld nach Leipzig, in seinem
zweiten Abschnitt 1924–26 nach Plänen des Hamburger Gar-
tenarchitekten Migge als „Volkspark Schönefeld" angelegt.
Man betritt den Park auf der mit Rosen bepflanzten Hauptachse, durchquert ein Baumrondell und gelangt an die große Park-
wiese. Vom nördlichen Parkausgang führt ein neu gebauter
Radweg an der Schönefelder Schwimmhalle vorbei in die
Auelandschaft der Parthe. Nach kurzem Anstieg befindet man
sich auf den bewaldeten Resten einer Aufschüttung aus der
Vorkriegszeit. Von dem Plateau aus bietet sich ein guter Blick
auf die Silhouette von Schönefeld, mit Schloßturm, der
Gedächtniskirche – einem Bau von 1820, in dem sich zwei
Jahrzehnte später Robert Schumann und Clara Wieck trauen
ließen – und dem ebenfalls betürmten Rathaus von 1904/05.
Schönefeld wurde 1270 erstmals urkundlich erwähnt. 1604
ließ der mit dem Dorf belehnte Leipziger Ratsmann Thümmel
Rittergut und Schloß errichten. Hier wurde 1738 der Schriftsteller Moritz August Thümmel geboren. Das 1871–76 für die
Familie von Eberstein neugebaute Schloß ging durch Verfügung der letzten Baronesse im Jahr 1900 an die „Marian-
nenstiftung" über, 1949 dann an die Stadt. Heute befindet sich
im Schloß eine Förderschule für behinderte Kinder. Der Weg
führt wieder hinab zum Parthenufer und überquert die Volbedingstraße nahe der alten Wassermühle. Es geht an der Gartenanlage „Schöne Heimat" und dem am anderen Parthenufer
befindlichen Freibad Schönefeld vorbei. Über die Mockauer Parthenaue hinweg läßt sich die denkmalgeschützte Weidenhof-

TOUR 14

Markierung des
Parthenwanderweges

„Wiesenschänke"
Lazarusstraße 29
täglich ab 16 Uhr
(0341)-2 34 67 59

Sommerbad Schönefeld
Volbedingstraße
(0341)-2 33 04 66

Pfarramt und Gedächtnis-
kirche Schönefeld

Parthenbrücke, genannt „Katzenbuckel", im Abtnaundorfer Park

Fahrrad Schurig
Ossietzkystraße 44,
(0341)-2 33 03 29

Parthe in Abtnaundorf

siedlung (errichtet 1919–24) ausmachen. Vor uns liegt der Abtnaundorfer Park, den die alte Leipziger Handels- und Bankiersfamilie Frege um 1800 im englischen Stil anlegen ließ. Freges besaßen Gut, Schloß und Park bis 1916. Beim Verlassen des Parks fallen an der Abtnaundorfer Straße prunkvolle Landhäuser ins Auge, Sommersitze betuchter Leipziger Bürger um 1900 („Millionendorf"). Demgegenüber erhielten sich nur wenige Reste des 1335 beurkundeten Dorfes, so der Fachwerkbau des ehemaligen Gasthofes. 1930 ist der Ort (wie auch Thekla) nach Leipzig eingemeindet worden. Vorbei am Gutshof Abtnaundorf (Reitstützpunkt) gelangt man zur Reiterallee (hier stand das Mausoleum, die ehemalige Erbbegräbnisstätte der Familie Frege). Nach links führt der Weg wieder in eine Wiesenlandschaft, unterquert als Kiebitzstraße die Bahnlinie Leipzig–Eilenburg und führt am Naturbad Nordost („Bagger") entlang zur Endstelle der Straßenbahnlinie 9. Vor der Endstelle hat man einen schönen Blick über die Parthe nach Mockau, dessen Stephanuskirche (Westturm aus dem 13. Jahrhundert), Schloß und der Einfahrtsbogen zum Gut zu erkennen sind. Mockau wurde 1286 erstmals als Lehngut der Herren de Moccouwe erwähnt. 1839 erwarb die Hugenottenfamilie Gontard das Gut, deren Erben es 1912 an die Stadt Leipzig verkauften. Diese eröffnete schon im Folgejahr auf den Ländereien des Gontardschen Gutes den Luftschiffhafen Mockau mit der Landung zweier Zeppeline in Anwesenheit von Graf Ferdinand von Zeppelin und König Friedrich August III. Der Weg führt zunächst entlang der Tauchaer Straße etwa 50 m stadteinwärts zur Parthenbrücke. Die Dreibogenbrücke aus Granit ist in ihrer einstigen architektonischen Schönheit kaum noch zu erahnen. Von hier schlängelt sich ein schmaler Wiesenweg links der Parthe mitten hinein in das Grün der Gräser und Bäume. Hier kann man schon durchatmen und den Blick frei schweifen lassen. In sanftem Bogen schwingt die Parthe durch die Wiesen nach Osten. Erlen, Weiden und Pappeln säumen ihr Ufer oder bilden kleine Wäldchen und Einzelgruppen. Wie die Finger einer großen Hand gliedern Trauben-

Naturbad Nordost, „Bagger", Thekla

„Seeterrasse" am Naturbad Nordost
Theklaer Straße 150
täglich ab 11 Uhr
(0341)-9 21 45 28

Lucky Bike
Brandenburger Straße 5
(0341)-9 60 78 43

Der „Bagger" in Thekla

kirschenhecken die Wiesen auf und stellen mit ihren Wildkrautsäumen ideale Unterkünfte für zahlreiche Vögel, aber auch für Niederwild dar. Der schmale Wasserstreifen läßt kaum noch die Gefahren früherer Hochwasser ahnen. Nur die Dammhöhe der Tauchaer Straße und der respektvolle Abstand des auf dem gegenüberliegenden Ufer noch in Resten zu findenden Dorfes Neutzsch (jetzt Neutzscher Straße) weisen darauf hin. Die bis auf die Uferböschung gezäunte Kleingartenanlage zwingt den

Tür der Kirche
Hohen-Thekla mit mittelalterlichen Eisenbeschlägen

Biergarten an der
Wassermühle, Cleudner
Straße, täglich geöffnet

Naturschutzstation Plaußig
Plaußiger Dorfstraße 23
(0177)-2 44 35 63

Weg nach Portitz

Wanderer, auf schmalstem Wege die nächste Wiese zu erreichen. Ein kleiner Steg überbrückt den Flugplatzgraben. An der
Waldemar-Goetze-Straße wurde 2003 der ehemalige Verlauf
der Parthe als Altarm geöffnet. Nach Überqueren der Wiese
kommt man nach Plösen, dem zweiten Dorf der Theklagrün-
dung von 1889. Dies wird überragt von der auf dem Eichberg
liegenden und dem Ortszusammenschluß ihren Namen geben-
den Kirche Hohen-Thekla. Ein Besuch des aus Granitfindlingen
gefügten romanischen Baues aus dem 12. Jahrhundert ist unbedingt zu empfehlen. Beim Verlassen des alten Plösener Orts-
kerns am großen Torbogen des ehemaligen Mühlgutes lohnt ein
Abstecher über den von der Plaußiger Straße abzweigenden
Fußweg nach Cleuden, dem dritten Thekladorf. Gut erhalten
sind einige Bauerngehöfte mit ihren (leider verputzten) Fach-
werkgiebeln unter den Geborgenheit ausstrahlenden Krüppel-
walmdächern. Die Straße Am Keulenberg führt zwischen Keu-
lenbergsiedlung und den Cleudner Wiesen zur Rechten nach
Plaußig. Auch hier wurde ein Altarm geöffnet. Sobald die Autobahn unterquert ist, biegt der Portitzmühlweg rechts nach Portitz ab. Ihm folgt der Wanderer, passiert die Reste einer alten
Wassermühle, überquert die Parthe und erreicht auf einem steil
ansteigenden Fußweg das seit 1575 (wie auch die Stadt Taucha
und das Rittergut Graßdorf) dem Leipziger Rat gehörige Dorf.
Hoch und sicher über der Parthenaue gelegen, befindet sich hier
altes Siedlungsgebiet. Ein slawischer Burgwall im Gelände des
Pfarrhofes, die im neugotischen Stil 1865–67 wiedererrichtete
Kirche und das in alter Fachwerkpracht erstrahlende Remmler-
sche Gut sind Sachzeugen einer durch den Menschen früh ge-
prägten Kulturlandschaft, ebenso die Wald-Wiesen-Felder-Aue,
durch die man über den abfallenden Weg Zum Birkenwäldchen
in Richtung Plaußig geht. An sumpfigen Stellen blühen hier noch
die Sumpfdotterblumen und Schwertlilien, und in den Auwald-
resten des Ratsholzes hämmert der Specht. Auf dem Stellerts-

berg zur Rechten steht mitten im Grünen eine der schönsten Schulen des Leipziger Nordens. Zur Linken schimmern durch die Baumwipfel die Türme des 1275 ersterwähnten Gassendorfes Plaußig: vom Barockensemble des Rittergutes und von der Kirche. In Plaußig bieten sich gute Einkehr- und Rückfahrtmöglichkeiten.

Plaußig ist mit dem Bus ab Mockau/Post oder Taucha direkt erreichbar. Erläuterungen zum Ort wie zu seiner näheren Umgebung werden auf der Tafel vor dem Pfarramt geboten. Der Ort wurde um 1275 im Zusammenhang mit dem Ritter Theodor von Plusk, der offensichtlich mit der damaligen Wasserburg (Turmhügel ist im Gutspark erhalten) belehnt worden ist, erstmals erwähnt. Er hat bis heute seine kolonisationszeitliche Form als Straßendorf erhalten. Der Ortskern wurde unter Denkmalschutz gestellt. Sehenswert ist das barocke, um 1726 vom Leipziger Ratsbaumeister Johann Georg Sieber erneuerte Ensemble von Rittergut, Pfarrhaus, Schule und Kirche. Letztere ist spätgotischen Ursprungs und beherbergt die ältesten Glocken des Leipziger Kreises von 1400 und 1439. Im ehemaligen Gemeindeamt (ehemalige zweite Plaußiger Schule) richtete der Zweckverband Partenaue eine Naturschutzstation ein, die die beiden Land-

Gutshof in Plaußig

Gasthof Plaußig
Ernst-Thälmann-Straße 21
täglich außer Do.
11.30–13 Uhr
und ab 17 Uhr
(034298)-6 33 39

Gasthof Plaußig

Denkmal für den Grafen
von Manteuffel auf dem
Seegeritzer Kirchhügel

Gasthof „Idyll", Seegeritz
Hauptstraße 31
(034298)-6 88 09

Kunst- und Literaturcafé
„Esprit"
Taucha
Leipziger Straße 40/42
(034298)-1 42 17

schaftsschutzgebiete „Parthenaue – Machern" und „Parthenaue" betreut und durch umweltpädagogische und Öffentlich-
keitsarbeit bekannt macht.

Der Weg verläßt Plaußig in östlicher Richtung vor dem idyllischen Dorfteich und überquert, bevor man den als Seegeritzer
Weg bezeichneten Wiesenweg betritt, den Rüdgengraben. Von
dessen Einmündung in die Parthe bis zur nur 2 km entfernten
Quelle im Biesengrund wurde ein großangelegtes Renaturie-
rungsprojekt realisiert, das in Form eines 60 m breiten Grün-
streifens einen Biotopverbund herstellt. Die Wiesen bis Seegeritz sind zur Rechten eingerahmt durch die Waldkulisse der Parthenaue und zur Linken durch sanfte Endmoränenhügel, die
teils mit Wald, teils mit Windschutzhecken bewachsen sind.
Den nördlichen Horizont krönt das neue BMW Werk Leipzig. Mit
132 m Höhe am Fuchsberg nahe Merkwitz werden immerhin
20 m Höhenunterschied zur Parthe gemessen. Nach dem Überqueren des Hasengrabens steigt der Weg links aus den Wiesen
hinauf nach Seegeritz, einem Ortsteil von Taucha. Die kleine,
turmlose Kirche auf dem steil abfallenden Sandberg spielte
während der Völkerschlacht bei Leipzig 1813 aufgrund ihrer
exponierten Lage eine strategisch wichtige Rolle. In ihr über-
nachtete vom 17. zum 18. Oktober, kurz vor seinem Tode, der
Petersburger Feldmarschall Graf von Manteuffel. An der Gaststätte „Idyll" und dem Seegeritzer Dorfteich vorbei und dann
rechts abbiegend verläuft ein Fußweg durch die Hölle, einen
Restauenwald, nach Taucha. Im Waldstück selbst haben die
„Mandan-Indianer" in einer ehemaligen Kiesgrube ihr Domizil
aufgeschlagen, und wer Glück hat, trifft sie auch einmal am
Lagerfeuer tanzend an. Die Feldflur vom Waldrand bis zu den
ersten Häusern birgt kaum noch sichtbare Zeugen einer un-
seligen Vergangenheit: Hier im denkmalgeschützten Gelände
standen die Wohnbaracken der Fremdarbeiter, die während
des Zweiten Weltkrieges in den in unmittelbarer Nähe liegen-

den Mitteldeutschen Motorenwerken zur Zwangsarbeit verurteilt waren und zum Teil in den Tod getrieben wurden. Wenn der Weg auf die Fahrstraße trifft, biegt man linker Hand in den kleinen Ort Graßdorf ab. Über der Parthe liegt der Reiterhof Graßdorf, eine ehemalige Wasserburg (um 1200), später Ritter- und Stadtgut von Leipzig. Beim Übergang über die Parthe kann man im Giebel der ehemaligen Gutsschäferei noch das Leipziger Wappen erkennen. Hier beginnt bereits Cradefeld, ein weiteres, wie Graßdorf 1350 erstmals beurkundetes, 1575 vom Leipziger Rat gekauftes und 1934/37 nach Taucha eingemeindetes Parthendorf. Der Weg aus Cradefeld nach Taucha verläuft zunächst links, hinter der Bahnunterführung dann rechts der Parthe durch die Wiesen- und Gartenlandschaften und immer schon mit Blick auf die Türme von Taucha. Nachdem die Eilenburger Landstraße (B 87) unterquert ist, geht es in die historische Altstadt hinauf. Die einst erzbischöflich-magdeburgische Stadt (bereits 974 als deutscher Burgward in der Chronik des Merseburger Bischofs Thietmar erwähnt, 1170 mit Stadt-, Markt- und Stapelrecht belegt) ist mit ihren Sehenswürdigkeiten eine eigene Wanderung wert, ab 1994 wieder mit Abstecher ins neueröffnete Heimatmuseum im alten Malzhaus. Der müde Wanderer aber geht den markierten Weg an der Kirche, am Rathaus und am Schloßberg vorbei und gelangt westwärts über die Brücken des Mühlgrabens und der Parthe zur Straßenbahnlinie 3. Seit 1927 ist Taucha ans Leipziger Straßenbahnnetz angeschlossen.

Der Parthenwanderweg nach Panitzsch beginnt in Taucha (Straßenbahnendhaltestelle der Linie 3) am Eingang des Parkes der Parkgaststätte. Eine Orientierungstafel gibt den Überblick über die Wegstrecke. Der Weg führt durch den landschaftlich reizvollen Park, vorbei am großen Schöppenteich. Nach dem Überqueren der Parthe am Südende geht der Weg auf dem Damm weiter. Auf den Wiesen rechts entstand ein neuer Sport- und

Städtisches Museum Taucha

Städtisches Museum
Eilenburger Straße 8
Di. 10–12 Uhr
Sa. und So. 13–17 Uhr
(034298)-6 82 07

Ratskeller Taucha
Schloßstraße 13
(034298)-6 86 22

Parthenbad Taucha

Sängerkanzel unterhalb des Aussichtsturmes im Stadtpark Taucha

Aussichtsturm auf dem Weinberg

Freizeitpark, hinter den Bäumen am linken Parthenufer befindet sich das Tauchaer Freibad. Das Flüßchen wird überquert, und man gelangt auf dem Weg Am Weinberg zum Stadtpark Taucha, in den sich ein Pflegeheim gut einfügt. Der Stadtpark mit seinem Aussichtsturm auf dem 140 m hohen Weinberg bietet eine Fülle schöner Wege und Ansichten. Unterhalb des Weinberges verläuft der Weg an einer Gartenanlage vorbei durch offene Wiesenlandschaft bis zur Wurzner Straße. Mit Plösitz erreicht man eines der sieben in den Jahren 1934–37 nach Taucha eingemeindeten Parthendörfer (Seegeritz, Cradefeld, Graßdorf, Döbitz, Dewitz, Sehlis), ein kleines, ursprüngliches Bauerndorf (1378 beurkundet), das auf der Bergstraße durchschritten wird. Der am Ortsausgang links durch die Felder abwärts zu den Parthenwiesen führende Weg ist nur gut ausgerüsteten Wanderern zu empfehlen, aber er ist besonders reizvoll. Eigentlich geht man nur durch Wiesen, kann über der Aue die sanften Höhenzüge der Endmoränenhügel erkennen und hat bald ein weiteres Ziel der Wanderung, den markanten Panitzscher Kirchberg (144 m), vor Augen. Eine Brücke nach Sehlis ist im weiteren Ausbau des Wegenetzes geplant, ebenso der Ausbau des Weges aus der Wiesenaue hinauf zur Kirche. Zur Zeit muß man noch ein Stück übers Feld dicht am Parthenufer gehen, kommt auf einen rechts abbiegenden Feldweg und muß noch einmal vor Panitzsch um eine alte Stallanlage herum übers Feld. Dann aber ist die geschichtsträchtigste Stelle des Ortes, der Kirchberg, erreicht. Für Radfahrer empfiehlt sich, ab der Parthenbrücke Taucha, Wurzner Straße, nordwärts Am Weinberg nach Dewitz (gelber Querstrich) zu fahren, um dort nach Durchfahren des alten Dorfes (An den Höfen) die Sehliser Straße zu erreichen. Nach dem „Windhosen-Dorf" (ein gewaltiger Wirbelsturm verwüstete 1912 das halbe Dorf!) eröffnet sich in östlicher Richtung ein klassischer Blick in die sanftwellige Hügellandschaft der Tauchaer Endmoräne. Am Abzweig Cunnersdorf vorbei führt die kleine Landstraße direkt nach Panitzsch. Das Dorf wurde in einer stifts-merseburgischen Besitzteilungsurkunde für die Brüder von Friedeburg 1267 erstmals erwähnt. Bei jüngsten Grabungen im Inneren der romanischen Kirche aus der Zeit um 1200/20 (barocker Umbau 1705) konnte das Holzschwellenfundament einer Vorgängerkirche von 1150/70 freigelegt werden. Darunter wiederum fanden sich Bodenverfärbungen, die auf den Holzpfostenbau einer kleinen Missionskirche um 1080 hinwiesen, den derzeit ältesten bekannten Kirchenbau in unserem Raum. Von der Wehranlage dieser Zeit zeugen noch eindrucksvoll der massive romanische Westturm und die der Böschungskante aufsitzende, die Bergkuppe kreisförmig umlaufende Lehmmauer des Friedhofs mit seinem Doppeltor. 1534 ist Panitzsch von den Herren von Brandis gekauft und deren Cunnersdorfer Rittergut angegliedert worden. 1607 gelangte der stark verschuldete Besitz an den Leipziger Rat. Johann Jakob Vogel, der Panitzscher Pfarrer von 1697 bis 1729 und einer der ersten sächsischen Geschichtsschreiber, hat der Messestadt die „Annales Lipsiae" geschenkt. Sehenswert sind die Reste des alten Freihofes „Blauer Engel". Panitzsch ist ein Pferdedorf. Der aktive Reitsportverein führt alljährlich Reitsportveranstaltungen auf dem Sehliser Reitplatz durch.

Parthenbrücke im Stadtpark von Taucha

Sportlerheim Borsdorf
Sommerfelder Straße
(034291)-8 68 51

Apfelernte in Sehlis

199

Reitstunde an der Parthe
bei Panitzsch

Gasthof „Zur alten Back-
stube", Zweenfurth,
Di.–Sa. ab 16 Uhr,
So. 10–13 und ab 16 Uhr

Schwanenteich
bei Borsdorf

Nach Überqueren der Parthenbrücke verläuft der Weg am Ostrand der reizvollen Wiesenaue und führt unter der neuen B 6
in das Borsdorfer Neubaugebiet. Dies wird durch eine Gartenanlage verlassen und die alte Bundesstraße 6 überschritten. Vor
dem Viadukt über die Eisenbahn befindet sich auf der rechten
Seite das Heimatmuseum im Alten Hirtenhaus. An der schönen
dreibogigen Parthenbrücke aus der Mitte des 18. Jahrhunderts
liegt die älteste Besiedlungsstelle von Borsdorf, das im Zusammenhang mit der schon genannten Panitzscher Beurkundung
1270 erstmals erwähnt wurde. Der Weiler bestand nur aus wenigen Gehöften in Sackgassenanordnung, einer Schmiede, einem Geleithaus für die Brückenzolleinnahme und einem Gasthof. Nach den Eisenbahnanschlüssen an die Wurzener (1838)
und Grimmaer Strecke (1866) ist Borsdorf bald zum städtischen
Landhausvorort mit 4 000 Einwohnern angewachsen. In dem
neben der Parthenbrücke stehenden Gebäude wohnten während der Zeit des Bismarckschen Sozialistengesetzes die aus
Leipzig ausgewiesenen August Bebel und Wilhelm Liebknecht.
Reizvoll ist auch die Wanderung bis Zweenfurth. Nach Überque-

ren des Eisenbahnviadukts, südlich gehend, gelangt man in den Schwanenteichpark, einen schönen Landschaftspark am alten Parthenarm mit wechselnder Wasser-, Wiesen- und Waldkulisse. Auf dem Rad-/Fußweg Am Park geht es bis Zweenfurth durch ausgedehnte Wiesen, die von Gräben durchzogen werden. Zweenfurth, das Dorf an „Zwei Furten" durch die Parthe, wurde 1270 erstmals erwähnt und weist eine Reihe schöner Bauerngehöfte auf.

Nach dem Gasthof trifft der Wanderer am Südwestrand des ehemaligen Straßendorfes wieder auf die Parthe. Rechts liegen die 1992 restaurierte Kirche und der Zulauf der Threne. Flußaufwärts folgt nun über eine stärker befahrene Chaussee Wolfshain. Wenn nicht der Feldweg zwischen dieser Straße und der Parthe gefunden wird, ist der direkte Weg nach Beucha über die Beuchaer Straße geradewegs auf die Landmarken Bergkirche und Wasserturm zu, empfehlenswert. In Beucha gibt erst der Anger den Blick auf den Kirchberg frei. Dessen

Kirche von Zweenfurth
„Strandgaststätte" am Autobahnsee Beucha täglich ab 11 Uhr

Bergkirche Beucha

Ammelshainer Steinbruch

Campingplatz
Albrechtshainer See

Am Moritzsee Naunhof

Anstieg ist von Rotdornbäumen gesäumt. Zwei der den Tordurchgang zum Wasserturm säumenden Linden wurden 1648 anläßlich des Endes des Dreißigjährigen Krieges gepflanzt. Der Blick von der Kirche über die umlaufende Mauer fällt tief die schroffen Wände des Kirchbruchs hinab ins Wasser. Hufeisenförmig umschließt das glasklare Wasser des gefluteten Steinbruchs die Felsenkanzel mit dem Gotteshaus. Die Bergkirche zählt neben der Panitzscher und der Theklaer Kirche zu den drei „Hohepriestern" des Leipziger Landes. Von oben bietet sich ein herrlicher Rundblick. Über August-Bebel-Straße, vorbei am Bahnhof und über die Kleinsteinberger Straße führt der Weg zum Autobahnsee Beucha-Albrechtshain. Zur Kiesgewinnung für den Autobahnbau ab 1936 entstanden, ist der 18 Hektar große See seit Jahrzehnten schon das Ziel vieler Bade- und Campingfreunde. Ein Abstecher zur schattigen Seeterrasse der Strandgaststätte ist ebenso empfehlenswert wie zum nahegelegenen „Spittelbruch". Dieser Quarzporphyrsteinbruch hat neben seinen Reizen für Bader sogar eiszeitliche Gletscherschliffspuren in seinem fast schwarzen Gestein zu bieten.

Der Weg führt weiter über die Naunhofer Straße zwischen den Autobahnsee und Kleingärten und schließlich die Autobahn unterquerend hinunter nach Albrechtshain und zur Parthe. Die Tour führt jedoch etwa 300 Meter nach der Autobahn nach links in den Dreiflügelweg und damit in das dichte Grün des Eichaer Waldes bzw. zu den 65 und 46 Hektar großen Naunhofer Seen. Hier liegt die Nachkriegswiege der Freikörperkultur des Leipziger Landes. Am größeren Naunhofer See wird noch Kies gefördert. Nach einem früheren Flurnamen heißt er Grillensee. Der auf der Ammelshainer Seite gelegene Moritzsee wird, vielleicht nach dem anliegenden Spannbetonwerk, auch „der Spanner" genannt. Der Dreiflügelweg führt im großen Bogen bis nach Naunhof. Direkt am Grillensee führt aber auch ein Weg in die Stadt zur Ammelshainer Straße. Ihr folgend erreicht man im Herzen der Stadt wieder die Parthe. Inmitten eines Forstes zwischen Leipzig und Grimma liegend, ist hier schon 1285 ein castrum mit Markt bezeugt. Sehenswert ist u. a. die alte Schloßmühle. Von hier fuhren einst die Ausflugskähne nach Lindhardt durch eine spreewaldähnliche Landschaft. Die Tour sollte nördlich des Städtchens in der denkmalgerecht sanierten Parthenmühle Erdmannshain ausklingen.

Das Turmuhrenmuseum Naunhof zeigt Werke von Turm- und Großuhren, Läuteeinrichtungen usw.

Turmuhrenmuseum Naunhof e. V.
Mi.–So. 14–18 Uhr
Ungibauerstraße 1
(034293)-3 25 13

Restaurant und Pension „Mühle Erdmannshain"
Eichaer Straße 40
(034293)-3 52 65

ABSTECHER **1**
Lübschützer Teiche

Streckenlänge 10 km

oben: Parthe an der
Wurzener Straße
unten: Tempel der Hygieia
(Göttin der Gesundheit) im
Schloßpark Machern

Der Höhenweg (gelber Querstrich) zweigt vom Parthenwanderweg an der Parthenbrücke Wurzener Straße in Taucha ab. Auf dem Weg Am Winneberg mit dem Kulturdenkmal Gewinneberg – einer slawenzeitlichen Wallanlage – gelangt man nach Döbitz. Der Tauchaer Ortsteil ist ein typisches Rittergutdorf mit barockem Herrenhaus und kleinen verwinkelt angesiedelten Bedienstetenhäuschen. Gleich daneben An den Höfen das ebenfalls zu Taucha gehörige, 1212 als Herrensitz beurkundete Bauerndorf Dewitz mit großen, in der Parthenaue liegenden Dreiseithöfen und einer spätromanischen, von einer Findlingsmauer umgebenen Dorfkirche. Nach Überqueren der Sehliser Straße gelangen wir auf den eigentlichen Höhenweg, die Püchauer Straße, die, allmählich ansteigend, in das 150 000 Jahre alte Endmoränengebiet der Saaleeiszeit hineinführt. Von markanten Hügeln, wie dem Schwarzen Berg (177 m) oder dem Fuchsberg, kann man das Leipziger Land betrachten wie auf einer Landkarte: im Süden der Tresenwald, die Wasserscheide zwischen Mulde und Parthe, weiter westlich die Beuchaer und Panitzscher Bergkirchen, das Völkerschlachtdenkmal und alle Türme der Stadt Leipzig, im Norden wieder Endmoränenhügel. In der Höhe von Pehritzsch, nachdem wir eine Privatstraße kreuzten, zieht der Weg immer geradeaus durch Felder, bis sich plötzlich der Blick auf die Muldenaue öffnet: von Wurzen im Süden mit den Türmen des Domes und der Keksfabrik über Schloß und Kirche von Püchau bis hin zum Eilenburger Burgberg im Norden. Dicht beim Tresenwald gelangt der Wanderer auf eine Obstallee, die aus dem Wald nach Plagwitz führt. Südlich dieses Ortes sind nach einigen Fußminuten die ersten Teiche von Lübschütz zu sehen, aber auch die östlich angrenzende Auenlandschaft der Mulde. Südlich der Teiche führen mehrere Wald-Feld-Wege direkt nach Machern und zum dortigen Schloß mit seinem vor Ende des 18. Jahrhunderts angelegten Park.

Von Plaußig her ist am Seegeritzer Teich (oder von der Graßdorfer Parthenbrücke) ein Abstecher in den Staditzwald zu empfehlen (Wegmarkierung mit grünem Punkt, Wegenetztafel an der Staumauer des Staditzteiches). Als Leipziger Stadtwald – am nördlichen Waldrand findet man noch Grenzsteine von 1728 – wurde er auf eine Größe von etwa 90 ha mit Mischwald erweitert. Kernbereich ist ein Auenwald mit teilweisem Erlenbruchgehölz am Staditzgraben, auch Pönitzer Bach genannt. Die Wald-Feld-Flur ist reich an Niederwild, Greif- und Singvögeln. Im Frühjahr bedeckt ein Blütenflor von Goldstern, Lerchensporn, Scharbockskraut, Himmelschlüsseln, Lungenkraut, Weißen und Gelben Buschwindröschen den Waldboden. Im Herbst kann man sich an der Farbenpracht von Rotbuchen, Eichen, Eschen und Ahornen erfreuen. Steigt man aus der Bachaue zum Feldrand auf, wechselt der Baumbestand, Lärchen und Kiefern treten auf. Vom zurückführenden Feldweg aus lassen sich die Flugkünste der Greifvögel beobachten: Bussard, Habicht, Milan und Turmfalke. Vom Staditzteich führt rechter Hand ein Weg zum Steinertsberg (129 m). Der Endmoränenhügel ist ein Flächennaturdenkmal mit geschütztem Trockenrasen. Man blickt auf die Moränenlandschaft und die alten Steinbrüche von Pyroxenquarzporphyr nordöstlich von Taucha.

ABSTECHER **2**
Staditzwald
und Steinertsberg

Streckenlänge ca. 2 km

Stockente

ÖSTLICHE RIETZSCHKE

WOLFGANG BRATUS

Östliche Rietzschke
bei Sellerhausen

Die durchschnittliche Wassertiefe beträgt 10–20 cm, im Sommer oft unter 5 cm, bei einer Fließgeschwindigkeit von 0,3 m/Sek. Die Breite an der Böschungsoberkante erreicht 3,0–5,0 m, die Gewässersohle 1,2–1,6 m, wobei die tiefsten Bacheinschnitte ca. 1 m betragen. Rund 8,0 km des Bachlaufes sind in offener Wasserführung sichtbar.

Als „Flüßchen" bezeichneten sie die alten Slawen, was in ihrer Sprache und nach darauffolgender Eindeutschung „Rietzschke" heißt. Da es zwei dieser Flüßchen in der Gegend gibt, mußten spätere Zeitgenossen zur besseren Unterscheidung die eine „Nördliche" und die andere „Östliche" nennen. Erstere entspringt bei Lindenthal als Lindenthaler Wasser und mündete ursprünglich in die Weiße Elster, letztere, um die es hier gehen soll, beginnt in Zuckelhausen und mündete ursprünglich in die Parthe. Doch diese ursprünglichen Zeiten, als selbst solch kleine Fließgewässer Siedler lockten und über mehrere hundert Jahre redlich versorgten, sind längst vorbei. Was dem modernen Menschen bei den Flüssen nicht oder nur in Ansätzen gelang, praktizierte er bei Flüßchen um so nachhaltiger. Die Östliche Rietzschke entwässerte über Jahrhunderte die Feldfluren des Leipziger Ostens. Gleich hinter Zuckelhausen wurde sie im Mittelalter über Dämme zu mehreren Teichen gestaut, was am dortigen Sportplatz noch zu erkennen ist. Auf ihrer kurzen Wegstrecke durchfließt sie Mölkau und den 1898 eröffneten Volkshain Stünz. Mit der Bebauung der Flächen zwischen Wurzner und Brandenburger Straße wurde in den 1890er Jahren der Bachlauf zur Ableitung kommunaler und industrieller Abwässer kanalisiert bzw. überwölbt, die Vorflut zur Parthe abgebrochen und als östlicher Hauptsammler zur Kläranlage Rosental geführt. Zur Kloake degradiert, mußte das Flüßchen, zumindest im Stadtgebiet, in Vergessenheit geraten. Ab Anfang der 1990er Jahre bemühen sich Leipzig und seine inzwischen eingemeindeten östlichen Nachbarn um eine Wiederbelebung des Bächleins sowohl als Gewässer als auch als „Grüner Pfad" durch den Leipziger Osten. Mit dem Bau des Hauptsammlers „Ost" trat ab 1993 im nicht überwölbten Teil der Östlichen Rietzschke eine Verbesserung der Wasserqualität ein. Anfang 1994 wurde der zerstörte Durchlaß im Dammkörper der Reichsbahnstrecke Leipzig–Geithain saniert und ein Überweg für Radfahrer und Fußgänger angelegt. In Sellerhausen mündet das Gewässer jetzt in Höhe des Hochwasserschutzbeckens in den Hauptsammler „Ost". Ab hier mischt sich das Wasser der Östlichen Rietzschke mit dem Abwasser des Hauptsammlers „Ost" und gelangt zur Kläranlage Rosental. Nach Ausbindung der Abwassereinleitungen in Zuckelhausen wurde in der Östlichen Rietzschke eine Wasserqualität erreicht, die es zuließ, den Stünzer Teich im Nebenschluß anzubinden.

Hochwasser der Östlichen Rietzschke, 1940

Aue der Östlichen Rietzschke bei Sellerhausen, um 1900

TOUR 15

HINWEISE FÜR WANDERER UND RADLER

TOUR-EMPFEHLUNG auf nahe der Rietzschke gelegenen Wegen zwischen Zuckelhausen und Sellerhausen flußabwärts; die Strecke ist nicht durchgehend mit dem Rad befahrbar und nicht ausgeschildert, auf kleineren Abschnitten muß man das Rad schieben

LÄNGE DER TOUR 12,7 km

SCHWIERIGKEITSGRAD für Wanderer mit Orientierungssinn und Radler, die gelegentlich auch schieben können; die Strecke führt sowohl über Wander- und Feldwege als auch über Dorf- und Ortsverbindungsstraßen; nach längeren Nässeperioden sind unbefestigte Wegabschnitte teilweise aufgeweicht

TOUR-ÜBERBLICK

0,0	Meusdorf/Wendeschleife der Straßenbahnlinien 2, 15 über Monarchenhügel, Marcher Straße, Feldstraße
1,4	Gasthof zur Linde, weiter Zuckelhausener Ring und Russenstraße
2,3	Abzweig Rietzschkeweg nach rechts Rietzschke
3,6	Querung Stötteritzer Landstraße, weiter Richard-Springer-Weg
4,0	nach links auf die Kärrnerstraße
4,2	Steg über die Rietzschke, danach nach rechts abbiegen, über Parkplatz auf den Fuß-/Radweg entlang der Östlichen Rietzschke
4,5	Ortsstraße Deutsches Heim, auf dieser bis zum Willmar-Schwabe-Ring, weiter rechts durch das Neubaugebiet zu den Rietzschkewiesen
5,5	rechts auf die Albrechtshainer Straße
6,0	Mölkau, Rietzschke-Brücke, hinter dem Dorfteich nach links in die Kelbestraße zum Wäldchen bzw. zum Stadtgut abbiegen
9,6	Mölkau/Engelsdorfer Straße, weiter über Paunsdorfer Straße zum Abzweig Stünzer Weg
10,7	Querung der Rietzschke in den Anemonenweg
11,2	Volkshain Stünz, am Teich entlang zur Bahnunterführung, danach die Rietzschke nicht queren, rechts entlang dem Hochwasserschutzbecken Sellerhausen
12,1	Zweenfurther Straße nach links
12,7	Wurzner Straße, Straßenbahnanschluß

STÜNZ

Östliche Rietzschke

Paunsdorfer Straße

Volkshain Stünz

Engelsdorfer Straße

Engelsdorfer Straße

MÖLKAU

Ökologisches Gut

Zweinaundorfer Straße

M

Albrechtshainer Straße

STÖTTERITZ

Östliche Rietzschke

MÖLKAU SÜD

Karl-Friedrich-Straße

Holzhäuser Straße

Kärrnerweg

HOLZHAUSEN

Stötteritzer Landstraße

Mölkauer Straße

Herzklinikum

Russenstraße

Soteria-Klinik

PROBSTHEIDA

ZUCKELHAUSEN

0   200   400   600 m

Dorfteich in Zuckelhausen

TOUR 15

Stadtgut
Leipzig-Mölkau GmbH
Am Wäldchen 3
(0160)-8 83 70 28
(0341)-44 23 32 22

Stadtgut Leipzig-Mölkau

Nach Verlassen der Straßenbahn wird die Gleisschleife auf dem Mittelweg in nordöstliche Richtung bis zur Straße „Monarchen-hügel" gequert, dort geht man nach rechts bis zur Marcher Straße, die Marcher Straße entlang bis zur Feldstraße, diese überqueren und auf dem Fußweg weiter in nordöstliche Richtung bis zur Liebertwolkwitzer Straße, nach links bis „Zuckelhäuser Ring" und zum Dorfteich.

Die Siedlung Zuckelhausen gehörte seit dem späten 14. Jahrhundert dem Leipziger Thomaskloster und nach der Reformation zu den fünf neuen Universitätsdörfern. Der Zuckelhausener Ring gibt noch das alte Rundplatzdorf (urkundlich 1335) wieder. Die Östliche Rietzschke „entspringt" nördlich der Erich-Zeigner-Siedlung. Der Dorfteich Zuckelhausen hat einen Überlauf zur Östlichen Rietzschke.

Zurück bis zum Gasthof „Zur Linde", dort nach rechts in die Russenstraße. Auf der Russenstraße bis zum Rietzschkeweg, nach rechts durch das Neubaugebiet bis zur Rietzschke (ab hier kann als zusätzliche Orientierungshilfe die weiß-rot-weiß-Markierung genutzt werden) und weiter in nördlicher Richtung bis zur Kleingartenanlage „Friedenseck". Auf der Zufahrts-straße wendet man sich nach rechts und geht nach Querung der Rietzschke und der Stötteritzer Landstraße in den Richard-Springer-Weg, an der Kreuzung Kärrnerstraße nach links, über die Rietzschke und den rechts abgehenden Weg in die Kleingartenanlage. Vorbei an Siedlungshäusern geht es nun in nordöstlicher Richtung bis zur Straße „Deutsches Heim" (letzte befestigte Straße), dann nach rechts durch das Neubaugebiet und auf einem Fuß-/Radweg in nordöstlicher Richtung bis zur Straße „Rietzschkewiesen". Hier wendet man sich nach links auf die Albrechtshainer Straße. Auf dieser Straße geht man nach rechts bis zur Rietzschke und zum Dorfteich. Auf dem östlichen Uferweg und der Gottschalkstraße geht es dann weiter in nördlicher Richtung.

Zweinaundorf entstand aus einer Doppelsiedlung, aus den 1335 erstmals erwähnten Dörfern „Gotschalges-Nuwendorf", einem slawischen Rundling (Oberdorf) und dem „Kellners-" oder „Schumanz-Numendorf", einem deutschen Sackgassendorf (Unterdorf). Die Hirschgruppe von 1872 zwischen Dorfteich und Gasthof Zweinaundorf erinnert an das Rittergut. 1780 hatte der dazugehörige Gutspark eine Größe von 21 Hektar, davon etwa 7,5 Hektar Waldfläche. Während der Völkerschlacht stark verwüstet, begann 1817 der Neubau eines barock anmutenden Gutsschlößchens. Am Standort des alten Herrenhauses wurde ein Gasthof erbaut. Zusammen mit dem Park entwickelte sich ein beliebtes Ausflugsziel. Ab 1854 ersetzte man die alten Stallungen durch massive Gebäude und gestaltete die Parkanlage um. 1869 erfolgte der Bau des neuen Herrenhauses. Nach 1945 wurde das Gut enteignet. Am 21. April 1993 erhielt die Stadt Leipzig das Gut durch die Treuhand zugeordnet. 1994 begannen die Sanierungsarbeiten an den denkmalsgeschützten Gebäuden und der Parkanlage (Landschaftsschutzgebiet), 1997 wurde die Gaststätte im Herrenhaus eröffnet. Das Stadtgut Leipzig-Mölkau, mit zahlreichen Freizeitangeboten, Gutsladen und Tiergehegen, wird heute durch eine GmbH bewirtschaftet. Im Park zählen heute, neben 150jährigen Stieleichen, wieder über 50 verschiedene Baum- und Straucharten zum vielfältigen Bestand. Nach Übervielfältigen querung der Zweinaundorfer Stra-

Gutsschlößchen und Hirschgruppe vor dem Gasthof Zweinaundorf

Hentschel
Prager Straße 236
(0341)-8 78 97 60

Nisser, Mölkau
Albrechtshainer Straße 50
(0341)-6 51 68 73

Kamera- und Fotomuseum
Leipzig, Gottschalkstraße 9
(0341) 6 51 57 11

Zweinaundorfer Kirche

Lanz-Bulldog-Ausstellung
Stünz
Rudolf-Renner-Straße 38

Volkshain Stünz

ße geht man weiter auf der Kelbestraße, an deren Ende rechts über den Parkplatz in die Anlagen des ökologischen Gutes. Nach links entlang der Rietzschke, nach der Brücke nach rechts, an der Wegkreuzung nach links (weiß-rot-weiß-Markierung verlassen!) bis zum Koppelzaun und entlang des Koppelzaunes in nördliche Richtung, am Ende des Zaunes links, vorbei an einem Regenrückhaltebecken, durch einen Garagenhof bis zur Engelsdorfer Straße/Ecke Schulstraße. Auf der Engelsdorfer Straße nach rechts bis zum Mölkauer Dorfplatz. Reste eines frühdeutschen Runddorfes mit Herrenhof (Gut 5), seit 1324 Vorwerk des Thomasklosters, entwickelten sich zum Sackgassendorf mit 10 Gütern und war von 1543–1839 Ratsdorf.

Zurück auf die Engelsdorfer Straße, nach rechts bis zur Paunsdorfer Straße, dort nach rechts bis zur Rietzschke, die Straße überqueren und entlang der Rietzschke auf dem Stünzer Weg bis zur Kurve, über die Brücke in den Anemonenweg und rechts entlang der Rietzschke in den Stünzer Park. Der Weg führt nach rechts in nördliche Richtung bis zu einer großen Wiese, hier nach links zum Stünzer Teich, auf dem nördlichen Uferweg wieder zur Rietzschke, dann auf dem Weg in westliche Richtung durch die Bahnunterführung. Danach geht man in nordwestliche Richtung, vorbei am Hochwasserschutzbecken Sellerhausen bis zur

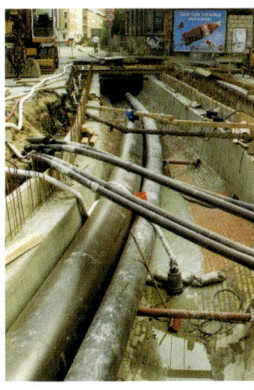

Wegeinmündung, hier nach links bis zur Brücke. Südlich der Brücke ab Auslauf des Rückhaltebeckens verschwindet die Rietzschke im Hauptsammler „Ost". Auf dem Damm des Hauptsammlers „Ost" geht es weiter in westliche Richtung bis zu einer Brücke. Von hier aus geht man nach rechts bis zum alten Dorfplatz. Der Platz wird nach links gequert und auf dem Fuß- und Radweg Richtung Eisenbahnviadukt gegangen. Hier wird der alte Rietzschkelauf nochmals sichtbar. Entlang dem Viadukt geht man bis zur Wurzner Straße, dem Endziel der Wanderung. Der weitere alte Lauf der Rietzschke, der heute in den bebauten Gebieten durchgängig kanalisiert ist, wird kaum noch bemerkt. Die alte Talaue ist aber zwischen der Hermann-Liebmann-Straße und der Lilienstraße (An der Rietzschke) und an der Senke im Elsapark noch erkennbar. Das „Rabet" bildete die rechte Talseite, hier lagen die „Kohlgärten" – große fruchtbare Gemüseanbauflächen, welche mit dem Bachwasser bewässert wurden. Die Östliche Rietzschke bzw. ihre Wölbleitung quert die Gleise östlich des Hauptbahnhofes und mündet am Gothischen Bad in die Parthe.

Bahnunterführung am Volkshain Stünz

Gasthof Zweinaundorf
Zweinaundorfer Straße 210
täglich ab 11.30 Uhr
(0341)-6 51 33 23

Rietzschkeverrohrung in der Brandiser Straße, 1999

215

NEUSEENLAND SÜDLICH VON LEIPZIG

NEUSEENLAND
SÜDLICH VON LEIPZIG

ANDREAS HÖHN/THOMAS NABERT

Die letzte Baggerschaufel

Die Suche nach größeren Wasserflächen zwischen Leipzig und dem Altenburger Hügelland auf einer historischen Karte ist ein nahezu ergebnisloses Unterfangen. Alles Wasser, was sich finden läßt, fließt – und zwar zielstrebig und mitunter sogar sehr reichhaltig – auf den Leipziger Wasserknoten zu. Nur kleinere Mengen verharren hier und da in einem mühevoll angelegten Teich. Der Blick auf einen aktuellen Plan des Gebietes vermittelt ein gänzlich anderes Bild. Neben den vom Namen und z. T. auch vom Verlauf her bekannten Flüssen schmücken Seen mit einer Gesamtfläche von fast 30 Quadratkilometern das Kartenblatt. Die kleineren unter ihnen, wie die Seen bei Meuselwitz, Pahna, die „Adria" bei Borna oder der Kulkwitzer See, sind schon seit einiger Zeit bekannt und beliebt. Andere, wie der Cospudener See, der Markkleeberger See, der Mondsee bei Hohenmölsen, der Harthsee bei Borna, der Haselbacher See oder der Großstolpener See, sind zur Zeit in aller Munde und Gegenstand feuchtfröhlicher Entdeckungen. Wieder andere, wie der Kahnsdorfer See, der Hainer See oder der Bockwitzer See, sind noch in der Wachstumsphase und daher noch nicht sicher und zugänglich. Die bisher schon nicht ganz vollständige Aufzählung muß in etwa zehn Jahren mit dem Störmthaler See und dem Zwenkauer See, an deren Stelle z. Z. noch große ausgekohlte Löcher gähnen, ergänzt werden. Weitere fast 20

Herbst in der Neuen Harth

Quadratkilometer Wasserfläche kommen dann hinzu. Schließlich wird es um die Mitte unseres Jahrhunderts noch einen Luckaer, Werbener und einen Pereser See mit nochmals zusammen über 16 Quadratkilometern Wasserfläche geben. Der Vergleich der historischen mit der aktuellen Karte offenbart aber noch andere Veränderungen. Wälder verschwanden und entstanden neu. Schon in wenigen Jahren wird es im Südraum von Leipzig wieder mehr Wald geben als in den Jahrhunderten nach dem mittelalterlichen Landausbau. Über 60 Orte fehlen, die verbliebenen sind erheblich größer geworden. Es gibt sogar wieder Berge im bereits während der Eiszeiten glattgebü-

Rippenkippen in der ausgekohlten Bergbaufolgelandschaft

Erste Erkundungen der Leipziger am Cospudener See, 2000

Herbststimmung in der
Neuen Harth

Am See finden im Sommer
vielfältige kulturelle
Veranstaltungen statt.

gelten Leipziger Land! Ursache für die Veränderungen der
Landschaft im Süden von Leipzig ist der Braunkohlenabbau.
Was in anderen Regionen ganze erdgeschichtliche Epochen
gedauert hat, schafften die Kumpel in einem reichlichen halben Jahrhundert. Der Südraum Leipzig ist ein riesiges Land-
art-Projekt. Etwa 250 Quadratkilometer wurden bislang über-
baggert. Wer will, kann das Entstehen einer neuen Landschaft
im Zeitraffer miterleben, und tatsächlich durchstreifen viele
die Stationen der entstehenden Mitteldeutschen Straße der
Braunkohle. Noch vor wenigen Jahren kamen allenfalls „Kata-
strophentouristen". Es gab Politiker, die nicht einmal ihren Hund
in die Region schicken wollten. Der Braunkohlenabbau hat im
Südraum Leipzig eine lange Tradition. Doch seit den 40er Jahren des 20. Jahrhunderts wurde die Kohle „auf Teufel komm
raus" gefördert und verarbeitet. Mit steigender Produktion kam
der Teufel dann tatsächlich heraus und versteckte sich nicht
nur hinter einigen Details der sozialistischen Planwirtschaft.
Er machte sich in der Natur breit, verschlang das Land, verpe-
stete die Luft und vergiftete das Wasser. Nach 1990 wurden
fast alle Tagebaue und Veredlungswerke geschlossen. Tausende Arbeitsplätze gingen „über Nacht" verloren. Trotz der damit verbundenen Probleme ist die Hoffnung auf neues Glück

in der sich entwickelnden neuen Landschaft groß. Das Happy-End des Braunkohlezeitalters, die Freizeit- und Erholungsland-schaft, ist in Sicht und teilweise schon Realität. Für Touristen, Wanderer, Radler und Wassersportler bietet sich unmittelbar vor den Toren der Messestadt ein weites Feld für Erholung, Spaß und Entdeckung. Besonders Wasserwanderer erwarten mit Lust und Spannung den möglichen Seenverbund. Als mach-bar erscheint ein Gewässerverbund vom Restloch Störmthal zum Restloch Markkleeberg, von dort über die Kleine Pleiße zur Pleiße und von dieser im Leipziger Auwald über den Floß-graben nach Süden zurück zum Cospudener See und von dort zum Restloch Zwenkau. Schöne Aussichten! Doch diese bie-ten sich auch schon jetzt im entstehenden Neuseenland süd-lich von Leipzig. Eine dynamische, formen- und farbenreiche Landschaft, eine einzigartige, größtenteils sich selbst überlas-sene Natur und wiedererwachende, schon abgeschriebene Tagebaurandgemeinden mit den Zeugnissen einer tausend-jährigen reichen Kulturgeschichte und natürlich die neu entste-hende Wasserlandschaft erwarten den Besucher.

Slipanlage im
Hafen Zöbigker

Abendstimmung am
Cospudener See

Am Grubenrand – zwischen neuen Ufern und alter Kulturlandschaft

TOUR 16

HINWEISE FÜR WANDERER UND RADLER

TOUR-EMPFEHLUNG auf den einstigen Tagebaukanten und dem Pleißeradwanderweg um die Bergbaufolgelandschaft des Tagebaus Espenhain

LÄNGE DER TOUR ca. 37,0 km

SCHWIERIGKEITSGRAD für ausdauernde Radler und Wanderer (letztere sollten sich ab Böhlen die Weiterfahrt mit dem Zug gönnen), die Tour führt über Land- und Dorfstraßen, über Feld- und Wirtschaftswege und nur im letzten Abschnitt über einen separaten Radwanderweg

TOUR-ÜBERBLICK

0,0	Auenkirche Markkleeberg
3,0	Wachau, Kirchenruine
4,9	Tagebauaussichtspunkt am Ende der alten Straße 95 am Ort Auenhain
7,1	Tagebaukante in Höhe der Ortslage Störmthal
7,5	Tagebauaussichtspunkt Störmthal
9,4	Wegekreuz der Wirtschaftsstraße an der Tagebaukante, weiter geradeaus
9,9	Abzweig nach links
10,3	Gabelung, nach links auf dem Feldweg weiter
11,6	Brücke über das trockengefallene Flußbett der hier einst fließenden Gösel
11,8	Dreiskau-Muckern, Kirche, weiter Richtung Espenhain über die alte Straße 95
14,6	Göselbrücke vor Espenhain
15.6	Unterquerung der Bundesstraße B 95, weiter nach rechts auf dem Radweg nach Rötha
20,6	Rötha, Ortseingang
21,7	Rötha, ehemaliger Bahnhof, weiter die Verbindungsstraße nach Böhlen über die Wiesenbrücke auf den Fuß- und Radweg
27,3	nördlicher Ortseingang von Böhlen, weiter nach rechts in Richtung Großdeuben
30,0	Großdeuben, Pleißewehrbrücke, Pleißeradwanderweg
36,3	Markkleeberg, neue Brücke für Fußgänger und Radfahrer zur Mönchereistraße
37,0	Auenkirche Markkleeberg

Magdeborn 1961

DAS TAL DER VERLORENEN ORTE

Als gegen Ende des Zweiten Weltkrieges für Hitlerdeutschland der Zugang zu Rohstoff- und Energiequellen immer komplizierter wurde, besann man sich auf die mitteldeutschen Braunkohlevorkommen und kurbelte deren Erschließung und Nutzung durch eine sich rasant entwickelnde Kohlechemie eilends an. Die rohstoffarme DDR setzte – bis auf eine euphorische petrolchemische Phase, abrupt beendet durch sowjetische Devisenforderungen für Öllieferungen – notgedrungen weiter auf die Kohle. Alte Technik wurde gefahren, Erschließungen erweitert. In 55 Jahren wuchs der Tagebau Espenhain auf 3 973 ha Fläche an, aus der über zwei Milliarden Kubikmeter Abraum befördert wurde, um unter teilweise katastrophalen Bedingungen bis Ende Juni 1996 ca. 586 Millionen Tonnen Rohkohle zu fördern. Dabei wurden nacheinander die Orte Geschwitz, Rüben, Stöhna, Großdeuben-Ost, Zehmen, Kötzschwitz, Gestewitz, Crostewitz/Cröbern, Markkleeberg/Göselsiedlung, Vorwerk Auenhain, Magdeborn und Rödgen u. a. mit fast eintausendjähriger neuerer Kulturgeschichte abgebaggert.

Der Verein „Verlorene Orte" mit Domizil in der Wachauer Kirchruine hat sich die Erinnerung an dieses unwiederbringliche Kultur- und Sozialgefüge zur Aufgabe gemacht.

224

Magdeborn 1983

Die zweitgrößte Abraumförderbrücke Europas wurde im Mai 1997 gesprengt. Durch die Schüttung eines Dammes für die Autobahn A 38, die Leipziger Südumfahrung, wurde das Tagebaurestloch geteilt. In den geteilten Becken entstand der Markkleeberger See mit 250 Hektar Fläche bzw. wird der Störmthaler See entstehen. Die bei Göttingen als Südharzautobahn beginnende und über Nordhausen und Leuna die A 9 von Berlin nach München kreuzende Autobahn soll bei Kleinpösna in die A 14 von Halle nach Dresden münden. Das letzte Teilstück auf den 60–80 Meter hohen Dämmen stellt hinsichtlich deren Stabilität höchste Anforderungen an Straßen- und Brückenbauer. Schon die DDR versprach nach erfolgter Abbaggerung eine sächsische Seenplatte im Leipziger Süden. In den 80er Jahren fehlte es gar an billigsten Setzlingen zur Rekultivierung, die ohnehin weitgehend monokulturell betrieben wurde. Seit der Wende versuchen die betroffenen Kommunen mit dem verantwortlichen Sanierer, der Lausitzer und Mitteldeutschen Bergbau-Verwaltungsgesellschaft, ein beidseitig tragbares Konzept zu verwirklichen; zur Uferstabilisierung werden Schüttmassen speziell vor den Ortslagen verkippt, und Aufforstungen mit Mischwald unterstützen dieses ökologische Ziel.

Cröbern

Crostewitz

Dechwitz

Geschwitz

Gestewitz

Göhren

Göltzschen

Göselsiedlung Markkleeberg

Großdeuben-Ost

Gruna

Kötzschwitz

Magdeborn

Rödgen

Rüben

Sestewitz

Stöhna

Tanzberg

Vorwerk Auenhain

Zehmen

225

TOUR 16

Museum Torhaus
Markkleeberg,
Kirchstraße 40 A
Di.–Do. 9–15 Uhr
Fr. 9–14 Uhr
So. 14–17 Uhr
(0341)-3 38 57 76

Die Tour beginnt an der Auenkirche in Markkleeberg-Ost, dem ältesten erhaltenen Bauwerk der Stadt. In diesem Ortsteil, der der Stadt den Namen gab, wurden vor einem guten Jahrhundert die rund 280 000 Jahre alten Überreste menschlicher Tätigkeit gefunden, weshalb der Ort auch in Schulbüchern und in der einschlägigen Fachliteratur zu finden ist. Die Kirche bekam ihre Gestalt nach einem Brand 1612; unter Verwendung romanischer Restbauteile führte man sie gotisch in einer Zeit des Übergangs von der Renaissance zum Barock auf, was von einem weitverbreiteten Konservativismus in der ländlichen Sakralbaukunst zeugt. Das Areal um die Kirche, bis zur Wende stark verwahrlost, ist durch das Zusammengehen privater, kirchlicher und ehrenamtlicher Initiativen zum wohl schönsten Platz der Stadt geworden. Die aufwändig sanierte Auenkirche erstrahlt äußerlich in neuem Glanz, innen bereichern ein spätgotischer Schnitzaltar aus dem Jahr 1505 und eine restaurierte Orgel den Raum. Auch das Torhaus des alten Ritterguts mit gotischen Gewölben und zwei prächtigen Sitznischenportalen aus Rochlitzer

Porphyr wurde schrittweise in alter Pracht wieder hergerichtet. Im Torhaus befaßt sich ein kleines Heimatmuseum mit den Höhepunkten der Geschichte des Ortes, sprich den frühesten Steinzeitartefakten und den Ereignissen auf dem südlichen Abschnitt der Völkerschlacht von 1813, denn schließlich war das Rittergut an der strategisch wichtigen Pleißenbrücke heiß umkämpft und wechselte mehrmals die Besitzer. Im restaurierten Herrenhaus mit seiner spätbarocken Front zum englischen Park hin empfangen wieder Veranstaltungen und Ausstellungen. Die Kirchstraße entlang wird die stark befahrene Bornaische Straße mit der Endhaltestelle der Straßenbahnlinie 11 am Schillerplatz erreicht. Hier erinnert ein Findling an die steinzeitlichen Funde durch Franz Etzold im Jahr 1895. Unweit davon befindet sich direkt an der Bornaischen Straße der imposante Pleißenhof, der seit dem 16. Jahrhundert Schank- und Braurecht besaß. Seinen Besitzern fiel durch Kreditverschreibungen an Bauern das halbe Dorf zu. Die 1872 errichtete Malzdarrenscheune zum Trocknen der Gerstenkeimlinge erinnert an einstige Brauherrlichkeit. Die „Grüne Eiche" an der Endstelle verbindet übrigens fast unverfälschtes DDR-Ambiente mit rustikaler Kuche zu Friedenspreisen. Die abzweigende Krobitzschstraße führt zu einem immer noch bäuerlich anmutenden Stück Pleißenaue, das noch als Weide für Pferde und Rinder genutzt wird. Die meisten Leute heißen hier so wie die Straße. Ein Vorfahr baute Ausgang des 19. Jahrhunderts die verklinkerte Schule in der Rilkestraße in weiser Voraussicht auf Zuwachs, wofür ihm die dankbare Gemeinde ein Denkmal in Form des Straßennamens setzte. Die Bornaische Straße endete über Jahrzehnte abrupt an der Kante des Tagebaus Espenhain. Heute führt sie direkt zur neuen Seepromenade des bis 2006 gefluteten Markkleeberger Sees. Auf der Promenade sind ein Informationszentrum, eine archäologische Erlebnisausstellung, Gastronomie, Strandbad und Bootsanleger geplant. Besondere Spannung verspricht dabei die Ar-

Auenkirche Markkleeberg

„Grüne Eiche"
Bornaische Straße 70
Mi.– So. ab 16 Uhr
(0341)-3 38 01 07

Fahrrad-Bachmann
Bornaische Straße 61,
(0341)-3 38 05 46

Seepromenade in
Markkleeberg-Ost

Faustkeil der Altsteinzeit

Markkleeberger See vom
östlichen Uferbereich
aus gesehen

chäologieschau, da hier der Tagebau den seit 1895 bekannten altsteinzeitlichen Feuersteinwerkplatz des Homo erectus an der Urpleiße großflächig freilegte. Der Weg führt von der Promenade links auf den frisch asphaltierten Seerundweg zum entstehenden „Sport- und Freizeitzentrum Auenhain" mit der Kanu-Wildwasserstrecke, dem geplanten Hafen, Campingplatz und Surfstrand und dem kleinen Modellbaupark in der Ortslage Auenhain. Der Ort entstand als Kriegsveteranensiedlung nach dem Ersten Weltkrieg. Das durch den Tagebau abgebaggerte „Vorwerk Auenhain" ist Kunst- und Militärhistorikern vom Sujet des Straßbergerschen Gemäldes der Völkerschlacht her bekannt. Hinter dem Südufer des Sees erhebt sich die Landbrücke, die den Markkleeberger vom entstehenden Störmthaler See trennt und die Trasse der Autobahn A 38 trägt. Beide Seen werden mit einem schiffbaren Kanal und einer Schleuse zum Ausgleich der vier Meter Differenz der Wasserspiegelhöhen verbunden. Von

Auenhainer Allee

Auenhainer Strand

Ferienhof „Vorwerk Auenhain"

Weg baubedingt zeitweise gesperrt

Sport- und Freizeitflächen

Modellbaupark Gartenbahn

Surfstrand (gesperrt)

Segelstützpunkt

Bewegliche Brücke (fertig 8/2006)

KANUPARK

Brücke befahrbar

Güldengossa

Aussichtspunkt

Seenverbund mit Schleuse

STÖRMTHALER S::::

A 38 im Bau

Größe: 723 ha
Tiefe 56 m

Auenhain aus sollten Radler den kleinen Abstecher nach Wachau nicht scheuen, denn der Ort ist nicht nur Geburts- und Wirkungsstätte bedeutender Persönlichkeiten, sondern bietet noch die intakte Struktur eines Ortes mit Dorfplatz, Kirche, Herrensitz, Schenke und Schule. Glaubt man den Überlieferungen, so hat Anfang des 18. Jahrhunderts hauptsächlich Gutsherr Rabener für den Nachwuchs im Ort gesorgt; sein ehelicher Sproß Gottlieb Wilhelm begründete als Satiriker der Frühaufklärung quasi die moderne Leipziger Literatur. Ein Jahrhundert später macht Rittergutsherrensohn Johann Gottlieb Quandt als Kunstsammler und Brieffreund Goethes von sich reden. Um 1840 ist der aus Leipzig nach Crostewitz verbannte Robert Blum oft Gast der „Goldenen Krone" zu Wachau, die leider 1968 abgerissen wurde. Das neue Dorfgasthaus „Zur Linde" mit großem Saal ist aber durchaus zu empfehlen. Leider hat der Ort 1943 stark unter den Bombenangriffen gelitten, denen auch Herrenhaus und Kirche zum Opfer fielen; allerdings ist die Ruine des Gotteshauses trotzdem die Sehenswürdigkeit schlechthin. Wie von

Plan zu den Vorhaben im Übergangsbereich zwischen dem Markkleeberger und Störmthaler See

Rundfahrt im Modellbaupark Markkleeberg

Caspar David Friedrich gemalt steht das erste Werk des Neo-
gotikers Constantin Lipsius aus dem Jahr 1867 vor uns: eine
überdimensionierte Kleinkathedrale französischer Prägung, die
Vorbild für diverse Kirchenbauten Sachsens wurde. Im lauschigen Gutspark steht ein klassizistischer Sarkophag von 1809
für Friederike Quandt.

Vom Uferweg des Markkleeberger Sees führt die Tour weiter
über die Autobahn zum noch nicht ganz so komfortablen Ufer-
rundweg des Störmthaler Sees bei Güldengossa. Von der Brük-
ke über die Autobahn bietet sich ein faszinierender Blick auf
den nahen Bergbau-Technik-Park mit Absetzer 1115 und dem
Schaufelradbagger 1547, beides Giganten der Bergbauge-
schichte. Allein das Schaufelrad des Baggers hat einen Durchmesser von 9 Metern. In der anderen Richtung grüßt bereits
die anmutige Silhouette Güldengossas mit dem Zwiebeltürm-
chen von der Laterne des Gotteshauses, das um 1640 erbaut
und 1893 durch Theodor Quentin erneuert wurde. Zu den Sehenswürdigkeiten der Kirche zählte in Epitaph von 1737 für den
Leipziger Kaufmann Johann Ernst Kregel von Sternbach, der
1720 das Gut erwarb und als Patronatsherr der Kirche Turm,
Altar und zwei Glocken stiftete. Am äußeren Chor ist ein Ahorn-
blatt zu finden. In Kregels Leipziger Haus „Zur Großen Feuer-
kugel" logierte bekanntlich Studiosus Goethe, wenn auch erst
nach dem Ableben des Bauherrn. Das nahe gelegene Schloß
mit Mansarddach und zunehmend morbider Fassade wird von
einem schönen Park umgeben. Der Dorfgasthof strahlt noch
unverfälschte Atmosphäre aus, ebenso die schönen Drei- und
Vierseithöfe entlang der alten Dorfstraßen und Gassen. An der
Tagebaukante entlang führt der Weg weiter nach Störmthal,
an dessen langgestrecktem Straßenanger große Vierseithöfe
mit der Straße zugewandten Vorgärten vom einstigen Wohlstand künden. Berühmtester Sohn des Dorfes ist der Pfarrers-
sohn und spätere Zentrumspolitiker Friedrich Hugo Naumann

Bergbau-Technik-Park mit
Schaufelradbagger 1547

Ständige Ausstellung
„Verlorene Orte" in der
Wachauer Kirchenruine

links: Ruine der 1865–67
von Konstantin Lipsius
errichteten neugotischen
Kirche Wachau

„Zur Linde"
Wachau, Am Bach 31
(034297)-4 53 68

Kirche Güldengossa

231

Tagebauaussichtspunkt
Störmthal

Mai-RegioTour
Bus-Exkursionen durch
den Tagebau: „Vom Berg-
bau zur Seenplatte"
(0341)-8 60 59 01

Schloß Störmthal

(1860–1919), der mit werkbundnahen Ideen linken Wind in den FDP-Vorläufer brachte. Ortspfarrer durfte er nicht werden, weil er den Bauern zu dünn war, so zog er aus, Deutschland zu verändern. Ein kleines Museum im Stall der nicht mehr besetzten Pfarre erinnert an sein Leben und Wirken. Die im Kern spätgotische Saalkirche wurde nach 1720 umgebaut und erhielt eine Barockorgel von Zacharias Hildebrandt, die zum Rechtsstreit mit seinem Lehrmeister Silbermann führte. Ihr Klang zieht Musikfreunde aus aller Welt an, obwohl das Kirchspiel nicht einmal einen eigenen Kantor hat. Das Schloß, das zur Zeit leider nicht so gepflegt ist wie der davor liegende Fußballplatz, an dessen Stelle sich einst der Landschaftsgarten befand, schufen, unter Verwendung älterer Bausubstanz, die Familien Fullen und Eckstädt 1693 und 1786. Es ähnelt dem Güldengossas, wenngleich im Inneren noch das barocke vierläufige Treppenhaus erhalten ist. In den Störmthaler Gasthof fahren Genießer reichhaltiger rustikaler Küche und Technikfans, denn der Wirt stellt saisonweise im Saal Fahr- und Ackertechnik von anno dunnemals aus. Am Aussichtspunkt Störmthal bietet sich ein umfassender Blick auf den Störmthaler See, der von 2003 bis 2013 geflutet wird. Die hier abfallende 30 bis 40 m tiefe Steilböschung, auch „Rödgener Ufer" genannt, wurde behutsam saniert. Erhalten blieben so die abwechslungsreichen Biotopstrukturen, die u. a. Orchideen und Uferschwalben schätzen. Nach vollständiger Flutung des Sees wird eine 65 Hektar große „Göhrener Insel" als Fragment der einst ausgedehnten Rippenkippenflächen erhalten bleiben. Hinter Störmthal führt der Weg nun etwas abseits von der Tagebaukante nach Dreiskau-Muckern. Das Dorf war Korrespondenzstandort der Expo 2000: „Ein Dorf sucht seine Bevölkerung – Revitalisierung statt Abbaggerung". Die Devastierung des Ortes war bereits eingeleitet worden. Lediglich 52 Personen blieben gegen alle Widerstände. 1993 fiel der Beschluß, daß das Dorf erhalten bleibt. Ein beispielloser Erneuerungsprozeß setzte ein und mit ihm eine Neubesiedlung. Viele der bäuerlichen Anwesen konnten erhalten und denkmalgerecht saniert werden. Im Ort sind der „Kulturverein Dreiskau-Muckern e. V." und ein Jugendzentrum ansässig, bei denen man

Störmthaler Kirche mit der 1723 von Zacharias Hildebrandt geschaffenen Orgel

Feldweg bei Störmthal

Saniertes Bauernhaus in Dreiskau-Muckern

Südraum-Galerie Dreiskau-Muckern, Rittergutshof 3
Mo. und Mi. 9–16 Uhr
Di. und Do. 9–18 Uhr
Wochenende nach Abspra-
che (034206)-5 59 91

Theateraufführung in Dreiskau-Muckern

sich nähere Informationen holen kann, ebenso im Vereinshaus Dreiskau-Muckern und in der Heimatstube. In der barocken Saalkirche von 1740 besticht der mächtige Kanzelaltar. Das Rittergut Muckern, das ab 1600 auch einmal dem Leipziger Bürgermeister, Protegé und Häftling Augusts des Starken, Dr. Franz Romanus, gehörte, wird nach und nach saniert. Ein Abstecher zur nördlich von Dreiskau-Muckern entstehenden „Grunaer Bucht" ist ratsam. Hier entsteht ein weiterer kleiner Hafen und ein Strand. Auf der angrenzenden „Magdeborner Halbinsel" wird in einem erhaltenen Dispatcherturm an den bis 1980 abgebaggerten Ort Magdeborn erinnert. Die sich nun fast bis nach Espenhain erstreckende ehemalige Tagebauausfahrt wird den künftigen See in diesem Bereich etwas kanalartig erscheinen lassen. Eine hier vorgesehene Regattastrecke soll daher nach jüngsten Diskussionen wohl doch am Zwenkauer See entstehen. In Espenhain kann die Bundesstraße B 95 unterquert werden, auf deren westlicher Seite ein Rad-/Fußweg nach Rötha führt. Nach dem Bahnhof Rötha sollte die nach links führende Unterführung unter die Bundesstraße gesucht werden. Zunächst begleitet der Weg ein Stück die Gösel, um dann nach Norden zum Stöhnaer Becken abzuzweigen. Fern der lärmenden Straßen führt die Tour östlich an dem Flachwassersee vorbei. 1976 als „letztes Hochwasserbollwerk" der Pleiße vor Leipzig fertiggestellt, ist es heute eines der faunisch wertvollsten Gebiete der Bergbaufolgelandschaft und seit 1999 Naturschutzgebiet. Wer ein Fernglas dabei hat, kann hier zu ausgiebigen Beobachtungen des Treibens in dem Vogelparadies verweilen. Weiter führt der Weg durch aufgeforstete Wälder zur 1991/92 geschütteten „Crostewitzer Höhe". Noch vor wenigen Jahren befand sich hier ein Rippenkippenfeld soweit das Auge reichte. Langsam nähert man sich der vierspurigen Bundesstraße. Zwischen ihr und dem Ufer des Markkleeberger Sees führt der Weg zurück nach Markkleeberg-Ost.

Aufgeforstete Bergbaufolgelandschaft

Einlaufbauwerk am Stöhnaer Becken

Badespaß und Belantis –
Cospudener See, Neue Harth und
künftiger Zwenkauer See

TOUR 17

HINWEISE FÜR WANDERER UND RADLER

TOUR-EMPFEHLUNG   vom Nordufer des Cospudener Sees durch Neue Harth,
Zwenkau und Eichholz, zurück entlang der Tagebaukante,
vorbei an Belantis zum Rundweg des Cospudener Sees

LÄNGE DER TOUR   30,6 km

SCHWIERIGKEITSGRAD   für ausdauernde Radler und Wanderer; die Tour führt über
neu angelegte Wege am Cospudener See und bei Belantis,
zerfahrene Wege in der Neuen Harth und am Restloch
Zwenkau, ein Stück die viel befahrene Bundesstraße B 2, die
Straßen Zwenkaus, Wald- und Feldwege

TOUR-ÜBERBLICK

0,0	Cospudener See, Nordufer, nach Süden zum Hafen, dort links in den Ort
2,4	Zöbigker, Ende der Koburger Straße, Zufahrt zur Neuen Harth
3,5	erstes Wegekreuz, weiter geradeaus
5,6	zweites Wegekreuz, nach links abbiegen (Steigung)
8,7	Bundesstraße B 2 in Höhe Flugplatz Böhlen, weiter nach rechts auf der Bundesstraße
10,7	Zwenkau, Ortseingang, weiter über Bahnhofsstraße, Leipziger Straße
14,7	Kap Zwenkau, weiter westlich an der Tagebaukante halten
18,2	Aussichtspunkt Tagebau Zwenkau an der B 186, weiter nördlich auf dem Weg an der Tagebaukante, dann Zufahrt/Radweg zum
24,9	Freizeitpark Belantis, weiter Richtung Bistumshöhe
26,6	Westufer Cospudener See, Abzweig über die Ritter-Pflugk-Straße nach Knauthain
30,6	Nordufer des Cospudener Sees

HINWEISE FÜR WASSERSPORTLER

An dem im Juni 2000 offiziell eröffneten Cospudener See
bieten sich vielfältige Möglichkeiten. Die Flutung des
Zwenkauer Sees wird sich dagegen noch einige Jahre
hinziehen. Es ist vorgesehen, zwischen beiden Seen einen
schiffbaren Gewässerverbund herzustellen.

In der Harth, um 1910

TOUR 17

Pier 1, Hafenstraße 23
(0341)-35 64 10

Die Schwelanlagen in
Böhlen, 1936

Die Tour führt durch eine von Menschenhand geformte Kultur-landschaft mit den denkbar krassesten Gegensätzen. Der Weg verläuft um zwei Tagebaurestlöcher: Das eine ist geflutet, am Ufer komplett durchgestylt und empfängt seit Juni 2000 Bade-gäste und Wassersportler, das andere, aus dem noch vor kur-zem Kohle gefördert wurde, im Zustand ständiger Veränderung, mit Brachen, Rippenkippen und Feuchtbiotopen in direktem Ne-beneinander. Bis in die 60er Jahre sah hier die Landschaft noch gänzlich anders aus. Ein durchgehender Auenzug zwischen Leipzig und Zwenkau mit größeren Waldflächen wie der Lauer, dem Bistum und dem Eichholz prägte das Bild. Östlich der Aue erstreckte sich das Waldgebiet der Harth, deren Abbaggerung schon früher begann. Im Unterschied zu den typischen Auen-wäldern der Gegend dominierten in der Harth Kiefern und eine Vegetation, wie sie eher in Heidelandschaften anzutreffen ist. Hier befand sich einst das bedeutendste Erholungsgebiet der Leipziger. 1926 schrieb der Sächsische Heimatschutz dazu: „... die Eisenbahn ... die Ausflügler der Altstadt, wie auch der östlichen Vororte ... sonn- und wochentags mit vierundfünfzig Zügen heran(bringt), und von Gaschwitz, Deuben, Großstädteln, Böhlen oder Zwenkau mit siebenundfünfzig Zügen bei einer Fahrzeit von rund zwanzig Minuten wieder zurück(führt). Mag an den Pfingstsonntagen die Harth noch so stark von Tausen-den und Abertausenden besucht sein – der Kundige findet im-mer noch ein ruhiges, friedliches Plätzchen in verschwiege-nem Gebüsch und vergißt für einige glückliche Stunden das Großstadtgetümmel ...!" Im April 1921 begann bei Böhlen der Aufschluß eines Tagebaus, dessen Fortführung in den darauf-folgenden acht Jahrzehnten jedes noch so ruhige und friedli-che Plätzchen dieser Landschaft verschlang. Die geförderte Kohlemenge hätte ausgereicht, um alle Haushalte im Freistaat Sachsen für etwa 30 Jahre mit Strom zu versorgen. 1969 wur-de der Moloch in Tagebau Zwenkau umbenannt. Sein ursprünglich geplantes „Nordfeld", ab April 1981 dann als kleiner Tage- baubruder Cospuden aufgeschlossen, sollte bis an den Schleu- ßiger Weg die Landschaft in Anspruch nehmen. 1973 und 1974 begann die Devastierung von Prödel und Cospuden, 1981 und 1987 die von Bösdorf und Eythra. In letzterem Jahr wurde auch das idyllisch gelegene Gut Lauer zerstört.

Im Frühjahr 1990 tritt die Bürgerbewegung „Stop Cospuden" mit Demonstrationen an die Öffentlichkeit und erreicht die Ein- stellung weiterer Landschaftszerstörungen. Am 21. April 1990 um 5.30 Uhr wird der Abraumschnitt eingestellt. Der dann bis zum Jahr 2000 mit abgepumptem Wasser auch aus dem Ta- gebau Profen geflutete Cospudener See hat eine Wasserflä- che von 420 ha und ist an seiner längsten Stelle 3,5 km lang. Sein zu Leipzig gehörendes Nordufer ist als Strandlandschaft mit Dünen und Bootsstegen gestaltet.

Tagebaurestloch
Cospuden, 1996

Zöbigker Hafen am
Cospudener See

Adlertor im Park Gautzsch

Restaurant „Seeterrasse"
Hafenstraße 23
(0341)-3 54 26 83

Café Kandler
Hafenstraße 23
(0341)-3 50 24 69

Schloß Zöbigker

Die Tour beginnt am Nordufer des Cospudener Sees, und es sollte nicht versäumt werden, den Markkleeberger Ortsteil West oder Gautzsch in Augenschein zu nehmen. Ein Sproß der Familie Kees hat in den zwanzig Jahren nach 1885 Ort und Rittergut kräftig umgekrempelt. Als Orientierung hilft die grüngefärbte kupferne Kirchturmdoppellaterne von David Schatz aus dem Jahr 1718. Vielleicht spielt der Kantor Orgel, oder es gelingt, im benachbarten Pfarrhaus den Kirchenschlüssel für eine Besichtigung des Kircheninneren zu bekommen. Überlebensgroße Epitaphe, die Patronatslogen von Gautzsch und Lauer und eine Marmorbüste aus dem Umkreis des Andreas Schlüter belohnen die Bemühungen. Der Rittersitz, dessen tiefere Lage den Standort einer einstigen Wasserburg verrät, ist das nächste Ziel. Besagter Walter Kees hatte einen Drang zum in dieser Zeit modernen Neobarock. Er ließ sogar ein spätgotisches Torhaus abreißen und baut Schloß, Wintergarten, Orangerie, englischen Park und Torhaus neu auf. Durch das prächtige Adlertor fährt er auf seinem privaten Equipagenweg bis an die Grenze zu Leipzig. Ein Investor revitalisiert z. Z. Parkanlagen und Gewässer. Die um 1720 vom Leipziger Kaufmann und Baurat Wolfgang Jöcher und von Kees modernisierte Mühle in der Mehringstraße wurde jüngst restauriert. In der Mehringstraße fallen einige prächtige Gründerzeitvillen auf, vom Hirnforscher Flechsig oder dem Juristen Zehme gebaut. Davor befindet sich mit „Auerbachs Hof" eine der ersten Siedlungen für Gutsarbeiter in Deutschland, ebenfalls von Jöcher um 1720 errichtet. Weiter geht es auf der östlichen Uferpromenade des Sees, links der erste Golfplatz der Region, geradeaus zwei große Bäume, die der Tagebau stehen ließ und die jetzt schon von fern den dahinterliegenden Zöbigker Hafen ankündigen. Doch links erstrahlt zunächst das Schloß Zöbigker. 1714 erwarb das dazugehörende Rittergut Johann Jacob Kees der Jüngere, letzter Postmeister, sprich Pächter der Kursächsischen Post vor deren Verstaat-

lichung. Sein Schloßbau, wohl unter Schatz´ Einfluß entstanden und in den letzten Jahren aufwendig saniert, dient nun gehobeneren Wohnzwecken. Vom einst weitläufigen englischen Park sind nur noch bescheidene Details übrig. Den Rest hat die Grube geschluckt. Neben dem Schloß steht noch ein neubarockes Kavaliershaus von 1926, das einen Eindruck vom Aussehen der alten baulich geschlossenen Anlage gibt, deren zwar desolate, aber mit Bögen statt Pfeilern gemauerte Gutsumfassung schon imposant in ihrer Ausdehnung wirkt. Angrenzend zum Hafen hin erstreckt sich die neue Siedlung „Zöbigker Winkel", deren Gestaltung nicht jedermanns Geschmack ist. Die nahegelegene Kirche im Dorf Zöbigker, 1942 ausgebrannt, ist nur noch Ruine, der Gasthof „Damhirsch" und das Gutshaus sind verschwunden; die barocke Schmiede ist zur Unkenntlichkeit saniert. Quicklebendig und architektonisch geschmackvoll präsentiert sich dagegen der neue Yachthafen mit Promenaden und Hafenanlagen. Die sich dort befindende Seebrücke mit Anlegestelle für das Fahrgastschiff „Cospuden" und den Solarshuttle, die Slipanlage, Tauchschulen, eine Sauna, Geschäfte, Restaurants mit Seeterrassen oder der nördlich benachbarte Strand

Zöbigker Hafen

Bootsverleih Pier 1,
Surfcenter, Hafenstraße 23
(0341)-3 54 23 55

Personenschiffahrt
MS „Cospuden", Hafen
Zöbigker, (0341)-48 72 20

Restaurant am Hafen

der Surfer ziehen nicht nur im Sommer viele Besucher und Nutzer an. Oberhalb des Hafens, am Ende der Koburger Straße, mündet ein Fahrweg in die Harth, der einstigen grünen Lunge der Leipziger. An ihrer Stelle wächst die „Neue Harth" heran. Auf ausgefahrenen Bergbaustraßen, die etwa auf das abgebaggerte Prödel zulaufen, führt der Weg nach Süden in Richtung Zwenkau, durch die sich ständig verändernde Bergbaufolgeland schaft. Schon gibt es kleine Teiche und Gräben mit Schilfkolben zu sehen, es wachsen Wilde Johannisbeere, Wildkirsche und Apfel, Wasserschwertlilie und Lärche, Reiher und Greifvögel sind zu beobachten, und über allem liegt das Gequake von Fröschen. Die Brachen wachsen zu. Irgendwann unterquert der Weg die neue Autobahn A 38. Ab etwa hier wird den Weg später einmal ein Kanal begleiten. Er wird von dem bis ca. 2011 zu flutenden Zwenkauer See bewässert und führt östlich des Cospudener Sees vorbei in den Floßgraben. Vor allem für Paddler wird diese Seenverbindung reizvoll werden. Für Segler und größere Boote soll eine direkte Verbindung an der Süspitze des Cospudener Sees mit Schleuse entstehen.

Neue Harth

Vor Zwenkau stößt der Weg an die Gleise der stillgelegten Bahnstrecke, die von Böhlen nach Zwenkau führt. Dahinter liegt
das Zwenkauer Gewerbegebiet. Wanderer und Radler sind gezwungen, ein Stück Bundesstraße bei starkem Verkehr bis zum
Abzweig nach Zwenkau zu benutzen. In Zwenkau führt der Weg
über die Bahnhofstraße und Leipziger Straße zum Kap Zwenkau. Das bereits 974 erwähnte Zwenkau, das DDR-Planer der
Kohle opfern wollten, bietet eine Reihe von Sehenswürdigkeiten. Hier kreuzten sich schon im Mittelalter Handelsstraßen.
Die Merseburger Bischöfe wollten mit dem Ort ein Gegenge-
wicht zum landesherrlichen Marktort Leipzig schaffen und verliehen ihm Stadt-, Markt- und Stapelrecht, sowie das Recht zum
Einnehmen von Durchgangszöllen. Leipzig konnte nicht über-
trumpft werden, dafür kam „Mausezwenke" in den Ruf einer
nicht ganz ehrlichen Kleinstadt, die erst durch die Industrialisierung erneuten Aufschwung nahm. Der Weg führt zu der im Kern
spätgotischen Saalkirche St. Laurentius, die nach einem Brand
1712 neu errichtet wurde. Im Inneren bestechen eine spätgotische Sakramentsnische aus Porphyr, der Altar von Caspar Friedrich Löbelt aus dem Jahr 1726 und die Kreuzigungsgruppe mit

Rathaus Zwenkau

Hillerts Radlerhof
Zwenkau Dalziger Weg 4,
(034203)-5 26 50
(0163)-8 21 61 54

„Schützenhaus"
Zwenkau
(034203)-5 47 55

In der Zwenkauer
St. Laurentiuskirche

Ausstellungspavillon am Kap Zwenkau

Am Trianon

überlebensgroßen Sandsteinfiguren. Gegenüber befindet sich das schmuck renovierte Rathaus, das einst als Amtssitz anstelle eines alten Schlosses entstanden war. Auf dem Friedhof steht die einfache Saalkirche von 1717 mit dem Turm des Vorgängerbaus. Im Inneren wird man mit viel Glück überrascht von den Klängen einer neugotischen Kreutzbachorgel von 1883. In der Ebertstraße 26 befindet sich, in schlichter Klarheit erbaut, die Villa Rabe. Adolph Rading schuf 1930 dieses Gebäude, das durch die Innenreliefs von Oskar Schlemmer international bekannt ist. Bereits ab Zöbigker ist der Wasserturm von Zwenkau Orientierungspunkt auf der Tour. Sein Schöpfer war Clemens Thieme, gleichzeitig Initiator des Völkerschlachtdenkmals.

An der Nordspitze des Ortes, dem Kap Zwenkau, entsteht das neue Hafenviertel am Zwenkauer See. Vorhanden ist bereits ein Ausstellungspavillon für die Abraumförderbrücke AFB 18. Der einst 523 m lange „liegende Eiffelturm", um dessen Erhalt bis 2003 letztendlich erfolglos gekämpft wurde, ist hier noch im Maßstab 1:160 zu bewundern. Gastronomie und eine Aussichtsplattform ergänzen das Angebot. An der Tagebaukante, vorbei am Eichholz, führt ein kurzer Abstecher durch eine Allee alter knochiger Linden zum Trianon, einem wiedererrichteten Relikt des einstigen Eythraer Schloßparks. Unter dem ehemaligen Eythra gruben viele Jahre die Archäologen. Sie fanden u. a. den mit 7 300 Jahren ältesten mit Holz ausgeschalten Brunnen und rund 200 Grundrisse von Häusern in Pfostenständerbauweise aus der Zeit der Band- und Stichkeramik bis 500 v. Chr. Besonders interessant sind aber drei kreisförmige Grabensysteme aus derselben Zeit, die einen Durchmesser von etwa 130 m besitzen und deren Öffnungen exakt nach NO, SO, SW und NW zeigen. Herr von Däniken wird wohl einen weiteren Ufolandeplatz in der Leipziger Tieflandsbucht vermuten. Festzuhalten ist das gleiche Alter der Anlage wie jener in Stonehenge. Im April 2 000 stießen die professionellen Maulwürfe noch auf das Grab einer 24jährigen Frau aus der jungsteinzeitlichen Epoche der Schnurkeramik vor 4 000 Jahren. Der Weg führt vorbei am Tagebauaussichtspunkt, wo bis vor kurzem noch die besagte AFB 18 zu bestaunen war. Hier sollen nach Abschluß

Ein aus Bastmatten hergestelltes Gefäß, gefunden in einem 7 300 Jahre alten Brunnen unter der ehemaligen Ortslage Eythra

Tagebauaussichtspunkt an der B 186

Im Freizeitpark Belantis

Freizeitpark Belantis
Zur Weißen Mark 1
(0341)-91 03 0/11 11

Fantasieschloß von Belantis

der Flutung die Fahrgastschiffe aus Richtung Zwenkau oder vom Cospudener See anlegen können. Außerdem wird hier ein Zulauf von der Elster entstehen, wenn diese Hochwasser führt. Im Ernstfall hat der See ein erhebliches Speichervolumen. Ein Auslaufbauwerk bei Knautnaundorf soll ein Überschwappen des Sees verhindern. Ende der 1970er Jahre wurden die nun parallel des Weges an der westlichen Tagebaukante auf engstem Raum verlaufende Fernverkehrsstraße, Bahnstrecke nach Zeitz und Weiße Elster verlegt und in einem großen Bogen um das Fördergebiet neu trassiert. Die Weiße Elster bekam dabei ein Beton-Bitumen-Korsett. Nächste Zielmarke ist der Freizeitpark Belantis, der mit seinem Fantasieschloß, der riesigen Pyramide mit Wasserrutsche, der Ritterburg mit integrierter Achterbahn oder dem feuerspuckenden Vulkan, den auch noch Gondeln überqueren, schon von weitem neugierig macht. In einigen Jahren soll von hier aus eine Schwebebahn staunende Besucher in schwindelerregender Höhe über den Zwenkauer See zum Kap Zwenkau befördern. An hohen Zäunen vorbei und auf frischem Asphalt geht es an Belantis und an der Bistumshöhe mit ihrem neuen Aussichtsturm, der einen imposanten Panoramablick über das umfahrene Terrain der beiden Tagebaue bietet, zurück zum Ufer des Cospudener Sees. Ein Abstecher in das historisch interessante Knauthain ist noch empfehlenswert. Auf dem bis 1936 existierenden Rittergut saßen jahrhundertelang die Pflugks, Dieskaus und Hohenthals, die zeitweise auch Zöbigker und Gautzsch beherrschten, weshalb sich die Orte um den Cospudener See recht einheitlich entwickelten. Der Abstecher führt vom Westufer des Sees durch die Hochflutrinne zur Elsterbrükke im Zuge der Ritter-Pflugk-Straße. Die achteckige Kirche von Ernst Wilhelm Zocher, 1846 erbaut, im Zweiten Weltkrieg ausgebrannt und danach bis auf den Turm wieder aufgebaut, das Jahrzehnte als Schule dienende Schloß, 1700-03 nach Plänen von David Schatz errichtet, das angrenzende Rittergut oder die imposante Wassermühle, in der Wohnungen entstehen, sind sehenswert. Zurück am See sollte sich der nun müde Ausflügler einen der „wilden" Badeplätze suchen und Surfer, Schwäne oder in Gedanken den Tag an sich vorbeiziehen lassen.

Aussichtsturm auf der Bistumshöhe

Kühnis Fahrradeck
Am Mühlgraben 2
(0341)-4 29 17 47

Leipziger Neuseenland 2005 bis 2013

BOOT-SHOP HEROLD

Ihr Partner rund ums Boot

Bootsverleih Herold

geführte Motorbootfahrten
durch Leipzigs Gewässer
Verleih von Kajaks, Canadiern und Ruderbooten
saisonbedingt täglich ab 10 Uhr geöffnet
(0341) 4 80 11 24

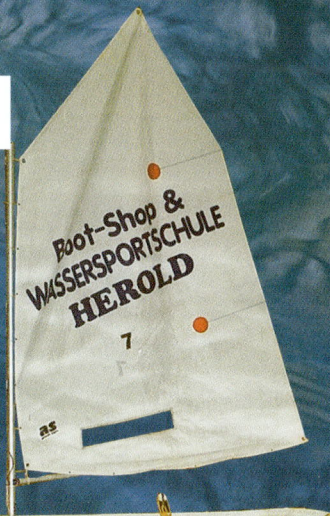

252

LEIPZIGER
NEUSEEN
LAND

Segeln
Strand   *Surfen*
und Schlemmen

Cospuden
der See

www.cospuden.de
Tel. (0341) 35 65 10

Foto: Ulf Hillert

Für wichtige Hinweise und Unterstützung dankt PRO LEIPZIG dem Amt für Umweltschutz der Stadt Leipzig und dem Grünen Ring Leipzig. Besonderer Dank gilt Herrn Kurt Beck, der seit den 30er Jahren die Leipziger Gewässer befährt und mit Anregungen und Rat zur Seite stand.

AUTOREN: Agnes Berkemeier Diplom-Landwirtin; **Heinz-Jürgen Böhme** Maler, Grafiker, Gestalter; **Wolfgang Bratus** Diplom-Ingenieur, langjähriger Abteilungsleiter Naherholung im Grünflächenamt; **Dr. Mustafa Haikal** Historiker, Schriftsteller; **Dr. Helmut Hartmann** Nervenarzt; **Dr. Michael Heyder** Kultur- und Kunstwissenschaftler; **Andreas Höhn** Diplom-Kulturwissenschaftler; **Bernd Hoffmann** Diplom-Landwirt, Zweckverband Parthenaue; **Reinhard Ihle** Mitarbeiter Zweckverband Erholungsgebiet Kulkwitzer See; **Dr. Thomas Nabert** Historiker, Geschäftsführer PRO LEIPZIG; **Kurt Beck** (Hinweise für Wassersportler) Vermessungsingenieur

ABBILDUNGEN: Archiv Amt für Umweltschutz der Stadt Leipzig: 10 o.u.u., 13, 206/207; **Archiv Heinz-Jürgen Böhme:** 9, 12, 24, 25 o., 33, 44, 45, 46 u., 47, 50 o., 52 o., 56, 88 o., 91 u., 111 o., 112 u., 124, 197 u.; **Archiv Kurt Beck:** 8 o., 69 u., 70 o., 106 u.; **Archiv Werner Franke:** 68 o.; **Archiv PRO LEIPZIG:** 8 u., 16 o., 68 u., 70 u., 97, 99 u., 125 o., 151 u., 166, 204 u., 224, 238 u.; **Archiv Familie Schmidt:** 238 o.; **Archiv Kulkwitzer See:** 170, 176, 178 o.; **Archiv Pier I:** 221, 241; **Agnes Berkemeier:** 137 u., 146 o., 147, 148, 149 u., 151 u., 160, 163 o.; **bgmr Landschaftsarchitekten:** 20/21; **Heinz-Jürgen Böhme:** 14, 51 u., 52, 53 u., 54, 55, 60, 61 u., 62 o.l.u.u., 63, 90 o., 136, 137 o., 209; **Christoph Bormann:** 139 u.; **Siegfried Gläß:** 107 o.; **Dr. Helmut Hartmann:** 104/105, 106 o., 107 u., 111 o., 113 u., 114 u., 115 u., 116, 117, 132 o.; **Kanu Kämpfe:** 120, 121; **Harald Kirschner:** Titel, 3, 15, 18, 19, 25 u., 31, 32, 32, 34, 38, 41, 42/43, 50 u., 64/65, 67 o., 71 o., 77, 78 u., 79, 80, 81, 82, 83, 86, 88 u., 92 u., 93 o., 113, 114 u., 115 o., 122/123, 129, 130, 131, 132, 133, 154 o., 158, 159 u., 164/165, 167, 171, 172 u., 173 o., 174 o., 175 u., 177, 178 u., 179, 180, 181, 184 o., 199 u., 200, 201, 202, 203, 204 o., 205, 208, 212, 213, 214 o., 216/217, 218 u., 219, 220, 226, 227 o., 222, 223, 230, 231 u., 233, 234, 235, 239, 240 o., 242, 243, 244 u., 245 u. 245, 247 o.; **Helmut Loose:** 146 u., 150; **Karl-Detlef Mai:** 218 u., 229 u., 231 o., 232; **Heinz Morgenstern:** 159 o.; **Naturkundemuseum Leipzig:** 98 u., 144 u., 149 u., 161 u., 172 u., 173 u., 174 u., 175 u., 185 u., 186 u., 187 o., 203 u.; **Angelika Pohler:** 161 o.; **Manfred Rackwitz:** 156; **Arne Reinhard:** 12 o., 46 o.; **Armin Rudolf:** 228 o.; **Sächsisches Landesamt für Archäologie:** 245 o.; **Karl-Heinz Seibold:** 112; **Frank Speckhals:** 125 u.; **Stadtarchiv Leipzig:** 69 o.; **Stadtgeschichtliches Museum Leipzig:** 61 o., 62 o.r., 67 u., 71 u., 98 o., 128, 209; **Stadt Markkleeberg:** 227 u., 228 u., 229 o.; **Thomas Steinert:** 51, 52 o., 53 o., 145 o., 240 u., 244 o., 247 u.; **Peter Thieme:** 237 o.; **Norbert Vogel:** 89 o., 225; **Heidi Vogel-Hennig:** 4, 6/7, 10 M., 11 u., 16 u., 17, 22/23, 35, 36, 37, 53 u., 57, 69 u., 75, 76, 78 u., 87, 90, 92 u., 93 o., 99 o., 100, 101, 102, 103, 113 o., 134/135, 138, 139 u., 143, 145 u., 152/153, 154 u., 162, 163 u., 182/183, 184 u., 185 o., 186 o., 187 u., 191, 192, 193, 194, 195, 196, 197 o., 198, 199 o., 214 u.; **Westphalsches Haus Markkleeberg:** 26, 27

IMPRESSUM **An Leipzigs Ufern,** Bootstouren – Radpartien – Wanderungen
Herausgegeben von PRO LEIPZIG e. V. in Zusammenarbeit mit der Stadt Leipzig, Amt für Umweltschutz
3., überarbeitete Auflage 2006
© PRO LEIPZIG und Autoren
Konzeption und Redaktion: Dr. Thomas Nabert
Gestaltung: Heinz-Jürgen Böhme
Satz und Scans: Peter Schiefner
Karten und Produktion: Frank Speckhals
Druck: Jütte-Messedruck Leipzig GmbH
ISBN 3-9806474-6-3